宋则行生平与经济思想
——纪念宋则行诞辰一百周年

SONGZEXING SHENGPING YU JINGJI SIXIANG

◆ 杨玉生等 编著

辽宁大学出版社

图书在版编目（CIP）数据

宋则行生平与经济思想：纪念宋则行诞辰一百周年/杨玉生等编著. —沈阳：辽宁大学出版社，2017.11
ISBN 978-7-5610-9025-1

Ⅰ.①宋… Ⅱ.①杨… Ⅲ.①宋则行（1917-2003）—生平事迹②宋则行（1917-2003）—经济思想—思想评论 Ⅳ.①K825.31②F092.7

中国版本图书馆 CIP 数据核字（2018）第 002530 号

宋则行生平与经济思想：纪念宋则行诞辰一百周年
SONGZEXING SHENGPING YU JINGJI SIXIANG：JINIAN SONGZEXING DANCHEN YIBAI ZHOUNIAN

出 版 者：辽宁大学出版社有限责任公司
（地址：沈阳市皇姑区崇山中路 66 号　邮政编码：110036）
印 刷 者：沈阳市第二市政建设工程公司印刷厂
发 行 者：辽宁大学出版社有限责任公司
幅面尺寸：185mm×260mm
印　　张：20.75
字　　数：500 千字
插　　页：8
出版时间：2017 年 11 月第 1 版
印刷时间：2018 年 4 月第 1 次印刷
责任编辑：胡家诗
封面设计：高梦琦
责任校对：李　佳

书　　号：ISBN 978-7-5610-9025-1
定　　价：95.00 元

联系电话：024-86864613
邮购热线：024-86830665
网　　址：http://press.lnu.edu.cn
电子邮件：lnupress@vip.163.com

纪念宋则行诞辰一百周年

◆ 辽宁省功勋教师

◆ 探索

纪念宋则行诞辰一百周年

◆ 纯真的爱情

◆ 相濡以沫

纪念宋则行诞辰一百周年

◆ 伉俪情深

◆ 读书／生活／工作

纪念宋则行诞辰一百周年

◆ 与夫人和学生们在一起

◆ 在庆祝80岁诞辰的茶话会上

纪念宋则行诞辰一百周年　SZXSP YJJSX

◆ 读书／生活／工作

◆ 读书／生活／工作

纪念宋则行诞辰一百周年

◆ 指导研究生

◆ 研讨学科建设问题

前　言

今年是恩师宋则行先生诞辰100周年。宋则行先生的一生是为经济学研究和教育事业不懈奋斗的一生，也是为祖国社会主义建设和经济改革事业呕心沥血并做出重大贡献的一生。我们作为宋则行先生的学生，受到恩师循循善诱、诲人不倦的教育，获益良多。是他引导我们走上了经济理论探讨的道路，是他教会了我们如何做人和做学问，是他把我们培养成为具有深厚的经济学功底和理论创新精神的经济学者。当此宋则行先生100周岁诞辰来临之际，我们决定要为我们的恩师宋则行先生献一份厚礼：写一本全面反映宋则行先生生平和经济思想，并衷心表达我们对宋则行先生永远怀念之情的书。这就是本书的缘起。

本书包括三个部分：第一部分，"生平：经济学生涯"，回顾宋则行先生从求学到献身于新中国建设事业和社会主义经济规律的探讨的全部历程；第二部分，"经济思想：宋则行经济学"，全面系统地阐述宋则行先生的经济思想；第三部分，"永远的怀念"，收录宋则行先生的弟子们从不同的视角阐述的宋则行先生对自己的培养和教育，抒发对宋则行先生敬爱和怀念之情。

第一部分和第二部分作为本书的主体，是由我撰写的。长久以来，我就立下了写一本全面反映宋则行先生生平和经济思想的书的心愿，只是由于忙于马克思主义理论研究和建设工程的《西方经济学》的编写工作和《新编经济思想史》的编写工作，一直没能如愿。现在，终于得偿所愿了，也算是我为宋则行先生做的一项有意义的工作吧！

此前，我也曾撰写过一些关于宋则行先生的生平和经济思想的文章。主要的有：《不断探索的经济学家——宋则行传略》[载于《当代中国经济学家传略》（五），辽宁人民出版社，1990年]；《与宋则行教授对话》[载于《与中国著名经济学家对话》第三辑，中国经济出版社，2002年]；《辉煌的业绩　卓越的贡献——记宋则行教授》[载于《风雨同舟》，辽宁大学出版社，2001年]；《经济学涯未有涯，拚将碧血铸年华——纪念我的老师宋则行教授》[载于《辽宁大学学报》2003年第4期]。此外，在1987年庆祝宋则行教授70岁诞辰的大会上，我做了题为《辽大知识分子的一面旗帜》的发言；在1997年庆祝宋则行教授80岁诞辰的大会上，我做了题为《关于宋则行教授学术活动的三个历史阶段》的发言；在2008年辽宁大学举行的宋则行教授塑像揭幕仪式上，我做了题为《宋则行教授永远活在辽大人的事业中》的发言；在我写的《多彩人生——与共和国同行》（内部出版物，2016年）一书中专设一章"我和我的老师宋则行教授"。这些文章和发言，为撰写《宋则行的生平与经济思想》积累了必要的资料，确立了基础。

更为重要的是，宋则行先生生前出版的《宋则行经济论文集》（辽宁大学出版社，1987年）、《转轨中的经济运行问题研究》（辽宁大学出版社，1997年）、《马克思经济理论再认识》（经济科学出版社，1997年），以及宋则行夫人肖端清女士写的《风雨人生》，为撰写宋则行生平和经济思想提供了理论依据和基本素材。

本书第一部分，追踪了宋则行先生坎坷却辉煌壮丽的人生历程。我在1997年庆祝宋则行教授80岁诞辰大会发言中如此概述了宋则行先生的经济学生涯。宋则行先生迄今为止大约60年的经济学生涯可划分为三个阶段：第一阶段，从1941年进入南开大学经济研究所到1948年在英国剑桥大学博士生毕业获得经济学博士学位；第二阶段，从1948年回国到1976年粉碎"四人帮"；第三阶段，从1976年粉碎"四人帮"到现在。第三个阶段则是宋则行先生经济学生涯的"黄金时代"。而对此，宋则行先生自己则作了更为完备的表述："其实，中国大多数同我有类似经历的老经济学家，其经济学研究生涯大体上都可以划分成这样几个阶段，即早年求学阶段，解放以后到'文革'结束之前的对社会主义经济理论探索阶段，'文革'结束以后的较为主动和自由的理论探讨阶段。粉碎'四人帮'以后，特别是党的十一届三中全会以后，在中国出现了空前宽松的理论研究气氛和环境，极大地焕发了经济学家们的理论热情。像所有的老经济学家一样，虽然这时我已经年逾花甲，但只是在这时才真正开始了我进行自由的理论研究、理论探讨时期。因而这一时期，可以说是我理论研究成果最多、理论著述最丰富的时期。因此，也可以把这一时期看作是我经济学研究生涯的'黄金时代'。"[①]

[①] 毛增余主编：《与中国著名经济学家对话》（第三辑），中国经济出版社，2001年，第114~115页。

本书第一部分基本体现了宋则行先生经济学生涯三个阶段划分的思路。在这里，贯穿的一个基本思想是，宋则行先生在任何情况下都坚持其"报国初心"，即使是身处逆境，他的"报国初心"不变。在长达60余年的岁月中，他始终如一地以一个经济学家特有的责任心努力探讨经济理论，研究社会主义经济发展规律，解决经济现实所提出的各种急需解决的经济问题。因此，他堪称"一个不断探索的经济学家"。尤其是在1978年党的十一届三中全会开启的改革开放年代，宋则行先生焕发了理论研究的青春，其理论研究成果不但丰富和发展了社会主义经济理论，而且为中国的改革开放大业做出了重要贡献。

当然，宋则行先生不是孤军奋战的，在不同时期，在他周围都有一批朋友或同事，即使是观点相异的朋友，通过相互切磋，也为增进对经济学的理解提供助益。特别值得称道的是，宋则行先生和夫人肖端清女士之间的纯真的爱情历久弥深。

本书第二部分全面而系统地阐述了宋则行先生的经济思想。在这里，我们推出了"宋则行经济学"的概念。在经济思想史上，以经济学家的名字命名的经济学很多，如，斯密经济学，李嘉图经济学，约·斯·穆勒经济学，马歇尔经济学，凯恩斯经济学，萨缪尔森经济学等。像这些以经济学家命名的经济学一样，宋则行经济学体现了其理论体系的基本特征，即马克思—古典（新古典）—凯恩斯综合。本书认为，在宋则行经济学中首先包含了马克思经济学的成分，也包含了古典（新古典）经济学和凯恩斯经济学的成分。但这三种成分不是简单的拼凑，而是在马克思经济学的主导之下的有机的结合。在宋则行经济学中，有属于经济的本质层面的分析，也有属于经济的运行层面的分析。无论在经济本质层面还是在经济运行层面的分析中，宋则行经济学都体现了马克思—古典（新古典）—凯恩斯的综合。在经济本质层面的分析中，体现的是马克思经济学和被看作古典传统回归的斯拉法理论体系和左派凯恩斯主义的综合；而在经济运行层面的分析中，则体现了马克思关于社会扩大再生产实现条件的分析（即经济结构平衡分析）和凯恩斯总供求平衡分析以及新古典经济学市场配置资源的分析的综合。

本书第三部分，是宋则行先生的弟子们所写的回忆或纪念文章。宋则行先生的各位弟子，以对宋则行先生的真挚的感情表达了对恩师的无限感念和怀念之情。从这些回忆或纪念文章中，人们仿佛又回到了宋则行先生生前与之朝夕相处的难忘的岁月,仿佛又见到了先生和蔼可亲的面容,仿佛又听到了先生谆谆教诲的声音。在这里,人们真正感受到了宋则行先生仍然活在辽大人的事业中!

还应该指出的是,在宋先生的弟子所写的文章中,也从不同的视角探讨了宋先生经济学发展的历程及其经济思想特点,因而为更全面地把握宋先生的业绩和经济思想的特点提供了重要的启示。这可以看作是对本书第一部分和第二部分有关内容的补充。

当然,宋先生的弟子并不限于为本书撰写文章的这几个人。例如,远在国外工作的杜进、赫朋、郑品等,由于联系上的困难,没有提供文章。国内工作的弟子,也有一些人因为工作繁忙的缘故或其他原因,没有撰写文章。虽然他们没有撰写文章,但其同宋先生的深厚的师生感情是毋庸置疑的。

本书是作为辽宁大学纪念宋则行诞辰一百周年活动的组成部分,经辽宁大学党委批准出版的,辽宁大学经济学院资助了出版费用。为此,特向辽宁大学党委和辽宁大学经济学院领导同志深致谢忱。

本书的出版也得到了辽宁大学出版社张家道同志、胡家诗同志的大力支持和鼎力相助,他们为本书的出版付出了辛劳。为此,也向他们深致谢忱。

杨玉生

2017 年 8 月 31 日

目　录

前　言 ·· (1)

第一部分　生平：经济学生涯 ·· (1)

一、经历与业绩概述 ··· (3)
　（一）经历简述 ··· (3)
　（二）不断探索的经济学家 ······································· (4)
　（三）以学科建设和培养高素质人才为己任的教育家 ········ (6)

二、求学之路 ·· (7)
　（一）少年时期眼中的不平世界与报国初心 ················· (7)
　（二）大学时期的思想认识 ······································· (8)
　（三）走进南开经济研究所 ······································· (8)
　（四）留学于英国剑桥大学 ······································· (9)

三、出于报国初心的选择 ·· (11)
　（一）留在英国、去美国，还是返回祖国？ ················· (11)
　（二）北上东北 ·· (13)

四、历尽坎坷，报国初心不变 ····································· (14)
　（一）调离东北统计局 ·· (14)
　（二）艰难前行的教学和科研生涯 ····························· (15)
　（三）在"反右派运动"中 ······································ (18)
　（四）自觉履行经济学家的责任 ································ (18)

五、"文革"中的磨难与反思 ······································· (22)
　（一）磨难与磨炼 ·· (22)
　（二）反思与批判 ·· (23)

六、改革年代的理论探讨 ·· (25)
　（一）关于总需求与总生产相平衡的国民经济综合平衡分析 ········ (26)
　（二）关于社会主义宏观经济效益的分析 ····················· (28)
　（三）关于社会主义经济增长速度的分析 ····················· (30)

（四）关于市场和计划的作用与经济体制改革的分析 ………………… (31)

七、实地考察，为地区经济改革和发展献策 ……………………………………… (35)
　　（一）对沈阳市的经济考察与政策建议 …………………………………… (35)
　　（二）对辽宁经济市场化程度的考察与政策建议 ………………………… (38)

八、爱情与家庭 ……………………………………………………………………… (44)
　　（一）夫人肖端清女士 ……………………………………………………… (45)
　　（二）纯真的爱情 …………………………………………………………… (46)
　　（三）栉风沐雨的幸福家庭 ………………………………………………… (51)

九、朋友 ……………………………………………………………………………… (53)
　　（一）南开经济研究所时期的朋友 ………………………………………… (53)
　　（二）在中国经济学界的朋友 ……………………………………………… (55)

十、同事 ……………………………………………………………………………… (57)
　　（一）东北统计局时期的同事 ……………………………………………… (57)
　　（二）东北财经学院、辽宁大学时期的同事 ……………………………… (57)

十一、学生 …………………………………………………………………………… (61)

第二部分　经济思想：宋则行经济学 ……………………………………………… (65)

一、宋则行经济学总论 ……………………………………………………………… (67)
　　（一）理论体系：马克思－古典（新古典）－凯恩斯综合 ……………… (67)
　　（二）经济学方法 …………………………………………………………… (72)
　　（三）理论结构 ……………………………………………………………… (76)
　　（四）经济政策 ……………………………………………………………… (86)

二、价值理论：坚持和发展马克思劳动价值论 …………………………………… (89)
　　（一）对"物化劳动创造价值"论的批判 ………………………………… (89)
　　（二）理论创新：服务部门的劳动也创造价值 …………………………… (95)

三、生产价格理论：从李嘉图、马克思到斯拉法 ………………………………… (102)
　　（一）李嘉图的价值、价格理论 …………………………………………… (103)
　　（二）马克思对李嘉图价值、价格理论的分析与批判 …………………… (105)
　　（三）马克思的生产价格理论：转化程序 ………………………………… (109)
　　（四）西方学者对马克思转化程序的引申研究 …………………………… (114)
　　（五）斯拉法体系或价格理论 ……………………………………………… (118)
　　（六）斯拉法体系和马克思生产价格理论的一致性和相异性 …………… (123)
　　（七）评国内学者对斯拉法体系的批评 …………………………………… (125)

四、经济调节理论：市场调节和计划调节或宏观调控 …………………………… (131)

（一）有计划商品经济与计划调节和市场调节 …………………………（131）
　　（二）社会主义市场经济与市场调节和宏观调控 …………………………（136）
五、国民经济综合平衡理论：总量平衡与结构平衡 ………………………………（139）
　　（一）对所谓"积累和消费总和超过了国民收入"提法的评析 ……………（139）
　　（二）国民经济综合平衡理论概述 …………………………………………（141）
　　（三）准确理解和把握社会总供求关系的内涵 ……………………………（143）
六、企业、产业理论和产业结构（经济结构）调整 ………………………………（156）
　　（一）关于国有企业改革问题 ………………………………………………（157）
　　（二）改制、改组与建立现代企业制度 ……………………………………（158）
　　（三）现代企业制度的基本特征 ……………………………………………（158）
　　（四）经济结构、产业结构及其调整与提高经济效益 ……………………（160）
七、经济增长理论：理论比较和社会主义经济增长问题分析 ……………………（165）
　　（一）马克思的经济增长理论 ………………………………………………（166）
　　（二）关于我国的经济增长率问题 …………………………………………（176）
　　（三）社会主义经济增长模式与适度的经济增长率 ………………………（178）
八、经济周期理论：经济周期发生原因及治理分析 ………………………………（185）
　　（一）对资本主义经济周期危机的马克思主义分析 ………………………（185）
　　（二）总供求关系视角下的经济周期 ………………………………………（193）
九、社会主义政治经济学 ……………………………………………………………（207）
　　（一）社会主义政治经济学的研究对象和任务 ……………………………（207）
　　（二）评《社会必要产品论》………………………………………………（208）
　　（三）社会主义政治经济学的体系结构 ……………………………………（209）
　　（四）社会主义经济运行规律 ………………………………………………（211）
　　（五）社会主义政治经济学本质层面的分析 ………………………………（211）
十、经济发展理论 ……………………………………………………………………（213）
　　（一）发展经济学与中国的经济发展 ………………………………………（213）
　　（二）《后发经济学》概述 …………………………………………………（214）
十一、西方经济学与西方经济思想的发展 …………………………………………（217）
　　（一）《当代西方经济学原理》概述 ………………………………………（217）
　　（二）战后英国经济理论发展概貌 …………………………………………（227）
十二、世界经济与世界经济史 ………………………………………………………（233）
　　（一）对当代发达资本主义国家就业失业问题的剖析
　　　　——基于马克思资本有机构成理论的分析 ……………………………（234）
　　（二）论发达资本主义国家的"滞胀" ……………………………………（242）

（三）《世界经济史》的研究对象和基本内容……………………（248）

第三部分　永远的怀念………………………………………………（255）

宋先生引领我走经济学探讨之路………………………… 杨玉生（257）

兼容并蓄的学术大师……………………………………… 张凤林（268）

宋先生往事杂忆…………………………………………… 李　平（278）

宋则行教授的外国经济史研究
　　——纪念宋先生百年诞辰…………………………… 韩　毅（289）

高山仰止　景行行止
　　——怀念宋则行老师………………………………… 黄险峰（305）

缅怀恩师宋则行教授……………………………………… 孟令彤（309）

循着宋爷爷的足迹走进经济学
　　——无限感恩和怀念宋爷爷………………………… 杨　戈（312）

第一部分

生平:经济学生涯

一、经历与业绩概述

（一）经历简述

宋则行（1917—2003），又名宋侠，上海崇明县人，著名经济学家，中共党员。生前任辽宁大学副校长、辽宁大学经济研究所所长和名誉所长、教授、博士生导师；曾任中华外国经济学说研究会副会长、外国经济史学会会长、中国世界经济学会副会长等学术团体领导职务。在社会任职方面，宋则行曾任九三学社中央常委，九三学社辽宁省主委。宋则行是第三、五、六、七届全国人民代表大会代表，第七届全国人大常委会委员。因其在经济学研究和教育上的卓越贡献，被授予全国模范教师、优秀经济学家和辽宁省功勋教师等称号。

从青年时期起，宋则行就立志为振兴中华而学习和研究经济学。1935年中学毕业后考入中央政治学校大学部经济系。在大学求学期间，他一方面接触了西方经济学，另一方面也接触了马克思主义经济学，这使他初步形成了中国应该走计划与自由相结合发展经济道路的思想。

1939年大学毕业后，宋则行被分配到国民党政府财政部做出口贸易的管理工作。在这里，他目睹了官僚资本同帝国主义相勾结搜刮中国人民血汗的大量事实，他决心放弃财政部的工作，继续探索振兴和发展经济之道。

1941年，宋则行以优异的成绩考入了当时迁到重庆的南开大学经济研究所，为硕士研究生，跟从李卓敏、吴大业、陈振汉、崔书香先生等专攻西方经济学。在此期间，他结合当时的中国经济实际深入研究西方经济理论和马克思主义经济理论，这使他在大学求学期间所初步形成的计划与自由相结合发展经济的思想进一步系统化和深化了。他先后写了二十几篇文章来论述他的这种理论观点。其中最具代表性的文章是他发表在1942年8月出版的《新经济》（半月刊）上的题为《经济建设的远景与近路》的论文。在这篇论文中，宋则行系统地阐述了他的计划与自由相结合发展经济的思想（详见后文）。宋则行硕士学位论文的题目是《国际贸易利得之来源及其衡量》，科学地阐述了发展对外贸易和国内经济增长的关系。这也是经济建设中的一个重要问题。1943年宋则行硕士研究生毕业获硕士学位后留所任助理研究员，并在当时的国民党中央设计局从事经济计划研究工作。

1944年，英国文化委员会在中国招收留学生，宋则行报名参加留英考试，在八个社会科学名额中，他赢得了唯一的一个经济学名额。

1945年至1948年，宋则行留学于英国剑桥大学。在这里，他接触了凯恩斯、罗伯逊、斯拉法、琼·罗宾逊等世界著名经济学家，深入系统地学习和研究了包括微观经济理论、宏观经济理论、国际经济理论、货币金融理论、投资理论等西方经济理论，特别是深入系统地研究了凯恩斯经济理论。此外，他还研究了马克思的《资本论》和其他研究马克思主义经济理论的著作（莫里斯·多布的《政治经济学和资本主义》、《资本主义发展问题研究》和保罗·斯威齐的《资本主义发展理论》）。阅读了英国工党理论家们的一些著作，并且实际考察了英国经济发展的历史和现状。1948年完成博士学位论文写作，其博士学位论文的题目是《1924～1938年英国出口贸易的周期波动及其对国内经济的影响》，论文答辩以优秀论文获一致通过，获经济学博士学位，并成为英国皇家学会终身会员。

1948年8月，宋则行回国。他先在上海中国经济研究所任研究员，主编《经济评论》杂志，并在《经济评论》上发表文章宣传自己的理论观点和政治主张，强调经济建设必须实行计划与自由相结合的经济制度。1949年年初，上海中国经济研究所停办，《经济评论》被迫停刊，宋则行暂时到上海暨南大学任教授。

1949年5月上海解放，宋则行经历了他一生中最大的历史转折。他决心在中国共产党的领导下，施展出自己的全部才华，为即将诞生的新中国的经济建设事业做出自己的贡献。

1949年9月，东北人民政府财政经济委员会到上海招聘科技人员和经济管理人员，宋则行欣然应聘，他不顾东北当时艰苦的生活条件和工作条件，毅然决然地奔赴东北。到东北以后，宋则行立即着手实际经济问题的研究，从1949年9月到1952年在东北统计局工作期间，他主持了东北国营企业、公私合营企业的普查工作，并参与了新中国的统计制度创建工作。

从1952年起，宋则行转入高等学校，从事经济理论教育和研究工作。先后在东北财经学院、辽宁大学任副教授、教授，并先后任辽宁大学政治经济学研究室主任，经济系副主任、主任，副校长，校文科学术委员会主席，校学位委员会主席，辽宁大学经济研究所所长和名誉所长。从1981年起，经国务院学位委员会批准，宋则行先后任辽宁大学外国经济思想史和西方经济学专业硕士研究生导师和博士研究生导师。

在几十年的经济理论研究和教育工作中，一方面，宋则行以循循善诱和诲人不倦的精神培养了一批又一批经济理论人才和经济管理人才；另一方面，他又始终坚持实践是检验真理的唯一标准和与时俱进的原则，把社会主义建设的实践和整个世界经济的实际作为理论研究的出发点和归宿，以理论创新的精神，写出了大量富有见地的论著。特别是在党的十一届三中全会以后，宋则行以火一样的热情积极投入对社会主义经济建设规律的理论探讨，特别是对我国经济体制改革中所提出的许多重大的理论和实践的问题，进行了大量的理论研究，提出了许多独创性的理论观点和建设性的政策建议，对社会主义建设和经济体制改革产生了重要影响。

（二）不断探索的经济学家

我曾作为采访者询问宋则行："在介绍您的事迹的有关文章中，把您称为'不断探索的经济学家'，这对您来说当然是恰如其分和当之无愧的。您能否谈谈您作为经济学家对社会主义经济建设规律探讨方面的体会？"

宋则行回答说："实际上，作为一个经济学家，就应该是不断探索的。经济学家有责任回答经济发展的实践中不断提出的新问题。和中国大多数经济学家一样,我对社会主义经济建设规律的探索的过程,是同新中国社会主义经济建设的实践紧密相连的。从所发表的文章看,有些文章是对社会主义经济建设失误的反思,有些文章则是对社会经济发展趋势的预测,还有一些文章是对经济政策的建议。而反思的文章又可以看作是对过去的经济建设中的经验和教训的总结。这种总结又是使认识升华的基础,也是理论创新的基础。"[①]

这可以看作是宋则行关于社会主义经济理论和现实问题研究的基本思路。概括地说,宋则行关于社会主义经济理论和现实问题的研究主要涉及了这样几个方面的重要问题:

(1) 计划和市场的作用与经济体制改革;
(2) 调整经济结构与提高经济效益(微观经济效益和宏观经济效益);
(3) 社会总需求和社会总供给的平衡和调控;
(4) 适度的经济增长率的决定因素及其制约条件;
(5) 积累和消费;
(6) 辽宁经济运行问题。

在对这些问题的论述中,宋则行紧紧围绕从传统的计划经济体制向社会主义市场经济体制转轨中经济如何运行,特别是宏观经济如何运行这个中心,展开具有创新意义的理论分析,提出了许多独创性的、具有重要理论意义和实践意义的理论观点。

宋则行关于社会主义经济理论和现实问题的理论探讨,集中反映于他于1997年出版的《转轨中的经济运行问题研究》一书中。

从本质上说,宋则行是一位富有创新精神的马克思主义经济学家。他在马克思主义经济理论研究上的成就集中反映于他于1997年出版的《马克思经济理论再认识》一书中。该书的主题,如该书的书名所表明的,是对马克思经济理论的再认识。所谓再认识,就是赋予马克思经济理论以新的含义和提出新的理论观点,就是本着与时俱进的原则在理论上有所创新和突破。宋则行在马克思经济理论研究上的一个突出特色,是他自觉地坚持马克思主义的立场、观点和方法,始终以马克思主义基本原理为指导研究当代中国与世界所提出的重大理论问题和现实经济问题,捍卫马克思主义基本理论和基本原则。同时,采用最近数十年间国外经济学界发展起来的最新研究方法,做沟通马克思主义经济学和西方经济学的工作。

宋则行也是一位卓越的西方经济学专家,或如我国经济学界所公认的,是"凯恩斯经济学大师"。宋则行从事西方经济学研究,主要是把西方经济学作为一种知识和分析的工具。宋则行曾多次说过,在坚持马克思主义的基本理论前提之下,把包括凯恩斯经济学在内的西方经济学,作为一种知识和分析的工具,还是有用的,可以用它来分析现实的经济问题。在应用西方经济学的知识和分析工具分析中国现实经济的问题上,可以说宋则行达到了得心应手、炉火纯青的程度。经济学界的同行可以发现,在宋则行论述

---

① 毛增余主编:《与中国著名经济学家对话》(第三辑),中国经济出版社,2002年版,第109~110页。

中国社会主义经济问题的论著和文章中，几乎没有不是应用西方经济学的知识和分析工具的。人们叹服："宋则行把西方经济学用活了！"

宋则行又是一位杰出的世界经济和世界经济史专家。宋则行在1957年出版的《资本主义发展不平衡问题》，是他尝试依据列宁关于资本主义经济政治发展不平衡学说论述世界经济和政治的代表作。他和樊亢等合写的《世界经济史》，是研究世界经济史的最权威的著作之一。此外，诸如《关于固定资本更新和战后美国经济周期缩短问题》（1961年）、《对发达国家资本主义就业失业问题的剖析》（1983年）和《论发达资本主义国家的"滞胀"》（1983年）等论文，也以深刻而透彻的理论分析和独到而深邃的见解在经济学界产生了广泛而深远的影响。

作为学术带头人，宋则行非常重视群体攻关的力量。在向经济科学进军的征途上，在不同的历史时期他的周围都集中了一批具有深厚理论功底的、富有科学研究能力的经济学者，其中，有些人是他的同事，有些人是他的学生。在这个学术群体中，宋则行是灵魂，是学术研究的主导。总是宋则行最先确定研究的方向，在集思广益的基础上形成研究的思路。在取得初步研究成果之后，再由宋则行加工、定稿。许多研究成果就是这样搞出来的。在这个过程中，人们从宋则行身上获得了宝贵的教益，增长了才干，一批批学术骨干成长起来。

宋则行治学严谨而富于创新精神。他向自己提出不写没有创意或不能给人以启迪的文章。宋则行所写的每一本论著、每一篇论文都是创新之作。他的学术论文和著作不但是不可多得的精品，为丰富和繁荣经济科学做出了重要贡献，而且对中国社会主义经济建设和经济体制改革产生了重要影响。

（三）以学科建设和培养高素质人才为己任的教育家

作为一个经济理论教育工作者或教育家，宋则行始终把学科建设和培养高素质的经济理论人才和经济管理人才作为自己的根本职责。他注意培养学生独立研究问题的能力，使之具有坚实的理论功底、宽广的知识面，毕业后有较强的适应性，既能做经济理论研究、教学工作，又能做经济管理工作。宋则行主张尽可能让学生掌握经济理论研究中的最新成果，把经济学的最新知识传授给学生，并让学生掌握最科学的现代经济学的分析方法和分析工具。他要求他培养的研究生（硕士生和博士生）具有开拓性和创新性，站在经济理论的前沿，敢于为天下先，进行具有创新性的理论研究。

宋则行为辽大的学科建设和发展做出了无与伦比的巨大贡献。1981年，宋则行为辽大经济学科争得第一个硕士学位授权点（外国经济思想史硕士学位授权点）；1983年，宋则行又为辽大经济学科争得第一个博士学位授权点（外国经济思想史博士学位授权点，1993年改为西方经济学博士学位授权点）。同时，经过宋则行的努力，辽大经济学科又获得了政治经济学、世界经济、企业管理专业的硕士学位授权点。随着经济学科研究生教育的发展，辽大经济学科的硕士学位、博士学位授权点不断增多，以至21世纪初，辽大经济学科已有16个硕士学位授权点，5个博士学位授权点，乃至后来发展成为多个一级学科，博士、硕士学位授权点覆盖了全部经济学科和管理学科，并扩展到哲学、社会学、文学、数学、化学和物理学等全校多个学科。

从 1998 年年初以来，宋则行针对当时出现的忽视政治经济学的倾向，多次呼吁重振政治经济学学科，并向辽大有关领导写了《重振政治经济学学科的建议》。在该建议中，宋则行强调，马克思主义政治经济学不仅是马克思主义极其重要的组成部分，而且是其他部门经济学不可或缺的理论基础，因而不能丢。相反的，要加强这门学科的建设，密切结合中国现实问题，适当吸收西方经济学的科学成分，将原有的框架、内容、分析方法进行改进，使之成为财经院系的一门基础理论学科。该建议全文约 3000 字，这是由一个年届 81 岁高龄的老人用颤抖的手一笔一画地在稿纸的格子里写出来的，字里行间渗透着他在学科建设上倾注的心血，表现了他对发展和建设辽大经济学科的一片赤诚之心！

宋则行还在辽大《高等教育研究》上发表了一篇题为《高等院校专业划分宜宽不宜狭》的论高等学校专业设置的文章。在这篇文章中，宋则行从教育适应社会主义市场经济的需要出发阐述了高校专业设置宜宽不宜狭的主张。他指出，随着经济的发展，分工的细密，社会需要的人才也日趋专门，适应这种需要，高等学校培养的人才，也应走向专门化。但是，社会主义市场经济，像配置其他资源依靠市场调节一样，配置人力资源也要依靠市场调节，因此，高等学校培养的人才，应该具有多方面的技能，能够适应各种工作的需要，他们应该是一专多能的人才。鉴于此，高等学校划分专业应该宜宽不宜狭，所应遵循的教育原则是"厚基础，宽口径，适应面广"。就经济学专业而言，宋则行指出，不但要掌握经济学知识，还要掌握管理学知识，甚至还要掌握一些理工科方面的知识；就非经济学专业而言，因为是在市场经济环境中工作和学习，也应该掌握现代经济学知识。宋则行的这个教育思想受到了高等院校和教育管理部门的普遍重视。

二、求学之路

（一）少年时期眼中的不平世界与报国初心

宋则行出生和成长的年代，正是中国遭受帝国主义侵略和宰割的年代。在积贫积弱的旧中国，人民饱受帝国主义、封建主义和官僚资本主义三座大山的压迫。在童年时期，宋则行就目睹了许许多多的卖儿卖女、典房卖地、流离失所的悲惨情景，在他幼小的心灵里打上了深深的烙印。他从小立志要为振兴中华而发愤读书。在中学读书时期，宋则行的眼界变得更宽了，考虑问题也深刻得多了。关于他是如何选择经济学作为终身为之奋斗的专业的，宋则行自己曾这样说："我从小就养成了一种遇事好思索的习惯。在中学读书的时候经常在黄浦江上看到络绎不绝的外国洋轮满载着丝、茶、原料驶出上海，也经常在上海码头上看到成群的搬运工人赤膊驼背扛着沉重的货包艰难行进并不时遭到毒打的场面。这使我感到非常的气愤和屈辱。我常想，外国人凭什么如此欺负中国人？我青年时期很喜欢文学，看过许多中外大文学家的作品。正是这些文学作品启发了我的思考。这些文学作品描写了劳动者或一般大众在人吃人的社会里的悲惨的遭遇，从这些文学作品中，我悟出了一个道理：经济落后，就会受人欺侮。家穷了，就会卖儿典妻；国穷了，就会挨打受辱。要救国救民，就必须发展经济。正是从这一基本认识出发，我决心为振兴和发展中国经济而研究经济学，探索振兴和发展中国经济之道。现在看，这还是一种朴素的经济救国思想，但在当时却是支配我进行职业选择的基本想法。于是，我就报考了全部是官费的中央政治学校大学部经济系。从此我就走进了经济学，开始了我的经济学学习和研究的生涯。"①

其实，按宋夫人肖端清回忆，宋则行在中学读书时理工科的成绩一直很好，也想报考清华大学，只是由于家境贫寒，才打消了报考清华大学的念头，而选择了全部是官费的中央政治学校大学部经济系。当然，宋则行中学毕业时一度产生的报考清华大学的念头，其择业的思想基础，仍然在于富国裕民，那就是"科学救国"的思想。

（二）大学时期的思想认识

在大学求学期间，宋则行接触了马克思列宁主义的哲学、政治经济学通俗读物，加上当时对旧中国社会经济现实的不满和对日本帝国主义的愤恨，这些书中的理论对他颇具吸引力，从心里折服这些理论观点。但他当时主要还是学习马歇尔、希克斯等西方经济学家的市场经济理论。临毕业时阅读了凯恩斯的《就业利息和货币通论》一书。宋则行当时的认识是，这些经济理论是可以指导中国经济的振兴和发展的。

那时，也不断有介绍苏联社会主义经济发展情况的报纸杂志传进来，宋则行也从这些报刊上了解了当时苏联的社会主义经济发展的情况。他认为中国不能走资本主义经济发展道路，而应该走社会主义经济发展道路。但是，他对苏联式的集中统一的社会主义计划经济也有所怀疑，他觉得搞苏联式的集中统一的缺乏经济自由的社会主义计划经济也不理想，因为这种集中统一的社会主义计划经济把一切都管得死死的，不能发挥企业和个人的主动性和创造性，摒弃了市场机制对于经济的调节作用，不可能使经济有效率地发展，中国应该建立一种把计划与自由结合起来发展经济的社会主义经济制度。

（三）走进南开经济研究所

大学毕业以后，宋则行在当时的国民党政府财政部贸易委员会做出口贸易管理工作期间，目睹了官僚资本同帝国主义国家相勾结搜刮中国人民血汗的事实。这与他为了振兴和发展中国经济而学习和研究经济学的初衷相去甚远，于是他决心放弃财政部的工作，继续探索振兴和发展中国经济之道。这就促使他于1941年报考当时迁到重庆的南开大学经济研究所硕士研究生。在作为研究生求学期间，宋则行结合当时的中国经济实际，深入研究西方经济理论和马克思主义经济理论，使他在大学求学期间所初步形成的计划与自由相结合的经济思想进一步系统和深化了。他先后写了二十几篇论文论述他的经济理论观点。其中最具代表性的论文是发表在1942年8月《新经济》（半月刊）上的题为《经济建设的远景与近路》的论文。在这篇论文中，宋则行集中谈了这样一种观点：今后经济建设的理想是计划经济的树立，它是一幅远景，而目前可能的路是有目标、有步骤地去发展国营事业，以期逐渐确定其在整个经济领域的支配作用。宋则行在

---

① 毛增余主编：《与中国著名经济学家对话》（第三辑），中国经济出版社，2002年版，第99～100页。

这篇文章中分析了当时中国经济的现状,指出:由于战后中国经济建设的重要目标是加强国防建设和为人民生活水平的提高打下更久远的基础,由于技术落后、组织力量薄弱,特别是农业的落后和农民对发展经济的观念保守,由于国营事业和民营事业的分野,由于还没有建立起独立自主的经济,中国还不能直接建立计划经济。但是,宋则行认为,中国最终是会建立起计划经济的,只要选择一条阻力较小的路去接近它,那就是努力发展国营事业,为此,要使全国生产资源在国营事业和民营事业间有一个合理的分配,并使外来的经济势力成为经济扩展的助力。宋则行满怀信心地写道:"眺望远景才不致使我们迷失方向,而留心道路上的崎岖才不使我们绊倒。人们走过的路,只要不致引入歧途,我们要利用。人们没有走过的路,只要不延缓我们的行程,我们要披荆斩荆去开辟。"①

在南开大学经济研究所当研究生期间,波兰著名经济学家奥斯卡·兰格(Oskar Lange,1904—1965)的重要论文《社会主义经济理论》已经传入中国。宋则行立刻被该文关于"试验错误"方法的新颖的精辟论述所吸引。兰格认为,在社会主义经济中可以通过模拟市场经济的价格决定的方法,为企业确定必须遵循的基础价格,这种基础价格可能不能准确反映真实的市场供求关系,政府可以随时根据市场供求关系的变化,对其所确定的基础价格做出修正。这是一个不断地进行试验、发现错误、修改的过程,因此被称为"试验错误"方法,也称为"兰格社会主义模式"。兰格社会主义模式的提出,使宋则行受到很大鼓舞和启发,他认为,兰格模式的社会主义既能发挥社会主义经济计划的优越性,又能实现价格对经济的调节。在上述《经济建设的远景与近路》的论文中他用一定篇幅阐述了兰格的理论观点。他在该文中写道:"如果计划当局采用一种计算价格的制度,可能从不断的试验与错误中得到解决,即由计划当局根据所有统计资料,对各种不同的货品、生产工具与不同等级的劳动力,规定一套近似的'计算价格',通令所属各生产单位:所有一切成本价格的计算均以此'计算价格'为基础(一如市场价格),且非命令不得更改。这样,在每一套'计算价格'(包括工资)下,只要消费者的欲望与生产的技术条件一定,各种货品与各级劳力的供需都自有一定的数量。如果某项'计算价格'规定得不妥,至期末供需不能平衡,或感缺乏,或感过剩。这样,计划当局即可修正此项'计算价格',直至各种货品的供需趋于平衡为止。经过如此不断地'试验与错误',这种'计算价格'的调节作用,同样可使全社会的所得与生产资源得到合理的分配,虽然在运行方式上已与自由经济有显著的不同。"②

这是宋则行对中国如何走社会主义经济发展道路从经济运行层面上所做的最早的思索。而这在当时乃至以后很长历史时期内中国经济学界是绝无仅有的。

(四) 留学于英国剑桥大学

赴英国剑桥大学留学,是宋则行在求学道路上迈出的具有里程碑意义的重要一步。在谈到他为什么选择去英国留学的动机时,宋则行如是说:"我报名参加留英考试,并

---

① 《新经济》(半月刊),1942年8月16日出版。
② 毛增余主编:《与中国著名经济学家对话》(第三辑),中国经济出版社,2002年版,第101~102页。

最终踏上了留英的途程，绝不是一时的冲动，或受了'出国热'的影响，而是经过深思熟虑而做出的决定。当时，经过一段时间的思索，我认识到，要发展经济就必须借鉴西方发达的市场经济国家发展经济的经验。加上，我在读大学和研究生期间已经对英国著名经济学家马歇尔、庇古、凯恩斯、希克斯等人的经济理论产生了浓厚的兴趣。因此，决心到英国留学，继续探索振兴和发展中国经济之道。"①

剑桥大学是闻名世界的大学城，这里聚集着一批世界第一流的经济学家，例如，庇古、罗伯逊、凯恩斯、皮那罗·斯拉法、琼·罗宾逊等，当时都在这里执教。宋则行的指导老师是皮耶罗·斯拉法和琼·罗宾逊，他（她）们都是在西方经济学界颇有建树的经济学家。皮耶罗·斯拉法长期从事李嘉图著作的编辑和出版工作，对英国古典经济学有很深的研究和造诣。特别是他后来在1960年出版的《用商品生产商品》一书，从分析生产的社会技术条件和分配出发研究生产价格的决定问题，为在经济学中恢复古典经济学传统，批判新古典经济学"边际生产理论"和分配论确立了理论基础。琼·罗宾逊在20世纪30年代提出了不完全竞争理论（1933年出版了《不完全竞争经济学》一书），并参与了凯恩斯《就业、利息和货币通论》一书的创作，被凯恩斯称为"《通论》圈子里"的经济学家。她对马克思的经济理论也有很浓厚的兴趣，在西方非马克思主义经济学家中，她最早提出了"向马克思学习"的口号，于1942年出版了《论马克思主义经济学》，并长期进行沟通马克思经济学和凯恩斯经济学的工作。他（她）们在治学态度上严肃、认真，不迷信，不崇拜偶像，力求在自己的著作中有所创新和发展。宋则行后来在谈到他在英国剑桥大学留学时受其老师的影响时深情地说："我后来之所以能够在经济学研究上做到实事求是，不人云亦云，除了马克思主义的指导，在很大程度上是得益于我的导师对我的影响。"②

宋则行在英国剑桥大学留学期间，正是西方经济学界研究凯恩斯经济理论非常活跃的时期，不但在大学课堂上讲述凯恩斯经济理论，各种经济理论刊物也大量刊登研究凯恩斯经济理论的文章，并有许多研究凯恩斯经济理论的著作出版。宋则行在剑桥大学留学的一个很大收获是通过学习凯恩斯经济理论，使他深刻认识到了国家从宏观上对经济进行调节的必要性，并比较自如地掌握了凯恩斯的总量分析方法，即总供给和总需求相平衡的分析，影响总需求的各种总量关系的分析，并已经比较自觉地应用于当时的各种理论研究和论文写作中。对此，宋则行后来说："其实，这一方法使我终身受益，在我后来所写的一些论文和著作中也大量应用了这种方法。我认为，在坚持马克思主义基本理论的前提之下，包括凯恩斯经济学在内的西方经济学作为一种知识和分析的工具还是有用的，可以用来分析现实的经济问题。"③

在英国剑桥大学留学期间，宋则行也认真阅读了马克思的经济学巨著《资本论》和美国马克思主义经济学家保罗·斯威齐的《资本主义发展理论》。马克思在商品交换的背后探寻出人和人之间的关系，把工资、利润、利息、地租等各种资本主义经济范畴归

---

① 毛增余主编：《与中国著名经济学家对话》（第三辑），中国经济出版社，2002年版，第103～104页。
② 毛增余主编：《与中国著名经济学家对话》（第三辑），中国经济出版社，2002年版，第104页。
③ 毛增余主编：《与中国著名经济学家对话》（第三辑），中国经济出版社，2002年版，第105页。

结于劳动力价值和剩余价值,从而揭示了资本主义的剥削关系和剩余价值在剥削阶级之间的分割,并把理论分析同资本主义发展史有机地结合起来,描绘了资本主义作为一个历史过程的总的发展图景。马克思的方法代表了经济科学中的正确的方法论。通过学习《资本论》,使宋则行认识到了社会主义代替资本主义的历史必然性。

此外,宋则行还阅读了英国工党理论家斯特拉彻、艾德礼、盖茨克尔等人的《现代资本主义》《走向社会主义的意识和道路》等著作,也深受其理论观点的影响。英国工党理论家在其著作中也批判了资本主义制度的不合理性,主张用社会主义代替资本主义。他们认为,资本主义的最大弊端是把利润作为经济活动的唯一动力。因此,在资本主义制度下,"工人们只得到必须给他们的东西,而所有的利润则归于有限的少数人手中"。这样,必然造成"富裕中的贫困"的现象和不可遏止的萧条和失业。根据这样一种分析,工党理论家们提出"国有化"的要求,主张建立一个"有计划的社会",强调必须对经济生活进行计划,而不应由若干竞争性的大企业的相互作用来实现经济的偶然发展。要用征税的办法来降低富裕阶级的购买力,并通过提高工资和建立社会服务事业来扩大群众的购买力。工党理论家们的这些理论观点对当时的宋则行是有吸引力的。他认为,这些理论观点切中了资本主义制度的弊端,也为建立一个比资本主义制度更合理的社会制度提供了可行的方案。而且,宋则行当时认为,这些方案也很适合于中国的需要,应该创造条件在中国逐步实行。

三、出于报国初心的选择

(一)留在英国、去美国,还是返回祖国?

1948年宋则行在英国剑桥大学毕业获得经济学博士学位以后,曾面临着留在英国,还是去美国,或者返回祖国的选择。留在英国或去美国,可以得到个人较为优越的生活条件和工作条件,也可能在经济学理论探讨上,借助于同其英、美经济学界同行们的切磋,会有更上一层楼的不菲建树。例如,新西兰人罗纳德·米克,1946年留学于英国剑桥大学,和宋则行一样,其导师也是皮耶罗·斯拉法,比宋则行晚一年(1949)年获得经济学博士学位。此前,在1948年被聘为英国格拉斯哥大学讲师,1963年兼任莱斯特大学教授,著有《劳动价值学说研究》(1956年)、《重农学派经济学》(1962年)等著作,是当代世界著名经济学家之一。宋则行当时在英国的影响至少不在米克之下。1956年英国首相艾德礼访华时,曾指名要见宋则行,只是由于当时上面尚对知识分子存有某种偏见而没有安排,这说明宋则行当年在英国留学时已有相当大的名气,连后来成为英国首相的艾德礼都注意到了他。假如当年宋则行留在英国,也可能会取得至少不低于米克的成就。但是这样做却违反了他为振兴和发展中国经济而来英国学习经济学的初心。他希望自己的祖国强大起来,不愿意在别人的鼻子底下低头讨生活。现在应是回国施展抱负的时候了。加上,当时他的未婚妻子肖端清女士在给他的信中也谈到祖国解放战争的形势,希望他回国为中国的经济建设事业做些贡献。于是,宋则行毫不犹豫地做出了回国的决定。他告别了在剑桥大学的老师、同学和朋友,从普斯茅斯港登上客轮，由直布罗陀海峡进入地中海，过苏伊士运河，出红海到印度洋，最后在香港登陆，换船到上海。

回国以后，宋则行主编了《经济评论》杂志，宣传他的经济政治主张。在他所主编的《经济评论》上发表了《自由·管制·国营》《原则与经验的联姻》等论文。其中最重要的一篇是发表在《经济评论》第四卷第5期上的题为《原则与经验的联姻》的论文。在这篇论文中宋则行指出，一个计划经济至少包含两个要素：一是中央权力机关（政府）有一套可以数量表示的计划，二是中央权力机关为了保证这一套计划的实现，必须实行各种措施对全国的经济活动（生产、分配和消费）加以直接、间接的干涉。然而计划到什么范围、干涉到什么程度，才能既达成社会主义的目的，又能保证个人自由而无损民主精神，这就要靠原则与经验的灵活运用了。在这里，宋则行强调了计划与自由相结合的思想。宋则行认为，和战时的单纯的经济目的（全力应付战争）不同，在平时，社会里各份子的目的是复杂的、众多的，怎样构筑一个计划把全社会的生产资源按照复杂众多的目的缓急轻重来派分，而无碍于各份子的消费目的和择业自由，其困难无异于数学里解一个含有无数未知数的联立方程式。计划范围愈大、愈详，所需要的统制措施愈严、愈细，在平时能否取得人民的自动合作，而不损毁自由民主的原则，也是很成问题的。显然宋则行在这里非常深刻地揭露了中央集权计划体制的弊端，这在当时是难能可贵的。他很欣赏当时英国工党政府的计划。他指出："英国工党政府虽然还没有苏联式的五年计划，但对于每年全国资本设备的扩展已有可以数量表示的计划了。拿今年（1948年——引者）的计划来说，政府预期全国固定资本投资的总额（包括现有设备维持补充投资）能达到420万英镑（按去年价格计算），占今年国民所得的估计数字的18%（去年为20%），其中多少是机械设备、车辆、船只等，都有相当详细的估计数值，其中关于居住房产的计划最为确定。至于国民消费并没有正面的计划，但只要投资的计划和进出口的计划定了，事实上全部货品供给中多少归国民消费的比例，也等于定了。不用说，由政府来规定全国投资的比率不可避免地要妨碍一部分企业的自由，然而这是保障自由社会平等扩展必须付的代价。"①

在题为《自由·管制·国营》的论文中，宋则行强调在实行计划经济的过程中，应该把政府的统制措施同自由市场的价格制度的运用结合起来。他指出："任何一本经济学教科书都会告诉人们，价格变动是平衡供需的最自然的方法。一个经济学者可以只对供需平衡的市场机构产生兴趣。然而，一个社会主义者就不能不问价格的变动对国民实际所得分配的影响。求过于供时，让物价上升，固然可减少需求使之与有限的供给相平衡，但结果享用这类稀少货品的限于一部分出得起高价的人。在财富与所得分配不平均的社会里，消费自由是受着购买力限制的。"也有人认为，如果让物价自然地上升对收入低微者不利，尽可以给他们补助，何必一定把价格用政府津贴的办法强抑得很低，然后再限量配给，造成排队等候、浪费消费者的时间和精力的现象呢？针对这种看法，宋则行写道："仔细观察目下属于定量配给的物品是人民的必需品，其需求弹性是很小的，

---

① 《经济评论》，1948年第4卷第5期。

即使让价格自然上腾也不见得减退其大量需求的。可是，由于计划的需要，这类货品在国内市场上的供应又是很有限的。其间的差额远非价格的升腾所可扯平的。定量供给之成为必要，主要的不是因政府用津贴压低这类物价而引起的过度需求，而是供给的极度缺乏。"①

根据这样一种分析，宋则行带有结论性地指出："自由市场价格平衡供需的功能，只有在两个条件下方能圆滑进行：一是供给弹性和需求弹性相当大；二是供需间的差额不太大。如果这两个条件不存在，靠自由市场价格来平衡供需不仅效果不大，而且可能使整个市场混乱至不易收拾的地步。在这种情况下，对供需势力的直接干涉就有必要了。"②

此外，在该文中宋则行还指出，在实行经济计划的过程中要采取上下协议的方式。他认为，即使用直接干涉的方式施行计划，也不是说政府与工商业人民的关系只是一个下命令另一个接受命令的关系。宋则行写道："如果计划的实施完全靠强迫，工商业人民没有一点儿自发的余地，其结果不是这个社会变成极权政府下的社会，就是计划没有成功的社会。"③

毫无疑问，宋则行的这些真知灼见，即使对于今天的社会主义市场经济的发展，也具有重要的指导意义。

显然，宋则行的这些经济主张在当时是无法行得通的，因为在腐败透顶的国民党统治之下和四大家族官僚资本主义主宰下的旧中国经济中是不可能实行宋则行这些主张的。对此，宋则行后来说过："我在解放前曾写过《经济建设的远景与近路》《原则与经验的联姻》、《自由·管制·国营》等论文，在这些论文中，基本观点是，搞经济建设，必须实行计划经济，但实行计划经济，必须同经济自由结合起来。这种观点，在今天看来还是对的，用今天的话说，就是把计划调节与市场调节结合起来。但在当时是行不通的，怎么可以设想，在腐败透顶的国民党统治之下会搞计划与自由相结合的经济呢？后来才明白，这叫理论脱离实际。"④

（二）北上东北

1949年5月，上海解放了。宋则行从迷茫中看到了希望。从此他把自己的命运紧紧地同中国共产党及其领导下的新中国的经济建设事业联系起来，开始了他的新的人生旅途。由于中国经济研究所停办，他被迫离开中国经济研究所而暂时到暨南大学任教授，同时等待施展抱负的机会。

这时，宋则行又一次面临了何去何从的选择。

他受到了上海复旦大学的邀请。

他收到了母校南开大学的聘书。

---

① 《经济评论》，1948年第4卷第5期。
② 《经济评论》，1948年第4卷第5期。
③ 《经济评论》，1948年第4卷第5期。
④ 宋则行：在辽宁大学祝贺宋则行教授从事学术活动45年大会上的发言，1987年9月30日。

暨南大学也挽留他在该校继续执教。

岭南大学也发来了邀请函。

然而，当时怀有一腔报国热情的宋则行不愿意在大学里教书。他渴望进行实际经济问题的研究，为即将诞生的新中国的经济建设事业做点儿实际工作。正当宋则行苦于找不到适当的门路的时候，机会来了，东北人民政府派人到上海招聘到东北工作的科技人员和经济管理人员。他谢绝了各大学的邀请，找到东北人民政府财经委员会到上海招聘科技人员和经济管理人员的负责人林里夫同志，表达了自己决心到东北参加经济建设的意愿。林里夫同志支持了宋则行，热情地欢迎他到东北工作。1949年9月，宋则行和与他怀有同样的建设新东北志向的热血青年知识分子来到了东北沈阳。从此，他在东北这块沃土上深深地扎下了根。在长达半个多世纪的漫长岁月中，宋则行把其全部学识、全部精力、全部心血都贡献给了东北以至全中国的社会主义建设事业和教育事业。

宋则行的夫人肖端清如此描述了宋则行当时选择北上东北的情形："旧中国的上海是个魔窟，真如众人所说的十里洋场是灯红酒绿，纸醉金迷，是冒险家的乐园。但对清淡寡欲的青年知识分子来说，并不是理想的开拓之地。宋将何去何从呢？除仍在暨大执教外，复旦大学邀请他当工商管理系主任，天津南开大学也下了聘书，还有广州的岭南大学等。他正在犹豫之际，东北的招聘团到了上海，他毅然地推辞了各大学的聘请而选择了北上，立志要为即将诞生的新中国的经济建设事业多做点实际工作。他的这一选择注定了后半生就定居在沈阳了。"

宋则行一到东北，就参加建立新中国统计制度的工作。宋则行强调，统计工作的基础是实事求是，各种报表和数字必须反映真实的经济活动情况。他强调统计工作人员应该深入实际。在东北统计局工作期间，他多次到钢都鞍山、煤都抚顺和沈阳的一些大、中型企业，实地考察生产情况。在此期间，宋则行还主持了国营企业和私营企业的普查工作，从企业的规模、结构、设备、就业人数到企业成本消耗和效益做了全面的普查，为有效地实行计划指导和改造私人资本主义企业，提供了可靠的依据。

不久宋则行的夫人肖端清也来到沈阳，并且进入了宋则行所在的东北统计局工作。

1952年，上级领导以宋则行不适于在东北统计局工作为由，把宋则行调离了东北统计局，安排他到刚成立不久的东北财经学院工作。从此开始了他在高校从事经济理论教育和研究的生涯。即使在他离开东北统计局以后，宋则行也一直关心着中国统计事业的成长和发展。他曾多次提出把计算社会最终产品产值作为国民经济的综合指标（见1984年《关于宏观经济的计划管理问题》一文）；多次建议改变传统的农轻重部门划分，采行新的物质生产门类划分方法（见1981年《关于国民经济综合平衡的几个理论问题》，1983年《关于物质生产门类划分的建议》等文）。

四、历尽坎坷，报国初心不变

（一）调离东北统计局

宋则行参加工作之初，在填写个人登记表时，在登记表的"家庭成分"一栏，按他祖父破落地主的家庭经济状况填报了"地主"成分，实际上，按他父亲从事银行职员的职务，应该填写"职员"成分。在"社会关系"一栏，本应填写直系亲属关系，宋则行却把在南开经济研究所学习时的好友杨叔进填写进社会关系栏。这样填写表现了宋则行对组织的忠诚，但这样一来，就使得宋则行不适合于在东北统计局工作了。国家统计部门是国家一级保密部门。宋则行因为出身"地主"，且有"海外关系"（指和杨叔进的关系），被省公安厅内控，按照当时的政治标准，是不适合于在东北统计局工作的。因此，在1952年东北统计局宣布调他到刚刚成立的东北财经学院去教书。这是宋则行在工作经历和人生道路上所遭遇的一次重大挫折。

（二）艰难前行的教学和科研生涯

在宋则行被调到东北财经学院以后，最初给学生讲授马克思主义政治经济学，并担任政治经济学教研室主任。为了讲好马克思主义政治经济学，他在沈阳市南昌街东北财经学院宿舍要了一间房子，一个人住在那里备课。星期六晚上回家，星期日下午回去。他重读了马克思的《资本论》和列宁的《帝国主义论》。

由于做了认真的备课，宋则行讲授的政治经济学课程受到学生的欢迎和好评。宋则行对马克思主义经济理论的研究，有其独特的思路。例如，他认为列宁的《帝国主义论》虽然指出资本主义的自由竞争必然导向垄断，但其对垄断的分析更多的是从经济组织或经济结构演变（垄断组织的形成与发展）的层面上进行分析的，而没有循着马克思《资本论》中商品货币交换关系分析的思路来展开对垄断和竞争的分析。按照宋则行的看法，分析商品交换关系发展的条件，便会自然地引出对垄断和竞争关系的分析。这显然是受了他的老师琼·罗宾逊《不完全竞争经济学》和美国经济学家爱德华·张伯伦《垄断竞争理论》的启发。从这里可以看出，宋则行在马克思主义经济理论研究的一大特色，就是把马克思的经济理论和西方经济学家的理论做适当的沟通，以丰富马克思主义经济理论。但这在当时却被看作是一种"离经叛道"的行为。例如，曾担任过辽宁大学校长的陈放就把宋则行的这种研究思路看作是"背离马克思列宁主义"。宋则行也因此被迫不断地检查其"资产阶级学术思想"的影响。但宋则行仍然是一个遵循自己独特研究道路的马克思主义经济学家。

在对马克思主义经济理论研究中，宋则行非常注意以马克思主义经济理论研究中国社会的现实问题。

1953年国民经济恢复阶段完结的时候，以毛泽东为首的党中央提出了过渡时期的总路线。在总路线的指导下，到1956年，我国基本完成了对生产资料所有制方面的社会主义改造，建立了崭新的社会主义经济基础，中国大地出现了翻天覆地的巨大变化。宋则行衷心拥护党在过渡时期的总路线，衷心拥护生产资料所有制的社会主义改造。同时，他更希望大力发展生产力，真正把我国建设成为具有深厚物质基础的强大的社会主义国家。在一篇发表在《辽宁日报》上的题为《关于我国当前的社会性质》的文章中，宋则行除了指出，经过生产资料所有制的社会主义改造建立了社会主义公有制，因而我国社会已经具有了社会主义性质之外，着重强调："当前我国还没有完全确立起社会主义生产的物质基础，还没有完成国民经济各部门在现代技术基础上的改造，还没有完成社会主义工业化。目前我国虽然有某些工业部门和交通运输部门，特别是许多新建的和改建的工业企业，已经建立在现代技术基础上了。重工业生产在整个工业生产中，也在逐渐占着优势。但是落后的中小企业还占相当大的比重，而广大的农业部门则基本上还是以畜力和手工劳动为基础。这样一个落后的生产力跟我国基本上建立起来的先进的社会主义的经济制度显然还不相称。"① 因此，宋则行强调，社会主义建设的任务远没有完成，必须大力发展社会生产力，把我国建设成为一个完全的社会主义社会。

在对民族工商业进行社会主义改造中所形成的公私合营企业，国家实行一种定息制度，如何认识"定息"的性质，一时间有所争论。有人认为定息不是剩余价值，其理由是，资本家对生产资料失去了支配权，从而资本主义所有制已经支离破碎，不能成为剩余价值生产的基础。其另一个理由是，在实行全行业公私合营和定息办法后，劳动力不再是商品，因而已经不存在剩余价值生产的前提。宋则行认为，定息的实质是剩余价值。并对否认定息的实质是剩余价值看法的以上理由做了实事求是的批评。就第一点理由，他指出，实行公私合营和定息办法后，诚然资本家已经完全丧失了对生产资料的支配权，资本主义所有制已经不完整，因而企业生产的方向、规模、生产什么、生产多少等等，不再由资本家决定。但是在公私合营企业中毕竟还有资本主义所有制的残余，资本家毕竟还保有股金形式的生产资料所有权，而他们正是凭借这种生产资料所有权而取得定息的。工人阶级在目前还承认这种形式的生产资料所有权，因而在生产过程中，才预定的要有一部分劳动既不是为自己，也不是为社会，而是无偿地为资本家进行的（尽管它已局限于一个很少的固定部分），正是在这个意义上，定息具有剩余价值的性质。

就第二点理由，宋则行指出：是的，在完整的资本主义所有制下，劳动力变为商品和雇佣关系的存在是剩余价值产生的前提。但是劳动力所以作为商品出卖以及雇佣关系之所以存在，又都是以资本主义所有制的存在为条件的。因此，剩余价值生产赖以存在的条件，归根结底，还是资本主义所有制。在完整的资本主义企业中，劳动力作为商品与资本家占有生产资料是一件事情的两面，资本家既占有生产资料，劳动力就只能作为商品出卖。而在我们今天的公私合营企业中，一方面由于资本家丧失了生产资料支配权，工人阶级成了企业的主人，劳动力不再是商品；但是另一方面，资本主义所有制却没有完全消失，在这种特殊情况下，资本主义所有制既然已与劳动力作为商品这一条件相分离，就不能拿完整的资本主义所有制下剩余价值产生的前提来机械地套在今天我国还存在的特殊形式的资本主义所有制上面，因而不能因为不符合这个公式，就否认定息还有剩余价值性质。

基于这样的分析，宋则行得出结论说："既然定息是资本家凭借他们对生产资料所有权（尽管是以股金形式保有的所有权）而无偿地取得的，既然定息是工人阶级在生产中既不是为自己、也不是为社会，而是无偿地为资本家而进行的那一部分劳动的体现物（尽管是固定的部分），在这个意义上，定息就有剩余价值的性质。"②

宋则行认为，肯定定息具有剩余价值性质，同时明确它同完整的资本主义所有制下

---

① 《辽宁日报》，1957年4月23日，第二版。
② 《宋则行经济论文集》，辽宁大学出版社，1987年版，第370页。

的剩余价值有重大差别,这不仅是为了从理论上更确切地揭示定息的实质,而且也具有重要的实际意义。"这是因为肯定定息具有剩余价值性质,可以使我们对于目前还存在资本主义所有制残余的事实、对于资本家还具有剥削者的身份、对于定息作为剥削收入的实质、以及对于当前加紧对资本家改造工作的重要意义,都会有更深刻的认识。我们今后的社会主义改造的任务,就是怎样通过企业改造与资本家个人的改造的结合,提高他们的觉悟程度,在适当时机使他们自觉放弃残存的剩余价值剥削,最后把公私合营企业转变为完全社会主义的国营企业。"①

后来,政治经济学也不让他讲了,组织上认为宋则行的"特殊身份"(有"海外关系"),也不适合于做政治经济学教师,就把他调到经济史教研室,讲授外国经济史。从此,他又全身心地投入到对经济史和当代世界经济问题的研究。1957年,人民出版社出版的宋则行著《资本主义国家发展不平衡问题》一书,是宋则行根据马克思主义经济理论研究世界经济问题的一个重要成果。

宋则行在该书的开篇处写道:"列宁所发现的帝国主义时期资本主义国家经济政治发展不平衡的规律,是列宁关于社会主义革命理论的基石。""列宁关于资本主义国家发展不平衡的理论,也是认识现代资本主义发展的规律性,了解当前国际局势发展的钥匙。"②

宋则行在该书中依据列宁的学说重点论述了这样几个重要问题:第一,经济发展不平衡是资本主义制度所固有的特点,它与资本主义的本质相联系,与资本主义制度相始终。而且各个资本主义国家经济发展不平衡,又必然成为它们在政治上发展不平衡的基础。第二,从历史上看,在帝国主义时期由于资本主义发展不平衡规律作用的加剧,先后导致两次世界大战的发生,导致苏联和社会主义世界体系的出现,导致资本主义世界体系总危机的加深。第三,由于第二次世界大战后资本主义国家发展不平衡的进一步加剧与帝国主义之间矛盾的进一步尖锐化,以及资本主义世界体系与社会主义世界体系间的深刻矛盾,因而存在着新战争的危险性。另一方面,由于国际和平力量与帝国主义战争势力之间对比的深刻变化以及两种不同社会制度国家的和平共处,又存在着避免新战争的可能性。全书从理论到实际、从历史到现实、从原因到结果、从个别到一般,进行了有理有据、纵横交错、层层推演、深入细致的论述。

应该说,宋则行在该书中所做的分析是相当深刻的。虽然由于历史的局限性(写于1956—1957年),该书没有关于三个世界的分析,对第三世界发展中国家在决定国际形势中的作用谈的不多,较多地强调了帝国主义国家之间的矛盾,社会主义世界体系和资本主义世界体系之间的矛盾。但是,宋则行在该书中所做的一般理论分析,他所强调的列宁关于帝国主义时期资本主义经济政治发展不平衡规律的学说,仍然是认识当时国际形势发展的理论基础。

然而,就是这样一本通篇闪耀着马克思列宁主义思想光辉的著作,后来也遭到封杀。正如宋则行在《马克思经济理论再认识》一书的前言中所说:"1956年我承人民出

---

① 《宋则行经济论文集》,辽宁大学出版社,1987年版,第373~374页。
② 宋则行:《资本主义国家发展不平衡问题》,人民出版社,1957年版,第1页。

版社之约，结合实际，学习马克思、列宁、斯大林著作，写了一本《资本主义国家发展不平衡》的小书（1957年出版），这是我第一本学习研究马列著作原著后的著作。该书尽管受当时教条主义的影响，但是在'文革'中还是被诬为反马克思主义的毒品而遭绝版。"①

（三）在"反右派运动"中

在1957年的"反右派"运动中，在中共辽宁省委宣传部组织的党外民主人士座谈会上，宋则行发言说：古语说，"士为知己者死，士为知己者用"，解放后，知识分子把共产党视为知己，愿意为党的事业贡献自己的全部知识和力量。党的知识分子政策，也是放手让知识分子在社会主义建设中施展才能，发挥作用。这也可以说是古语所说的"疑人不用，用人不疑"。因此，现在，最重要的是增强知识分子和党组织之间的相互信任。知识分子应该坚信党的知识分子政策，党组织也要相信知识分子和党是一条心的，是坚定地跟党走的。这样，才有利于社会主义事业的发展。当时，《辽宁日报》摘要登载了这篇发言，在知识分子中也产生了一定的影响作用。

除了这篇发言，宋则行在"反右派"运动中再没有别的言论了，因为在1957年四五月份"鸣放"高潮时，宋则行出去参加学术活动了，没在学校。加上宋则行是个谦虚、谨慎、说话掌握分寸的人，不会贸然讲出一些言辞过激或出格的言论。尤其重要的是，宋则行热爱党，热爱党所领导的社会主义事业，他已经自觉地把自己的一切同党紧密地联系在一起了，不可能在他的头脑中产生"反党"的思想，因此，也不会放出"右派"言论。

在当时全国如火如荼的反右派的政治氛围下，认为宋则行的发言有严重问题的意见占了上风，偏向于将宋则行定为右派，但由于宋则行除了这篇发言再没有别的言论，似乎感觉把宋则行定为右派也根据不足。虽然将宋则行定为右派的表格已经填好了，但主管反右派工作的教研室党支部书记却把表格放在抽屉里迟迟没有上报。就这样，宋则行躲过了"反右派"运动这一劫。也因为如此，在后来的"文革"中，宋则行被定为"漏网右派"。

（四）自觉履行经济学家的责任

虽然经历如此坎坷，但宋则行仍然以经济学家特有的责任感和报国初心对待社会主义经济建设中所发生的一切。

1958年，在经济建设的"左"倾思想的影响下，中国大地上掀起了一股"大跃进"、"大炼钢铁"和"人民公社化"运动的风暴。在"大跃进"的年代里，到处是反常的现象，什么中国正经历着"一天等于二十年的伟大时代"、"跑步进入共产主义"等奇谈怪论喊得震天价响。公社实行"供给制"、"吃饭不要钱"、"吃大食堂"，到处建"小高炉"，企业废除计件工资制，过分强调用共产主义的劳动态度对待劳动。与此同时，

---

① 宋则行：《马克思经济理论再认识》，经济科学出版社，1997年版，第1页。

价值规律被抛弃了，商品生产和商品交换遭到了否定。为了了解真实的经济活动情况，宋则行去过农村，在农村，他没有看到"供给制"、"大食堂"以及"吃饭不要钱"给农民带来欢乐和兴奋，到食堂去吃饭的人各个面无表情，精神麻木。宋则行也去过工厂，在工厂，他看到由于不顾工人的物质利益和片面追求产值指标，工人缺乏劳动积极性，产品质量下降，存在着严重的浪费现象。作为经济学家的宋则行，面对违反客观经济规律的严重的现实，感到非常痛心。同时，严峻的现实经济生活也向他提出了需要回答的问题。宋则行以一个经济学家的责任心进行了苦心的理论研究和探索。

1959年4月，宋则行与人（王征等）合写了一篇题为《关于我国计件工资制几个问题的探讨》的论文。在该文中，针对有人提出的"计件工资是资本主义性质的"说法，明确指出，我国计件工资制具有社会主义性质。该文认为，作为按劳分配形式之一的计件工资，工人的工资直接取决于其个人的劳动成果，因而它被利用来使每个工作者从物质利益上关心自己的劳动结果，使每个工作者的个人的物质利益和代表全民的国家利益结合起来，它是为发展社会主义生产服务的。同时，随着劳动生产率的增长，工人的工资收入是不断提高的。针对在"大跃进"中普遍取消计件工资的情况，该文强调，选择一种代替计件工资的分配形式的原则应该是，既要有利于技术革命和生产的高速度发展，又要有利于工人生活的逐步改善；既要保持各类工人之间收入的合理差别，又要有利于各类工人之间团结的增进；既要有适当的物质鼓励，又要有利于工人群众共产主义觉悟的提高。该文特别重视关心工人物质利益的原则，指出从长期来看，为了鼓励工人群众更大的生产积极性，加强政治思想工作仍然必须和关心他们的物质利益结合起来。"在社会主义建设时期，按劳分配尽管在形式上可以随条件的变化而有所不同，但它是必须坚持的社会主义原则。取消计件工资制决不是否定按劳分配原则。同时，在一部分职工中取消计件工资，也不等于说计件工资制已经成为了过时的东西。只要条件适宜于采用，计件工资仍然是贯彻按劳分配原则的重要形式之一。"①

宋则行等在该文中所阐述的这些观点，无疑是对否定物质利益原则的荒谬作法的深刻批判，从理论与实践的结合上捍卫了社会主义按劳分配原则，具有重要的理论和实践意义。

针对在"大跃进"中否定价值规律和商品生产的荒谬现象，宋则行先后在1959年和1961年发表了《社会主义商品生产和价值规律》（与冯玉忠等合写）、《价值规律在我国国民经济的作用》等重要文章。在这些文章中，宋则行强调，价值规律是商品经济的客观规律。在社会主义时期，我国既然还存在商品生产和商品交换，就必然有价值规律存在，并发生作用。宋则行认为，在社会主义经济中，价值规律的作用，主要是通过国家的价格政策对生产、分配、流通所产生影响而表现出来的。社会主义国家各类主要产品的生产、分配、流通，固然是由国家计划来安排和调节的，但是国家对各类产品的价格规定得是否适当，规定时是否考虑了价值规律的客观要求，这对国家的生产、分配、流通等各项计划的实现，对国家建设的发展和人民生活的提高都有重大的影响。宋则行

---

① 《关于计件工资问题》，科学出版社，1960年版，第93页。

以农产品为例，深入浅出地说明了这个道理：农产品价格规定得是否适当，关系到农产品的劳动消耗能否得到补偿，关系到公社和生产大队能否扩大再生产，社员的生活能否得到改善。如果农产品的收购价格低于它的价值，国家虽然可以增加收入，但公社在出售农产品后不能换回同等价值的工业品，公社和社员的实际收入就会减少，这就必然影响到农业生产的发展和农民生产的积极性，从而国家的农业生产计划和农产品收购计划也就不可能顺利完成。此外，各类农产品之间的比价定得是否适当，也会影响到社、队对各类农产品生产的安排能否符合国家计划的要求。在谈到价值规律对于国营企业生产的作用时，宋则行认为，虽然国营企业必须完成国家下达的计划任务，但是企业毕竟是一个独立的经济核算单位，它在生产中的劳动消耗（包括活劳动和物化劳动消耗）必须得到补偿。同样需要以价值为基础，对列入计划的产品规定适当的价格。对于那些不可能全部列入计划的种类繁多的产品，则应该由企业自行决定生产什么，生产多少。在这里，价格则起着调节的作用。另外，对于国营企业而言也必须自觉地利用价值规律建立和完善经济核算制度，以推动企业降低成本，提高劳动生产率。为了保持供求平衡，宋则行指出，国家也应该在商品流通领域自觉地运用价值规律对供求关系进行调节，运用价格杠杆使供求关系保持平衡。当然，宋则行指出，也不能滥用提高价格的办法来解决求过于供的问题。特别是生活必需品，更不能轻易采用这种方法，否则势必影响人民的生活水平。在遇到一些生活必需品供不应求时，除了积极增加生产外，应该采取计划定量供应的办法来调节，使其得到公平合理的分配。

从今天发展社会主义市场经济的观点上看，宋则行在其文章中所阐述的观点已经过时了。因为在社会主义市场经济下面，价值规律的作用，在于实现资源的最优化配置，从而实现最优化的社会生产。在这种情况下，国家不干预和不代替应由企业自己做的事情。企业和个人享有充分地自我选择的自由。宋则行在这里所谈的还是在坚持计划经济体制的大前提下发挥价值规律作用的问题。因为当时我国所实行的是计划经济体制，而且认为计划经济是社会主义经济制度最基本的特征，还不容许触及计划经济体制本身的问题。因此，宋则行在其文章中所论述的价值规律作用，还不可避免地带有历史的局限性。尽管如此，宋则行论述关于社会主义经济中价值规律作用的文章，在当时是非常难得的卓越的文章，也表现了他作为社会主义经济学家参与实际经济问题探讨的真知灼见。

针对在"大跃进"中片面强调积累而忽视消费的做法，宋则行在1961年12月27日的《辽宁日报》上发表了一篇题为《积累和消费》的文章。在该文中，宋则行对于积累和消费的关系作了如下的经济学论证：在一定时期内，例如一年，劳动人民所生产的物质资料（包括生产资料和消费资料）的总和叫作社会总产品。由于生产物质资料时总是消耗一定量的各种各样的生产资料（如原料、材料、燃料、机器设备的损耗等），因此在进行社会总产品的核算和分配时，必须首先扣除一部分生产资料用来补偿在生产中所消耗的那部分生产资料，余下这部分就是这一个时期新创造的物质财富，叫作国民收入。在社会主义社会里，全部国民收入是归劳动人民所有的。国民收入经过复杂的分配、再分配过程，形成消费基金和积累基金。消费基金是用来直接满足人民当前的物质和文化生活需要的，它体现着人民的目前利益。积累基金用来扩大再生产，加速国家的建设，它是进一步满足社会日益增长的物质和文化生活需要的物质基础，它体现着人民的长远利益。社会主义积累的增长，是提高人民生活的根本保证，而人民生活的逐步提高又反过来促进生产的发展和积累的增长。因此，在社会主义制度下，积累和消费的关系，体现了人民的目前利益和长远利益的一致性。但是在积累和消费之间，也存在一定的矛盾。因为就一定时间的国民收入来说，积累和消费的数量取决于它们在国民收入额中所占的比例。如果不适当地提高积累的比例，就会影响消费基金的应有增长，影响人民生活应有的提高，从而不利于调动人民群众的劳动积极性，不利于生产力的发展。反过来，如果分配于消费基金过多、过快，就会影响积累基金的增长，影响扩大再生产的规模，从而有可能延缓社会主义建设的速度。

在这篇文章中，宋则行还指出了正确处理积累和消费的途径。具体地说，为了正确处理积累和消费的关系，就要全面地考虑当前的生产力状况、工业化基础、国民收入水平和增长情况，现有的人民生活水平以及人口数量及其增长速度等等。我国的具体情况是，工业化虽然有了一定的基础，可是生产力发展水平总的来说还是不高的；国民收入水平和人民生活水平还较低；而人口数量大、增长速度也比较高；这样，就必须以较大的比重用之于消费，以保证人民生活在社会劳动生产率增长的基础上逐年有所提高。至于在各个时期如何安排消费和积累的比例，须看具体的经济发展情势而定。在国民收入增长较快的年份，积累的比例可以适当地提高一些，而在国民收入增长较慢的年份，积累增长的速度就须放慢一些。另外，在处理积累和消费关系时，还必须使它们同社会生产两大部类的产品，即生产资料和消费资料及其比例相适应，厉行节约尽可能减少生产中的物质消耗。

关于正确处理社会主义的积累和消费关系的思想，宋则行在当时发表的《也谈关于扩大再生产公式》（1961年）、《关于消费资料生产在扩大再生产中的制约作用问题》（1962年）、《关于社会生产两大部类之间数量关系的几个问题》（1962年）等论文中，通过对马克思扩大再生产公式的阐析，在理论上做了进一步的论证。关于这方面的内容，在本书第二部分论述宋则行经济思想时再做较为详细的评介。

宋则行对于社会主义经济问题的理论探讨和所取得的重要成就，他在马克思主义理论研究和世界经济史研究方面所取得的重要成就，以及他在经济学科（经济史、经济学说史和《资本论》）教学中所表现出来的卓越才能，为他赢得了广泛的赞誉，辽大经济系因为有宋则行这样出类拔萃的经济学家而感到骄傲和自豪，加之这时因与其老同学杨叔进的关系而被怀疑"特嫌"的问题也已经澄清，领导开始重用宋则行了。1960年被任命为辽宁大学经济系主任，1964年，在经济系和哲学系合并为哲经系以后，仍然任系主任职务。特别可喜的是，宋则行被推选为第三届全国人大代表，于1964年12月出席了第三届全国人民代表大会。敬爱的周恩来总理在《政府工作报告》中向全国人民发出了向"四个现代化"进军的伟大号召："今后发展国民经济的主要任务，总的说来，就是要在不太长的历史时期内，把我国建设成为一个具有现代农业、现代工业、现代国防和现代科学技术的社会主义强国,赶上和超过世界先进水平。"①

宋则行精神振奋、豪情满怀,决心在向"四个现代化"进军的伟大征途中做出自己的贡献。然而,"文化大革命"却让他经受了空前的挫折和磨难……

五、"文革"中的磨难与反思

(一) 磨难与磨炼

应该说,在"文革"刚开始的时候,宋则行从主观上是想跟上毛主席的战略部署的,在揭露"三家村"和批判"燕山夜话"时,宋则行也积极参与写大批判文章。他当时的思想认识是,毛主席发动"文化大革命"是出于反修、防修的目的,作为知识分子,应该响应毛主席的号召,积极参加"文化大革命"。

随着"文化大革命"运动的深入发展,宋则行被剥夺了参加"文化大革命"的权利。不仅如此,他还被戴上了三顶帽子,即"资产阶级反动学术权威"(因是剑桥大学博士和英国皇家学会终身会员)、"漏网右派"和"美国特务"(因为和当时在联合国远东委员会任职的好友杨叔进有通讯联系),随时接受群众的批判。他完全失去了自由,每天被关在学生宿舍楼里写检查,有时和学校里被打倒的"走资派"以及1957年定的"右派分子"一起进行强迫劳动。他的家也被抄过了,并被造反派组织勒令搬到狭小的房间里居住。

1968年10月,辽宁大学到辽宁省西部北镇县高山子农场搞所谓"开门办学"。在辽大"革委会"的安排下,全校一千多人,带着包括宋则行在内的104名批斗对象,沿着当年"辽沈战役"的行军路线,一路行军,一路批斗。此前。宋则行已经蹲了几个月的"牛棚",腿脚没有活动,马上行军,每天要走六、七十里路,况且他这时已经是年过半百的老人了,确实难以忍受。很快腿走肿了。造反派认为他是装病,不予理睬,结果腿骨劈了,以至连上厕所都不能自理了,不得不由其他人背着走,最后只好送到沈阳正骨医院治疗。待到腿基本治愈后,在家休息几天,接着又去高山子农场了。在高山子农场,为了对知识分子进行"劳动改造",宋则行每天都要进行超强的体力劳动,晚上收工回来累得疲惫不堪,连饭都不想吃了,只想休息。但宋则行是个坚强的人,硬是挺了过来。他相信,这种苦日子不会长久,云开雾散的一天终究会到来的。

这种磨难,在宋则行看来也是一种磨炼,经过"文革"的磨难,他变得更加意志如钢了。

1971年,辽大重新招生,进校学习的是工农兵学员,大多数是在农村表现较好而被推举上大学的知识青年。辽宁大学老师也从高山子农场返回到辽大校园。但"四人帮"扣在广大教师头上的"资产阶级知识分子"的帽子仍然压得人喘不过气来。在这种情况下,便出现了一种"怪现象",教授、副教授、讲师、助教等,不让上讲台给学生

---

① 周恩来:第三届全国人大《政府工作报告》,见《周恩来选集》,人民出版社,1984年版,第439页。

讲课，只让刚留校的大学毕业生给学生讲课，原因是这些刚毕业的大学生在"文化大革命"中是红卫兵和造反派，是冲击资产阶级教育路线的闯将，只有他们才有资格给新入学的工农兵学员上课。用当时最时髦的话说："不能让资产阶级知识分子统治学校的现象继续下去了。"教授、副教授、讲师、助教只能做些教学辅助性的工作，例如编写教材，给学生做辅导等。结果学生发现，给他们上课的老师很多知识讲不明白，而通过这些辅导的老师才把知识搞明白。于是，学生纷纷提出换讲课老师的强烈要求。讲课的老师也自知他们的知识功底不厚，不适合于给学生讲课，有的自动退出讲台。最后，不得不把教授、副教授、讲师、助教请上了讲台。于是学校恢复了正常的教学秩序。

1977年，邓小平复出主抓教育和科技之后，给教师摘掉了"资产阶级知识分子"的帽子，包括宋则行在内的广大教师觉得真正获得了解放。宋则行重新当上了辽宁大学经济系主任，并当上了辽宁大学副校长。与此同时，通过恢复高考，辽大招收了具有一定文化素质的学生入学，并通过研究生入学考试招收了一定数量的研究生入学。宋则行主管文科教学、研究生教学和科研工作。

（二）反思与批判

在"文化大革命"的"十年浩劫"中，宋则行虽然遭到了林彪、"四人帮"反革命集团的残酷迫害，对他进行精神折磨和肉体摧残，但他没有屈服于林彪、"四人帮"反革命集团的淫威。他们可以夺走他手中的笔，剥夺他讲话的权利，但他们无法剥夺他思索的权利。他用冷静的眼光静静地观察着国内各地每天所发生的一切，思索着，考虑着。"四人帮"为了实现其篡党夺权的反革命目的，肆意篡改马列主义、毛泽东思想，竭力把理论搞乱、把人心搅乱。其中最为荒谬的莫过于他们颠倒黑白地把社会主义生产关系说成是产生资本主义和资产阶级的经济基础、土壤和条件。他们的反动逻辑是，社会主义生产关系各个方面都存在着资产阶级权利，而资产阶级权利则是"资本主义传统或痕迹"的集中表现，是资本主义因素。它"既保护老的资产阶级，又孕育着新的资产阶级"。因此，社会主义生产关系"不断分泌出资本主义和资产阶级"。宋则行从"四人帮"的鼓噪声中，认清了其反马克思主义、反社会主义的真实面目，他们的灭亡是历史注定的。"四人帮"最终覆灭了，长期积压在宋则行心中的愤懑一下子爆发出来了。

1977年和1978年，宋则行先后发表了题为《按劳分配是产生新资产阶级分子的经济基础吗?》和《关于新剥削分子如何产生的问题》两篇文章，从理论与实践的结合上清算了"四人帮"篡改马列主义、毛泽东思想的罪行。这两篇文章虽然是在粉碎"四人帮"以后写成的，但其基本思想却是在粉碎"四人帮"之前即已酝酿而成了。

在《按劳分配是产生新资产阶级分子的经济基础吗?》一文中，宋则行指出："我们认为只要正确地贯彻按劳分配原则，把劳动报酬的差别限制在'等量劳动领取等量产品'这个范围内，那么仅仅由于劳动能力的高低不同而形成的实际收入差别，它不可能造成两极分化。何况，随着社会主义生产事业和文化教育的发展，人们在劳动能力上的差别，是在逐步缩小的，因而人们在劳动收入上的差别，也会随着逐步缩小。同时，由按劳分配所造成的人们在收入上、生活上的差别，只是生活富裕程度的不同，在性质上和资本主义社会由于人剥削人制度所造成的贫富差别有着根本的区别。"①

宋则行在该文中针对"四人帮"理论家们所谓强化或扩大"资产阶级权利"的行为,做了这样的科学的理论分析:首先,什么是"四人帮"所谓的强化或扩大"资产阶级权利"呢?一种是打着按劳分配的幌子,扩大劳动者之间、干部和一般群众之间的工资差距,对少数人实行"高薪制",使他们的薪金远远超过一般工资和一般生活水平。这样的做法确有导致社会两极分化的可能,确有使少数人蜕化为资产阶级分子的可能。然而这种情况恰恰是没有贯彻,或者说破坏了按劳分配原则的结果。因为扩大不平等的差别,对少数人实行高薪制,就使一些人取得的"报酬"同他们为社会所提供的劳动量不成比例,这恰好破坏了"等量劳动领取等量产品"的原则。既然如此,这种情况也就不能叫作什么"扩大"资产阶级权利。因为资产阶级权利要求"等量劳动相交换",而扩大工资差别,对少数人实行高薪制,不是"强化"了或"扩大"了这个要求,这恰恰是越出了或者说打破了这个要求。所以把扩大工资差别和高薪制说成是"强化"或"扩大"资产阶级权利,这是一种似是而非的提法,而把这样做的后果说成是按劳分配带来的,则更是张冠李戴,歪曲事实。

"四人帮"及其理论家们所说的"扩大"、"强化"资产阶级权利的另一个含义,宋则行指出,是指一些人(特别是高级干部)利用他们掌握的那一部分权利,打着"工作需要""健康需要"等幌子,侵占国家财产和人民的劳动果实。"四人帮"及其理论家们所讲的这种情况,正是"四人帮"自己之所为。王洪文不就是这样蜕化为新生资产阶级分子的吗?但是这种利用手中的权力,假借各种名义,甚至通过一些所谓"合法"的制度,对人民的劳动果实巧取豪夺,已经远远超出了"等量劳动领取等量产品"的规范。所以也同样不是什么"扩大"或"强化"资产阶级权利的问题,而恰恰是打破资产阶级权利规范的约束,利用政治特权搞剥削的问题。

在《关于新剥削分子如何产生的问题》的论文中,宋则行分析了在社会主义社会不断产生新剥削分子的条件。宋则行首先澄清按劳分配不是产生新剥削分子的条件。他指出:"按劳分配是社会主义公有制的产物,也是社会主义公有制的实现。只有在社会主义公有制基础上才能以劳动为唯一的尺度来分配个人消费品。按劳分配排除了剥削,它是对资本主义的'不劳而获,劳而不获'的分配制度的否定,它不可能成为产生资本主义和资产阶级的土壤。"②

宋则行认为,在社会主义社会,极少数人蜕化为新剥削分子有其内在的主观原因和外在的客观条件。从其内在的主观原因上说,他们受了资产阶级思想的腐蚀,有着严重的资本主义剥削思想。这是他们蜕化为新剥削分子的根据或内因。因此,资本主义思想的存在是社会主义产生新剥削分子的思想根源。

关于产生新剥削分子的客观条件,宋则行指出了如下一些方面的问题:

(1) 社会上还有一些未被纳入社会主义轨道的物资,这些物资都有可能被人利用来作为进行资本主义活动的对象;

---

① 《宋则行经济论文集》,辽宁大学出版社,1987年版,第376页。
② 《宋则行经济论文集》,辽宁大学出版社,1987年版,第385页。

（2）在生产力水平不高，劳动力资源还不能充分利用的情况下，也会有少数劳动力资源游离在社会经济之外，而被搞资本主义活动的人利用。

（3）由于计划制度、经济管理制度不健全，财经纪律不严，一些部门和企业的经营管理水平低下，也会给资本主义活动提供许多空隙。社会主义经济组织和国家机关中一些蜕化变质的人，就会利用这些空隙贪污盗窃，化公为私，和社会上的资本主义势力互相勾结，行贿受贿，拉出去，打进来，套购国家物资，盗用社会主义经济机关名义进行各种资本主义活动。

（4）由于计划工作不符合客观实际，或者某些经济政策不能正确反映客观经济规律的要求（如投资安排不当、对某些产品价格规定得不合理、农民负担偏重、劳动报酬有平均主义倾向等等），以至不能调动劳动群众的积极性，或使国民经济某些比例关系失调，造成某些重要物资供应不足，远远不能满足经济建设和人民生活需要等。这种情况也会使资本主义势力猖獗起来。

（5）某些地区或单位不顾全局，搞本位主义、分散主义，冲击国家计划、政策和财经纪律等。在这种情况下，社会主义生产遭到破坏，人民生活受到严重影响，资本主义活动当然更有空子可钻了。在"四人帮"横行时某些地区资本主义势力泛滥，就是这样造成的。

宋则行所指出的这些方面的问题，从现在的观点上看，有些已经过时了。在社会主义市场经济条件下，允许存在公有经济主导下的多种经济成分，参与市场经济的活动者，可以按照市场调节的要求，进行自由选择和竞争，只要不违法，允许个人通过自由经营实现发财致富的目标。从分配制度上说，实行以按劳分配为主，其他分配形式为辅的分配制度。这一切都适合于社会主义初级阶段发展经济和社会生产力的要求。宋则行的文章是在粉碎"四人帮"以后不久写成的，经济体制改革还没有提到日程上来，实行的还是计划经济体制，因此，不可避免地有其历史局限性。宋则行的文章更多的是具有理论上"拨乱反正"的意义。不过，宋则行在文章中所表达的反对资本主义势力上下勾结、内外勾结的精神仍有积极意义。在社会主义市场经济中，党政干部面临着更为沉重的被腐蚀、拉拢的压力，在这种情况下，党政干部必须经受市场经济负面影响的考验，以高度的自制力自觉地拒腐防变，不忘为人民大众谋利益的初心。从这个意义上说，宋则行的文章仍有重大的警示作用。

六、改革年代的理论探讨

1978年12月召开的党的十一届三中全会开启了中国的改革年代。以党的十一届三中全会的召开为契机，宋则行走进了他的理论探讨的"黄金时代"。

中共十一届三中全会公报宣布："全会决定，鉴于中央在二中全会以来的工作进展顺利，全国范围的大规模的揭批林彪、'四人帮'的群众运动已经胜利完成，全党工作着重点应该从一九七九年转移到社会主义现代化建设上来。"①

关于党的工作重点转移的意义，全会公报指出："把全党工作的着重点和全国人民的注意力转移到社会主义现代化建设上来，这对于实现国民经济三年、八年规划和二十三年设想，实现农业、工业、国防和科学技术的现代化，巩固我国的无产阶级专政，具有重大的意义。我们党所提出的新时期的总任务，反映了历史要求和人民的愿望，代表了人民的根本利益，我们能否实现新时期的总任务，能否加快社会主义现代化建设，并在生产迅速发展的基础上显著地改善人民生活，加强国防，这是全国人民最为关心的大事，对于世界的和平和进步事业也有十分重大的意义。实现四个现代化，要求大幅度地提高生产力，也就必然要求多方面地改变同生产力发展不相适应的生产关系和上层建筑，改变一切不适应的管理方式、活动方式和思想方式，因而是一场广泛、深刻的革命。"②

全会公报特别强调了中国经济管理体制的缺陷，指出："现在我国经济管理体制的一个严重缺点是权力过于集中，应该有领导地大胆下放，让地方和工农业企业在国家统一计划的指导下有更多的经营管理自主权；应该着手大力精简各级行政机构，把它们的大部分行政职权转交给企业型的专业公司或联合公司；应该严格按经济规律办事，重视价值规律的作用，注意把思想政治工作和经济手段结合起来，充分调动干部和劳动者的生产积极性；应该在党的一元化领导之下，认真解决党政企不分、以党代政、以政代企的现象，实行分级、分工、分人负责，加强管理机构和管理人员的权限和责任，减少会议公文，提高工作效率，认真进行考核、奖惩、升降等制度。采取这些措施，才能充分发挥中央部门、地方、企业和劳动者个人四个方面的主动性、积极性、创造性，使社会主义经济各个部门、各个环节普遍地蓬蓬勃勃地发展起来。"③

这就把经济体制改革提到了议事日程。

宋则行一口气读完了党的十一届三中全会公报，心情格外振奋，觉得知识分子真正大有作为的时代到来了！他暗下决心，要以极大的热情积极投身到伟大的社会主义现代化建设中去，投身到经济体制改革中去，以经济学家应有的责任心积极探索适合于中国国情的经济运行方式，探索具有中国特色社会主义的经济体制。

这里，从以下几个方面简要阐述宋则行在改革年代的理论探讨的主要成果：

（一）关于总需求与总生产相平衡的国民经济综合平衡分析

在我国经济学界，宋则行首次从总需求与总生产（总供给）相平衡的视角对国民经济综合平衡问题进行分析。1981年3月2日的《人民日报》刊登了宋则行的一篇题为《关于国民经济综合平衡的几个理论问题》的论文。在这篇论文中，宋则行首次提出了总需求与总生产（总供给）相平衡的国民经济综合平衡理论。该文指出，综合平衡是国民经济全局性的宏观平衡，是相对于单项或局部（部门、地区）的微观平衡来说的。它

---

① 《中国共产党第十一届三中全会公报》（一九七八年十二月二十二日通过）
② 《中国共产党第十一届三中全会公报》（一九七八年十二月二十二日通过）
③ 同上。

的需求构成部分（如投资和消费）和社会总生产中相应的各个重要构成部分（如生产资料生产和消费品生产）相平衡。社会总需求与社会总生产的平衡主要是价值上的平衡，而社会总需求各个构成部分和社会总生产中与之相应的各个构成部分的平衡，又必须在实物上取得平衡。因此综合平衡要求价值平衡和实物平衡相衔接，要求社会总需求与社会生产资源供应的可能相适应。

根据社会总需求与社会总生产相平衡的国民经济综合平衡理论，宋则行提出，要搞好综合平衡，首先要从分析过去一个时期社会总需求和社会总生产的规模、结构着手，从中揭示国民经济中的不平衡因素，生产结构中的薄弱环节，可能挖掘的生产力，急需满足的群众物质和文化生活需要，进行必要的扩大再生产所需要的投资规模，以及为满足这些方面需求所需要的生产资源供应的可能等等。进行综合平衡就是要在分析过去、摸清现状的基础上，按照量力而行、量入为出的原则，估算计划期内可以达到的国民收入水平和资源供应规模。由此出发，合理调整投资和消费比例以及两者的规模和结构，使之既能改善人民的物质和文化生活，又能逐步增强扩大再生产能力，取得最优的经济效果。结合现实的经济问题，宋则行提出，搞好综合平衡的关键是控制社会总需求。他认为，在我国30年来的社会主义建设中，每次出现国民经济比例关系严重失调，都是因为在"左"倾思想的错误指导下违背了量力而行、量入为出的原则，不适当地安排了过多的社会总需求，超过了社会总生产，超过了资源供应的可能。而社会总需求超过资源供应可能的原因，则是不自量力地安排过多的基本建设投资。因此，他认为，在控制社会总需求中最重要的是控制基本建设投资的规模。因为基本建设投资规模愈大，占用生产资源愈多，达到一定的程度，就有可能挤掉简单再生产所需的生产资源。同时，如果占用的大都是与消费品生产所共同需要的资源，还必然会挤掉消费品生产能力。不仅如此，基本建设投资规模愈大，占用劳动力愈多，就业面相应扩大，职工工资开支增加，社会购买力膨胀，对消费品需求也随之增大。因此投资的扩大会引起一系列的连锁反应，引起几倍于投资增长额本身所包含的职工收入的增长。这种情形，不仅造成生产资料供应关系的紧张，而且会引起消费品供求关系的紧张。当然，基本建设投资，除了有扩大社会总需求的作用，还可以或迟或早地形成新的生产能力，对各方面紧张的关系可以起到缓解的作用。但是，就投资效果看，一般来说，基本建设工程项目愈大，工程完成周期愈长，工程建设的效率就愈低。而各部门新增的固定资产所占的比例愈小，基本建设未完成工程的价值所占比例愈大，投资的近期效果也就愈小。

此外，宋则行提出，为了控制社会总需求，还应该通过控制产品价格、平均工资和奖金增长的幅度，把人民的消费需求控制在消费品生产供应可能的增长范围内。

为了使社会总需求同社会总生产（总供给）相适应，宋则行在这篇论文中还提出了调整生产结构的问题。在这里，他提出划分生产结构的原则应该是，便于显示社会生产过程的先后衔接的程序，从中发现关键性而又一时不易克服的薄弱环节，即对整个社会生产来说是卡脖子（瓶颈）的稀缺生产部门。根据这一原则，宋则行在这篇论文中首次把物质生产部门划分为三大门类：I. 原始产品生产门类，可细分为农业（包括畜牧业、渔业）、林业、能源（包括一次能源煤、天然气、石油和二次能源电）、矿产原料采掘等；II. 中间产品生产门类，包括金属冶炼、化工材料、建筑材料；III. 最终产品生产门类，包括用于投资的最终产品部门，如设备器材制造业、建筑业等，和用于消费的最终产品部门，如以农业原料为主的消费品工业与以金属、化工原料为主的消费品工业等。宋则行认为，在这三个门类中，第一门类，即原始生产门类是需要重点解决的关键性环节。一方面是因为我国整个社会生产需要建立在自有的原始产品资源的基础上；另一方面是因为长期受"左"倾错误的影响，加上生产条件差，或者需要投资多，建设周期长等原因，成为我国生产结构中关键性的薄弱环节，对社会总生产起着卡脖子的作用。应当调整生产结构，集中适当的财力、物力，有步骤地努力扩大原始产品部门（特别是农业和能源）的生产，在投资上给以优先的安排。另一方面，在安排包括消费和投资在内的社会总需求，安排中间产品和最终产品生产时，都要考虑原始产品资源供应的可能这个根本的制约条件。

继提出社会总需求与社会总生产（总供给）相平衡的国民经济综合平衡理论之后，宋则行又先后发表了《关于固定资产投资规模问题》《关于宏观经济的计划管理问题》《关于社会总需求与社会总供给的平衡问题》等重要论文，贯穿这些论文的一条主线就是社会总需求与社会总生产（总供给）相互适应的原理。关于这些论文的理论观点，留待后文的适当地方做较为详尽的阐析。

（二）关于社会主义宏观经济效益的分析

关于社会主义宏观经济效益的分析，是宋则行对于社会主义经济理论的又一个重要的贡献。

在1992年发表的《提高经济效益的宏观决策》一文中，宋则行依据第五届全国人大第四次会议上的《政府工作报告》的精神，强调考虑一切经济问题必须把提高经济效益，尤其是宏观经济效益作为出发点。

在该文中，宋则行首先从定义上说明了经济效益从而指出宏观经济效益的含义。他指出："所谓提高经济效益，就是要求以尽可能少的人力、物力耗费和资金占用，取得尽可能多、尽可能好的使用价值和收益。就一个企业来说是如此，就整个国民经济来说也是如此，前者通常叫做微观经济效益，后者通常叫做宏观经济效益。"①

宋则行之所以强调提高宏观经济效益的问题，在很大程度上同他对长期存在于经济建设中的"左"的错误，特别是"文化大革命"中的沉痛教训有着深切的体会有关。他认为，长期存在的"左"的错误和"文化大革命"的破坏，严重地妨碍了社会主义制度优越性的发挥，无论是微观经济效益还是宏观经济效益都有下降的趋势。社会经济资源的损失和浪费也是惊人的，人民生活的改善同人民付出的劳动很不相称。他从社会主义生产的目的出发指出："社会主义生产的目的是满足人民日益增长的物质、文化需要，这就要求我们通过经济建设，持续地提高社会生产力，并在生产、建设、流通各个领域中，不断提高经济效益。所以提高微观的和宏观的经济效益，这是社会主义经济规律的客观要求。"②

---

① 宋则行：《转轨中的经济运行问题研究》，辽宁大学出版社，1997年版，第85页。
② 宋则行：《转轨中的经济运行问题研究》，辽宁大学出版社，1997年版，第86页。

宋则行认为，提高微观经济效益和提高宏观经济效益二者是相互依赖、相辅相成的关系。他对此做了如下的论证："企业是社会主义经济活动的基层单位，提高企业经济活动的效益，是提高整个国民经济效益的基础。但是在社会化大生产的条件下，每个企业的生产经营活动，和其他企业、部门有着千丝万缕的联系，它只是整个国民经济网络中的一个扣，提高企业活动的经济效益，既有赖于企业的内部条件，也依存于企业的外部条件，如国家宏观经济决策、国民经济的管理体制、产业结构等等。因此提高宏观经济效益是更好地发挥微观经济效益的前提，两者是相互依赖、相辅相成的。"①

宋则行非常重视作为提高宏观经济效益基础的企业微观经济效益的提高。为此，他从企业内部条件上分析了提高企业的微观经济效益问题。那就是，要不断提高企业的生产技术，不断改进企业的经营管理。只有从这两方面下功夫，才能做到以较少的劳动、物资、能源的消耗，以较高的劳动生产率、设备利用率和资金周转速度，取得质量较高、成本较低、适销对路的产品，满足社会需要。"以工业来说，过去，我们扩大再生产主要靠建设新企业，这在奠定工业化基础时期是必要的。现在我们已经有了几十万个工业企业，今天扩大再生产主要靠的就是技术改造和设备更新，充分发挥现有企业的作用了。事实证明对现有企业进行技术改造和设备更新，不仅比新建企业投资少、见效快，而且可以使现有企业更快地提高生产技术，取得更高的经济效益。至于对现有企业分批进行全面整顿和必要改组，在目前企业经营管理十分混乱的情况下，更是当务之急。这对挖掘现有企业的潜力，提高微观经济效益，增加财政收入的作用是显而易见的。"②

在论述提高企业微观经济效益的外部条件时，宋则行强调需要国家采取一系列的促进企业改革和有利于企业提高经济效益的决策。而这些决策，宋则行指出，同时也是提高宏观经济效益的必要条件。他列举了以下10个方面的决策：

①要有一个能充分调动各方面经济效益的积极性的经济体制；
②要合理调整积累与消费的比例，正确处理生产建设和人民生活的关系；
③要合理调整产业结构，使国民经济得以协调发展；
④要有合理的投资决策；
⑤要运用财政信贷杠杆积累资金，合理使用和节约资金，加速资金周转；
⑥要在保证物价水平基本稳定的前提下逐步调整各种产品之间的比价，建立合理的价格体系；
⑦要疏通产品的流通渠道，把产、供、销紧密地结合起来；
⑧要按照平等互利的原则积极发展对外经济关系；
⑨要搞好国民经济的综合平衡。
⑩要重视教育与科学的发展，充分发挥科学技术在国民经济中的作用。

在列举了这10个方面的宏观经济决策之后，宋则行概括地说："总之，提高经济效益，不论是长远的还是眼前的，是宏观的还是微观的，关键在于首先要有一个正确的经

---

① 宋则行：《转轨中的经济运行问题研究》，辽宁大学出版社，1997年版，第87页。
② 宋则行：《转轨中的经济运行问题研究》，辽宁大学出版社，1997年版，第87页。

济发展战略和一系列的正确的宏观决策。"①

除了本文,宋则行还发表了诸如《安排生产建设要从满足人民需要出发》、《实现两个倍增与提高经济效益》《实现经济发展战略目标要合理调整经济结构》《关于物质生产门类划分的建议》,从不同的方面或视角论述提高经济效益问题。

(三) 关于社会主义经济增长速度的分析

关于社会主义经济增长速度或增长率的分析,是宋则行对社会主义经济建设理论的又一卓越贡献。

在1981年发表的题为《关于我国经济增长率问题》的论文中,宋则行把他关于我国经济增长率的理论观点做了这样的科学表述:"按照经济增长的一般模式,国民收入的增长率取决于积累率和积累效率。积累效率一定,国民收入的增长率将随积累率的提高而提高。但是积累率不是凭主观愿望可以人为规定的。在生产资源供应有限,又不能对投资需求作出迅速反应的情况下,高积累,高投资,必然要挤掉原有企业维持简单再生产和维修、更新、改造原有设备能力所需的生产资源以及消费品生产所需的资源。这样,不仅造成生产资料供求关系的紧张,也造成消费品供求关系的紧张。同时,在国民收入水平,特别是人均国民收入很低的条件下,以提高的份额用于积累,必然会压低消费,挫伤劳动群众的积极性。此外,高积累也使有限的资源分散使用在过多的建设项目上,拖长建设周期,长期形不成新的生产能力,带来投资效果的下降和资源的巨大浪费。所有这些,最后迫使经济增长速度急剧地降下来。"②

因此,宋则行认为,必须根据生产资源供应的可能和国民收入水平较低的实际,以及国民经济内部各种比例必须保持均衡的要求,规定适当的积累率,以实现适度的经济增长率。

在对新中国建立以来长期维持较高的积累率的历史与现实的经验总结之后,宋则行指出:"一个发展中国家保持什么样的增长率才是最适中的,最重要的是,要弄清本国的基本情况,从实际出发制定计划。我国拥有10亿人口,其中农村人口占8亿,人均国民收入很低;自然资源虽然比较丰富,但在短期开发资源的资金和技术力量是有限的,作为一个社会主义国家又必须时时刻刻考虑满足人民日益增长的物质和文化需要。"③

根据这样一些条件,宋则行认为,为了确定最适度的经济增长率,应该遵循如下一些基本原则:

1. 必须量力而行。确定发展目标和增长率,不能超越计划期内生产资源供应的可能,这包括原料、燃料、动力、技术装备、技术人力、管理人才、熟练劳动力等。

2. 合理安排积累和消费的比例是确定最优增长率的重要前提。较高的增长率一般来说需要较高的积累率,但是超过人民负担能力的过高的积累,只能取得相反的结果。

---

① 宋则行:《转轨中的经济运行问题研究》,辽宁大学出版社,1997年版,第95页。
② 宋则行:《转轨中的经济运行问题研究》,辽宁大学出版社,1997年版,第190页。
③ 宋则行:《转轨中的经济运行问题研究》,辽宁大学出版社,1997年版,第195页。

要根据我国社会制度的性质和人民生活水平低下的情况，安排积累和消费的比例，要把人民的长远利益和眼前利益结合起来，既要保证生产能力的不断扩大，又要保证人民的生活水平逐步提高。

3. 一个最优的经济增长率必须是在国民经济各个部门协调发展的基础上形成的。国民收入的增长率是国民经济各个部门增长率的综合，但各个部门的发展是相互联系、相互制约的，它们的增长必须相互协调，使增长内容符合社会主义生产目的的要求，才能实现最优的增长率。

4. 有较高的经济效率，才能有较高的增长率。扩大生产不能光靠兴办新企业，增添新设备，更重要的是要靠提高经济效率。而提高经济效率的关键，除了搞好国民经济的调整，使经济结构合理化之外，则在于使国营企业在经营管理上有较大的自主权，并使企业及其职工的利益和企业的经济效果联系起来。这就涉及现行的经济管理体制改革的问题。

5. 经济的增长必须有利于解决劳动力的就业问题。在资金短缺而劳动力又过多的现阶段，提高经济增长率的途径，应该是将先进技术、中间技术和手工业技术相结合，既要逐步提高劳动生产率，又要尽可能为城乡新增劳动力提供就业机会。

为了更深入地论述我国的经济增长率及与此相关的问题，宋则行又撰写了下面一些论文：《资金运动、货币流通和经济增长的关系》《人口增长、经济增长与就业问题》《社会主义经济增长方式与适度经济增长率》《社会主义扩大再生产的按比例要求——将社会生产分为投资品、消费品、中间产品三大部类的分析》《适度经济增长率及其制约条件》《经济增长方式的转变与投入产出效益》。对宋则行在这些论文中所阐述的理论观点，也将在本书后文做系统评介。

（四）关于市场和计划的作用与经济体制改革的分析

宋则行在长期探索社会主义经济建设规律中深深感到，新中国建立之初全盘照搬苏联的那一套僵化的计划经济管理体制（或称"斯大林模式"）是造成经济缺乏效率、缺乏活力和比例失调等种种经济病症的根源，他积极主张通过经济体制改革，在我国的经济生活中建立起一套适合于有中国特色的社会主义经济发展需要的经济体制。

关于市场调节和计划调节作用和经济体制的分析，是宋则行在中共十一届三中全会以后的理论研究和理论探讨中的最重要的课题之一。

在中国经济学界，宋则行最先提出了两种层次的计划调节和市场调节的理论。此前，经济学界只是一般地谈论计划调节和市场调节的问题，没有具体区分两种层次的计划调节和市场调节，不能说清楚两者的具体内容和它们之间的关系，以及怎样确定两者的调节范围和深度，并把它们有机地结合起来。

在1980年发表的题为《论两种层次的计划调节和市场调节》的论文中，宋则行强调，要区别两种层次的计划调节和市场调节，一种是对国民经济总体来说的计划调节和市场调节，另一种是对各个企业或各种产品来说的计划调节和市场调节。第二层次的两种调节要受第一层次的两种调节制约，而第一层次的两种调节要依靠第二层次的两种调节来实现。

宋则行进一步论述道，对国民经济总体来说的计划调节和市场调节，也可以叫作宏观的计划调节和市场调节，其目的是要实现整个国民经济综合平衡和按比例、高效率的发展。在这个层次上的计划调节，就是要安排好国民经济的重要比例关系，如消费与积累的比例，农、轻、重的比例，经济建设、国防建设、文教卫生事业建设的比例等等；规定好国民收入的发展水平和增长速度等一些综合性的、战略性的指标。在这个层次上计划调节的中心任务是搞好国民经济的综合平衡，实现社会生产和社会需求在总量上的平衡。在这个层次上的市场调节，则是利用市场机制和与市场机制相联系的各种经济杠杆（或经济手段），如价格、利润与利润分配、信贷和利率、税收等来调节市场的总供给、总需求，使劳动力和资源在各个部门之间的分配符合国家规定的方向和比例，以实现国家计划规定的各项战略性的综合指标。因此，在这个层次上，市场调节要受计划调节的制约，同时，又是实现计划调节目标的手段，实现国民经济综合平衡的手段。

关于第二层次的计划调节和市场调节，宋则行进一步论述道，是对各个企业和各种产品来说的计划调节和市场调节，这也可叫作微观的计划调节和市场调节。其目的是要在国民经济综合计划的指导下，实现各个部门或各种产品的生产和需要的相对平衡。在这一层次中，两种调节的关系是：市场调节要受计划调节的制约，同时，它又是计划调节的补充。

宋则行关于两种层次计划调节和市场调节的分析，属于经济体制改革初期的理论探讨，其中关于市场调节的作用，特别是关于微观层次的市场调节的作用，同计划调节相比，尚被置于从属的或补充的地位，还没有把市场调节看作是起资源配置的基础的和决定的作用。这是属于在改革初期宋则行对于计划调节和市场调节的认识。

基于其对计划调节与市场调节作用的分析，宋则行提出了他的经济体制改革的目标模式的构想。在1987年发表的题为《经济体制改革的目标模式与宏观经济管理》的论文中，宋则行指出："根据我们国家的客观条件和社会主义经济实践中正反两方面的经验，我们要建立的社会主义经济体制，概括地说，就是在公有制基础上形成社会主义有计划的商品经济的体制，这就是我国经济体制改革的目标模式。"

按照《中共中央关于经济体制改革的决定》的精神，宋则行把当时称之为"社会主义有计划的商品经济"体制，概括为具有如下一些基本特征的经济体制：

1. 从这个体制的物质基础说，它是建立在社会细密分工基础上有着不同层次生产力水平的社会化大生产。

2. 从生产资料所有制结构来说，它是在公有制占主导地位的前提下，多种所有制并存的体制。有各种不同经营方式的全民所有制，有集体所有制、个体所有制以及各种联合经营的所有制（包括中外合资；全民和集体联营；全民、集体、个体联营等各种形式）。公有制占主导地位决定了社会主义生产的最终目的是满足全体人民日益增长的物质文化需要。

3. 从经济决策体系来说，基本上包括国家（中央）、地方、企业、个人四个层次，各个层次各有决策的范围。国家掌握全社会范围的宏观经济决策，如制定社会经济发展战略、中长期经济社会发展计划；确定一定时期的经济增长速度、组织社会总需求与总供给平衡；确定消费与积累的比例、控制固定资产投资的规模和消费基金的增长速度；

调整产业结构与投资结构、主要运用各种经济手段调节经济运行；制定经济法规等。地方则在所辖地区范围内施行管理地区经济的决策。企业根据市场需要，在国家的宏观计划的指引下施行各自的产、供、销和收入分配的决策。个人（及其家庭）则有支配个人收入和消费选择的自由；个人作为劳动者有按照个人技能选择职业的自由。

4. 从经济利益关系来说，承认地区之间、企业之间和个人之间的利益差别，国家协调国家、地方、企业、个人四者的经济利益关系。国家代表全民的根本利益和长远利益，处于首要地位，尊重和兼顾地方、企业、个人的局部利益和眼前利益。

5. 从经济联系的形式说，地区之间、企业之间、企业与个人之间的经济联系的主要形式是在等价基础上以货币为媒介的商品交换。反映等量劳动相交换的等价交换是经济联系的通行原则。

6. 从国家与企业的关系说，政企职责分开，企业按国家税法缴纳税金，企业占用国家资金是有偿的；企业是独立的或相对独立的、自主经营、自负盈亏的社会主义商品生产者和经营者。各级政府（包括城市）除少数特殊部门和行业外不直接管理企业；国家对企业的管理主要是运用各种经济手段，通过市场机制进行间接的控制和调节，并制定必要的经济法规进行必要的引导和监督。

7. 从分配关系说，实行两个层次的按劳分配。一个层次是企业之间的劳动报酬水平按其经济效益的高低有所差别，即企业所支配的收入取决于企业的经济效益，企业职工的劳动报酬取决于企业的经济效益。经济效益不同的企业可以有不同的劳动报酬水平。第二个层次是企业内部职工劳动报酬的差别，即企业内部实行经济责任制，按照劳动的数量、质量和所做的贡献给以不同的劳动报酬。

以上一些基本特征决定了这个体制的经济运行方式是一种自觉依据和运用价值规律来调节经济运行的模式，即主要依靠国家计划控制市场机制来调节经济运行的模式。

宋则行对上述关于社会主义有计划的商品经济体制特征的表述，从社会化大生产分工体系、所有制结构、经济联系形式、决策体系、利益关系、政企关系、分配关系等诸方面阐述了社会主义经济体制所应处理的各种经济关系问题，以及它们之间的内在联系。这无疑是对社会主义经济体制基本特征的科学表述。但由于这是在经济体制改革初期（20世纪80年代）所做的理论分析，还不可避免地带有较多的计划调节的色彩（强调主要依靠计划控制市场机制调节经济），在这里还没有提出市场机制在配置资源上的基础作用或决定作用的问题，还没有提出建立现代企业制度的问题。这代表了宋则行关于经济体制的理论探讨的一个阶段上的认识，这和他对于计划和市场作用的认识所具有的历史局限性是相联系的。

在20世纪90年代初，邓小平视察南方谈话的启发下，宋则行对于计划和市场的作用有了新的认识。在1994年发表的题为《社会主义市场经济中的资源配置》的论文中，宋则行对于市场的作用问题做了如下的论述：

一国一个时期（如一年）的国民生产总值，经过交换、流通、分配、再分配，最终转化为个人收入（个人的劳动收入和财产收入）、企业收入、事业单位收入、政府收入（财政收入），这些收入形成消费需求和投资需求。前者包括来自居民个人消费和来自企业、事业单位和政府的社会消费；后者包括来自企业、事业单位的投资和来自政府财政预算的投资。消费需求形成对消费品及消费性服务（以下简称消费品）的市场需求；投资形成对固定设备、工具、建筑物等投资品的市场需求。当然这些消费需求和投资需求不一定来自本期收入，前者也可能来自前期的个人储蓄和消费信贷，后者也可能来自银行贷款、证券发行、财政赤字等超出本期收入所形成的投资基金。此外，来自国外市场的需求形成对出口品（包括出口服务）的需求。对消费品、投资品、出口品等最终产品的需求引起市场另一端——最终产品生产企业的反应，它们根据对市场需求和可能获得利润的预期，进行最终产品的生产。这就引起对原材料、燃料、动力、交通运输及其他生产性服务的中间产品的需求，以及为适应这种市场需求而进行中间产品的生产（包括生产性服务）的生产。而无论是最终产品生产还是中间产品生产都需要一般劳动力、技术人才、管理人才、固定资金、流动资金以及必要的自然资源、技术、信息等，这就形成对生产要素的需求。这样，以此形成的最终产品需求、中间产品需求以及生产要素需求，都要通过相应的市场得到满足。各类市场的供求双方经过相互适应、相互竞争，最终形成双方都可接受、都可取得较大效益的价格，从而得到协调和均衡。其中有的产品需求，如果进口更为有利，则由进口来满足。这样，一个时期内各个生产部门和各个地区生产什么（种类）、生产多少（规模），通过市场价格机制、市场竞争机制和争取最大利润或最大效用原则得到确定。相应的，各类生产要素（资源）根据各个产业部门、各个地区的生产需求和争取最大报酬的原则，经过部门间、地区间的流动调整，最终被分配到效益较好的部门、地区中去，从而一个时期的产业结构、地区布局和经济总量的新水平由此形成。在整个过程中，金融机构和财政部门通过利率机制、货币供应机制、财税机制，起着促进资金融通、资金流动、资金分配和再分配的作用。

宋则行的这个系统论述，把市场调节置于经济运行的中心的、起决定作用的地位。由此，他概括地指出："市场犹如一双看不见的手，它能对供求双方的动静、变化作出及时、灵敏的反应，而企业作为自主经营的市场主体，反过来又能根据市场传递的价格信号作出相应的行为调整，这样就可使各类生产适应不断变化的需求，最终导致资源的优化配置。"[①]

在1994年发表的题为《纵谈社会主义市场经济》的论文中，基于其对市场作用的新认识，宋则行重新解释了经济体制改革的目标模式的基本特征。他依据新的提法，把社会主义市场经济体制认定为经济体制改革的目标模式。在该文中，宋则行谈了这样几个基本观点：

第一，在社会主义国家里，发展市场经济比高度集中的计划经济体制更能加快社会生产力的发展，更能促进人民生活水平的提高。在社会主义条件下，利用市场机制，同样可以有效率地起着优化资源配置的作用。因此，市场经济固然是同某种社会基本制度结合在一起的，但它本身不属于社会基本制度范畴，即邓小平所说的，市场经济本身没有姓"资"姓"社"的问题。

第二，市场经济的基本特征是市场对一国的经济资源配置起着基础的决定的作用，

[①] 宋则行：《转轨中的经济运行问题研究》，辽宁大学出版社，1997年版，第55页。

一国存在商品生产和交换，即存在市场，是一国形成市场经济的前提条件，但存在市场，不等于就存在市场经济这样一种经济体制。一国经济必须是基本上通过市场机制配置它的资源用途，才算是市场经济。

第三，形成一个使市场对资源配置起基础性作用的市场经济，要具备一定的条件。最基本的，一是要有一个包括最终产品、中间产品以及生产要素（劳动力、人才、资金、地产、技术、信息等）市场在内的全国统一的、开放的、不受地区或部门分割的市场体系，而且要国内市场与国外市场相互衔接；哪儿效益高，资源就可无阻地往哪儿流，形成资源的优化配置。二是要企业这个市场主体真正成为自主经营、自负盈亏、自我发展、自我约束的经营实体。为此，必须"建立适应市场经济要求、产权清晰、权责明确、政企分开、管理科学的现代企业制度"[见《中共中央关于建立社会主义市场经济体制若干问题的决定》（1993年11月14日），以下简称《决定》]，使企业能根据市场变化做出相应的及时调整。三是充分发挥市场机制，即价格机制和竞争机制的功能，由市场形成价格，反过来由价格调节供求。企业与企业之间进行规范化的竞争，通过优胜劣汰，实现资源的优化配置。

第四，在社会主义市场经济中，市场对资源配置的基础性和决定性作用是在国家宏观调控下实现的。市场经济从本质上说具有自发性。在市场经济中，消费主体和投资主体具有自主性、多元性和分散性，重视当前利益和局部利益，因而由消费需求和投资需求组成的社会总需求，与社会总供给的不平衡是经常的，主要靠市场的不断调节，达到均衡。但若投资严重过热或不足，都会导致经济周期性的剧烈波动，造成资源使用的浪费或闲置。即使在发达的资本主义国家中，对市场经济活动也要运用财政、金融政策乃至指导性计划，实行不同程度的国家宏观调控和引导，以减轻经济的剧烈波动，寻求经济的平稳增长。而社会主义市场经济是同社会主义基本制度结合在一起的，为实现社会主义的根本任务，更需要对市场经济活动进行国家的宏观调控，以"保持经济总量的基本平衡，促进结构优化，引导国民经济持续、快速、健康发展，推动社会全面进步"（见《决定》）。

宋则行在这里所论述的社会主义市场经济体制，主要具有两个方面的特征：一是发挥市场机制在资源配置上的基础和决定作用，二是发挥国家必要的宏观调控的作用，而国家宏观调控的作用则在于保证市场机制的作用更有效地发挥。因此，在这里，第一位的是市场调节，第二位的是国家的宏观调控。

七、实地考察，为地区经济改革和发展献策

宋则行除了在理论上潜心研究社会主义经济建设规律、经济运行和经济体制改革问题，也十分关注地区经济改革和发展的问题，并实地考察了地区经济改革和发展情况，由此相应地提出了一些政策建议。这是宋则行在改革年代所作贡献的另一个重要方面。

（一）对沈阳市的经济考察与政策建议

在《发挥沈阳市的经济中心作用》一文中，宋则行首先指出，沈阳是国家在50年

代建设起来的、以机械工业为主的重工业城市,是东北地区的经济中心和交通枢纽,具有许多现实的、潜在的优势。为国家培养和输送了大量的高中级专门人才,积累了大量的建设资金。但是,长期以来由于受"左"的指导思想的影响和经济管理体制上存在弊病,加上其他一些主客观原因,经济发展比较缓慢,工业企业的技术、装备、产品都在老化,经济效益低,竞争能力差,城市建设欠账多,原有的优势不但没有得到发挥,而且正在转化为劣势。要使沈阳这个老工业基地焕发青春,真正负担起为国家重点建设和国民经济各部门进行技术改造提供先进技术装备的任务,并在辽宁和东北真正发挥经济中心的作用,唯一的出路是改革现行的经济体制,实行对外开放,以先进技术改造现有企业,开发新产业,开发人才,使沈阳在"四化"建设中先行一步。

在论及现行经济体制弊病时,宋则行指出:"在现行的按行政区划、行政层次管理经济的体制下,条块分割,块块分割,很难使沈阳发挥中心城市的作用。就沈阳市内说,除市属企业外,还有中央企业86个,分属中央32个部、局、公司管理;省属企业42个,分属省的21个厅局管理。中央企业和省属企业都是大中型企业,在全市经济中占有举足轻重的地位,但它们都是按照行政隶属关系管理的,各自为政,自成体系。至于市外、省外的企业,更是各有各的行政区划,各有各的行政隶属关系,就更谈不上由中心城市来组织经济活动了。如要按照社会化大生产的要求和经济合理原则来组织经济活动,提高社会经济效益,就须打破这种条块分割的管理体制。"①

为了发挥沈阳市的城市经济中心的作用,宋则行在该文中提出了如下一些政策建议:

1. 改革企业内部的管理体制,为企业的改革创造必要的外部条件

为了改革企业内部的管理体制,把企业的生产经营搞活,首先要处理好国家和企业的分配关系,使企业不吃国家的"大锅饭"。正确处理这个分配关系的原则是:既要保证国家的财政收入稳定增长,又要使企业能从自己的经营成果中取得一部分相应的收益,作为它进一步发展生产和改善经营管理的财力保证。几年来,国家为了改变过去对国营企业实行统收统支、吃大锅饭的管理办法,进行了多种形式的试点。实践证明,在国营企业实行以税代利即把上缴利润改为上缴税金的制度,是正确处理国家与企业分配关系的最好的办法。

其次,进一步扩大企业在各方面的自主权,也是推动企业改革内部管理体制的一个必要的前提。为此,要贯彻国务院关于进一步扩大企业自主权的规定,这是为企业进行管理体制改革创造必要的外部条件。"从现在沈阳市在实行改革并已取得成效的一些企业经验看,这种改革大体上包括:(1)在企业领导体制上实行厂长(经理)责任制;(2)在生产经营上实行不同形式的经济责任制;(3)在分配上,打破平均主义,严格按照职工劳动成果给予相应报酬,把职工收入的高低同企业经营好坏和个人贡献大小紧密联系起来。根据这个原则,在工资、奖金发放制度上进行各种形式的改革;(4)在人事劳动管理上也采取相应的改革措施,使劳动生产率得到提高,人才得到合理使用。"

---

① 宋则行:《转轨中的经济运行问题研究》,辽宁大学出版社,1997年版,第326页。

2. 发展多种经济形式和多种经营方式

为了把沈阳的经济搞活,发挥沈阳作为中心城市的作用,还要调动一切积极因素,加快城市经济发展步伐。我国还是一个发展中的社会主义国家,生产力发展在不同部门、不同行业、不同地区参差不齐,层次不同,水平不同,还需大力发展商品生产和商品交换,这就需要国家、集体、个人一齐上。具体地说,除了基础设施、大中型企业,无论是原有的或新建的仍然应全民所有,国家经营,以保持国营经济的主导地位外,一般的企业,特别是新办的一般企业,应尽量发展集体的。原有的国营小企业,可以全民所有,集体承包经营或租赁经营,其中以服务为主的国营饮食、服务业和小的零售商业要进一步放开,改由集体承包经营或租赁给经营者个人经营。*现在的集体企业,大都是所谓的"大集体",实际是集体企业国家经营,今后一定要把它们解放出来,按照集体经济的本来性质经营,照章纳税,自负盈亏。为了广开资金筹措门路,还可以在国家投资占优势的条件下,发行股票、债券,吸收职工入股,可以吸收外商进行投资,借以引进技术和管理经验。

3. 抓紧流通体制改革,疏通市内外的流通渠道

要逐步地把原有的按行政区划、行政层次统一收购、统一供应商品的流通体制,改为开放式、多渠道、少环节的流通体制,形成城乡畅通、地区交流、纵横交错、四通八达的流通网络,发展社会主义的统一市场。这需要实行许多具体改革措施,例如,①扩大农副产品自由购销的范围,有计划地减少统购、派购产品的品种和数量;②适应农村产品交换的新形势,必须改革供销合作社体制,把供销社办成农民群众集体所有制的合作商业;③改革商业批发和物资供应体制。要冲破一、二、三级批发层次,建立工业品贸易中心和其他各种类型的贸易中心和批发市场。允许相互竞争。除了某些生产资料和紧缺消费品仍由国家掌握并按计划供应外,计划外的和非计划的商品都可在各种贸易中心和批发市场自由购销。

4. 改革现行计划管理体制

要按照国务院已经确定的计划管理体制改革的基本方向,对大的方面用计划管住、管好,小的方面放开放活;实行主要运用经济杠杆加以引导和制约的原则;对企业和产品的生产和分配,根据其在国民经济中不同的地位和作用,分别用指令性计划、指导性计划、市场调节三种形式进行管理。当前,一方面要抓紧制定沈阳社会经济发展战略、技术引进和技术改造规划以及"七五"计划等等,为各部门提出全市的计划任务和奋斗目标。另一方面,要切实研究如何贯彻落实国务院已经确定的计划管理体制的改革方向和原则。特别是对沈阳市内的工业企业产品,哪些属于指令性计划,哪些属于指导性计划,哪些属于市场调节范围,要根据国家建设的需要和市场供求状况,加以具体化。

5. 调整企业隶属关系,组织跨部门、跨行政隶属层次、跨地区的经济联合和经济技术协作

《第六个五年计划的报告》提出,全国性的公司和少数大型骨干企业由行政主管部门直接管理,大量的企业应该由城市负责管理。行业主管部门不直接管理企业后,应从全局出发,负责抓好行业发展规划、经济政策、技术政策、技术标准、新技术推广、新

产品开发等工作。对属于行业主管部门管理的企业，所在城市则要做好生产协作等工作。根据这个精神，就沈阳市而言，一方面要争取早日合理调整企业的隶属关系，除了电力网、铁路运输、邮电通讯、大型煤矿、大型钢铁联合企业、军工企业等需要全国统筹的，仍由行业主管部门直接管理外，一般的部属企业，都应逐步改由市负责管理，以减少隶属层次，克服条块分割、领导多头的现象。另一方面，应该按照国家行业发展规划和专业化协作的原则，以及经济合理化的要求，积极组织企业之间的协作和联合。首先在市的范围内不同隶属关系、不同部门的企业之间的经济技术协作和经济联合；在此基础上再逐步组织跨地区的、首先是辽宁中部六个重工业城市之间的，以至全省、全东北、全国范围的跨地区的、各种形式的经济技术协作和经济联合，以便逐步形成合理的产业结构、产品结构和企业组织结构。同时，通过这些协作和联合的关系，以逐步发挥沈阳作为中心城市组织经济活动的作用。

还必须指出的是，沈阳工业的一个重要特点，是拥有一批设备较好、技术力量较强的军工企业和分属不同主管部门的科研机构。但过去这个优势没有得到充分发挥。今后在全市范围内组织经济联合的协作时，应充分利用军工企业和科研单位的技术优势、探索军工和民用相结合、科研与生产相结合的路子，开发一批技术先进、对全国经济发展有影响的产品。这是走向条块结合、振兴沈阳经济的一个重要方面。

（二）对辽宁经济市场化程度的考察与政策建议

在《辽宁经济市场化程度的考察——与江苏、山东、广东三省比较》（1994年）考察报告中，宋则行把其考察的结果归纳如下：

1. 农村经济体制改革与经济市场化

①农业生产的商品化程度有了较大的提高。按照农业商品产值占农业总产值的比重（农产品商品率）这个指标，1985年到1992年，辽宁从51.3%增至64.9%；江苏从52.8%增至61.0%；广东则从60.7%增至69.3%。从这个指标看，农产品商品率到1992年都在60%～70%之间，以广东为最高。

②在农民纯收入中家庭经营收入的比重有了显著增长。由于推行家庭联产承包责任制，1992年，农民从集体统一经营中得来的收入比重，辽宁为15.6%，江苏为26.4%，山东为16.2%，广东仅为7.0%。而从家庭经营得来的收入比重辽宁为76.1%，江苏为61.8%，山东为75.1%，广东则高达82.6%。这个变化既是农村经济体制改革促进农村经济市场化的结果，也是进一步提高农村经济市场化程度的一个推动因素。

③非农业产值在农村社会总产值中的比重有了迅速增加。农村非农行业，包括农村工业、建筑业、运输业、商业及饮食业等，经过农村经济改革而迅速发展，其产值在农村社会总产值中的比重，显著增加。改革前——1978年，四省农村非农行业产值在农村社会总产值中的比重，山东省最高，占46%，最低为辽宁，占31.2%。改革后，1992年，这个比重，辽宁增至68.8%，山东、广东稍高或稍低于辽宁，最突出的是江苏，增至80.5%。

④乡镇企业的发展及其在全省社会总产值中的比重迅速提高。乡镇企业的发展对提

高全省经济市场化的重要性可从乡镇企业总收入或农村非农行业产值对全省社会总产值之比的大小反映出来。改革前——1978年，四省农村非农行业产值（与乡镇企业总收入接近）占全省社会总产值的比重：辽宁为4.6%，江苏为15.0%，山东为19.6%，广东为11.4%。由于辽宁起步较晚，到1990年这个比重增至19%，而江苏、山东分别增至39.3%和34.5%，广东也增为22.7%。1990年以后，辽宁虽然重视了乡镇企业的发展，但江苏、山东、广东又有更大的增长，到1992年，辽宁增至23.3%，而江苏增为46.8%，山东增为39.7%，广东增为26.8%。就乡镇企业总收入或农村非农行业产值的绝对值说，1992年，辽宁仅为江苏的26%，山东的36%，广东的50%。

2. 贯彻执行以公有制为主体、多种经济成分长期共同发展的方针，与各个领域市场化的提高

①改革开放以后，四省工业生产的所有制结构发生显著变化，国有工业比重相对缩小，非国有工业比重相对增大。只是辽宁的非国有工业起步迟，发展相对慢，而江苏、山东、广东起步早，发展快，因而对工业生产市场化程度提高的影响大，加快了工业总产值的增长速度。改革前——1978年，国有工业在工业总产值中的比重，辽宁高达82.5%，而江苏、山东、广东只占61%～68%。改革开放后，四省国有工业的比重都逐步下降，但辽宁下降较慢，到1990年降为61.2%，而江苏、山东、广东分别降到34%～41%。到1992年，江苏国有工业的比重甚至下降到28%，山东、广东分别下降到36.6%和32.6%，而辽宁的国有工业仍占56.8%。一个不争的事实是，改革开放后工业生产中新的增长点，主要是乡（镇）村工业和"三资"工业的比重都有很大增加。就乡村工业而言，改革前，乡村工业在江苏、山东、广东都有基础，1978年，它占工业总产值的比重，江苏为18.4%，山东为15.4%，广东为12.9%。到1990年，这个比重江苏猛增至52.7%，山东猛增至42.1%，广东则为26.2%，而辽宁仅增至21.5%。到1992年，这个比重，江苏更增至52.7%，山东为49.7%，广东28.9%，而辽宁虽然已经开始重视乡村工业的发展，但其比重只增至25.4%。广东乡村工业比重高于辽宁，但低于江苏和山东，这是因为它另有一个新增长点，即"三资"企业。1992年包括"三资"企业在内的"其他类型工业"（乡以上）产值在工业总产值中的比重，辽宁、江苏、山东都在6%以下，而广东则占到27.8%，而且，1992年在广东这个类型的工业中，有93%是"三资"工业。从比较中可见，由于辽宁对工业中所有制结构调整重视不够，发展乡村工业、"三资"企业这些新增长点起步较晚，致使整个工业总产值增长滞后。

②建筑业所有制结构的变化及其影响。1978年，建筑业总产值中，国有施工企业产值的比重，辽宁为82.7%，山东为67.2%，江苏、广东未公布数字，但到1980年，江苏的建筑业总产值中，国有施工企业产业仅占15.8%，而农村建筑队施工产值却占了68.1%。足见江苏建筑生产的市场化在改革初期就有基础。改革开放后，国有施工企业产业占的比重在辽宁逐步下降，到1992年降至46.1%；江苏则保持在20%左右；山东稍有下降，降为62.7%，广东则在50%上下。总的说来，建筑业生产市场化程度，以江苏较高、辽宁、广东、山东次之。

③社会商品零售总额中所有制结构的变化及其影响。改革开放后，在商业领域中所

有制结构也有显著的变化。1978年,在社会商品零售额中,国有商业和集体商业经营的商品零售额,四省都占到95%以上,个体户销售额所占比重微不足道,农民对非农居民的销售额也很少。而在改革开放后,国有商业、集体商业的比重逐步下降,有的省到1990年下降到最低点,1992年稍有回升。辽宁国有商业在销售总额中的比重从1978年的62.5%降到1992年的44.0%;同期江苏从42.2%下降到36.5%;山东从49.3%下降到39.0%;广东49.3%下降到37.9%。集体商业的比重也有同样的趋势。另一方面,个体商业的比重则猛烈上升,从1978年的微乎其微上升到80年代的10%以上,90年代的20%上下,有的省(广东)甚至接近30%。农民对非农居民的销售比重也达到10%左右或5%以上。零售商原本就是面向市场的,但现在由于所有制结构的变化,个体户和农民也参加了竞争,是以行业领域的市场化就有了进一步的提高。

3. 第三产业的发展是经济市场化程度提高的重要标志

第三产业的发展标志着社会分工的细密化、服务的商品化和市场经济发展程度的提高。仅就辽宁、江苏、山东、广东四省情况而言,由于第三产业的发展,显著地提升了经济市场化的程度。

①第三产业增加值及其在国内生产总值中比重的增长。1978~1992年间四省第三产业的增加值都有不同程度的增长。1979-1992年的平均增长速度,以广东为最高(14.9%),江苏次之(13.0%),再次为辽宁(12.5%)和山东(11.5%)。但都分别高于本省国内生产总值的增长。在1978年时,由于当时辽宁第二产业增加值的比重特大(71.0%),其第三产业增加值比重就相应的比较小(14.8%);而广东、江苏、山东,当时第二产业增加值比重比较小(50%左右),其第三产业增加值的比重就相应比较高(分别为23.7%、19.8%、16.9%)。改革开放后,四省的第三产业增加值的比重都有不同程度的增长,到1992年,广东最高,为33.8%;其次是辽宁,为27.8%;江苏、山东分别为23.2%和22.6%。因此,比较起来,第三产业的发展对经济市场化发挥的作用,以广东为最大,辽宁次之,江苏、山东再次。

②运输业与商业及其占社会总产值比重的变化。1978-1992年间,在四省社会总产值中所占比重变化不大:辽宁,3.5%~4%;江苏,2.5%左右;山东,2%~3%;广东,3.5%左右。这反映运输业的发展基本上和社会总产值同步增长或稍滞后,说明交通运输业的发展未能超前发挥其对经济市场化的促进作用,只是被动地跟上,有时甚至成为经济增长的"瓶颈"。在此期间,四省商业在社会总产值中所占的比重也无明显变化:辽宁在4.5%左右;江苏在3.5%上下;山东在4%上下;广东在7%上下。这也反映商业的增长基本上与社会总产值增长同步或稍滞后,说明商品流通领域的改革尚不能适应经济增长的需要。

③金融、保险业的发展及其对国内生产总值之比的变化。金融、保险业是第三产业中的主要行业。就金融(主要是银行)的业务说,80年代和1978年比,或90年代和80年代比,无论是年末存款余额还是贷款余额的增长都大大超过国内生产总值的增长,两者对后者之比不断增加。这说明金融业的发展基本上适应了经济增长的不断融资需求。其中又以广东和辽宁的金融业的发展最为突出。从贷款余额看,其对国内生产总值之比,辽宁从1978年的61.7%增加到1992年的129.7%,广东从70.6%增加到

100.7%。江苏、山东也有较快的增长。就保险业的发展而言，也呈同样的趋势。保险业务收入对国内生产总值之比，1978年尚微不足道，可是到1992年，这个比率，辽宁已增至2.4%，广东增至1.6%，江苏、山东也增至1%以上。此外还展开了国外保险业务。

4. 对外开放促进了经济市场化发展

对外开放是促进四省经济市场化的一个重要因素。这可以从对外贸易发达程度和利用外资的程度两方面加以考察。

对外贸易发达程度可以用出口商品收购总额或出口总值的增长及其对国内生产总值之比来衡量，就出口商品收购总额来说，1992年与1978年比，江苏24.7倍，广东13.2倍，山东、辽宁6.7倍；其占国内生产总值之比也都有不同程度的增长：江苏从8.0%增至25.9%，广东从13.4%增至15.6%，辽宁从6.9%增至14.3%，山东从5.3%增至9.6%。其中以江苏增长最快。至于出口总值，原按美元计量，须看当年美元汇率折合人民币后与国内生产总值对比。但美元汇率时有提高，出口总值对国内生产总值之比的增大，也包含美元汇率增高的因素。1992年这个比率以广东为最高，达44.4%；辽宁其次，为31.1%；都比1978年、1985年高。江苏以出口总值统计，因仅限于反映该省自营数值，只达13.1%，虽较之过去也有增长，但与出口产品收购总额与国内生产总值之比（25.9%）不对口。如从这两个指标综合看，对外贸易对经济增长的促进作用，应以广东、江苏为最大，辽宁、山东次之。

就利用外资促进经济增长和经济市场化的情形看，按照美元计算的实际利用外资额，按当年美元汇率折合人民币后计算其对国内生产总值之比，各年都以广东为最高，1992年达11.7%，其次为江苏（4.8%），再次为辽宁（4.3%）、山东（3.8%）。

旅游外汇收入对国内生产总值之比，也以广东为最高，1992年达2.7%，其次是辽宁、山东、江苏。

特别应指出的是，广东从1980年起设置深圳、珠海、汕头三个经济特区，这对扩大开放，带动全省经济市场化起着特别重要的作用。

5. 指令性计划范围逐步缩小，扩大市场调节领域，从而提高经济市场化程度

根据1984年《中共中央关于经济体制改革的决定》的精神，各省都缩小了各个领域内属于指令性计划管理的产品种类和数量。扩大了市场调节范围，因而或多或少地提高了其经济市场化的程度。但由于重化工业产品大多还须执行指令性计划，受指令性计划约束和影响较大的仍是重工业比重较大的省份。如果说到目前为止，轻重工业比例对经济市场化的影响还是一个正相关的关系的话，则广东得益最大，其次是江苏、山东，而辽宁因始终保持较大比例的重工业，受指令性计划约束的产品较多，在体制转换尚未完成之前，它仍将是一个不利于市场化程度提高的因素。

6. 生产要素市场发育程度及其影响

经济市场化程度最终取决于生产要素的流动性和市场化。生产要素市场包括劳动力市场、资金市场、房地产市场和信息市场等。我国正处在向市场体制转换的时期，生产要素市场即使在沿海经济发达省份也不发达，尚处于起步、发育阶段。就劳动力市场

说，在所考察的四省中，都在尚待发展之中。企业劳动制度也在逐步改革。合同制职工替代固定职工的过程虽已开始，但发展比较缓慢。合同制职工占全部职工的比重：辽宁由1985年的2.2%增加到1992年的18.2%；山东这个比重在1992年达28.1%；广东在全民所有制职工中，合同制职工的比重由1985年的4.4%，增加到1992年的18.0%，但"三资"企业、乡镇企业中绝大部分的职工都是合同制职工或临时工，所以实际比重远远超过此数；江苏缺乏这方面的统计，但其发展突出的乡镇企业，绝大多数职工也都是合同制职工或临时工。从用工制度的灵活性以及对劳动力和技术人员的吸引力说，广东、山东、江苏胜于辽宁。

关于资金市场，包括长期的资本市场和短期的货币市场，四省都有所开拓和发展。前者如为企业发行债券、股票，向社会直接融资，以至形成证券交易市场，四省都已开始。后者如银行同业拆借和票据贴现、为企业发行短期融资券等，都有所发展。国有企业进行股份制试点，也已开始。总的来看，在发展资金市场方面也以广东起步早、进步快。其他诸如房地产市场、技术市场、信息市场，四省也在开拓和发展。

7. 政策建议

根据以上考察和综合判断，拟提出以下几点政策建议，以求促进辽宁进一步提高经济市场化程度：

①加快国有大中型企业经营机制的转换，从确立企业法人财产权着手，采取有效措施，在国有企业中逐步实行公司制，摆脱对行政机关的依赖，使之成为真正自主经营、自负盈亏的现代企业，按照市场需求组织生产经营，自觉提高经营管理水平和竞争能力，以适应市场经济发展的要求。

②重视和引导乡镇企业、"三资"企业、私营企业等经济新增长点的发展。对于乡镇集体企业也要明确产权关系，做到产权清晰、权责明确，防止经营机制的僵化和行政机关的直接干预，注意规模经营和提高劳动生产率，坚持在市场竞争中优胜劣汰。

③重视和引导第三产业的发展，特别注意交通运输、商业等流通部门经营机制的转换，并加快发展，纺织成为生产流通的"瓶颈"，使之更加适应市场经济增长的需要。加快金融体制的改革和各个专业银行向商业银行的转变；同时，也要重视其他直接为生产和生活服务的行业的开拓和发展。

④进一步发展生产资料市场，培育主要由市场形成价格的机制。少数实行双轨制的生产资料价格，尽早并轨，使之市场化。

⑤加快发展各种生产要素市场。深化劳动用工制度的改革，逐步形成用人单位和劳动者双方选择的劳动力市场，推广用工合同制，鼓励和引导劳动力和技术人员的有序流动。在进一步完善银行融资的同时，积极发展债券、股票融资，建立长期资本市场和证券交易市场并使之规范化；健全银行同业拆借、票据贴现等货币市场，以加速资金周转。此外，要进一步发展和规范房地产市场，加快城镇住房制度的改革，促进住房商品化；进一步发展技术市场、信息市场，引入竞争机制，实现技术产品和信息的商品化、产业化。

⑥进一步扩大开放程度，特别是积极引进外来资金和技术，重点投向基础建设、基础产业和老企业的技术改造，以利于产业结构的合理调整。

⑦逐步建立有利于深化企业改革和社会稳定的多层次的社会保障制度。

总之,要结合辽宁具体情况,采取有效措施,进一步提高市场化程度,在宏观调控下,求得经济的持续、快速、健康发展。

在1996年发表的题为《辽宁国有大中型工业企业实现经营机制转换的有效途径》的研究报告中,宋则行就"国有大中型工业企业在辽宁经济中的地位""辽宁国有大中型工业企业面临的困境及其原因""近年来省政府为扭转国有企业困境的改革措施"等问题,做了全面、深入的考察。在此基础上,他得出了"建立现代企业制度是实现辽宁国有大中型工业企业经营机制转换的有效途径"的结论。为此,他提出了如下一些政策建议:

①根据"九五"期间实现两个转变(即经济体制的转变和经济增长方式的转变)的要求,把国有工业企业改革作为我省经济改革的中心环节。从传统的计划经济体制向社会主义市场经济体制转变,经济增长方式从粗放型向集约型转变,这是保持国民经济持续、快速、健康发展的必然要求,也是我省经济体制改革必须遵循的原则。根据这两个转变的要求,深化企业改革,使我省国有工业形成一个有利于节约资源、降低消耗、增加效益的企业经营机制,形成一个有利于自主创新的技术进步机制,形成一个有利于市场公平竞争和资源优化配置的经济运行机制,这是国有企业通过改革实现振兴的基本方针。

②以建立现代企业制度为中心,把国有企业的改革同改组、改造和加强管理结合起来,把企业内部改革和企业外部配套改革结合起来。加大改革力度使大多数国有大中型骨干企业,逐步建立现代企业制度,成为自主经营、自负盈亏、自我发展、自我约束的法人实体和市场竞争主体,是国有企业转换经营机制的有效途径。但是建立现代企业制度要以现有企业实施战略性改组为基础,同时要结合实际情况进行必要的技术改造,强化企业的内部管理,并和外部配套改革结合起来。这是国有企业改革的总原则。

③以市场和产业政策为导向,推动国有资产存量的合理流动和重组,对国有工业结构实施战略性改组。以优化国有资产分布结构、搞好整个国有经济为目标,搞好大的,放活小的,一方面要区别不同情况,采取改组、兼并、股份合作制、租赁、承包经营和出售等形式,加快国有小企业(特别是县区企业)的改革、改组步伐;另一方面要重点抓好一批大中型企业和企业集团,以资本为纽带,带动一批企业的改组和发展,形成规模经济,并在此基础上使它们逐步走上现代企业制度的轨道,充分发挥它们在全省经济中的骨干作用。

④结合企业改制,筹措内外资金,加大国有大中型骨干企业的技术改造投入。凡是能够以现有企业为依托,通过资产重组、企业改制、技术改造,可加快工艺设备更新、提高企业设备水平和技术开发能力的,就不要铺新摊子,而应重点抓住骨干企业的技术改造与技术进步。同时要加快开放步伐,利用外资,选择发达国家高新技术和先进实用技术,对我省确定的支柱产业、重点产品和骨干企业进行"嫁接"改造。

⑤由点到面,把国有大中型骨干企业建成以产权清晰、权责明确、政企分开、管理科学为基本特征,适应市场经济要求的现代企业制度。建立现代企业制度的关键环节是明晰产权关系,实现出资者所有权与法人财产权的分离,在此基础上实施规范化的公司

制。这样才能有利于政企分开，企业摆脱对行政机关的依赖，实现经营机制的转换。单一投资主体的国有大中型企业可依法改组为独资公司，多个投资主体的国有大中型企业可依法改组为国家控股的有限责任公司或股份有限公司。当前要认真做好建立现代企业制度的试点，做好清产核资、界定产权、清理债权债务、评估资产、合算资金等基础工作，在此基础上切实维护企业法人财产权。

⑥配合国有企业改革，加快建立国有资产管理、运营和监督体系。建立现代企业制度，有利于政企分开，但需要政府切实转变职能与之相配合。首先要把政府的社会经济职能同国有资产所有者职能分开。前者由综合经济部门承担，主要做好以间接调控为主的宏观调控工作；后者则设立国有资产管理机构，作为国有资产的代表，对国有资产进行管理和监督，以保证国有资产保值、增值的实现。其次，要把国有资产的管理、监督的职能和资产运营的职能分开。前者由国有资产管理机构承担，后者由企业的控股公司或企业集团承担，负责经营国有资产，具体实现国有资产的保值、增值。

⑦结合企业改制，强化企业内部管理，提高企业的整体素质，改善和加强企业领导班子，培育和造就适应市场经济要求的高素质的企业家队伍；建立竞争机制，完善激励机制和监督机制，使能者上，劣者下，对企业做出贡献者受奖，使企业遭受损失者受罚。抓好企业各种基础管理工作，加强质量管理与成本管理；充分调动广大职工的积极性，实现企业管理的科学化、民主化。

⑧结合企业内部改革，企业外部配套改革，解决国有企业负担过重问题。合理降低企业资产负债率，如对资产负债率过高的企业实行兼并、破产，把相当一部分"拨改贷"形成的企业债务转为国家投资，有步骤地减少和清除企业的不良债务等；解决企业冗员过多问题，利用企业、社会和政府的力量，多渠道逐步分流企业富余职工，实施"再就业"工程；把企业非生产性的后勤服务单位和所承担的社会服务职能，创造条件逐步分离出去，形成社会服务体系。更重要的是，要加快养老、失业、医疗保险制度的改革，形成多层次的社会保障体系。

此外，在搞好国有大中型企业的同时，继续放手、放开发展集体经济、鼓励和支持个体、私营经济发展，积极培育新的经济增长点，也是重塑老工业基地形象，实现辽宁"第二次创业"的一个重要方面。

宋则行对沈阳市和辽宁省经济改革与发展问题所进行的科学考察，以及基于科学考察所提出的政策建议，表现了一个经济学家对地区经济改革和发展的高度责任感，对沈阳和辽宁的经济改革和经济发展倾注了心血。像他在改革年代所做的理论探讨一样，他的科学考察和政策建议，闪耀着真理的光辉。

八、爱情与家庭

宋则行在个人生活方面是幸福的。他获得了纯真的爱情，并由此建立了可以经受风雨考验的幸福家庭。

(一) 夫人肖端清女士

这里且先介绍一下宋则行夫人肖端清女士。

肖端清于农历癸亥年五月八日（公历1923年6月28日）生于黑龙江省齐齐哈尔市，在湖北省武汉市长大。肖端清在长大后曾问过她父亲："为什么给我起名叫端清？"她父亲回答说："我希望你做到'端正其行，清洁其心'。"这倒和宋则行的名字有十分相近的含义。"则行"二字中的"则"意指准则、规范或指导，"行"指的是行为、行事或做人，"则行"的内涵是以一定的道德和做人准则规范或引导其行为、行事和做人的方式。据说，"则行"这个名字是他上小学时他的一位学识渊博的老师给起的，老师起这个名字蕴含着一种希望，那就是，希望他长大做一个道德高尚、有智慧和有作为的人。看来，他（她）们能最终走到一起，结成伉俪，是"天缘相凑"啊！

肖端清毕业于南京金陵大学（新中国成立后改为"南京大学"），并在华北革大学习一年。在南京金陵大学求学期间，她是一个思想进步的学生，积极参加反对国民党反动派的学生运动。

特别值得一提的是，肖端清在新中国成立前曾因参加学生运动而被捕入狱，过了一段"铁窗生活"，以坚贞不屈的精神经受住了"铁窗生活"的考验。

肖端清等坐牢的这一时期，正处于李宗仁作为国民党政府代总统和共产党举行和谈时期，社会各界要求释放政治犯的呼声很强烈，向李宗仁施加了很大的压力。正是借"和谈"之风，肖端清等被释放了。

出狱后肖端清去了上海。不久，上海解放，肖端清与宋则行结婚。宋则行在选择去东北工作后，她先在华北革大学习一年，然后随宋则行到东北沈阳，进入东北统计局工作。而在宋则行于1952年离开东北统计局以后，她继续留在东北统计局工作，历任交通运输、综合、贸易统计主任研究员。大区撤销后，转入辽宁省统计局贸易处，进行市场情况分析。1979年调综合处任副处长，编制国民收入并为省领导提供国民经济发展情况分析。1983年成立统计科研室任室主任，后改为统计科研所任副所长，创办《辽宁经济统计》和《辽宁统计年鉴》，担任省统计学会秘书长、副会长。被省经济研究中心聘为特约研究员。撰写统计科研论文十余篇，其中5篇获国家和省市奖。职称为高级统计师。从事统计工作40年，1988年离休。

肖端清在谈到她如何走进统计这一行，并在统计这一行以忘我的工作热情勤勤恳恳工作一辈子时，如此说："我干统计这一行并非志愿，而是出自无心，是偶然的机遇，也可以说是'无心插柳柳成荫吧！'我的好同学张敏在复旦大学就是学统计专业的，她曾对我说：'统计可不是简单的加加减减'。在我考大学时，宋曾多次主张我报考统计系，这些劝告我都没有听进去。可能是从经济学的角度，宋非常重视统计，也很爱好这门学科，就是这种吸引力使他接受了东北调查统计处的招聘而来到沈阳市，我只不过是随他而来罢了。未曾想到几年之后他却离开了统计局而我却留了下来，干了一辈子的统计工作。虽然如此，我却无怨无悔，我爱我的事业。"

（二）纯真的爱情

关于宋则行和肖端清之间的爱情，要追溯到1944年夏天他（她）们在重庆最初相逢之时。那时肖端清高中刚毕业而没有如愿考上大学，需要找一份工作来维持生活。一天，她在街上遇见了以前在高中读书时的英文老师朱金生。朱金生说他可以托他的朋友给她找一份差事，当即给她写了一封介绍信，让她拿着他的介绍信去找在中央设计局工作的宋侠（当时宋则行的常用名）和杨叔进。第二天，她在同学的陪同下来到了中央设计局，只见从楼上走下来一个身穿一套藏青色西服的青年，很有礼貌地接待了她们。这是肖端清和宋则行的第一次会面。宋则行说，他可以跟主管人说说，因为他所在的资金组正好缺一个文书。

正当肖端清等待回音之际，她突然病倒了，经初步诊断是患了斑疹伤寒。住院一个星期左右，宋则行闻讯后去看她，并告诉她工作已经谈妥，她病好后就可上班了。从此，便开始了他（她）们之间的密切交往。

肖端清也有意识地去了解宋侠，得知宋侠又名宋则行，小名砚畦，上海崇明人，1917年农历八月二十九日①生，时年27岁。父亲在复旦大学毕业，只在银行里当过会计，长期失业在家。他只有一个弟弟比他小九岁。他母亲在生他弟弟时得了产后风，过早地去世了。他主要是在姑母的抚养下长大成人的，这对他内向性格的形成有一定的影响。他在著名的上海中学就读，1935年毕业，因家境贫寒报考了食宿一切免费的国民党中央政治大学的经济系，抗战时期，这个学校搬到了重庆。1939年毕业，被分配到贸易委员会，搞出口贸易管理工作。工作二年后考上了南开大学经济研究所，在陈振汉、李卓敏导师的指导下取得了硕士学位。由于何廉、方显廷的关系，到中央设计局任资金组组长，同时兼任南开经济研究所助教。

肖端清以一个少女特有的敏感感受到了宋则行对她的好感和爱意。她回忆道："也可能就在于朱老师事先向宋介绍了我这个女中学生还可以，有了这么一个先入为主的印象吧，因而在宋侠见到我时就产生了好感。而我当时正处于多么狼狈、尴尬的境地——失学、失业、患病……我非常奇怪宋怎么能对我产生好感呢？即使在我病后复原了，我想我既无华丽的服饰，也没有梳妆打扮，我既不会矫揉造作，也不善于谈吐辞令，我唯一的只有一份纯真、朴实无华的本性罢了，难道他就是看中我这一点！"

宋则行也情不自禁地想抒发他对肖端清的好感和爱意。在1944年11月2日写给他南开经济研究所的好友藤维藻的信中这样写道："最近我结识了一个女孩子，才出高中，是一个友人的学生，为了托我找工作才认识的，才见了几面，觉得她是一个刻苦纯洁、蛮有风度的女孩，很聪明，据说也很能干。自然现在什么也谈不上，才认识的，对她只是直觉上的喜欢，并不深。至于她呢，自然不会马上想到这些的，对我也只是尊敬而

---

① 1945年宋则行在剑桥大学留学填写个人登记表时按公历和农历约相差一个月左右时间的一般惯例，把公历10月1日确定为生日，实际上，当年的农历八月二十九日是公历10月14日。因为当年农历有一个闰月（闰2月）。故此，公历的时间被大大向后推迟了。不过，10月1日，恰好是新中国成立的日子（国庆节），确定10月1日也很有意义。这是不谋而合了。

已。不幸的是刚给她找到工作她就病倒了。住在医院里,而且是严重的病,还没有过危险期。星期天你来时,我刚看过她回来不久。今天下午我又去看过她一次,病还没有转机。我现在完全被怜悯和同情的心所攫住,想不到其他。"

1944年11月29日,宋则行在回南开经济研究所上课的当晚,在写给杨叔进和汪祥春的信中这样写道:"回所时天已浓黑了,用小学生的口吻说正是'万家灯火'的时候了。坐定下来我实在没有心念书,打算给你们写信,但我不知道说什么好。自然,你们心里一定会要我报告探肖的经过,然而我实在说不上心头的滋味是高兴还是轻愁。当我敲门踏入病房时,肖正睁眼斜躺着。这次探望似乎出于她的意外,然而我不清楚她心下是否也有一份意外的喜悦。没有旁人在,谈得自然长久些,但琐碎得连我谈些什么已记不清楚了。这次谈话我猜不出她的反应怎样,但至少已无怕接近的感觉,神情显得随便些、亲切,有时漫不经心地反复折着手中的手帕,有时无言地听着我的话,翻弄床头的被角,显得十分懂事,也显得十分稚气。我说不出当时的感觉,不是爱,只是一时对一个年轻女孩子无理由的喜欢。我所幻想的、追逐的好像是梦中的一个青春的影子,但又像是那样遥远、渺茫!"

1945年1月3日,宋则行在致肖端清的老师朱金生的信中写道:"肖来资金组工作已十来天了。我不能向你隐瞒我是十分喜欢她的,年轻、聪颖、懂事、知道分寸。我是不想赞美,因为印象是整个的,我已无法用一些常见的形容词来描述她映在我心中的影子。自然这种无理由的喜欢不是由她来后才开始的。我能记忆的,她的病和我几次的探视确实加重了我对她的爱怜。在她未来之前我曾焦急过、烦躁过、不安过,有过美好的幻想,也有过淡淡的轻愁。如今我自觉平静多了,但安逸和烦恼往往是掺杂在一起的。当她不在时,心里总觉得丧失了什么似的。哪怕一句话不说也是恬适的,在你面前我再不能掩饰,我是在迷恋中了,虽然在表面我可以克制得那样淡然的。"

1945年1月8日,宋则行在写给藤维藻的第二封信中写道:"我不知道你有没有注意到那个在一旁默默地看书,穿着灰色大衣的女孩子,那就是我曾对你提到过的那个女孩子。我不知道你的印象如何。我现在正喜爱着她,而她已意识到我的感情了。昨天我们刚在城里玩了一整天,回来预备在炭盆旁烤面包和年糕解决我们的晚餐,而他们打牌的来了。如果没有他们,你来了,我可以介绍给你认识,愉快地谈谈呢!但事情就是那么不凑巧。这女孩子很年轻,我想你是看得出来的。她有着深的眸子,长长的睫毛,明亮的笑和银铃般的嗓音,很聪颖懂事,知道分寸,常有自己的见解……也许这些都是因为喜爱的缘故,才有这样的印象。反正你已看到我所赞赏的人了,我不过是诉说我心里的感觉。路还很远,这只不过是个开始,我也没有想到怎样远,我此刻只想沉醉在自己青春的梦幻里。自然她如果有同样的意愿,我会永远喜欢她的!"

藤维藻在接到宋则行的第二封信以后回信写道:"那个女孩子我注意到了。七号我在日记里写道'年轻、俊秀、仪态端方,较之庞曾漱(浙江大学的"校园皇后"之一,因为他是浙江大学的毕业生)有过之无不及。'则行真幸福中人也。我总以为一个人的内心可以从面貌上看出来一部分的,她的聪颖纯洁好像一看就有这样的感觉。良好的开端对于一件事就等于成功了一半,祝福你美丽的未来!恋爱需要你的全部精力,把那些无意义的工作放下一点吧。"

从这些充满感情的信中可以看到，宋则行已经对肖端清倾注了他的挚爱，而且这种爱愈来愈深。当时宋则行正准备报考出国留学，有一次汪祥春问他："如果在出国留学和肖二者之间只能选择一个，你选择哪一个？"宋则行毫不犹豫地回答说："我选肖，留学的机会以后还很多，而像肖这样的女孩子是不可多得的！"

宋则行对肖端清可以说是一片至诚，那么，这在肖端清的少女情怀中激起了怎样的波澜呢？

肖端清如此描述了她当时的心态："对于像我这样一个刚步出学校、涉世不深的女孩子来说，真有些茫然不知所措！从我当时的年龄和处境看，我过着无忧无虑、无拘无束的学生生活，什么恋爱、婚姻之类的问题远未提到生活日程中来。我虽然在'世外桃源'中成长，人很单纯，但我却很自信，有独立的见解，爱憎分明，有辨别是非的能力。在中学时代有没有异性对我表示好感呢？也有，但一则我还没有感情上的需要，二则也没有人赢得我的好感。对异性，我虽然不知道喜欢什么样的人，但我知道讨厌什么样的人。我讨厌油头粉面的纨绔子弟，讨厌不学无术而夸夸其谈的人，我不喜欢骄傲自大、自鸣得意的人，而那些爱慕虚荣、心胸狭窄、心术不正的人就更不在话下了。"

"然而，我究竟喜欢什么样的异性呢？什么样的人才是我心目中的白马王子呢？我真的不知道，也说不清楚。"

宋则行闯入她的生活，打破了她生活的平静，也让她有了明确的答案。

肖端清如此写道："宋给我的印象应该说是不错的。他是个白面书生，文质彬彬，温文尔雅，和蔼可亲，五官端正，我的直觉告诉我他是正人君子。他虽比我年长，但仍保持着学生的风度。冬天穿着一件长袍，脖子上围着围巾，很像三、四十年代北平的大学生派头。虽然参加了工作，但仍保持看书、听音乐、看画展等高雅的情趣，为人不俗，是学者的风度，这些都是很难得的。因为他是朱老师的朋友，因此我们之间是有一段距离的。这种距离可能一度使他烦恼、尴尬，但这道堤防很快地被他对我的关怀和柔情冲破了，我感到温暖，而当时我是多么需要温暖啊！"

于是，他（她）们双双坠入了爱河。肖端清对此做了这样感情细腻的描述："就这样我们相爱了。在一个皎洁的夜晚，我们一起出去散步。一路上他挽着我的臂膀、腰，一股无形的诱惑力吸引着我，我没有拒绝。在学校的一个庭院里，在洒满银灰的月光下，我们第一次接吻了，彼此在幸福中沉醉。我们相互说了些什么，可能是些赞美之词，也可能是互相倾诉着爱的赤诚和誓言。这是我俩定情的夜晚。感情的升华出乎意外，但也是最近两个月来发展的必然！就在这天晚上他告诉我他已报考了出国留学的事，但不一定会录取。我回答说，能录取当然最好，录取不了也无妨。"

过了两天，报上发榜了，宋则行考取了公费留英研究生。大家都向他祝贺。宋则行虽然为此感到高兴，但一想到就要和自己热恋中的恋人分别了，而且一别就是长达三年之久，这是多么残酷的事啊，他又觉得有切肤之痛！

1945年3月10日，宋则行要去青木关参加教育部（当时国民党政府的教育部）主办的出国留学生训练班，为期两周。这对于即将踏上出国留学旅途的宋则行来说，是多么宝贵的时间付出啊！他多么想在出国之前的这段不太多的时间里尽可能地待在恋人的身边啊！然而却不得不把这两周时间花在训练上，他对此颇为恼火！

也许是上天对这对热恋中的恋人特别关照吧！青木关训练结束后，原定出国的日期推迟了，且一再向后拖延。这使得他（她）们能有较多的时间在一起享受爱情的快乐。肖端清对这段难忘的生活这样回忆道："这次离别不是短期的而是三年，三年的离别是漫长的岁月。在离别之前，我们要尽情地享受我们的青春年华！在这一段时间里我们多半在电影院、剧院、街上、庭院、嘉陵江畔的沙滩上度过的。我们迎着朝霞、踏着月光，在微风中漫步，在月光下他满怀激情地用那颤抖的声音唱着《夜半歌声》：'你是天上的月，我是那月旁的寒星，在这漫长的黑夜里，谁同我等待天明？谁同我等待着天明！'"

分别的日子终于到了。1945年8月7日，宋则行离开重庆飞抵昆明。为了避免伤心、流泪、难堪，宋则行临走时肖端清没有去送他。但在宋则行走后她立即陷入了极度的感伤和孤寂之中。她说："我是个重感情的女孩子。幼年和少年时代生活在母亲身边，有母爱和亲情的温暖。八年的抗战流浪在外，虽然是远离亲人，但在艰苦的学校生活中却充满着同窗情，友情滋润了我。离开了学校走向社会，正当我陷入窘境时，是宋向我伸出了援助之手，是他的温情、他的爱怜温暖了我这颗即将冷却的心，我获得了爱情。在爱的炽热中我暂时地陶醉在幸福的怀抱中而忘了苦难，忘记了一切的不幸。当宋远离我而去，我才从幻梦中惊醒，回到苦难的现实生活中来。离开了亲情、友情和爱情，离开了这一切，我感到孤独、寂寞、辛酸和痛苦！"

肖端清不由地回想起了和宋则行从初识到相爱的整个过程中种种难忘的情景，仔细地回味着、思量着在他（她）们之间所发生的一切。肖端清后来回忆道："回忆他的一言一行，一举一动，他的种种优点和美德在我心中更加突出了，我不由自主地更加钟情于他。他时常站在桌旁，端着一杯茶，凝视着窗外，偶尔回过头来，用他那脉脉含情的目光注视着我，那神态使我难以忘怀！他的同学钱荣堃曾说他：'学识比别人高，但从不使人嫉妒。'这是非常难得的，是他谦虚谨慎的必然吧！他的同学汪祥春说：'我和宋相处八年，在这八年里几乎每天都能发现他的长处来。'这真耐人寻味，这可能是他不爱表露自己的性格的流露！他曾对我说起过，他读中学时理科一直很好，本想报考清华大学的，只因家境关系，不得已才报考了政校，似乎有委屈之意。我曾设想，他如果读理工科，在攀登科学的高峰上也定是卓有成就的。他曾说他也爱好文学，在中学和大学读书时常写些散文，特别是人物特写在杂志上发表。他曾在我生日的那天送给了我一份珍贵的礼物，一篇用散文写的长篇祝词（可惜让我丢失了），我的同学小胡、小侯看了赞不绝口，小侯说：'宋先生写得很自然，像是泄出来的。'我越是感到孤寂，对宋的怀念越深，这种思念之情，只有借助于笔墨与鸿雁了。"

宋则行在去英国的途中在印度的加尔各答停留了一段时间，并抽空和同房间的伙伴一起游览了靠近尼泊尔的大吉岭。这在很大程度上是为了散心，想借此减轻一点儿对肖端清的思念。恰在此时，他意外地收到了肖端清的来信，并立即写了回信。他在信中除了写些安慰的话语之外，还写道："我真不敢当面说你漂亮，我怕你会敏感地想到：'他原来爱的是我的漂亮啊！'然而我欣赏你的还是天生的懂事、聪颖、仪态、性格的美，更不能忘记的是你给我一种青春的感觉，是你给我一种生命的启示。说来很玄，但对我却是那样真实。"

这年的中秋节宋则行是在加尔各答度过的,这天他逛街买了四双象牙筷子,其用意,如宋则行在信中所说的:"四双筷子如果在一张不大的桌子上摆起来,可以象征一个小家庭的团聚。在中秋节买这玩意儿,像下意识地在描绘我的奢想,对于一个幸福温暖舒适的小家的奢想。""我爱这样遐想,因为它可以给我一种隐秘的快乐,虽然醒来时会有双倍的惆怅。"

宋则行一路行来,一路思念,一路写信。在10月2日乘船出海之前,他给肖端清共写了10封信,在海上航行的3周中写了3封信。后来,肖端清将宋则行在出海前写给她的10封信装订成册,命名为《大吉岭记》,而把宋则行在海上航行时写给她的信也装订成册,命名为《海鸥记》。这些信记录了他(她)们之间感情或爱情的升华。

正如肖端清多次说过的,宋则行是个谦虚的人,也许是由于他觉得肖端清在各方面都非常优秀的缘故吧,他常常想,让肖端清这样优秀的女孩子跟了他是不是有点儿委屈了她呢?因此,在他进入剑桥大学以后写给肖端清的信中说:他有很多缺点或瑕疵,并不一定合乎肖的理想。肖端清在回信中坦白地告诉宋则行:"在我还没有来得及构思什么'理想'人物时就认识了你。因此,我就把你当成了我的'理想'中的人物,凡是你所具有的都合乎我的理想。你说你有缺点、有瑕疵吗?那么我就带着它一起爱不好吗?我爱你,连同你的所有的瑕疵!如果你认为你是一个极平凡的人,那么将来我就做一个平凡人的妻子,如果你觉得自己一定有点成就,一定能有些作为,那么我将决心做一个有作为的人的妻子,只要你还觉得我对你能有点帮助和可取的话。"

肖端清逐渐成熟了,对于她和宋则行之间的爱情的认识越来越深刻了。在一封写给宋则行的信中她发了这样一通感慨:"我们之有今日,虽因为性格和为人的彼此欣赏,但多半也不能不归于'机遇',就是通常所说的'缘分'。天下彼此相处合得来的人,尤其是男女相宜的人,不能说是没有,但难得有相遇的机会。而有机会相遇的人,不一定能合得来。年轻的时候总觉得找个朋友或对象还能成问题?天下之大,年轻人之多,合乎自己理想的也不乏其人。殊不知如今长大了耳闻目睹,看看别人,想想自己,才发现自己的幸运。而这幸福的感觉是在你走后我逐渐地、慢慢地体会到的。宋,恕我直言,在我们开始恋爱的时候我并没有什么惊奇之感,也并不珍惜,如今我才体会到我们的爱情之可贵,宋,在你的朋友的心目中都认为我们是幸福的一对。"

达到如此程度,可以说,宋则行和肖端清之间的爱情已经是生死不渝了!

宋则行去英国剑桥大学留学后,肖端清经过刻苦努力终于考上了南京金陵大学,圆了她多年的大学梦。其在金陵大学的学习生活已在前文做过叙述,这里不再赘述。宋则行回国以后,肖端清还在金陵大学就读,在肖端清因参加学运而被捕入狱的那段日子,宋则行多方营救,也常到狱中探视她。

说到宋则行回国,肖端清在信中对他的"劝说"应该说是一个有力的促进因素。宋则行在1948年在英国剑桥大学取得经济学博士学位后,除了可以留在英国之外,当时在美国的宋则行在南开研究所时的导师何廉写信约他去美国,他推辞了,一个重要的原因是收到了肖端清的信。在信中肖端清这样写道:"到外国去享福,虽然非常诱人,如果自己的国家处于太平盛世倒也罢了,偏是多事之秋,正当祖国受苦受难的时候,躲到国外,逃避现实,等国内局势安定后再回来坐享其成,我想你我都不会这样做的。"正是肖端清的信让他最后下了回国的决心。

(三) 栉风沐雨的幸福家庭

在肖端清出狱后,于1949年1月17日即农历除夕前夜到了上海。为了在住房和生活上的方便,他(她)们俩结婚了,夫妇二人2月份去了苏州,算是旅游结婚吧!这是他(她)们家庭生活的开端。在以后的岁月里,夫妇俩相敬如宾,无论是顺境还是逆境,他(她)们俩都是生死相随,不离不弃,共同走过了他(她)们虽然坎坷但却幸福的人生之路!

南京、上海相继解放以后,肖端清充满了浪漫的革命激情,她像当时的许多青年学生一样,热衷于革命工作。她报考了外语学校,准备将来当外交官。外语学校的学员先要在当时设在北京的华北革大学习一年。但在这一年里,肖端清感觉事事都不顺心。在这期间她怀孕了,妊娠反应很强烈,已不适合于继续学习,只好退学。在此之前,爱人宋则行已经去东北沈阳工作了,退学以后她就去沈阳和丈夫宋则行相会了。

1949年12月上旬,肖端清乘火车从北京来到沈阳市。显然,东北沈阳和南方的大城市南京、上海大不相同。又是在冬天里,这种差别就更大了。当时,宋则行带着一件绿色羊皮大衣和一顶棉帽来接她下车。最后,把她领到已经安排好的住房。这就是他们最初安置在东北的家了。

在他(她)们把家安在沈阳的最初的日子里,生活得还算很惬意、很温馨。在一般大众的眼里,他们过的是上层社会的日子。但实际上,由于物资供应匮乏,他们的日子还是过得很清苦的。

尤其使他(她)们感到满足的是,在精神生活方面充满着愉快、欢欣、满足。当时,东北统计局前后招聘来几批都是南方各地的大学生、硕士研究生和归国的留学生约一百余人,充满着青春的活力和对革命工作的热忱,又都是学经济的、学工的包括矿业、冶金、机械、纺织、学建筑的、学农的各种专业人才,虽然也有十几位伪满留用人员特别是俄语、日语翻译,但他们也都是精英之辈,真是人才荟萃济济一堂。东北统计局局长王思华是留法、留英以后又到延安革命根据地的著名的红色经济学家。王思华信任知识分子,大胆使用他们,充分发挥他们的聪明才智和作用。

1950年3月6日凌晨,他们的第一个孩子出生了。肖端清第一次感受到了做母亲的喜悦。回家后很多人来看孩子,一齐向宋则行夫妇道贺。方秉铸说:"孩子在东北生的就叫小东吧!"谁也没有提出异议。于是他(她)们就采纳了方秉铸的建议,小东的名字就这样定了下来。

在此期间,他(她)们的家庭生活也颇具浪漫色彩。肖端清后来不无怀念地回忆道:"在解放初的一段时期内我们仍然保持了一定的资产阶级或小资产阶级的生活方式,例如每周周末,我们都要到理发店去剪发和洗头,到商店里逛逛买斤糕点,到电影院去看电影,看完电影照例总要到餐馆吃点儿什么。星期天还要用儿童车推着儿子小东到中山广场去玩。节假日我们还时常带着孩子逛逛公园、划划船。记得我们第一次在东北电影院看完电影,就在对面的小餐馆里要了两碗面条,端上来的面条每碗足有半斤,黑乎乎的酱油,这哪里是享受,而是受罪。以后园路餐厅和沈阳饭店开张了,都设有西餐部,我们也都去光顾过,然而这一切都在不知不觉中淡泊了,由一周一次改为半月一次、一个月一次,不知是什么时候自动的、全部从生活中消失了。这也许是标志着我们的思想改造取得了某些成效,当然还说不上是'脱胎换骨',只不过是在思想意识上发生一丁点儿变化而已。"

1951年12月,他们的第二个孩子出生了,是个女孩,取名小红。很乖,不哭不闹,吃饱就睡。后来,又陆续生下了小平、小英、小梅,都是女孩儿。小女儿小梅出生的1960年,正是我国步入最困难的年代,同时也是宋家步入最困难的年代。

从1952年起,我国政治运动不断,先是三反、五反运动,然后是"肃反运动"、"反右派运动",直至"文化大革命"运动。每次政治运动,宋家都受到了冲击,经历了那个年代的风风雨雨。特别是在"文化大革命"中,宋家经受了数不清的苦难。首先是宋则行遭受了非人的待遇,这在前文已经叙述过了,这里不予重述。宋夫人肖端清也受到了冲击,她被人贴了大字报,诬之为"漏网大右派",并因而进了"学习班"。

1968年秋,肖端清进了"省五七干校"进行劳动改造。

1969年11月,辽宁省革委会传达了"林彪第一号令",五七干校的全体干部要分到全省33个县的300个生产大队插队落户。

1970年8月辽宁省革委会决定将辽大迁回沈阳。宋家也终于随辽大回到了沈阳。宋则行作为辽大的老师在经济系工作,肖端清又回到省统计局上班。

宋则行在辽大迁回沈阳以后的日子是越来越好过了,特别在邓小平复出以后,长期扣在知识分子头上的"资产阶级知识分子"的帽子被摘掉了,宋则行觉得从来没有过的心情舒畅。如前文已经说过的,他重新当上了辽宁大学经济系主任,并当上了辽大的副校长,主管全校的科研和研究生工作。他为辽大争得了第一个硕士学位授权点,即外国经济思想史硕士学位授权点,招收了研究生。积极参加全国的学术活动,特别是参与了许涤新主编的《政治经济学辞典》的编写工作,主要参与主编其中的外国经济思想史部分,并在此基础上与北京大学陈岱孙教授等筹建了"中华外国经济学说研究会",被推选为副会长(会长为北京大学陈岱孙教授)。重新当选了全国人大代表。如前所述,宋则行是1964年的第三届全国人大代表,而在10年以后,1974年"文化大革命"中召开的第四届全国人大,由于他当时正处于逆境之中而不能再当全国人大代表了。在1980年召开的第五届全国人大,宋则行重新当选为全国人大代表。而且从这届全国人大开始,又连续成为第六届、第七届全国人大代表,并成为第七届全国人大常委会委员。

特别应该指出的是,1979年10月,宋则行光荣地加入了中国共产党,成为一名共产党员。入党是宋则行多年的夙愿。实际上他早已在思想上入党了。从参加工作的第一天起,他就把自己的一切都交给了党,而且,他从马克思主义政治经济学理论上深刻地认识到了党所从事的社会主义和共产主义事业是人类最伟大的事业,为社会主义和共产主义事业献身是再光荣不过的了。他自觉地接受党组织的考验,即使是身处逆境之中,他也从来没有怀疑过中国共产党的英明和伟大,一心追随中国共产党前进的步伐。现在党组织终于接纳他了,他抚今追昔,心情无比激动。在接纳他入党的支部大会上,他表示:"我现在已经是一名共产党员了,但按照党的要求,还做得很不够,今后我要更加自觉地严格按照共产党员的标准要求自己，做一个完全合格的共产党员，为党的事业做出较大的贡献。"

宋则行夫人肖端清在回到省统计局后，工作非常积极，表现了其对工作的高度责任感。而且也光荣地加入了中国共产党。

九、朋友

宋则行是重友情的人。生前和我多次说过他的一些老朋友。他认为，广泛结交朋友，是他经济学生涯的重要组成部分，正是在同这些朋友的交往中通过相互切磋，使他开阔了经济分析的思路。这里，按照宋则行生前的讲述，并参考有关资料，以一定的篇幅介绍一下宋则行的朋友。

（一）南开经济研究所时期的朋友

在宋则行的朋友中，首先值得一提的是杨叔进。他是宋则行的终生密友，影响了他一生的生活。他们在中央政治学校时就是同学，后来又一起考入南开经济研究所。在南开经济研究所，当时大家公认有两个才子，一个是宋侠（即宋则行），一个是杨叔进。据肖端清说，在她认识宋则行之前，宋则行和杨叔进每天都形影不离，两个人好得像一个人一样，不分彼此。

在宋则行去英国留学后的第二年，杨叔进去了美国的威斯康星州立大学留学。两人在国外也常有书信往来。

在宋则行、肖端清到东北沈阳后不久，接到杨叔进从泰国联合国远东委员会寄来的信，信是寄到他们在上海长春路的旧址的。杨叔进在信中说，他接到宋则行在上海寄给他的信，这封信是寄到美国他就读的学校的，信到时他已毕业离校，受聘于联合国远东委员会，这封信是由学校转到泰国的，当他看到这封信时他已受聘并开始了工作。如果他刚毕业还未受聘时看到了宋则行写给他的信，他会考虑是否回国的问题的，现已至此，只好工作一段时间再说了。当宋则行看到这封辗转多时才收到的信后，立刻回了他一封信，告诉他，他和肖端清已经来到东北他的家乡，并告诉他，汪祥春、方秉铸、支道隆也一同来到了沈阳，对工作和生活感到非常满意。在这之后，杨叔进又来过两次信，都是写给宋则行、汪祥春、方秉铸和支道隆四个人的。他很羡慕他们能去他童年、少年时代生长的地方工作，他的母亲已经去世了，只剩下一个患精神病的哥哥，恳请他们代为寻找他哥哥的下落。接到信后，宋则行等不负朋友所托，当即帮助寻找。

1960年中共中央调查部来辽大找宋则行谈话，大意是说，在联合国远东委员会工作的杨叔进表现很积极、很进步，希望宋则行能给他写封信，让他为我国多做些贡献。到这时，宋则行多年因与杨叔进联系而背上的"特嫌"包袱才算放下。不过"文化大革命"时又旧事重提，宋则行还因为所谓"特嫌"问题，受到批斗。但在1960年组织上让宋则行给杨叔进写信的时候，他的"特嫌"问题算是澄清了。也因此得到了信任和重用。当时辽大党委书记邵凯、校长何松亭、副校长陈放决定让宋则行出任辽大经济系主任，并改善了他家的居住条件，搬进了三居室住房。

1979年10月，杨叔进回国访问，特意到辽大与宋则行相会。至此，两位老朋友已有30多年的时间没见面了，在40年代中期（1945年）他们分别的时候还是青春年少、风流倜傥的小伙子，现在都已变成年逾花甲的老人了，真是岁月不饶人啊！但他们之间浓烈的友情不减当年，两人一见面就紧紧地拥抱在一起。当时正值中国启动改革开放之时，辽大安排杨叔进做了一次关于国际贸易和经济发展的学术报告。杨叔进在报告中，除了阐述一般的国际贸易理论，还以大量的数据说明发展中国家和地区通过发展对外经贸关系获得经济发展的情况（以当时的亚洲"四小龙"为例）。他的报告对于启发人们的思路、解放思想发挥了正能量的作用。这时杨叔进已在世界银行任高级经济顾问，为中国向世界银行申请贷款做了许多工作。

这次和宋则行见面，杨叔进送给宋则行一本萨缪尔森著英文版《经济学》（第10版），宋则行将此视为最珍贵的礼物。正是利用这本书作为教材，宋则行向他首次招收的研究生系统讲授了西方经济学。

从1983年开始连续几年，杨叔进在南开大学举办国际贸易研讨班，传授外贸理论，培养了不少外贸人才。在此期间，杨叔进每年都到辽大与宋则行见面。在杨叔进于20世纪90年代退休以后不能来中国访问的晚年，每当世界银行有人来中国访问的时候，他总是让来人代他去问候宋则行，而宋则行也经常写信问候杨叔进。

宋则行的另一个朋友是汪祥春。汪祥春生于1918年，浙江省黄岩县人。也是宋则行在中央政治学校大学部经济系学习时的同学，并同时成为南开经济研究所的研究生。1942年研究生毕业获硕士学位后，和宋则行一样，也在中央设计院任职。

汪祥春也有出国留学的经历，1947－1949年在美国威斯康星大学和芝加哥大学进修。

回国以后，像宋则行一样，应聘到东北统计局任研究员，20世纪50年代初，宋则行和汪祥春都调到东北财经学院从事经济学教学和研究工作，宋则行搞的是理论经济学（政治经济学），汪祥春搞的是工业经济学，分属于两个不同的教研室。虽然如此，但两人也经常在一起探讨经济理论问题。1958年，东北财经学院、沈阳俄语专科学校、沈阳师范学院三校合并，组成辽宁大学，在东北财经学院中分出一部分专业到大连成立辽宁财经学院，汪祥春所在的工业经济专业，是构成辽宁财经学院的重要专业之一。因此，汪祥春便与宋则行分属两校，分处两地（沈阳和大连）。虽然如此，但两个老朋友之间的友谊却日久弥深、绵远流长。改革开放以后，两个人常在一起合作，探讨经济管理和经济体制改革理论。两人合著的《社会主义宏观经济调节理论》在国内经济学界颇有影响，对中国的宏观调控科学化进行了科学论证，提供了理论依据。

在宋则行的朋友中，还有一位可称得上"莫逆之交"的朋友是南开大学教授钱荣堃。钱荣堃（1917～2003），江苏无锡人。1942年重庆大学商学院银行系毕业后，考入南开大学经济研究所攻读硕士学位，研究生毕业获硕士学位后，也在中央设计院工作一段时间。

1946年钱荣堃考取了中英"庚款"公费留学生，赴伦敦经济学院攻读货币银行学博士学位，1950年回国，次年（1951年）入南开大学财经学院金融贸易系任教。同年，他和金融系的两位老师合作翻译了俄文的《苏联货币流通与信用》。1953年钱荣堃担任金融系教授兼主任,成为苏联计划经济和苏联货币流通与信用方面的专家。曾任南开大学经济学院顾问、金融学系教授、国务院学位委员会学科评议组(经济学)特约成员、中国金融学会名誉副会长。

宋则行和钱荣堃之间的友谊源远流长,他们一起在南开经济研究所当研究生,在英国留学期间,虽然不在一个学校(宋则行在剑桥大学,钱荣堃在伦敦经济学院),却有很密切的交往。当时宋则行主要搞对外贸易方面的研究,钱荣堃搞国际金融方面的研究,同属国际经济学(或国际经贸经济关系)学科,因此在学术研究上两人经常在一起切磋。回国以后,钱荣堃也很关注宋则行的学术活动,宋则行所发表的论文和著作都引起了他的高度重视。1980年,宋则行所带的外国经济思想史专业研究生开始做学位论文了,他让他的学生带着他的亲笔信去向钱荣堃请教关于论文选题的意见,而信的开头直呼"老钱"。这说明两人有很密切的关系。

宋则行和宋承先之间的友谊,在中国经济学界也是广泛为人称道的。由于宋则行在辽大执教,而宋承先在上海复旦大学执教,因此,在中国经济学界常称他们为"北宋"和"南宋"。宋承先(1921-1999),四川省青神县人。1944年7月毕业于武汉大学经济学系,1947年7月获南开大学经济研究所硕士学位。虽然宋则行和宋承先在南开经济研究所作为同学的时间不长,在宋承先进南开经济研究所当研究生不久,宋则行就去英国留学了。但他们仍然是南开经济研究所时的学友。由于宋则行比宋承先年长几岁,且都姓宋,宋则行常把宋承先当作弟弟看待。见面或写信总是称宋承先为"承先",或"承先弟"。宋承先当然也称宋则行为兄,经常有书信往来,相互问候。

1951-1987年,宋承先在复旦大学经济学系任教,历任讲师、副教授、教授和博士生导师。1987-1994年任华东理工大学工商经济学院院长。1994-1999年3月任上海财经大学教授。

在研究生教育上,宋则行和宋承先也相互支持。宋则行请宋承先为他的研究生做指导,宋承先也请宋则行指导他的研究生。因此,他们的学生从中获益匪浅。另外,他们在生活上也相互关心,常有书信往来相互问候。

宋则行属于南开经济研究所时期的朋友还有周林和雍文远。限于篇幅,这里不予详述。

(二)在中国经济学界的朋友

宋则行的朋友当然不只是他在南开研究所的老同学,全国不少从事经济学教学和研究的学者,也是他的朋友,或者说是相交甚笃的好朋友。比如,北京大学的胡代光、范嘉骧、厉以宁等教授,中国人民大学的高鸿业、吴易风等教授,北京师范大学的陶大镛教授,武汉大学的刘涤源、谭崇台、吴纪先等教授,华中科技大学的张培刚教授,中国社会科学院经济研究所的朱绍文教授,中国社会科学院世界经济研究所的樊亢教授,复旦大学的洪文达教授等。

宋则行和这些朋友之间主要是学术上的交流,其中和有些朋友在学术观点上有分歧,也发生争论。例如,他和胡代光教授之间在对斯拉法理论体系的看法上,有很大的分歧,尽管如此,却有深厚的友谊。

宋则行和张培刚教授的关系是非常密切的。张培刚教授早在20世纪40年代中期，在美国哈佛大学以一篇题为《农业与工业化》的博士论文，成为发展经济学的奠基人之一。在世界经济学发展史上谱写下了属于自己的光辉的一页。回国以后，在20世纪五六十年代，经受了当时逆境对他的煎熬。改革开放以后，开启了张培刚经济学理论探讨的新时代。这时虽然他已经是年逾古稀的老人了，但饱满的热情和奋发向上的精神不逊于青年人。他重新整理和出版了他的博士论文《农业与工业化》中文版，并组织一批青年学者，结合中国的经济发展实际，探讨经济发展的理论与实践，写出了新著《发展经济学》。宋则行非常敬佩张培刚在做学问上的开拓、进取和创新精神。在张培刚90岁诞辰的时候，宋则行写了一篇题为《从〈农业与工业化〉到〈发展经济学〉》的文章，系统阐述了张培刚经济思想的发展脉络。张培刚格外重视宋则行对他的经济思想的评价，认为只有像宋则行这样的有深厚的学术根底的人，才能对他的经济思想的发展做出如此精准的评析。把宋则行看作是他真正的知音！

张培刚常称宋则行为宋侠，在20世纪40年代宋则行常用的名字是宋侠，也许是张培刚和所有他那一代的人一样，叫惯了宋侠吧！有一次他跟宋则行开玩笑说："你应该叫宋大侠，叫宋侠不够有气魄！""不过"，他说，"叫宋侠也不错啊，含有侠肝义胆之意！"也许只有真正的朋友才能体会出宋则行具有"侠义"的一面吧！

宋则行和高鸿业教授之间也有深厚的情谊。他们的共同点是：既精通西方经济理论，又精通马克思主义经济理论。因此在很多问题上有共同语言。高鸿业教授和宋则行走着一条相同的做学问的道路，即在全面系统准确地把握西方经济学的前提下，用马克思主义经济理论来评论西方经济理论。而从应用西方经济学研究现实的经济问题的视角上看，则是在坚持马克思主义经济学的基本原理的前提之下，应用西方经济学的知识和分析工具。宋则行对高鸿业教授主编的《西方经济学》（微观经济学和宏观经济学）很重视，认为该书原原本本、准确无误地阐述了西方经济学的各种理论，而且更为可贵的是，在该书的每一章后面都设有结束语，指出从马克思主义观点上看，应该如何认识有关的西方经济理论。他赞成在国内西方经济学教学中采用高鸿业版本的西方经济学教科书，同时指出，在教学中除了讲授西方经济学的基本原理之外，还要把书中所做的评论讲给学生听，并尽可能地予以发挥。

高鸿业教授也很关心宋则行的身体健康。有一次，我陪高鸿业教授在人民大学的校园里散步，他问我："我和宋则行谁身体好？"我回答说："还是您身体好，拿走路来说，宋则行教授总是两脚在地上蹭，而您总是把腿抬得高高的。""如此说来，"高鸿业教授说，"还是我的身体好一些，你回去以后跟宋则行说，要加强身体锻炼。"

宋则行和中国社会科学院世界经济研究所的樊亢研究员在20世纪60年代初期开始合作主编《外国经济史（近现代）》（人民出版社，1965年、1990年）、《主要资本主义国家经济简史》（人民出版社，1970年、1997年）和《世界经济史》（1993年，经济科学出版社）。在联合主编这些著作的过程中，宋则行和樊亢之间配合得很默契、很愉快。宋则行长期以马克思主义经济学原理和方法研究资本主义经济发展问题，掌握大量的实际经济资料。而樊亢多年研究苏联经济问题，研究列宁关于资本主义从自由竞争走向垄断的理论和社会主义革命理论。他们的有力配合，使得其关于资本主义经济发展史的论述具有了相当的理论深度、缜密的科学性和鲜明的实践性。

十、同事

如前文所述，在宋则行的经济学生涯中，并不是孤军奋战的，在不同的时期，在他的周围总是聚集着一批合作者或同事。宋则行高度重视他的同事的作用，认为在他的成就中，也浸透着同事的心血。

（一）东北统计局时期的同事

宋则行到东北统计局工作和从1952年起在东北财经学院、辽大工作以后，也在他周围出现了一批朋友。由于长期在一起工作，可将他们称为宋则行的同事。

在东北统计局工作时期的同事主要有林里夫、王思华、杨坚白、马恒志、王琥生、方秉铸、支道隆等人。宋则行的夫人肖端清当时也在东北统计局工作，在宋则行的同事中，当然也包括她。如前所述，林里夫是到上海招聘宋则行到东北统计局工作的，宋则行到东北统计局工作以后和林里夫的关系一直很融洽。王思华和杨坚白，当时分任东北统计局的正、副局长，这两位局领导当时很重用知识分子，注意发挥他们的作用，宋则行觉得心情很舒畅，工作很顺心，浑身有使不完的劲儿，且精力充沛。王琥生当时是宋则行的助手，手脚勤快，动作利落，思虑敏捷，且对宋则行十分尊敬，遵从他的意见办事。方秉铸和支道隆是和宋则行一起来东北的，早在来东北沈阳工作之前，他们就是宋则行的朋友了，到东北以后，则和宋则行拧成一股绳，全身心地投入工作。

（二）东北财经学院、辽宁大学时期的同事

在东北财经学院和辽大工作期间，和宋则行在一起共事的同事主要有彭清源、王文元、汪祥春、佟哲辉、周品威、张隆高、李靖国、纪河清、刘波、章宗炎、李定选、高生文、冯舜华、庄明英、江文彬、周万录等人。

1952年11月，东北统计局宣布调宋则行、汪祥春、张隆高、佟哲辉、屈哲夫到当时刚成立不久的东北财经学院（由东北计划统计学院、商业专科学校、财政专科学校合并组成的财经院校）去教书。这些人构成了宋则行在东北财经学院工作时的最初的同事。在这些人中，和宋则行关系较为密切的是汪祥春和张隆高两人。宋则行和汪祥春的关系，前文已经介绍过了，这里不予重述。宋则行和张隆高也是相交甚笃的老同事。张隆高也有相当深厚的西方经济学和经济思想史的理论功底，在这一点上，他和宋则行形成了理论研究上的密切搭档。在20世纪50年代初，宋则行潜心于马克思的《资本论》、列宁的《帝国主义论》和斯大林的《苏联社会主义经济问题》的研究，进行政治经济学、经济思想史和世界经济史等学科的教学，张隆高则主要进行世界经济问题的研究。但两人都关注西方经济学研究的新进展。1965年，他们合作写了一篇题为《怎样批判凯恩斯的乘数论》的文章，针对北京大学某教授的错误观点做了深入的理论评析。张隆高和宋则行一样，经历了50年代以来的各种政治运动的冲击，改革开放以后，开启了理论研究的黄金时代。在教学和科研上他最突出的业绩，后来调到了南开大学执教。无

论走到哪里，张隆高都以老黄牛的精神勤勤恳恳、任劳任怨地工作。在这里他又承担了不少科研项目，取得了许多重要的科研成果。还需指出的一点是，在指导研究生上，张隆高也配合宋则行做了不少工作，例如，宋则行作为社会活动家，经常外出参加社会活动，宋则行的研究生在学习上遇到什么问题（如在学习西方经济学中所遇到的问题）在找不到老师宋则行的时候，就常去请教张隆高，而张隆高也总能深入浅出地把问题分析得非常透彻。每当举行硕士、博士学位论文答辩会的时候，张隆高总是作为答辩委员会的成员参加答辩。

彭清源和宋则行作为老同事和行政工作上的搭档，两人的关系十分密切。而且经历也很相似。1947年7月，彭清源以优异的成绩获硕士学位并留校任助理研究员。同年年底，他考取赴美留学生。

从1960年到1964年，宋则行和彭清源分任经济系主任和副主任（当时，王积业也任经济系副主任）。1964年以后，他又和宋则行分任哲经系主任和副主任。由于宋则行经常外出参加学术活动，便由彭清源主持经济系和哲经系的工作。彭清源，像宋则行一样，也把主要精力用在钻研马克思主义经济理论上了。他特别关心马克思《资本论》和政治经济学的教学工作，经常深入课堂听课，参加学生关于政治经济学理论的讨论，考试时（口试）作为主考教师听取学生回答问题。因此，赢得学生广泛的好评。

粉碎"四人帮"以后，特别是邓小平复出主抓科技和教育之后，扣在知识分子头上的"资产阶级知识分子"的帽子被摘掉了，使彭清源获得了新生。宋则行和他又一次成为搭档，分别担任恢复后的辽大经济系主任和副主任。在1978年恢复招收研究生之时，辽大经济系以宋则行和彭清源两人的名义招收了8名硕士研究生，其中两名为外国经济思想史专业研究生，由宋则行来带，6名为世界经济专业研究，由彭清源来带。1978年12月党的十一届三中全会召开，宋则行积极投身于关于经济体制改革的理论探讨，没有更多的时间来做管理经济系和研究生教育工作，彭清源更多地担起了管理经济系和研究生教育工作的重担。当然，宋则行也不是什么都不管的"甩手当家的"，系里的重大决策都是在宋则行的直接参与下做出的，只是彭清源作为经济系副主任替宋则行分担了较多的工作。

1980年以后，彭清源离开辽大，到沈阳市政府任副市长，后来，在职务上又连续升迁，但彭清源和宋则行的关系也并没因为他步入政坛而疏远。他们仍然是老同事、老朋友。宋则行作为第七届全国人大常委会委员定期到北京参加人大常委会会议，这时，两位老朋友便可相聚了，而每次相聚之时他们都相互问候，互道珍重。

王文元作为宋则行的同事，算是晚辈同事了。严格说来，王文元属于宋则行学生辈的人。但对宋则行来说，王文元却是他不可多得的同事。

在宋则行辽大的同事中，王文元算是资历最高的了，因为他以全国政协副主席的职务跻身于国家领导人的行列了。这在辽大是绝无仅有的。

王文元步入政坛乃至最后跻身于国家领导人行列之后，他和宋则行的关系依然很密切，他力主宋则行进入九三学社中央常委会，也希望宋则行持续地出任全国人大常委会委员，这样，他们（包括彭清源）就可以经常在北京相聚了。

和宋则行同龄的辽大同事，除了彭清源，还有周品威、纪河清、李靖国、陈家盛等人。这些人在1957年"反右派"运动中被定为"右派分子",被下放劳动改造,后来陆续被摘掉"右派分子"的帽子。粉碎"四人帮"以后,在宋则行的努力下,在外地工作的调回辽大经济系,已在辽大工作的则委以重任,他们成为宋则行在教学和科研乃至社会活动中的得力的倚重力量。

周品威,像宋则行一样,是个谦虚谨慎、思虑缜密的人,在鸣放期间没有发表过过激的言论,只是支持了一些学生提出的将工业经济系改为"工业工程系"的建议,本来这并不构成划为"右派"的言论,可是反右运动进入到后期,由于上级下达的"右派"指标没有达到,需要再划一批人员为"右派",加上他的一个弟弟解放前参加国民党军队,解放初被镇压,以及他的国民党政府留用人员的背景,在1958年也给他带上了"右派分子"帽子,不久就遭送到辽宁偏远艰苦的凌源叶柏寿农场进行劳动改造。

1961年周品威被解除了劳动改造,回到沈阳。

1979年辽宁大学召开了平反大会,周品威与其他一些当年被错划为右派的同事被平反昭雪,恢复了名誉和职务。周品威恢复工作后,将全部精力放在教书育人上,要将过去20年的时光追补回来。他为全校78级到83级等几届入学新生讲授"工具书的使用方法"及"学习方法",在经济系内讲授"生产力布局"等课程。

1980年,经宋则行介绍,周品威加入了九三学社,并安排他主持九三学社辽宁大学支社的筹建工作,此后周品威便成为九三学社辽大支社的负责人。除了教学外,他的社会活动也开始增多,随着党的统一战线工作政策的落实,民主党派的建设得到了发展。从此他在教书育人的同时,将很大一部分精力,放在了九三学社的组织建设和协助共产党开展统一战线的工作之上,成为宋则行社会活动中的有力支持者与合作者。周品威先后担任"九三学社沈阳市委员会副主委"、"九三学社中央委员"、"九三学社辽宁省委员会副主委",主持辽宁省九三学社的日常工作,并兼辽宁省政协常委、副秘书长等职务。

周品威终因积劳成疾而于1986年4月5日不幸逝世,享年64岁。在他逝世后,宋则行写了一篇纪念文章《怀念品威同志》,在其文章中简要回顾了周品威一生的经历,特别为他在改革开放后为辽大的教育事业发展和卓越的社会活动,以及他在工作和为人处事中所表现出来的高风亮节和无私奉献的精神作了高度评价。宋则行写道:"品威同志学识基础雄厚,知识领域广博,接受新事物敏捷。他因工作的需要和组织的安排,曾担任多种学科的教学。粉碎'四人帮'后,他讲授过生产力布局、外国近代经济史、中国近代经济史等课程。他无论讲授哪一门课,都以充实的内容,生动的表达方式,深深地吸引着同学的注意力,获得极好的教学效果。特别是在中国近代经济史教学中,贯穿爱国主义教育,既教书又育人,受到普遍的赞誉。他经常深入同学中进行辅导,师生间有着深厚的感情。每年新生入学,都请他做大学学习方法报告,使同学们受到一次生动的启蒙教育,留下深刻印象。他结合教学编写多种教材,特别是他和两位中年教师合编的《中国近代经济史》,被采用为中央广播电视大学的教材,有着广泛的影响。他还结合教学和参加学术会议,写出20多篇科研论著。80年代以来,他特别致力于人才学、教育经济学的研究,成为省内这方面有关学会的负责人之一。品威同志一生,把精力倾注于人民教育事业,为人师表,作出了贡献,留下了深深的足迹。"[①]

与宋则行同龄的同事,还有王积业、王惠民、侯家骏、陈彩章、方信、李桂山等教授。王积业在20世纪60年代初曾任辽大经济系副主任,当时宋则行任经济系主任,也是宋则行在行政工作上的一个老搭档,后来调到北京工作,便与他很少联系了。王惠民是研究地理经济学的教授,侯家骏是研究中国经济史的教授,陈彩章和方信是研究美国经济问题的教授,李桂山是研究日本经济问题的教授。限于篇幅,这里不予一一介绍了。

宋则行在辽大的同事中,有相当一部分是新中国成立后,在20世纪五六十年代培养出来的一批经济学者,主要有刘波、冯玉忠、王征、冯舜华、章宗炎、李定选、高生文、李庭才、李英林、彭好荣、戴伯勋等。宋则行依靠同这些人的合作推出了许多学术研究成果,这也表现了宋则行作为学术带头人的作用。在改革开放以后关于经济运行和经济体制改革的理论探讨中,宋则行与刘波、章宗炎、李定选、高生文等合作撰写了《社会主义宏观经济效益概论》和《社会主义宏观经济学》,并与南开大学谷书堂教授联合主编了《政治经济学》(社会主义部分,北方本)和《政治经济学》(资本主义部分,北方本),辽大参与这两本书编写的主要有刘波、章宗炎、李定选教授。

这里主要介绍一下作为宋则行同事的刘波教授的学术思想与业绩。刘波,1927年12月生于黑龙江省通河县。1953年中国人民大学政治经济学专业研究生毕业。1953—1958年在东北财经学院任教。1959—1972年于辽宁省哲学社会科学研究所从事政治经济学的研究工作。1972年以来先后在辽宁大学经济系、辽宁大学经济研究所任教。是全国《资本论》研究会理事、辽宁省《资本论》研究会理事长、辽宁省经济学会副理事长、辽宁省经团联副理事长。撰写有《〈资本论〉概说》《政治经济学基础知识》(主编之一)《社会主义宏观经济效益概论》(作者之一)《社会主义宏观经济学》(作者之一)《政治经济学》(社会主义部分,北方本,副主编)《政治经济学》(资本主义部分,北方本,副主编)等著作。撰写有关劳动价值论、商品经济、计划和市场关系等方面学术论文几十篇。

刘波的主要著作是他在20世纪80年代中期独自撰写、由辽大出版社出版的《〈资本论〉概说》一书。宋则行对本书非常重视,并为之作序予以高度评价。到该书出版时为止,刘波教授潜心研究《资本论》已近40年,在辽宁大学为本科生和研究生讲授《资本论》也已十余载。《〈资本论〉概说》是他几十年辛勤研究和讲授《资本论》的结晶。该书对《资本论》进行了详尽的解释,并对理论界有争议的某些疑难问题提出了自己的独到见解。

刘波在宋则行主编的《社会主义宏观经济学》第1章所阐述的关于政治经济学研究对象的理论观点颇具见地,是具有革命性和创新意义的观点。刘波指出:"马克思主义经济学解释资本主义经济运动规律,是要用资本主义必然灭亡的理论武装无产阶级起来革命,推翻资本主义制度。当无产阶级完成了破坏资本主义旧世界的历史使命之后,就

[①] 宋则行:《怀念品威同志》,载于姚长明、郭晓军主编《风雨同舟》,辽宁大学出版社,2001年版,第217~218页。

面临着建设社会主义新世界的艰巨任务。社会主义只有通过大大发展社会生产力，造成新的比资本主义更高的劳动生产率，用最少的劳动花费生产出更多的符合社会需要的产品，使社会财富越来越多地涌现出来，才能使国家日益繁荣富强，人民日益富裕幸福，充分发挥社会主义制度的优越性。如果说在'破坏旧世界'时，作为无产阶级'革命'的经济学，要把生产方式即生产力的社会组合方式（当然还有和它相适应的生产关系和交换关系）作为自己的研究对象，那么在'建设新世界'时，作为社会主义'建设'的经济学，研究社会主义生产力的社会组合方式以及和它相适应的生产关系，就更加责无旁贷了。社会主义经济学既要研究社会主义社会生产力诸要素的社会组合，又要研究实现这一组合的社会主义生产关系及其具体形式。"①

宋则行认为，刘波关于社会主义经济学研究对象的阐述，科学地界定了社会主义经济学的研究任务。其科学性在于，从生产关系和生产力两个方面，或从两者高度统一的视角，说明了社会主义经济学理论分析的路径。这一关于社会主义经济学研究对象的定义，厘清了过去在关于社会主义经济学研究对象上的错误观点，即认为社会主义经济学仅仅研究生产关系（或联系生产力研究生产关系）的观点，使关于社会主义经济学研究对象的定义，真正建立在正确的科学分析的基础之上。

十一、学生

如前所述，宋则行作为教育家，数十年来以循循善诱和诲人不倦的精神，培养了大量的经济理论人才和经济管理人才。因此，可以说是"桃李满天下"。严格说来，自1952年从事高等学校经济理论教育工作以来，他所培养的学生不可胜数，辽大的一些经济学家、教授，如王文元、冯玉忠、戴伯勋、彭好荣、沈宏达、章宗炎、冯舜华、李定选、李庭才、李英林等，都是宋则行的学生。

这里所说的宋则行的学生，是指"文革"以后他所招收的硕士、博士研究生。其名单如下：

杨玉生，1978年硕士研究生，1985年博士研究生；

杜　进，1978年硕士研究生；

郑　品，1979年硕士研究生；

赫　朋，1985年博士研究生；

张凤林，1982年硕士研究生，1986年博士研究生；

李　平，1982年硕士研究生，1986年博士研究生；

林木西，1990年博士研究生；

赫国胜，1990年博士研究生；

张　力，1990年博士研究生；

林红玲，1991年博士研究生；

---

① 宋则行主编：《社会主义宏观经济学》，辽宁大学出版社。1989年版，第5页。

于占东，1991年博士研究生；

姚海鑫，1993年博士研究生；

张红梅，1994年博士研究生；

黄险峰，1995年博士研究生；

秦　岭，1995年博士研究生；

孟令彤，1995年博士研究生；

罗　军，1995年博士研究生；

韩　毅，1996年博士研究生；

王　军，1996年博士研究生；

杨惠昶，1997年博士研究生；

杨　戈，1998年博士研究生。

宋则行是学生的良师益友，既高标准严格要求，又注意发挥学生主动、自觉的学习积极性，放手让他们在知识的海洋中自由的畅游，并适时加以有力的指导。他要求他的硕士生、博士生所写的硕士论文和博士论文要站在理论发展的前沿，有自己的独到见解，并以丰富的最新资料和数据加以论证。他特别注意培养学生的思想品德，他要求他的学生做具有为科学献身精神的和兢兢业业的实干家，不图虚名，不哗众取宠，老老实实做学问。并身体力行，言传身教，直接影响他的学生。因此，他的学生一般都秉承老师的治学精神和做人准则，努力做宋则行式的经济学者，把宋则行的经济思想和道德情操发扬光大。

下面对宋则行学生的情况略加介绍。

杨玉生，作为宋则行在"文革"以后首届招收的研究生（1978年），一直深受宋则行的器重。1981年硕士研究生毕业获得经济学硕士学位毕业以后，被宋则行作为助手留在身边。从此，他代替宋则行为经济学专业、经济管理专业的本科生讲授西方经济学、经济学流派、发展经济学和管理经济学等课程。1985年经考试又成为宋则行的博士研究生，1988年毕业，获经济学博士学位，1992年晋升为教授，1993年，经国务院学位委员会批准成为博士生导师，和宋则行一起联名招收博士研究生。在科研方面，确定了和宋则行相同的研究方向，即马克思主义经济学和西方经济学的比较研究。1995年，接替宋则行出任辽宁大学经济研究所所长，期间，作为辽大"211工程"重点项目西方经济学的负责人，为完成该工程的目标任务做出了重要贡献。1996年当选为中华外国经济学说研究会副会长。出版了诸如《马克思价值理论研究》《发展经济学》《西方经济理论和经济改革及发展研究》《社会主义市场经济理论史》《新古典宏观经济学》《马克思主义经济学与经济制度》等多部专著。2007年以来，作为中共中央"马克思主义理论研究和建设工程重点项目西方经济学课题组"的主要成员，编写了《西方经济学》。

杜进也是在1978年入学的宋则行硕士研究生，在学期间写了《斯拉法理论体系及其借鉴意义》的文章，是国内对斯拉法理论体系较早进行研究的人，文章体现了宋则行关于斯拉法理论体系的基本观点，在国内经济学界有一定影响。其硕士学位论文的题目是《琼·罗宾逊经济增长理论研究》，论文除了系统阐述了琼·罗宾逊的经济增长理论，还把该增长理论和马克思的经济增长理论做了比较。毕业后进入日本一桥大学留学并获得博士学位,现在日本东京拓殖大学任教授。

1979年入学的宋则行硕士研究生郑品,在硕士学位论文中对波兰著名经济学家卡莱斯基的资本理论做了系统的研究,并把卡莱斯基的理论同马克思的资本理论和凯恩斯的就业理论做了比较。郑品毕业后去了美国,在美国洛杉矶一家私人公司任财务经理。

赫朋于1985年成为宋则行的博士生,所作博士学位的论文题目是《凯恩斯国际贸易理论研究》,论文对自亚当·斯密和大卫·李嘉图以来的国际贸易理论的发展做深入系统的研究,全面阐述了凯恩斯的国际贸易理论,并把凯恩斯的国际贸易理论同马克思的国际贸易理论做了比较。赫朋在获得经济学博士学位后去了美国,在美国某大学做了一年博士后研究,现在美国威斯康星州康科里亚大学任教授。

张凤林和李平都是在1982年考上的宋则行的硕士研究生,并都在1986年考上的宋则行的博士研究生。张凤林的博士学位论文题目是《西方资本理论研究》,李平的博士学位论文题目是《后凯恩斯经济学研究》。张凤林的博士学位论文后经修改、浓缩,作为研究论文发表在《中国社会科学》杂志上,在国内经济学界产生一定的影响。李平则在《经济研究》杂志上发表了题为《企业增长最优化理论分析》的文章(1993年第8期)。张凤林在1993年、李平在1995年晋升为教授,1996年经辽宁省主管部门确定定为博士生导师。张凤林一直把对英国后凯恩斯经济学的研究作为研究方向,同时对劳动经济学、人力资本理论和社会保障理论也有很深的造诣。在商务印书馆出版了《后凯恩斯经济学新发展的追踪分析》和《人力资本理论及其应用分析》。2001年调任东北财经大学工作,成为该校西方经济学和经济思想史学科的学术带头人,招收西方经济学和经济思想史专业的博士研究生。李平一直关注英国新剑桥学派的经济增长理论,并做比较经济体制研究,从2000年起,出任辽宁大学比较经济体制研究中心主任。

1990年入学的宋则行的博士研究生林木西、赫国胜和张力,分别进行新增长理论、国际金融理论和国际贸易理论研究。林木西的博士学位论文题目是《新增长理论研究》,赫国胜的博士学位论文的题目是《汇率理论研究》。张力还没来得及做博士学位论文,就在到以色列访问时因直升机失事而身亡。除了博士学位论文,林木西主要从事社会主义政治经济学研究,参与编写了宋则行和南开大学教授谷书堂主编的《政治经济学》社会主义部分(北方本),并参与编写了宋则行主编的《社会主义宏观经济学》和《宏观经济效益概论》等著作。林木西先后任辽宁大学经济研究所所长助理、支部书记、副所长,辽宁大学经济学院院长等职。现为国务院学位办应用经济学学科评议组成员、长江学者。赫国胜长期从事国金金融理论研究,曾任辽宁大学国际经济学院院长、辽宁大学经济学院党支部书记、辽宁大学研究生院院长等职。

1995年入学的宋则行博士研究生黄险峰也有不菲的表现,其博士学位论文《真实经济周期理论研究》,被评为优秀博士论文,并被中国人民大学出版社列入精品图书系列出版。2001年晋升为教授,2003年被聘为博士生导师。黄险峰在本科生和硕士研究生学习期间所学专业是数学专业,因此,在经济学研究中擅长数学分析,具有思维严谨、数量关系把握精当的优点。他对其所培养的博士生,要求熟练地使用数学分析工具。此外,黄险锋还参与了一些经济学教材的翻译工作,其译著也受到国内经济学界和大学的欢迎。

1996年入学的宋则行博士研究生韩毅，在外国经济史研究方面创造了突出的业绩。早在20世纪90年代初，韩毅便与人合著经济史著作《历史的嬗变——美国经济史研究》，受到宋则行的关注，特为该书作序，高度肯定其学术价值。其博士学位论文的题目是《历史的制度分析——西方制度经济史学的新进展》（后作为专著由辽大出版社出版）。正如作者在该书中指出的："历史的制度分析是20世纪90年代才刚刚在西方兴起的一种学说。虽然它产生的时间不长，但其独特新颖的研究视角、富有创造性的研究方法、别具一格的理论框架、灵活实用的分析工具，以及令人瞩目的研究成果，已经引起了国际上经济学和经济史学界越来越密切的关注。"由此，韩毅把对制度经济史的研究确定为科研方向。1998年晋升为教授，2002年被聘为博士生导师。招收了制度经济史研究方面的博士研究生。韩毅先后任辽宁大学经济学院副院长、辽宁大学历史学院院长、辽宁大学亚奥商学院院长等职。并任中国外国经济史学会会长。

1997年入学的宋则行博士研究生杨惠昶，早在1978年就考进了辽大经济系世界经济专业的硕士研究生，因其硕士学位论文运用西方经济学和马克思主义经济学分析了美国的"滞胀"问题，得到宋则行的赏识，因而破例从外国经济思想史专业授予了经济学硕士学位（当时在辽大经济类学科中只有外国经济思想史学科是硕士学位授权点）。毕业后被分配到吉林大学任教，讲授西方经济学，曾任吉林大学经济系副主任，并去英国做访问学者一年，1996年晋升为教授。但他觉得没有做宋则行的博士生毕竟是一种遗憾。因此，在他硕士生毕业离开辽大16年（从1981年到1997年）以后，决定报考宋则行的博士研究生，并最终如愿以偿，成为宋则行的博士生。他的博士学位论文《论理想的价值标准》，对从古典学派到马克思的价值理论的发展做了深入系统的研究。杨惠昶对国际金融理论也有精到的研究，他撰写的《国际金融》一书被国家教育部授予优秀教材二等奖。

限于篇幅，对宋则行的其他学生就不一一介绍了。为进一步了解宋则行学生的情况，读者可阅读本书第三部分由宋则行的一些学生所写的纪念文章。

第二部分

经济思想：宋则行经济学

本部分阐述宋则行经济思想。也可以把宋则行经济思想称为"宋则行经济学"。这个经济学概念，类似于马歇尔经济学、凯恩斯经济学、萨缪尔森经济学等经济学概念，具有它自己的经济学内涵，包括理论体系、经济学方法、理论结构和经济政策等。

一、宋则行经济学总论

在我撰写的一篇纪念宋则行的文章中，称宋则行"学识渊博，造诣精深。在经济学各个领域都有所建树。他是公认的凯恩斯经济学权威专家，他又是卓越的马克思主义经济学家；人们把先生看作是社会主义经济问题的专家，然而在世界经济问题研究上很少有人能与之匹敌；人们把先生看作是研究现实经济问题的专家，然而他又在经济史研究领域独领风骚"[1]。这就是作为经济学家的宋则行的经济思想特色。因此，不能就某一方面来认识宋则行的经济思想或宋则行经济学，必须从其理论体系、经济学方法、理论结构或分析框架和经济政策上来认识他的经济思想或经济学说。

（一）理论体系：马克思－古典（新古典）－凯恩斯综合

可以把宋则行经济学看作是"马克思－古典（新古典）－凯恩斯综合经济学"，如同把萨缪尔森经济学称作"新古典综合经济学"一样。因此，我们可以从"马克思－古典（新古典）－凯恩斯综合"的视角上，来认识或把握宋则行经济学的理论体系。

在这个综合的经济学理论体系中，首先是马克思经济学成分，而且马克思经济学成分是居于主导地位的。或如宋则行自己多次说过的，"坚持马克思经济学的理论前提"。因此，在宋则行经济学中，马克思经济学原理是贯穿其全部理论的灵魂。而且，宋则行所说的马克思经济学也并不是对马克思原有论述的一成不变的教条式的理解，而是与时俱进的，是根据新的历史条件而对马克思经济学的"再认识"。因此，在宋则行经济学中，有相当一部分是结合实际对马克思经济学的新的探讨，以求准确、完整、系统地理解马克思的经济学，如他在《马克思经济理论再认识》一书中所包括的诸如价值创造、社会必要劳动时间、资本构成、固定资本更新和资本主义周期性危机、生产价格理论等问题的探讨。

但宋则行并不仅仅停留在对马克思经济学本身的探讨上，在他的理论分析中，常常把马克思经济学同凯恩斯经济学或古典、新古典经济学紧密地结合起来，而且这种结合

---

[1] 杨玉生：《经济学涯未有涯，拚将碧血铸年华》，载于《辽宁大学学报》，2003年第4期。

不是两种或三种经济学成分机械的拼凑，而是有机的结合，结合得天衣无缝，没有任何拼凑的痕迹。

下面以宋则行载于《马克思经济理论再认识》一书中的题为《消费资料生产在社会扩大再生产中的制约作用——对马克思关于社会扩大再生产制约条件的再认识》的论文为例，来说明宋则行经济学理论体系的基本特征。

宋则行在该文中指出："马克思主义经典作家在论述社会生产两大部类的对比关系时，不但指出了生产资料生产的增长对扩大再生产的重要作用，而且也揭示了消费资料生产对扩大再生产的制约作用。"[①]

遵循马克思在《资本论》中的分析思路，宋则行用下面两个不等式表述了马克思关于扩大再生产的实现条件：

$$I(V+M) > IIC$$

$$II(C+M+\frac{M}{x}) > I(V+\frac{M}{x})$$

也可以用下面的等式来表述实现扩大再生产所必需的两大部类交换处于完全平衡的条件：

$$I(V+\Delta V+\frac{M}{x}) = II(C+\Delta C)$$

宋则行认为，马克思所分析的两大部类的比例关系，撇开它的资本主义形式，对社会主义扩大再生产也是基本适用的。对此，他做了如下的分析：

马克思所说的第一部类生产，实际上包括两类不同的内容，即机器设备、建筑物等作为劳动手段的生产资料和原材料、燃料动力等作为劳动对象的生产资料。前者属于固定资产，是社会最终产品，后者属于流动资产，是中间产品。两者在再生产中周转方式也不同，前者是一次投入使用，而且可以在多个生产周期中长期继续使用，其价值按照折旧年限渐次地转移到产品价值中，而后者是在产品生产周期中一次消耗，其价值是一次全部转移到产品价值中的。因此，在产品价值中的 C 实际上也包括两个部分，即所使用的固定资产折旧和生产中一次消耗的原材料、燃料、动力等中间产品的价值。由于固定资产投资在现代生产中具有特别重要的地位和作用，为了更接近于现实，我们在运用马克思的分析方法考察现代生产时，可以把生产资料生产分为两大部门：一是生产机器设备、建筑物等固定资产的部门，可称为投资品生产部门；一是生产原材料、燃料、动力等流动资产的部门，可称为中间产品生产部门。这样，社会总产品生产分解为三个部类：第 I 部类为投资品生产；第 II 部类为消费品生产（包括直接为人民生活服务的服务部门）；第 III 部类为中间产品生产（包括为生产服务的服务部门）。相应地，各部门产品价值构成中的 C 也可分为两部分：一是固定资产折旧；二是中间产品价值。这样，按照这三大部类的划分来分析社会主义扩大再生产过程中各部类之间的平衡关系，便会形成这样的关系：

在一定时期的社会总产品中，Q_1、Q_2、Q_3 分别为投资品生产（I）、消费品生产

---

① 宋则行：《马克思经济理论再认识》，经济科学出版社，1997年版，第79页。

（II）和中间产品生产（III）的总额，则社会总产品的价值＝$Q_1+Q_2+Q_3$；社会最终产品价值＝Q_1+Q_2。在各部类产品价值构成中以C_1代表固定资产折旧；C_2代表中间产品消耗；V代表生产部门职工工资总额；M代表剩余产品价值。在社会主义条件下，M的一部分由该部类中的各企业自己支配，其中有的用于扩大再生产，归入ΔC_1、ΔC_2、ΔV；有的用于奖励或福利，分别以b_1、b_2、b_3来表示，归企业职工享有；另一部分通过财政部门（税收或上缴利润）由国家统筹支配。其中的一部分由国家作为对该部类的投资拨回，归入该部类的ΔC_1、ΔC_2、ΔV；另一部分由国家统一安排在该部类之外使用，分别以m_1、m_2、m_3表示。这样，单个部类产品的价值构成和进行扩大再生产的价值分配，将如下列各等式所示：

$$Q_1 = I(V+\Delta V+M) = I(C_1+\Delta C_1) + II(C_2+\Delta C_2) \\ + I(V+\Delta V) + b_1 + m_1$$

$$Q_2 = II(C_1+C_2+V+M) = II(C_1+\Delta C_1) + II(C_2+\Delta C_2) \\ + II(V+\Delta V) + b_2 + m_2$$

$$Q_3 = III(C_1+C_2+V+M) = III(C_1+\Delta C_1) + III(C_2+\Delta C_2) \\ + III(V+\Delta V) + b_3 + m_3$$

这里，

$$m_1 = IM - I(\Delta C_1 + \Delta C_2 + \Delta V) - b_1$$
$$m_2 = IIM - II(\Delta C_1 + \Delta C_2 + \Delta V) - b_2$$
$$m_3 = IIIM - III(\Delta C_1 + \Delta C_2 + \Delta V) - b_3$$

在m_1、m_2、m_3三者之中，有的可能是负值。例如，第一部类扩大再生产的需求包括该部类企业自己安排的和国家安排在该部类的，两者合计为$I(\Delta C_1+\Delta C_2+\Delta V)$，加上$b_1$，如果大于$IM$，$m_1$就为负值。这就是说，国家从该部类拿走的小于国家拨回该部类的。同时国家从各部类调出的资金，其中拨回各部类用于扩大再生产的部分，已都归入各部类的ΔC_1、ΔC_2、ΔV之中，因此$m_1+m_2+m_3$之和（三者中可能有正有负），实际上只等于国家分配给公共部门（包括事业单位）的资金，其中一部分作为投资（公共服务部门购置固定设备和建筑物）形成对第一部类产品（投资品）的需求；一部分作为日常经费，即公共消费（可分解为公共服务部门职工工资收入和日常耗用品），形成对第二部类产品（消费品）的需求。若前者以p表示，后者以q表示，则扩大再生产的实现条件或平衡关系为：

(1) $I(C_1+C_2+V+M) = I(C_1+C_2) + II(C_1+C_2) + III(C_1+C_2) + p$
(2) $II(C_1+C_2+V+M) = I(V+\Delta V) + II(V+\Delta V) + III(V+\Delta V) + q$
(3) $III(C_1+C_2+V+M) = I(C_2+\Delta C_2) + II(C_2+\Delta C_2) + III(C_2+\Delta C_2)$

这里，$p+q=m_1+m_2+m_3$

将以上（1）、（2）、（3）等式左边加总，得三大部类产品的总价值，也就是社会总生产，或社会总供给；同时，将以上（1）、（2）、（3）等式的右边加总，则得社会总需求。因此，以上三个等式所表述的社会扩大再生产的实现条件或平衡关系，也可以表述为社会总供给等于社会总需求。这就很自然地进入了凯恩斯的总供求平衡理论。这种分析优于凯恩斯分析之处在于，凯恩斯仅在总量上分析了国民收入实现均衡或平衡的条件，而宋则行从马克思扩大再生产公式入手所展开的分析，纳入了经济结构或生产结构的分析。然而这种分析又暗含了凯恩斯的社会总供求平衡理论，在这里实现了马克思再生产理论同凯恩斯的均衡国民收入决定理论的综合。

宋则行在解释以上所阐述的扩大再生产实现条件或平衡关系时，做了如下三点说明：

①投资品生产部类的产品通过交换，要满足三个部类的重置投资和扩大再生产时追加投资的需要以及公共服务部门的投资需要。从产品的实现来说，相当于（C_1 和 ΔC_1）的部分是在本部类内部实现的；而相当于 II（$C_1+\Delta C_1$）、III（$C_1+\Delta C_1$）和 p 的部分，则需要通过交换分别在第二部类、第三部类和公共服务部门中实现。

②消费品生产部类的产品通过交换，要满足三个部类以及公共服务部门原有职工和扩大再生产时新增职工对消费品的需要。从产品实现来说，相当于 II（$V+\Delta V$）和 b_2 的部分是在本部类实现的；相当于 I（$V+\Delta V$）、III（$V+\Delta V$）、b_1、b_3、q 的部分，则需要通过交换分别在第一、第三部类和公共服务部门实现。

③中间产品生产部类的产品通过交换，要满足三个部类补偿中间产品和扩大再生产时追加中间产品的需要。从产品实现来说，相当于 I（$C_2+\Delta C_2$）的部分是在本部类实现的，相当于 I（$C_2+\Delta C_2$）和 II（$C_2+\Delta C_2$）的部分是通过交换在第一、第二部类中实现的。

此外，宋则行指出，在这三个实现条件和平衡关系中隐含着如下一些假定：

①本期固定资产折旧（C_1）全部转化为重置投资，或本期的重置投资限于来自本期的三个部类固定资产折旧；

②本期三个部类的职工工资（$V+\Delta V$）和奖励、福利金（b）全部转化为消费需求，通过财政向公共服务部门提供的资金（即 $m_1+m_2+m_3$ 之和）全部转化为消费支出（p）；

③扩大再生产的资金全部来自本期的 M，即不用财政收支差额（赤字）和信贷收支差额来补充。

至此，宋则行认为："如果以上三项实现条件及其三条隐含假定得到满足，则社会产品的供需或社会最终产品的供需，无论在总量上和结构上都是平衡的，扩大再生产就能正常进行而得以实现，否则就有失衡的可能。"①

在这种情况下，也就在宋则行手上完全实现了马克思的再生产理论和凯恩斯的社会总供求平衡理论的综合。在这里，既有马克思的经济结构或生产结构的分析，也包含凯恩斯的经济总量分析。

那么，如何才能实现上述所要求的平衡条件呢？宋则行认为，为此，要有一个完善的市场体系，畅通三大部类的产品流通渠道，使生产阶段和流通阶段紧密衔接；要加强对经济的宏观调控，有效地利用市场机制，使三大部类的生产适应扩大再生产过程中投资和消费需求的变化。就有效发挥市场机制作用而言，显然在这里又同古典和新古典经

---

① 宋则行：《马克思经济理论再认识》，经济科学出版社，1997 年版，第 104 页。

济学所主张的通过市场调节配置资源的理论观点联系起来了。而就加强宏观调控而言，则属于同凯恩斯经济学相联系的问题了。因此，我们有充足的理由把宋则行经济学的理论体系称为"马克思－古典（新古典）－凯恩斯综合"理论体系。

我们也可以从分析经济运行层面上的问题和揭示经济关系性质的更深的层面上的问题来认识宋则行经济学的理论体系。从分析经济运行层面的问题的视角来看宋则行经济学的理论体系，它体现了古典（新古典）和凯恩斯经济学的一些原理。例如，宋则行所提出的社会总需求与社会总生产（总供给）相平衡的国民经济综合平衡理论、关于经济效益的分析、关于适度的经济增长率的分析、关于计划调节和市场调节关系的分析等等，都体现了凯恩斯经济理论和古典、新古典理论。当然，在这些理论中也不乏马克思经济理论成分，在这个分析的层次上，马克思经济理论和包括凯恩斯经济学、古典（新古典）经济学在内的西方经济学之间存在许多共识，有许多关于经济运行的共同语言，这是它们作为经济学的一种共性。

而从揭示经济关系或经济制度性质的较深层面的问题的视角来看宋则行经济学的理论体系，它则是不折不扣的而且是"创新"的马克思主义经济学的理论体系。它坚定地捍卫马克思经济学的基本原理，例如，他反对有人（例如，厦门大学的钱伯海教授）提出的"物化劳动创造价值"的观点，而坚持"只有活劳动才创造价值的观点"。在进行理论分析时，宋则行指出，"物化劳动创造价值论"的根本错误在于混淆了价值和使用价值，混淆了创造价值的"抽象劳动"和生产使用价值的"具体劳动"。"物化劳动创造价值论者"不理解价值体现商品的社会关系，是商品的社会属性，而使用价值仅仅表明商品作为一种自然物的性质，是商品的自然属性。这是完全站在马克思经济学的立场上讲话的。再如，在关于资本主义经济周期性危机发生原因的分析中，宋则行批判了一种把资本主义经济周期性危机发生的原因归结于"固定资本更新"的观点。他认为，固定资本更新及其加速对于资本主义经济发生的作用，决定于资本主义经济制度及其所固有的生产社会化和生产资料资本主义私人占有的矛盾。宋则行指出："由于固定资本投资的加速，扩大而加深的生产能力迅速扩大和有支付能力的需求增长有限之间的矛盾以及两大部类生产之间比例关系的失调，尖锐化到一定程度，必然导致生产能力的日益过剩和商品积存的日益增长，这就迫使垄断组织转而放慢乃至缩减固定资本的投资。这样，在一般情况下，就首先在生产资料生产部门发生生产过剩，而终于演变成全面的生产过剩经济危机。这就是固定资本投资的加速、扩大必然导致危机的内在联系和一般过程。"[①]

从制度和经济关系本质的层面上来看的宋则行经济学，是否还具有综合的特征呢？仍然具有综合的特征。这时宋则行经济学的理论分析，除了马克思的理论，较多地借鉴了左派凯恩斯主义经济学家（以琼·罗宾逊为代表的英国新剑桥学派和新李嘉图学派）的理论和斯拉法理论体系。他对琼·罗宾逊的《资本积累理论》、尼古拉斯·卡尔多的《价值与分配论文集》、《经济稳定与增长论文集》和斯拉法的《用商品生产商品》等著

---

① 宋则行：《关于固定资本更新和战后美国经济周期缩短问题》，载于《宋则行经济论文集》，辽宁大学出版社，1987年版，第422页。

作非常重视,这些著作成为他的理论分析的重要参考资料。在宋则行经济学中包含有不少左派凯恩斯主义经济学家和新李嘉图主义经济学家的理论成分。当然也不是机械的拼凑,而是有机的结合。这在其论生产价格的论文《马克思生产价格理论的由来、形成及其完善——兼论斯拉法对古典传统价格理论的发展》《马克思的经济增长理论》中有突出的表现。这些文章表明,马克思的经济理论和新剑桥学派及新李嘉图学派的理论在关于资本主义制度和剥削关系上存在共识。后文将对这些文章做系统的评介。这里不预作评论。

(二) 经济学方法

宋则行经济学的方法,首先体现了马克思的唯物史观和唯物辩证法。马克思在《〈政治经济学批判〉序言》中说:"我所得到的、并且已经得到就用于指导我的研究工作的总的结果,可以简单地表述如下:人们在自己生活的社会生产中发生一定的、必然的、不以他们的意志为转移的关系,即同他们的物质生产力的一定发展阶段相适合的生产关系。这些生产关系的总和构成社会的经济结构,即有法律的和政治的上层建筑竖立其上并有一定的社会意识形式与之相适应的现实基础。物质生活的生产方式制约着整个社会生活、政治生活和精神生活的过程。不是人们的意识决定人们的存在,相反,是人们的社会存在决定人们的意识。社会的物质生产力发展到一定阶段便同它们一直在其中运动的现存生产关系或财产关系(这只是生产关系的法律用语)发生矛盾,于是这些关系便由生产力发展的形式变成生产力的桎梏。那时,社会革命的时代就到来了。随着经济基础的变更,全部庞大的上层建筑也就或慢或快地发生变革。在考察这些变革时,必须时刻把下面两者区别开来:一种是生产条件方面所发生的物质的、可以用自然科学的精确性指明的变革,一种是人们借以意识到这个冲突并力求把它克服的那些法律的、政治的、宗教的、艺术的和哲学的,简言之,意识形态形式。我们判断一个人不能以他对自己的看法为根据,同样,我们判断这样一个变革的时代也不能以它的意识为根据;相反,这个意识,必须从物质生活的矛盾中,从社会生产力和社会生产关系之间的现实冲突中去解释。无论哪一个社会形态,在它所能容纳的全部生产力发挥出来以前,是决不会灭亡的;而新的更高的生产关系,在它的物质存在条件在旧社会的胎胞里成熟以前,是决不会出现的。所以人类只能提出自己能够解决的任务,因为只要仔细考察就可以发现,人物本身,只有在解决它的物质条件已经存在或者至少是在生成过程中的时候,才会产生。"[①]

上面引述的马克思的话是他的唯物史观的完整表述。马克思所阐述的这一唯物史观的基本原理,是社会科学工作者必须遵循的理论研究路径,也是经济学真正成为科学的唯一途径。宋则行作为一个马克思主义经济学家,在其经济理论研究中完全遵循了马克思的这一唯物史观的基本原理。在宋则行所写的论文中,到处体现着这种唯物史观的基本精神。例如,在其对经济体制改革理论的探讨中,他强调应该根据我国尚处在社会主

---

① 《马克思恩格斯选集》第3卷,人民出版社,1995年版,第32~33页。

义初级阶段,在这个社会主义初级阶段,不可避免地存在商品生产和商品交换,换言之,不可避免地存在市场经济,还须以市场调节实现优化的资源配置和生产。必须从这个现实的国情出发,来确定经济体制改革的目标模式。贯穿宋则行经济学的一个基本思想,是正确处理计划和市场的关系,或国家宏观调控和市场调节的关系。其中,根本的是发挥市场调节在决定资源配置上的无可替代的基础性作用,同时针对市场调节本身可能造成经济秩序混乱的弱点,由国家施以适当的宏观调控,以保证经济健康的、和谐的、均衡的发展。

当然,宋则行不赞成有些人提出的"全盘西化"的主张,认为实行"全盘西化"的结果,只能使中国社会演变成为资本主义社会,而在中国搞资本主义是完全没有任何出路的。在中国只能走社会主义经济发展道路。在这方面,他完全赞同邓小平的看法:"如果走资本主义道路,可以使中国百分之几的人富裕起来,但是绝对解决不了百分之九十几的人生活富裕问题。而坚持社会主义,实行按劳分配的原则,就不会产生贫富过大的差距。再过二十年、三十年,我国生产力发展了,也不会两极分化。"①

坚持走全国人民共同富裕的社会主义道路,便要注意改善民生,或经济改革和发展要惠及民生。在宋则行所写的关于社会主义经济运行的文章和著作中,始终贯彻的另一个基本思想,就是安排经济建设要从人民的长远利益和眼前利益出发,也就是正确处理积累和消费的关系的问题。宋则行经济学从理论与实践结合上反复论证,为了正确处理积累和消费的关系,既要坚持人民的长远利益,又要照顾人民的眼前利益,使人民的生活水平不断地随着经济发展水平的提高而提高。他强调,社会主义生产的目的就是要满足人民日益增长的物质和文化生活的需要。任何背离这个目的的生产安排,从根本上说,就是违反了社会主义基本经济规律,就要损害人民的根本利益,并将严重阻碍社会主义经济的发展。

宋则行经济学认为,搞社会主义经济建设,重在坚持生产力标准,大力发展社会生产力,不断增加社会产品总量,使社会财富大量地涌流出来,为实现全国人民的普遍富裕提供物质基础,从共产党人的奋斗目标上说,是为在中国和世界实现共产主义创造物质条件。这直接体现了马克思唯物史观所强调的生产力发展是经济社会发展基础的思想。为此,宋则行经济学主张通过经济体制改革解放生产力和发展生产力。宋则行经济学完全赞同邓小平的论断:"革命是解放生产力,改革也是解放生产力。推翻帝国主义、封建主义、官僚资本主义的反动统治,使中国人民的生产力获得解放,这是革命,所以革命是解放生产力。社会主义基本制度建立以后,还要从根本上改变束缚生产力发展的经济体制,建立起充满生机和活力的社会主义经济体制,促进生产力的发展,这是改革,所以改革也是解放生产力。过去,只讲在社会主义条件下发展生产力,没有讲还要通过改革解放生产力,不完全。应该把解放生产力和发展生产力两个讲全了。"②

如前所述,宋则行经济学就经济体制改革问题做了很多文章。这些文章的基本思路,是从需求侧和供给侧两个方面进行经济体制改革。从需求侧来说,要进行财税制

---

① 《邓小平文选》第3卷,人民出版社,1990年版,第64页。
② 《邓小平文选》第3卷,人民出版社,1990年版,第370页。

度、信贷制度、价格制度、劳动就业和工资制度、外贸制度等的改革,通过这些改革,形成灵活的市场调节机制,以调节人们的消费需求和投资需求。需求侧改革的本质是价格改革。宋则行经济学认为,在需求侧改革中,要形成完善的、全国统一的市场体系,从而形成货畅其源、物畅其流的流通渠道,以促进社会主义经济遵从市场调节的要求而健康发展。因此,宋则行经济学把价格改革看作是经济体制改革的一个"中心环节"。

从供给侧改革来说,通过经济体制改革形成对社会主义生产力的科学有效的组合方式,以促进社会生产力的发展。宋则行经济学遵循马克思唯物史观原理认为,经济体制改革的根本目的在于促进社会生产力的发展,因此经济体制改革要贯彻"生产力"标准,按照是否促进生产力发展来判定经济体制改革的成败。供给侧改革首先是企业制度的改革,特别是大中型国有企业的企业制度改革。因为企业是生产单位,是直接为社会提供产品的供给者。通过企业制度改革,把企业变成自主经营、自负盈亏的独立生产者,才能焕发经济活力,提高企业的微观经济效益,进而提高整个经济的宏观经济效益,增加社会产品总量,亦即提高社会生产力。因此,宋则行经济学把企业制度改革也看作是经济体制改革的一个"中心环节"。宋则行经济学主张建立"现代企业制度"。把建立现代企业制度称为"改制",把这看作是企业制度改革的"中心环节"。"所谓改制",宋则行指出:"就是把国有企业的核心部分(主要是国有大中型企业)改组成为'适应市场经济要求、产权明确、政企分开、管理科学的现代企业制度',以实现国有企业经营机制的转换。"[①] 除了企业制度改革,供给侧改革还包括经济增长方式转变、经济结构调整以及科技体制、教育体制、医疗卫生制度等的改革,因为这些都同社会生产力的发展密切相关。因此,按照宋则行经济学的分析,供给侧改革是供给方面全方位改革的系统工程,同时,供给侧改革和需求侧改革也是密不可分、相互联系的。

从坚持唯物辩证法上说,宋则行经济学坚持与时俱进的原则。这也是宋则行经济学方法的一个基本特征,体现了其作为马克思主义经济学的基本要求。按照以唯物辩证法为其基本方法的经济学方法,经济学来源于现实经济生活的实际,同时,它又是批判的、革命的,或与时俱进的。按照唯物辩证法,对事物的肯定的理解,同时便包含着对事物的否定的理解。唯物辩证法从事物的相互联系和发展中来把握事物的运动规律。宋则行作为马克思主义经济学家,在其经济理论中自然要坚持唯物辩证法的哲学方法。

在宋则行经济学中,唯物辩证法体现于其对经济活动和经济现象的分析以其所处的条件为转移,或者说,以经济环境为转移。经济条件或经济环境发生了变化,其经济分析的思路或所得出的结论也便发生变化。例如,宋则行经济学在计划经济条件下分析价值规律发挥作用的方式与其在市场经济条件下分析价值规律发挥作用的方式完全不同。在计划经济条件下,按照宋则行经济学的分析,价值规律主要是通过国家计划机构合理确定价格的方式而发挥作用;而在社会主义市场经济条件下,按照宋则行经济学的分析,则基本上是通过市场机制配置资源而发挥作用。再如,关于积累和消费关系的分析,在计划经济条件下,按照宋则行经济学的分析,主要是通过国家计划机关按照量力

[①] 宋则行:《转轨中的经济运行问题研究》,辽宁大学出版社,1997年版,第63页。

而行和量入为出的原则合理地安排积累和消费的比例;而在社会主义市场经济条件下,按照宋则行经济学的分析,则基本上是通过市场机制调节确定的。如前所述,在关于经济体制改革的目标模式的分析中,按照有计划商品经济的条件所确定的目标模式,在社会主义市场经济条件下,便需要有适当的修正,这就是更加突出市场调节的作用,增加了"建立现代企业制度"和国家宏观调控科学化的内容。还可以举出很多类似的例子。前文说,宋则行所发表的每篇文章、所编写的每本著作都是创新之作,这就意味着,他的文章和著作都反映了新的经济条件或经济环境的要求,贯彻了唯物辩证法的推陈出新、除旧布新或与时俱进的原则。

在宋则行经济学中也有一些恒久不变的,始终坚持的东西。例如,宋则行经济学始终坚持社会主义生产目的是满足人民日益增长的物质和文化生活需要,始终坚持社会主义共同富裕的原则,始终坚持公有经济的主导地位。另一方面,宋则行经济学始终把资本主义看作是一个剥削制度,始终认为资本主义所固有的生产社会化和生产资料私人占有的矛盾是不可克服的,从而导致生产普遍过剩的经济危机,并最终导致资本主义制度走向灭亡。正是这些理论观点,决定了宋则行经济学的马克思主义性质。

除了坚持唯物史观和唯物辩证法,宋则行经济学也采用最近数十年中在西方经济学界发展起来的经济分析方法或分析工具。例如,在分析国民经济综合平衡问题时,宋则行经济学采用了凯恩斯经济学的总量分析方法,以总需求等于总供给决定均衡的国民收入,以总需求同总供给的偏离说明经济周期波动。在分析经济增长问题时,宋则行经济学采用哈罗德—多玛的分析方法,以储蓄率和资本产出率说明经济增长率。

宋则行经济学之所以采用西方经济学的一些分析方法,出于这样一种基本认识:在经济科学中,总有一些共同的经济范畴,而处理这些共同的经济范畴就可以采用共同的分析方法。马克思就说过,他的生产价格就是古典经济学家的"自然价格"。实际上,马克思的平均利润、成本概念同非马克思主义经济学家的平均利润和成本概念也没什么区别。仅就价格、工资、利润等数量关系的分析而言,马克思经济学的分析方法和非马克思主义经济学家的分析方法没有什么根本的区别。价格(生产价格)等于成本加平均利润。工资作为成本提高了,必然使利润下降;而要提高利润就必须降低包括工资在内的成本;资本家为追逐利润而展开竞争,竞争使资本从利润较低的部门流向利润较高的部门,竞争的结果使资本家取得大体相同的利润,即平均利润。这种论证方法,无论在马克思经济学中还是非马克思主义经济学中,都是大量存在的。马克思经济学同非马克思主义经济学的根本区别不是在这些数量关系分析方面,而在本质分析方面。在本质分析方面,马克思胜过一切非马克思主义经济学家。而在数量关系分析方面,非马克思主义经济学家的分析则可能有许多独到之处,甚至有超过马克思经济学的地方。既然一些非马克思主义经济学家已经提出某些较为准确的数量分析方法或分析工具,马克思主义经济学家当然就没有任何理由拒绝或排斥这些分析方法或分析工具。

甚至在说明本质问题(如资本主义剥削问题)上,宋则行经济学也不拒绝应用在非马克思主义经济学家中已经提出的有用的分析方法。例如,宋则行以高度肯定的态度评价了斯拉法体系的方法论意义:"从分析方法说,斯拉法的体系是和马克思所应用的逻辑的历史的分析方法相吻合的。从表象上看,斯拉法在薄薄的不到 100 页的书里精炼地提出许多具有独到性的命题,并未说明它们的来龙去脉、思想渊源和制度背景,所表现出来的似乎是纯逻辑的形式分析。但从实质上看,斯拉法的分析却隐含着一种与马克思相似的逻辑一历史方法,正如米克指出的,只要'在必要的地方讲清适当的制度的论据,然后加上极少的修正和改进',就可把斯拉法和马克思联系起来,使'斯拉法的模式序列做马克思的劳动价值论被用来做的相同的工作。'米克自己就曾把斯拉法的生产模式经过少量的'修正和改进'和马克思的模式进行比较,说明斯拉法和马克思用的同样是'逻辑—历史的方法'。"[1]

宋则行经济学主张采用斯拉法体系的分析方法,这也可以看作是一种综合,即马克思经济学和古典经济学(斯拉法体系被看作是向以李嘉图为代表的古典经济学的复归)的综合。在这方面,宋则行经济学借鉴了斯拉法体系以及研究斯拉法体系的英国经济学家,如米克和琼·罗宾逊的理论观点和分析方法。

(三)理论结构

宋则行的文章和著作是在不同时期、针对不同的经济问题而写的,并没有按照预先设计好的分析框架展开论述。然而这些文章和著作却很自然地形成了宋则行经济学所特有的理论结构或分析框架。在宋则行经济学理论结构中,大致包括:价值理论、生产价格理论、市场调节理论、经济效益理论、企业理论、供求平衡理论、积累和消费理论、资本运动和货币流通理论、就业理论、产业理论、经济周期理论、经济增长理论、国际经贸关系理论、经济发展理论(或后发经济学)、当代西方经济学原理,以及世界经济和世界经济史。宋则行经济学在阐述这些理论中,既坚持其基本原理,同时又坚持与时俱进的原则,并注意应用西方经济学家中所提出的有用的科学的经济分析方法和工具,具有广泛的包容性。

本书后文将全面系统地介绍这些理论。为使读者预先把握这些理论的基本内容,这里且先做如下概述:

1. 价值理论

宋则行经济学坚持马克思的劳动价值论,认为马克思的劳动价值论是科学的经济分析的基础。宋则行经济学按照马克思在《资本论》第1卷的界定正确阐明:商品的价值是由生产该商品所耗费的社会必要劳动时间决定的,它包括生产该商品劳动者耗费的社会必要劳动时间和生产该商品所耗用的劳动手段和劳动对象的价值两部分。前者是活劳动所创造的价值,由劳动者耗费的抽象劳动所新增的价值;后者是物化劳动,通过劳动者的具体劳动转移到该商品的价值中,称为转移价值。通常所说的劳动创造价值,指的是前者,即生产商品所耗费的活劳动为该商品新增的价值。凝结在劳动手段和劳动对象中的物化劳动,由生产它们自身时所耗费的社会必要劳动时间决定,使用它们生产某一商品时,它们只是作为转移价值,并不创造价值。宋则行经济学在这里明确区分了价值创造和价值转移,强调不能将二者混淆。在此基础上批判了"物化劳动创造价值"的错

---

[1] 宋则行:《马克思经济理论再认识》,经济科学出版社,1997年版,第206页。

误观点。

宋则行经济学还认为，服务部门的劳动也创造价值。按照马克思在《资本论》第1卷中的分析，通常所说的"劳动创造价值"，指的就是生产实物形式的商品所耗费劳动所形成的价值。宋则行经济学同意这种关于劳动创造价值的传统定义。但是，宋则行经济学又认为，这种关于劳动创造价值的定义是以实物形式的商品占支配地位的条件为前提的，在马克思生活过的世界就是这样，因此，他把价值界定为生产实物形式的商品所耗费的劳动。而在现代资本主义社会里，实物形式的商品在商品世界中已不占支配地位，相反地，服务——这种活动形式的商品，在商品生产和商品交换中却占了很大的比重。即使在社会主义市场经济中，这类服务部门也愈来愈多地采取经营形式投入到生产和交换中去，扩展生产劳动的界限，拓宽劳动价值论适用的范围，把服务部门的劳动纳入到创造价值的生产劳动中去，就成为经济理论界一个十分重要的研究课题。宋则行经济学这种从新的条件出发，提出服务部门的劳动也创造价值的理论分析，表现了其理论的创新性特征。

2. 生产价格理论

生产价格理论是马克思在《资本论》第3卷中所做的关于价值转化为生产价格、剩余价值（率）转化为平均利润（率）的分析，在经济学理论上是一个伟大的创新。转化的实质是剩余价值在资本家之间的分配问题。通过转化程序证明，工人不仅受雇佣他的资本家的剥削，而且受整个资本家阶级的剥削；从资本家方面说，个别资本家不仅剥削他所雇佣的工人，而且剥削全体资本家所雇佣的工人。换言之，全体资本家阶级剥削全体工人阶级。这样，便形成了界限分明的资产阶级和无产阶级两大利益对立的阶级阵线。

在马克思之前，李嘉图面临着等量资本取得等量利润和不同部门因资本和劳动结合比例（马克思称为"资本有机构成"）不同而创造剩余价值不同的矛盾，因而陷于无法逾越的理论难关。马克思生产价格理论的提出，从根本上攻克了李嘉图的理论难关。但自马克思的转化理论或生产价格理论问世以来，西方经济学家以所谓价值转化为生产价格以后价值总量不等于生产价格总量，或者剩余价值总量不等于利润总量为借口，向马克思的转化理论或生产价格理论提出责难，企图推翻马克思关于价值转化的分析。

宋则行在题为《马克思生产价格理论由来、形成及其完善——兼论斯拉法对古典传统的价格理论的发展》的论文中，详尽地考察了马克思生产价格理论在经济学变革中的伟大意义，并对一些经济学家对生产价格理论探讨（鲍特凯维兹、温特尼兹、米克、赛顿）的历史过程做了探讨，特别重要的是，探讨了斯拉法体系的真谛，说明了斯拉法生产价格理论同古典传统的生产价格理论和马克思生产价格理论的联系，及其作为批判新古典边际主义价值和分配理论基础的意义。宋则行对斯拉法的价格理论如此评论道："斯拉法价格理论的基本特征，是直接从生产条件出发，根据商品互为生产资料，即各种商品生产相互依存性的特点来分析生产价格的决定，并把工资与利润分配因素纳入价格决定分析，用联立生产方程和投入产出的一般均衡方法建立自己的体系。但是，从他的分析前提、思路来说，实际上是回答古典的生产价格理论传统以至马克思的生产价格理论的复归和发展，而且提供了对新古典的边际主义价值和分配学说进行批判的基础。"①

3. 市场调节理论

宋则行经济学认为，在普遍的商品经济或市场经济中，市场调节在资源配置上起决定性的作用，市场调节，用马克思经济学的术语来说，是价值规律的调节。价值规律的调节直接表现为市场价格的调节。在市场上，价格是经济活动晴雨表或指示器，它指示需求和供给的变动方向。需求又和供给各自对价格的变动做出反应，且反应的方向相反。在一定的市场价格下，可能形成极不相同的需求量和供给量，造成供求不均衡，或者供大于求，或者求大于供（或称"供不应求"）。在市场不均衡的情况下，市场价格的变动，将驱使需求量和供给量实现均衡。这是市场运行或市场调节的一般情形。

这种关于市场调节的分析，属于古典和新古典经济学的理论范畴，但它反映市场经济运行的一般规律，即使在社会主义市场经济中，也必须贯彻市场调节的要求。因此，在宋则行经济学中，关于经济运行的分析借鉴了古典和新古典经济学的市场调节理论。

宋则行经济学关于市场调节的分析，有完全的市场调节和不完全的市场调节的分析之分。按照宋则行经济学的分析思路，不完全的市场调节分析属于计划调节居于主导地位下的市场调节分析，在计划调节居于主导地位的情况下，市场调节对于那些纳入国家计划的产品不起作用，只有对那些不能纳入市场计划的大量产品实行市场调节。而在完全的市场调节下，市场调节起到决定资源配置的作用，市场调节是实现最优化资源配置和最优化生产的决定性因素。当然，按照宋则行经济学的看法，在完全的市场调节下，仍然有少量的特殊产品（短线产品，关系国家安全的产品）不受市场调节，而且政府也将以宏观调控的手段对市场调节的负面影响给予一定的干预或引导。因此，完全的市场调节也不是绝对的，仍然是满足一定条件的市场调节。完全的或自由放任的市场调节，在西方国家存在于凯恩斯经济学出现之前，在凯恩斯经济学及其政策被运用于经济生活以后，在西方国家中就已经不存在了，这时在西方国家流行的是"混合经济制度"，即实行国家调节的市场经济制度。宋则行经济学主张"市场调节和国家宏观调控的有效结合"。在这个方面，宋则行经济学主张借鉴西方国家第二次世界大战结束以来成功地发展经济的经验。

关于市场调节的分析，宋则行经济学关注价格制度改革和建立完善的、统一的市场体系问题，认为这是能否建立起社会主义市场经济体制的关键问题。

4. 经济效益理论

宋则行经济学极为重视经济效益问题，因而全神贯注地分析了经济效益问题，而且在分析其他经济问题时，例如，在分析经济增长问题时，也把经济效益作为其理论分析的一个重要内容。

宋则行拥护第五届人大第四次会议政府工作报告中做出的战略决策：为了求得国民经济的稳步前进、健康发展，要真正从我国实际情况出发，要走出一条速度比较实在、

---

① 宋则行：《马克思经济理论再认识》，经济科学出版社，1997年版，第205～206页。

经济效益比较好、人民可以得到更多实惠的新路子。对此，宋则行进一步发挥道："走出这条新路子的核心问题，就是要千方百计地提高生产、建设、流通等各个领域的经济效益。只有不断提高经济效益，经济发展的速度才能比较实在，人民才可以得到更多的实惠。因此，今后我们考虑一切经济问题，必须把根本出发点放在提高经济效益上，使我国经济更好地持续发展。"①

宋则行指出："所谓提高经济效益，就是要求以尽可能少的人力、物力消耗和资金占用，取得尽可能多、尽可能好的使用价值和收益，就一个企业来说是如此，就整个国民经济来说也是如此。前者通常叫作微观经济效益，后者通常叫作宏观经济效益。"②

宋则行经济学的经济效益概念，既可以用马克思经济学来解释，因为马克思经济学也主张以尽可能少的劳动消耗，取得最好的经济效果。马克思经济学中所说的劳动消耗，包括活劳动消耗和物化劳动消耗。也可以用古典和新古典经济学来解释，因为古典和新古典经济学也主张以尽可能少的资源消耗，取得最好的经济效益。古典和新古典经济学所说的资源，包括劳动资源和物质资源（也可以归结于马克思经济学所说的活劳动和物化劳动）。二者不同的是，在社会主义条件下，马克思经济学评价经济效益的标准是使用价值（和相当于人们劳动付出的收入），或生产使用价值的生产力；而在古典和新古典经济学中，评价经济效益的标准是利润，或者利润最大化。但古典和新古典经济学强调通过市场配置资源，以实现资源消耗最少、效益最大的最优化生产的理论观点，却是经济效益分析的有效方法和工具。在宋则行经济学关于经济效益的分析中，既有马克思经济学的成分，也有古典和新古典经济学的成分，也可以说是二者的综合。

5. 企业理论

宋则行经济学十分重视对企业活动的分析，企业理论成为宋则行经济学的一个基本构件。企业是市场经济的主体，是市场经济供给侧情况的决定者。如前所述，宋则行经济学把企业制度改革作为经济体制改革的"中心环节"之一。分析企业，特别是国有大中型企业的现状，存在的问题，以及解决企业特别是国有大中型企业经济效率低下的途径，便成了非常迫切的问题。宋则行经济学的企业理论包括这样几个基本问题：一是企业在经济活动中的地位，是政府的附属物，还是独立的自主经营、自负盈亏的商品生产者和经营者？二是企业的产权问题，企业产权是否清晰？三是企业管理问题，企业是否实行科学管理？四是国有企业在整个国民经济中的主导作用问题。宋则行经济学认为，要通过企业制度改革，割断政府和企业的直接联系，改变在计划经济体制下的那种"政企不分"或"以政代企"的现象，把企业转变为自主经营、自负盈亏、自我发展的独立的商品生产者和经营者。宋则行经济学主张建立"现代企业制度"，而"现代企业制度"的基本特征，就是"适应市场经济要求、产权清晰、权责明确、政企分开、管理科学"。宋则行对国有企业改革做了这样的规划："在我国社会主义初级阶段，实行的是以公有制为主体、多种经济成分共同发展的方针。只要坚持公有制的主体地位，国家与集体所

---

① 宋则行：《转轨中的经济运行问题研究》，辽宁大学出版社，1997年版，第85页。
② 宋则行：《转轨中的经济运行问题研究》，辽宁大学出版社，1997年版，第85页。

有的资产在社会总资产中占优势，国有经济能控制国民经济命脉并对经济发展起主导作用，则在此前提下，现有国有企业完全可以根据实际情况缩小经营范围，实行资产流动和重组，以便实现优化组合。这样，一些长期亏损，资不抵债，没有发展前途的企业，在安置好职工生活的条件下，要下决心让其破产或停产；对一般小型国有企业则放开、放活，有的实行承包、租赁经营，有的可以兼并、联合或改组为股份合作制；有的也可以出售给集体或个人。出售企业或股权的收入，由国家投于急需发展的产业。至于经过重组后的国有企业，绝大部分是大中型企业，是国民经济的支柱，应通过试点着力进行制度创新，根据不同情况分别建立不同组织形式的、具有现代企业制度特征的公司制企业。"①

6. 供求平衡理论

供求平衡理论是经济学的一个基本理论。按照英国19世纪末和20世纪初的著名经济学家马歇尔的看法，所有的经济问题都可以纳入供求平衡的理论结构。宋则行经济学遵循了这个经济学的一般分析思路。因此可以从供求平衡分析的框架来把握宋则行经济学关于经济运行问题的分析。像在一般经济学中一样，在宋则行经济学中供求平衡既有微观经济层面的供求平衡，这个层面的供求平衡分析，属于市场供求平衡分析；也有宏观层面的供求平衡，这个层面的供求平衡分析，属于整个国民经济平衡，或社会总供给和社会总需求的平衡。分析市场的供求平衡，关键是阐述市场调节对于实现市场供求平衡的作用。这在前面阐述宋则行经济学的市场调节理论时已经做过分析，这里不予重述。不过要强调的一点是，微观经济层面的市场供求平衡，是宏观经济层面的社会总供给和社会总需求的平衡的基础，换言之，没有微观经济层面的市场供求平衡，便不会有宏观经济层面的社会总供给和社会总需求的平衡。在宋则行经济学中，分析微观层面的市场供求平衡，应用的是以马歇尔和瓦尔拉斯为代表的新古典经济学的局部均衡和一般均衡理论，而分析宏观经济层面的总供求的平衡则应用凯恩斯的总量分析方法和马克思的经济结构（两大部类）分析方法。因此在宋则行经济学的供求平衡理论中，显著地表现了马克思－古典（新古典）－凯恩斯综合的特征。

宋则行在题为《关于国民经济综合平衡的几个理论问题》的论文中，对于在宏观经济层面的总供求平衡作了这样的精辟论述："社会总需求与社会总生产的平衡主要是价值上的平衡，而社会总需求各个构成部分和社会总生产中与之相适应的各个构成部分的平衡，又必须在实物上取得平衡。"② 其中价值平衡体现凯恩斯总量分析的特征，即投资和储蓄相等的国民收入实现均衡的条件；而社会总需求各个构成部分和社会总生产中与之相适应的各个构成部分的平衡，则体现了马克思再生产实现条件的分析。因此，这是马克思理论和凯恩斯理论一种综合。

7. 积累和消费理论

宋则行经济学把积累和消费的关系看作是经济决策必须慎重处理的经济运行中一个

---

① 宋则行：《转轨中的经济运行问题研究》，辽宁大学出版社，1997年版，第63~64页。
② 宋则行：《转轨中的经济运行问题研究》，辽宁大学出版社，1997年版，第123页。

基本数量关系。按照宋则行经济学的分析，积累是一定时期，比如一年的国民收入中不用于消费的部分，亦即用于扩大再生产的部分，消费则是用于消费的部分。在社会主义国家中，前者代表人民的长远利益，因为只有相当比例的积累用于扩大再生产的情况下，才能使国民收入逐年增长，从而才能保证人民的生活水平的逐年提高。所以，在每年的国民收入中安排一定比例的积累，是为发展经济或扩大再生产之所必需。后者即消费，则代表人民的当前利益。在安排积累时，必须考虑人民的当前利益。如果不顾人民的当前利益，过多地安排了积累，势必挤占人民应有的消费。结果就会因为损害人民的当前利益而影响人民参加生产的积极性，从长远看，就会损害或延缓经济发展进程，结果"欲速则不达"。宋则行经济学根据历史的经验证明了这一点，也根据马克思扩大再生产原理，从消费作为扩大再生产的制约条件的视角，从理论上证明了这一点。

按照宋则行经济学的分析，正确处理积累和消费的关系，也是社会主义生产目的所要求的。既然社会主义生产目的是满足人民日益增长的物质和文化生活的需要。那就需要有相当的物质和文化财富用于满足人民的当前的需要，也需要有相当的物质和文化财富满足人民将来的需要。这就必须确定适当的积累和消费的比例。

在计划经济体制下，确定积累和消费的比例，按照宋则行经济学的分析，是由国家计划机关确定的；而在社会主义市场经济条件下，这一比例主要是通过市场调节实现的。

8. 资本运动和货币流通理论

在宋则行经济学中，总是把以货币形式表示的产品价值和以实物形式表示的产品相对应加以分析。前者在经济运行中的流动被称作资本的运动，与后者在经济运行中的运动形成对应的关系。宋则行认为，社会产品再生产过程是资本运动和实物运动的统一。概括地说，一定时期（如一年）的社会总产品（包括中间产品和最终产品），从实物看，就是物质生产部门各个企业在这一时期内生产的各种使用价值，它们可以概括为生产资料和消费资料两大部类。它们从生产、流通到消费，形成社会产品的实物运动。从价值看，一定时期的社会总产品是各个企业在这一时期生产的产品价值总和，或称作社会产品价格总额。在各种产品的生产和实现过程中，社会总产品的各个价值构成部分：C，V，M（分别代表生产资料、消费资料和剩余产品价值），以垫支资本和增殖资本的形式分别为国家、各个企业和个人的收入。如作为垫支资本的构成部分的燃料、动力、原材料支出和其他生产费用，成为有关企业销售产品的收入；折旧费成为设备更新资本，其中一部分上交给国家财政（包括地方财政），一部分留存于各个企业。作为垫支资本的V，用于支付企业职工的工资，成为职工家庭和个人的收入。作为增殖资本的M构成部分的税金（包括利润税）上交给国家财政，税后利润则为企业所有。宋则行经济学进一步分析了各种收入的用途：属于国家财政收入的部分主要用于公共服务部门的投资支出和消费支出；企业收入（除上缴国家和支付职工工资）一部分用来补偿生产中的物质消耗，形成对生产资料（燃料、动力、原材料等中间产品）的需求，一部分是折旧和税后利润中用作更新设备、发展生产的投资，形成对生产资料（最终产品）的需求；另一部分是税后利润中用作集体福利和奖金，分别形成对集体消费品和个人消费品和服务的需求。宋则行写道："这样，从资本的垫支、增殖，转为国家、企业和个人的收入，再用来购买生产资料和消费资料。形成社会产品的资本运动。在社会产品以实物形式和价值形式相对应的运动过程中,一方面形成社会产品的供给,一方面形成社会产品的需求。"①

宋则行经济学把货币流通纳入其经济运行问题分析,与资本运动相适应,发挥银行信用增加或减少货币供给量的作用。宋则行经济学借鉴西方货币理论的分析,强调在银行体系中增加一笔初始存款,按照一定的存款乘数,将引起几倍于初始存款数量的增加。通过银行信用所发挥的作用,调节货币供给量,以顺应资本流动对货币的需要。这就是其货币流通理论的要旨。

宋则行经济学资本运动和货币流通理论,是其总供求平衡理论从资本运动和货币流通的视角的阐述,也构成其经济增长理论的重要内容。在这里,像在总供求平衡理论中一样,体现马克思和凯恩斯理论的一种综合。

9. 就业理论

在分析资本主义经济中的就业问题时,宋则行经济学诉诸马克思的资本有机构成理论。其基本观点是:随着资本有机构成的提高,在社会总资本中,不变资本的比重不断增大,而用于雇佣工人的可变资本的比重则不断减少,因而,雇佣工人的数量相对下降,从而引起愈来愈严重的失业问题,工人就业量相对地说趋于减少。在一篇题为《马克思的资本构成理论——兼论资本对劳动力需求变化的趋势》的论文中,宋则行指出:"运用马克思主义的资本有机构成理论来分析发达国家的就业失业状况,可以直接从资本技术构成、劳动生产率这些因素的变化去说明。"② 他根据各个时期物质生产部门的不变资本额(包括劳动材料库存)或固定资本额的增长与相应的就业工人数变动对比,考察了资本技术构成变化的趋势及其对劳动力需求的影响。他所考察的二战前美国四个部门(农业、矿业、制造业、公用事业)的情况是:农业部门的就业人数是减少的,但产量和劳动生产率有很大提高,表明资本技术构成是提高的;其他三个部门发展迅速,劳动生产率有更大的提高。但就业人数的增长小于产量的增长,也间接说明资本技术构成有了很大提高。就其中的制造业说,它所使用的资本资产,用固定价格计算,在1904～1937年间,至少增长120%,同期制造业的工人增加了65%,工人的劳动时数(人时),而实物产量增加了200%。这说明这一期间的制造业,在劳动生产率有很大提高的同时,每一工人或每一人时所使用的资本资产(相当于资本技术构成)也是有很大提高的。

在论及作为发展中大国的中国的就业问题时,宋则行经济学认为,首先应该考虑人口增长问题。在一篇题为《人口增长、经济增长与就业问题》的论文中,宋则行指出:"人口自然增长率的高低,对于一个发展中国家的经济影响主要有两个方面,一是影响这个国家的按人口平均的国民收入水平(下称人均国民收入),从而影响人民的生活水平;二是造成劳动力就业的困难。随着人口增长而增长的劳动力,如果都能得到就业,当然可以增加总产量和国民收入,以至提高这个国家的经济增长率。但若因为资本或生

---

① 宋则行:《转轨中的经济运行问题研究》,辽宁大学出版社,1997年版,第201页。
② 宋则行:《马克思经济理论再认识》,经济科学出版社,1997年版,第59页。

产设备能力不足,得不到充分就业的机会,就会出现失业问题。"①

10. 产业理论

宋则行经济学认为,产业结构或生产结构,决定于需求结构。在社会主义条件下,生产的目的是为了满足人民日益增长的物质和文化生活的需要。相应地,便须有适合于这个生产目的的产业结构或生产结构。这是宋则行经济学产业理论的基本观点。因此,宋则行经济学在计划经济体制还在发挥作用的情况下提出,"安排生产建设要从满足人民需要出发。"在社会主义市场经济条件下,宋则行经济学指出,虽然经过市场调节最终将会达到与人民的需要相适应的产业结构或生产结构,但市场调节有一定的盲目性,仍需国家采取适当的产业政策,调整产业结构,使之适合于社会主义生产目的的要求和经济可持续发展的要求。

宋则行经济学还认为,产业结构还必须符合如下的社会化大生产的特点:各个生产部门在生产程序上相互衔接,在供需上相互依赖、相互制约,因而在技术经济上保持一定的比例关系,才能使社会生产协调地向前发展。宋则行指出:"社会生产门类的划分,应该尽可能地、比较确切地反映这个特点,便于考察它们之间的相互衔接关系和比例关系,便于发现它们中间的薄弱环节。"按照这个要求,宋则行在我国首次提出了关于物质生产门类划分的建议。

11. 经济周期理论

宋则行经济学认为,由于资本主义的生产社会化和生产资料私人占有的矛盾的存在,以及由此产生的生产无限扩大的趋势和有支付能力的需求(有效需求)相对狭小的矛盾,必然造成资本主义周期性的生产过剩的经济危机。另外,宋则行经济学认为,由于社会化大生产具有如上面所说的特点:"各个生产部门在生产程序上相互衔接,在供需上相互依赖,相互制约,因而在技术经济上保持一定的比例关系,才能使社会生产协调地向前发展"。资本主义生产的盲目性,或如马克思所说的"资本主义生产的无政府状态",常常破坏生产正常进行所必需的比例关系,又必须通过经济波动或危机来强制地恢复经济的比例关系,这样,造成生产过剩的经济危机,便是不可避免的了。宋则行经济学还认为,即使在社会主义条件下,也由于不能正确处理社会化大生产所要求的比例关系,也会造成经济危机。例如,在计划经济下面,政府的计划不能正确反映社会化大生产所要求的比例关系,重积累而轻消费,也造成生产资料生产过剩而消费品不足的经济危机。解决的办法,就是把市场调节同政府的有效的宏观调控结合起来。

12. 经济增长理论

宋则行经济学关于经济增长的分析,或经济增长理论,首先遵循了马克思扩大再生产分析的思路,阐述了马克思的经济增长理论,然后将马克思的增长理论同西方经济学家的经济增长理论加以比较。

在分析社会主义经济增长问题时,宋则行经济学把资本运动、货币流通、人口增长、扩大再生产的按比例要求等因素和要求综合加以考察,以确定适度的经济增长率。

---

① 宋则行:《转轨中的经济运行问题研究》,辽宁大学出版社,1997年版,第215页。

在关于经济增长的问题上，中国是有过沉痛教训的。正如宋则行中肯指出的："由于我们在一个相当长的时期里，特别是1958年以后，在经济计划工作中，脱离实际，超越客观的可能，片面追求高增长率，提出了一些难以实现的高指标，加上其他一些经济的、政治的原因，经济的增长很不稳定，遭到几次严重的挫折。自50年代后期起，人民生活长期没有得到应有的改善，国民经济内部的各种比例关系严重失调。结果，欲速不达，实际取得的增长率反而低于按照客观条件本来可以达到的水平。"①

13. 国际经贸关系或对外开放理论

宋则行经济学把发展国际经贸关系或对外开放置于非常重要的地位加以分析。按照宋则行经济学的分析，在开放经济条件下，一个国家的对外经济联系所涉及的内容比较广泛，其中主要是国际间的商品流动和资本流动。首先是对外贸易，随着商品生产的发展，商品交换必然从本国的范围内扩展到国际范围。在资本主义条件下，对外贸易或国际市场的发展成了资本主义经济发展的生命线，没有国际贸易，对资本主义来说，是不可思议的。当资本主义发展到了帝国主义阶段以后，除了国际贸易，资本输出的作用突出起来，对外投资或资本在国际间的流动，成了这个时期的资本主义经济生活的一个主要特征。在社会主义条件下，对外开放也是十分必要的。特别是在经济全球化的条件下，国际间的经济联系十分密切，一国的经济发展已经不能脱离与之相联系的其他国家的经济发展了。

宋则行经济学从社会总需求和社会总供给平衡的视角分析了对外开放对一国经济运行的影响。例如，在发生进出口的国际贸易以后，社会总需求与社会总供给之间要保持平衡，就必须是国内消费品和投资品的需求加上来自国外的需求，要与国内生产的消费品和投资品加上来自国外的供给相等。二者的平衡公式为：

消费支出＋投资支出＋出口＝社会最终产品产值＋进口

再从资本流动的情况看，资本流出减少本国的消费需求和投资需求，而资本流入则增加本国的消费需求和投资需求。

这样，在引入进出口贸易和资本流动后，总需求与总供给的平衡公式便为：

国内资本扣除资本流出后转化为消费支出和投资支出＋资本流入引起的消费支出和投资支出＋出口＝社会最终产值＋进口

或：国内资本＋资本净流入＝社会最终产值＋净进口（或：国内资本－资本净流出＝社会最终产值＋净进口）。

14. 经济发展理论：后发经济学

宋则行经济学的经济发展理论，或称"后发经济学"，强调经济发展的后发优势。认为，为了获得其经济的长足发展，后发国家（发展中国家）可以采用已被发达国家的经济发展实践证明是行之有效的经济体制和管理方式，采用其先进的科学技术和设备，并在经济理念上发生根本的变化。这是后发国家可以赶上甚至超过发达国家的根据。这个理论观点也是一种为世界经济学界广泛认同的理论观点。有一本美国人写的书名为

---

① 宋则行：《转轨中的经济运行问题研究》，辽宁大学出版社，1997年版，第189页。

《国富国穷》的书,书中谈到后发国家赶上发达国家的条件时,强调把滞后变成美德。书中引用别人的话说:滞后的成长趋向于"以现代化、最高效的技术为基础",因为这种技术效益最高,而且只有掌握了它,才能同先进的国家竞争。结果,后进的国家比它们的先行者成长得更迅速。它们的成长都具有"迸发"的特征,即一个时期(或多个时期)较高的生产的增长率。

但是,宋则行经济学认为,后发国家受历史和现实条件的约束,也存在着许多不利于其经济发展的因素。例如,它们面临着这样一些问题:落后国家缺乏资本和优秀的劳动力,怎样才能成功地创建现代的、资本密集型的工业呢?它们怎样才能获得知识和技术?它们怎样才能克服工业企业所遇到的社会性、文化性和体制性的障碍呢?它们怎样才能创建合适的制度安排和机制呢?它们怎样应变呢?宋则行经济学围绕这些问题展开了有价值的科学分析。这种分析表明,要克服所有这些问题,关键在于从本国的具体国情出发进行适合于现代市场经济发展要求的改革,并摆脱来自西方发达国家的经济控制,坚持独立、自主发展经济的要求。

15. 当代西方经济学原理和外国经济思想史

宋则行主编的《当代西方经济学原理》,为国内借鉴西方经济理论,发展社会主义市场经济,做出了重要的贡献。该书的理论体系体现了萨缪尔森《经济学》教科书的理论体系的基本特征,即"新古典综合经济学"。该书一方面精准地阐述了新古典微观经济学的价格理论,凸显了市场机制对于资源配置的决定作用。该书认为,所谓市场经济的运行,首先是由作为供给者的厂商和作为需求者的消费者的行为相互作用决定的。厂商和消费者的行为构成决定市场运行的两大基本力量:市场供给和市场需求。市场供给和市场需求随市场价格变动而消长变动,从而决定市场体系的运行情况:是供过于求,还是求大于供(供不应求),抑或是供求均衡?另一方面,该书也精准地阐述了作为现代宏观经济学的凯恩斯经济学的基本原理。该书认为,在现代市场经济中,国家以财政政策和货币政策从宏观上对市场经济实行干预是十分必要的。而政府干预的理论基础,就是凯恩斯的"有效需求不足"理论。该书围绕凯恩斯的"有效需求不足"理论,展开了宏观经济学分析,论证了在现代市场经济中国家宏观调节的必要性。

该书所阐述的微观经济学和宏观经济学理论,对于中国如何发挥市场调节机制的作用,以实现经济充满活力的发展,对于中国如何把市场调节同宏观调节结合起来,实现整个国民经济稳定、均衡、协调和可持续的发展,具有重要的借鉴意义。

该书也用马克思主义经济学的有关原理对西方经济学的观点做了评析。例如,某些西方经济学家认为,马克思经济学仅具有规范经济学的意义,"它的最能激动人心的地方,是它关于工人阶级在资本主义社会中悲惨境况的描述,其经济理论本身却是微不足道的。"对此,该书明确指出,这是对马克思主义政治经济学的一种诋毁。该书强调:"实际上,貌似客观的、尊重事实的实证经济学也是以一定的价值判断为基础的,那就是以是否有利于维护资本主义剥削制度为其标准。这是由中产阶级经济学的性质本身决定的。至于西方规范经济学除了把维护资本主义制度作为标准之外,又提出了另外一些标准,这些标准的提出,可能是针对资本主义经济生活的弊端,但是,它们却不能革除这些弊端。原因是经济学家们提出这些标准的同时,是以维护资本主义制度存在为前提条件的。只有马克思的经济学方法才是科学的经济学方法。"①

除了《当代西方经济学原理》，宋则行还写了一些关于外国经济思想史的论文。例如，他写了《英国新剑桥学派》《英国经济学考察》《如何批判凯恩斯的乘数论》等文章，主编了经济学词典，其中包括很大一部分经济思想史的内容。这些内容也构成了宋则行经济学的组成部分。

16. 世界经济和世界经济史

宋则行经济学关注世界经济的发展和世界经济史问题。关于世界经济发展问题，宋则行写了《资本主义国家发展不平衡问题》的专著，发表了《论资本主义经济中的"滞胀问题"》；关于世界经济史，宋则行与樊亢联合主编了《外国经济史》、《世界经济史》和《主要资本主义国家经济简史》。这些著作坚持以历史唯物论和辩证唯物论的思想方法考察世界经济的现状及其发展的历史，以丰富的数据和史料揭示贯穿于当代世界经济及其历史发展的经济规律。在这些著作和论文中，闪耀着马克思列宁主义的理论光辉。是不可多得的精品和创新之作。例如，在《资本主义发展不平衡问题》一书的开篇处宋则行写道："列宁所发现的帝国主义时期资本主义国家经济政治发展不平衡规律，是列宁关于社会主义革命理论的基石。""列宁关于资本主义国家发展不平衡的理论也是认识现代资本主义发展的规律性，了解当前国际局势发展的钥匙。"② 该书依据列宁的资本主义经济政治发展不平衡理论，深入探讨了"资本主义国家经济政治发展不平衡规律"在当代资本主义世界的表现，以及在这个规律的作用下，所形成的帝国主义国家向外扩张的趋向，以及帝国主义国家之间由于利益的驱动而形成的争夺世界的矛盾，并由此引发战争。分析了第二次世界大战以后，国际局势的新发展。提出如何通过增强世界反对战争的和平力量以制止帝国主义战争贩子发动战争的力量。其分析极为精辟、独到而深刻。

（四）经济政策

宋则行经济学也包含许多经济政策内容，经济政策是其理论分析必然引出的经济政策含义。可以把宋则行经济学所包含的经济政策概括为以下各项：

（1）处理积累和消费关系的政策。处理积累和消费关系的政策：一是量力而行和量入为出，不安排过多的基本假设投资，不安排过高的经济建设指标。宋则行指出："在我国经济发展水平和国民收入水平还很低的情况下，安排过高的积累规模，必然严重影响人民生活的改善。"③ 二是安排生产建设要从满足人民的需要出发。宋则行指出：在安排积累和消费的次序上，"应首先把人民群众的生活安排好，也就是，首先要使人民得到当时的生产力水平所允许的、应有的物质和文化生活条件，然后再按余力的大小，安排生产性积累的规模。这在我国目前国民收入水平和人民生活水平还比较低的情况下，尤其应当这样。"④

---

① 宋则行主编：《当代西方经济学原理》，1990年版，第27~28页。
② 宋则行：《资本主义国家发展不平衡问题》，人民出版社，1957年版，第1页。
③ 宋则行：《转轨中的经济运行问题研究》，辽宁大学出版社，1997年版，第77页。
④ 宋则行：《转轨中的经济运行问题研究》，辽宁大学出版社，1997年版，第77页。

(2) 完善市场体系的政策。宋则行经济学从以下三个方面着手确定完善市场体系的政策：①从商品流通地域方面，要打破条条块块的分割封锁，在省与省之间，在各大、中、小城市之间以及在城市与农村之间，实行相互开放，自由流通；②从商品包括的范围方面，不仅要扩大消费品市场（包括发展生活服务业），还要逐步减少国家分配调拨生产资料的种类和数量，扩大生产资料市场；③适应商品市场发展的要求，逐步开辟和发展资本市场、技术市场，并促进劳动力的合理流动。宋则行指出："所谓完善市场体系，就是在国家政策和计划的指导下建立起包括商品、劳务、资本、技术等在内的、具有完善的市场机制的社会主义的统一的开放市场。"①

(3) 价格政策。价格政策，首先是价格体系的改革的政策，要通过价格体系的改革，从根本上改变不反映商品价值和供求关系的不合理的价格体系，从而使价格体系能够评价企业的生产经营效果，能够保障城乡物资的顺畅交流，促进技术进步和生产结构、消费结构的合理化，节约劳动，贯彻按劳分配原则。就价格体系和企业运营的关系而言，宋则行指出："价格体系改革确实具有它的迫切性，即使企业真正成了自主经营、自负盈亏的经济实体，如果价格体系不合理，企业也不能得到应得的利益，担负起它应负的责任，不能形成企业真正的、合理的刺激和动力。例如，如果价格体系不反映价值，不反映供求关系，它所传导的市场信息受到扭曲，其结果：或者是不须经过努力改善经营管理就可以轻易地得到很高的盈利；或者是再怎样经过努力改善经营管理，也不能扭转亏损的局面。这样怎么谈得上刺激和动力呢？所以改革不合理的价格体系，是使企业成为真正自主经营、自负盈亏的经济实体，对市场需求真正能做出灵敏的合理反应的十分重要的外部条件。"②

(4) 货币政策。宋则行经济学主张，要根据社会产品的生产潜力、供给和需求的总形势来控制财政支出和银行信贷的数量和流向，从而控制货币流通量，以求经济增长过程中社会产品的总供给与总需求的基本平衡。宋则行以存款乘数说明了银行信贷在增加货币供给上的作用："按照银行存放款业务的实践，每天有存有支。而存户一般都是陆陆续续提用他们的存款的。因此，每天被提取的存款在正常情况下总是占存款总额的一小部分，而这个提取率平均来说是比较稳定的，是一个常数。假设这个平均提取率是存款总额的20%，则银行只要经常保持存款总额的20%的现金准备，就足够应付存户的提取。其余的80%就可作为贷款放出去，取得利息。所以存款总额的增加，不问其来源如何，是银行扩张信用的基础。当然，在任何时候，有的银行存款余额增加，有的银行存款余额减少；一个银行信用扩张了，可能为另一个银行的信用紧缩所抵消。但若就整个银行体系来说的银行存款余额有净增加，就可成为全国信用扩张的基础，产生派生存款，使存款总额的增加，几倍于原生存款的增加。"③ 基于这样一种分析，宋则行认为，比控制作为现金的货币量更重要的是，控制包括活期存款在内的广义的货币流通量的变化。

---

① 宋则行：《转轨中的经济运行问题研究》，辽宁大学出版社，1997年版，第23页。
② 宋则行：《转轨中的经济运行问题研究》，辽宁大学出版社，1997年版，第32～33页。
③ 宋则行：《转轨中的经济运行问题研究》，辽宁大学出版社，1997年版，第213页。

（5）财政政策。宋则行经济学把财政收支，或财政政策，看作是影响社会总需求的因素。例如，减少税收，可以增加个人可支配收入，从而增加消费需求和投资需求。扩大政府支出可以增加投资需求和与之相联系的消费需求。宋则行如此分析了财政政策对于总需求的影响：财政收支情况只能作为消费总需求和投资总需求的影响因素或构成因素来分析。如果要把财政收支反映在公式中，则可以把财政支出、总消费、总投资分解成几个部分来表示：

财政支出＝预算内投资＋公共服务部门职工消费与公共消费

总消费＝生产部门职工消费和公共消费＋公共服务部门消费与公共消费

总投资＝预算内投资＋预算外投资。

总需求＝消费总支出＋投资总支出＝生产部门职工的消费和公共消费＋公共服务部门的职工的消费与公共消费＋预算内投资＋预算外投资＝生产部门及其职工的消费支出与投资支出＋由财政支出转化的消费支出与投资支出。

循此思路，宋则行进一步论述道，假定生产部门提出的（v＋m）扣除税利，则总需求等式右端的头一项，即生产部门及其职工的消费支出与投资支出就等于（v＋m）－财政收入（这里舍去了财政收入中来自公共服务部门的税收，如征自公共服务部门职工的所得税等；另外把间接税看作产品价值的一部分，征自企业），上列的总需求等式就成为：

总需求＝（v＋m）－财政收入＋财政支出＝社会净产值＝（v＋m）＋净财政支出

总需求是否与总供给平衡，须视（v＋m）＋净财政支出是否等于社会净产值而定。由于（v＋m）与社会净产值在总量上是相等的，

净财政支出＝0，即财政收支平衡，则总需求＝总供给。

净财政支出＞0（赤字），则总需求＞总供给。

净财政支出＜0（有结余），则总需求＜总供给。

根据这样一种分析，宋则行经济学主张，视经济运行状态来决定使用扩张性的财政政策，或是紧缩性的财政政策。明确地说，当经济处于萧条状态时，应使用扩张性的财政政策，而当经济处于通货膨胀之时，便应使用扩张性的财政政策。并与上述的货币政策相配合。这显然体现了凯恩斯经济学的政策原则。

（6）产业政策。宋则行经济学的产业政策，包括两个方面：一方面是产业门类划分的政策，一方面是产业结构调整的政策。产业门类划分的政策要体现前面所说的社会化大生产的特点，即各个生产部门在生产程序上相互衔接，在供需上相互依赖、相互制约，因而在技术经济上必须保持一定的比例关系，才能使社会生产协调地向前发展。产业门类的划分只有反映这个特点，才便于考察它们之间的相互衔接的关系和比例关系，便于发现它们之间的薄弱环节。基于这样一种认识，宋则行首次提出了将物质生产部门划分为起始或基础产品生产、中间产品生产和最终产品生产的三个门类的政策建议。

产业结构（或称经济结构）调整政策，按宋则行经济学的分析，其基本要求是体现社会主义生产目的，也就是前文所说的，"安排生产建设要从满足人民需要出发"，合理安排积累和消费比例。所谓产业结构调整，就是要把尚不能体现这个要求的经济结构调整到反映这个要求的轨道上来。产业结构调整，在市场经济条件下，基本上是通过市场

调节，即通过市场竞争，贯彻优胜劣汰的原则，而逐步实现的。同时，为了克服市场调节的弊端（即马克思所说的"生产无政府状态"），也需要政府实行一定的促进产业结构调整的政策，包括做出一定的计划调节或宏观调控安排。

（7）促进地方经济发展的政策。在前文阐述宋则行对地区经济运行的考察与建议的内容中，已经对其促进地方经济发展的政策做了阐述。重复地说，这些政策包括"合理调整辽宁产业结构""对沈阳市进行城市经济体制综合改革的建议""关于辽宁国有大中型工业企业实现经营机制转变的建议""关于提高辽宁经济市场化程度的建议"等。这些政策建议的基本思路是，按照市场经济发展的客观要求，结合地区经济的特点，安排适当的改革措施，以促进地区经济的发展。仅就辽宁国有大中型企业转变经营机制的政策建议而言，宋则行提出，辽宁国有大中型企业走出效率低下的出路，在于进行有效的企业制度改革。具体地说，"以建立现代企业制度为中心，把国有企业的改革同改组、改造和加强管理结合起来，把企业内部改革和外部配套改革结合起来。加大改革力度，使大多数国有大中型骨干企业，逐步建立现代企业制度，成为自主经营、自负盈亏、自我发展、自我约束的经济实体和市场竞争主体，是国有企业转换经营机制的有效途径。"[①]

宋则行的这一论断，不但适用于辽宁的国有大中型企业，对全国其他地方的企业也是适用的。从这个意义上说，宋则行提出的这个政策建议具有普遍的实践指导意义。

二、价值理论：坚持和发展马克思劳动价值论

宋则行经济学坚持和发展了马克思劳动价值论。从坚持马克思劳动价值论上说，宋则行经济学坚持只有活劳动才创造价值，而反对所谓"物化劳动创造价值"的观点；从发展马克思劳动价值论上说，宋则行经济学提出"服务部门的劳动也创造价值"的新观点。这集中体现在宋则行的两篇文章中，一篇是《物化劳动并不创造价值》，一篇是《服务部门的劳动也创造价值》。下面分别对这两篇文章做一评介。

（一）对"物化劳动创造价值"论的批判

在中国，"物化劳动创造价值"论的代表者是厦门大学经济学教授钱伯海。钱伯海在《社会劳动创造价值》的论文中，系统地提出了"物化劳动创造价值"的观点。他提出两个命题：一个是扩大生产劳动的范围，认为不论物质生产部门和非物质生产部门的劳动都创造价值；另一个是物化劳动也创造价值，或物化劳动和活劳动共同创造价值。他写道："这里的'社会劳动'是指社会从事物质生产和非物质生产的各种劳动，即在国家政策范围内从事有益于社会的各种经济活动的劳动。""也就是说，除了本企业生产人员的直接劳动外，还包括了科研、教育、文化事业部门、国家管理部门以及先前企业提供的劳动，包括物化劳动，都属于间接劳动，合称社会劳动，由社会劳动创造

---

① 宋则行：《转轨中的经济运行问题研究》，辽宁大学出版社，1997年版，第371页。

价值。"①

宋则行在题为《物化劳动并不创造价值》的论文中,对钱伯海的"物化劳动创造价值"的观点作了深入的批判。在该文中,宋则行首先把钱伯海的论据或理由归纳为以下四点:

第一个论据认为:新的生产力是劳动力、劳动手段、劳动对象这生产三要素相结合共同创造的成果,这同物化劳动只是转移价值、不创造价值的说法相矛盾。

第二个论据是:只有认定物化劳动和活劳动共同创造价值,才能使商品二因素与劳动二重性取得逻辑支持。

第三个论据是:"从企业看的物化、活劳动共同创造价值≡从社会看的活劳动创造价值",因此,说物化劳动创造价值,不违背劳动价值论。

第四个论据是:与第三个论据相联系,"从企业看的物化、活劳动共同创造价值≡从社会看的活劳动创造价值"这个等式,可以用斯密教条作为佐证。因为,"作为劳动价值论创始人之一的亚当·斯密,虽然没有提出社会劳动创造价值,但是他认为商品的全部价值归根结底是由社会活劳动($v+m$)创造的,这是一个很为精湛的见解和发现"②。

宋则行对这四个论据逐一做了批判。

关于钱伯海的第一个论据,宋则行指出,由于混同了使用价值的生产和价值的生产,把使用价值的生产当成了价值的生产。宋则行对此以马克思经济学原理科学地分析道:在劳动过程中,劳动力、劳动手段、劳动对象三者结合,共同创造的是使用价值(物质财富和服务,或新的生产力),而价值,按劳动价值论界定,是社会必要劳动时间决定和计量的,因此,决定商品价值的唯一因素是生产中耗费的社会必要劳动时间,其中耗费的劳动手段和劳动对象所凝结的物化劳动是来自其他企业的转移价值,耗费的活劳动才是新增的价值或新创造的价值源泉。物化劳动的转移价值和活劳动创造的新价值共同构成企业的商品的(完全)价值,而不是物化劳动和活劳动共同创造价值,这本是伯海同志所熟知的事情。话说到此,宋则行中肯地说:"决不能因为使用价值是由劳动者、劳动手段、劳动对象三者结合共同创造的,从而价值也是由三者结合共同创造的。如果由于使用了比以前先进的劳动手段和劳动对象,同量的劳动时间生产了比以前更多的使用价值,这只能说劳动生产率提高了,每单位产品在生产中耗费的劳动时间减少了,从而单位产品价值以及以价值为基础的价格会随之下降。这样,使用先进的劳动手段、劳动对象的作用,只能表现在与劳动者结合、由劳动者推动、生产了更多的使用价值和降低了单位产品耗费的劳动时间,从而降低了单位产品的价值。"③

宋则行进一步指出:作为物化劳动的劳动手段、劳动对象,对企业来说只是从其他单位购进的生产资料,企业关心的是这些生产资料能不能在劳动力的推动下给他带来更多产品(使用价值),能不能提高劳动生产率,降低单位产品的劳动耗费,从而带来更

---

① 宋则行:《马克思经济理论再认识》,经济科学出版社,1997年版,第18页。
② 宋则行:《马克思经济理论再认识》,经济科学出版社,1997年版,第25页。
③ 宋则行:《马克思经济理论再认识》,经济科学出版社,1997年版,第22~23页。

多的利润。当然，提高劳动生产率，除了靠劳动者本身素质的提高外，主要靠先进的劳动手段和劳动对象的使用，但先进的劳动手段和劳动对象的推动靠的是劳动力，没有劳动力的推动，它们只是一堆死物。劳动力（包括体力劳动者和脑力劳动者）是生产过程能动的主体。因此，重视劳动手段、劳动对象及其背后的科技力量的作用，不在于把凝结在它们中的物化劳动说成是创造价值的一个因素，只要充分估量它们在创造使用价值量和降低单位产品价值中发挥的作用，承认科研部门以及其他服务部门也是直接、间接有利于生产的非物质生产部门，这些部门的劳动，也是生产劳动，也创造价值，就可以了。承认物化劳动也创造价值，既没有必要，也不科学（在劳动价值论的架构下也不容）。

接着，宋则行从统计实践上对此加以验证：其实，不仅在理论上，而且在经济统计实践中，已经有足够的指标来表达劳动力、劳动手段、劳动对象三者结合共同创造使用价值的实际状况，如按不变价格或可比价格计算的社会总产值（各部门、各单位产品价值的总和）、最终产品价值（或国民生产总值，即不再进行加工的消费品和投资品价值的总和）、社会净产值（最终产品减折旧率）等。这些指标都是以产品价值形式表现的使用价值总量指标（以不变价格和可比价格为权数的各种产品量或服务量的加总），这些产值的增长表现了这个时期使用价值量（物质财富和服务）的增多，它或者由于劳动就业量（从而价值量）有所增长，或者由于劳动生产率有所增长，或者由于两者都有所增长；而两者的增长都和投资数量及其效率有关。至于投资的物质因素则是体现一定科技水平的劳动手段和劳动对象，凝结着许多部门前期或本期的劳动。因此，劳动手段和劳动对象及其凝结的物化劳动的作用最终体现在使用价值量和质的增进上。

至于价值量，宋则行指出，价值量是表明生产中劳动时间的耗费的，不是用来表明生产力水平和生产要素（劳动力、劳动手段、劳动对象）在生产中的作用的。同量的劳动时间耗费，形成同量的价值量。不管劳动生产率有多大的提高，生产使用价值量有多大的增加。

关于第二个论据，宋则行依据马克思劳动价值论原理，指出钱伯海错误地理解了马克思的具体劳动概念。宋则行科学地分析道：劳动具有两重性，具体劳动生产使用价值，抽象劳动形成价值，具体劳动转移旧价值，抽象劳动创造新价值，这是马克思提出劳动二重性的本来涵义。但是，伯海同志理解的具体劳动却"包括了劳动力、劳动手段、劳动对象"。理由是商品的使用价值是由三者的结合而形成的，因而创造使用价值的具体劳动也应包括三者。是的，使用价值是由三者相结合而形成的，但不能反过来把生产使用价值的具体劳动理解为也包括三者。具体劳动是活劳动的一个方面，说作为具体劳动的活劳动包括作为物化劳动的劳动手段和劳动对象，在逻辑上是说不通的；只能说生产使用价值时，作为具体劳动的活劳动需要劳动手段、劳动对象的结合。伯海同志后来改称"具体劳动包括作为劳动力的活劳动和凝结在劳动手段、劳动对象中的活劳动"，这也不符合马克思的原意。马克思所说的具体劳动就是指生产某种商品所使用的劳动力的活劳动的一重性，并不包括凝结在劳动手段和劳动对象中的活劳动。所以伯海同志一开始就把马克思的具体劳动理解错了。前提错了，从而要求抽象劳动也应包括"上述各种活劳动"，当然也是错的。具体劳动与抽象劳动本来就是指劳动力活劳动的两重性，指的是"同一劳动的统一体"的两方面，谈不上"内容和口径"不一致的问题。

宋则行进一步批评道：其次，伯海同志说，"使用价值来源于三要素（劳动力、劳动手段、劳动对象），价值来源于一要素（抽象劳动），是两个东西……使商品两因素与劳动两重性的内在联系，失去了逻辑的支持"。这是对商品两因素与劳动两重性的内在联系的"逻辑支持"或逻辑一致性的形式理解。使用价值和价值本来是商品的两种属性，前者是商品的有用性，后者是指商品在交换中可以相互比较的东西，即一般人类劳动的耗费，它们可以来源于不同的要素。单就生产商品的活劳动而言，它的具体劳动这一重性产生商品的使用价值，它的抽象劳动这一重性形成商品的价值，其间内在联系的逻辑一致性是十分明显的，谈不上失去了"逻辑支持"。当然，这并不否认在商品的生产过程中，还有劳动手段和劳动对象的参与，它们和活劳动结合才形成商品的使用价值。

另外，宋则行指出，应该区分价值的构成和价值的创造，两者不能混淆。在商品价值（$c+v+m$）中，只有（$v+m$）才是活劳动耗费新增价值。对于其中的 m，即剩余价值，钱伯海发问道："为什么和凭什么""只能由三要素中的一要素——活劳动所创造，而作为活劳动凝结的其他因素——物化劳动，与剩余价值的创造没有关系，只能转移其被消耗的部分？"① 对此，宋则行回答说："马克思说的已很清楚，这里无须赘述。可以提醒的一点就是：企业作为商品生产者，它生产一种商品所使用的劳动手段和劳动对象，一般是从其他企业购入的，是其他企业的活劳动所生产的，其价值已经计算在其他企业的名下，对该企业来说它们已经是旧价值，或转移价值，企业关心的主要是用来推动这些已经购入的劳动手段、劳动对象进行生产的活劳动的使用（劳动时间、劳动强度），劳动生产率的提高和单位产品价值的降低。对它来说，选用什么样的劳动手段、劳动对象，特别的标准是在支付一定的转移价值后，能否以同量的劳动时间增加更多的优质商品（使用价值量），以提高劳动生产率。先进的劳动对象和劳动手段的经济效果，如前所述，是以增加使用价值的质和量来衡量的，而不是以增加价值量（劳动耗费量）来衡量的。当然，使用先进的劳动手段、劳动对象，可能使这个企业产品的个别价值低于社会价值，从而获得超额剩余价值；但商品社会价值是由在社会正常的或平均的生产条件下的社会必要劳动时间决定的，如果有的企业的产品的个别价值低于社会价值，必然有的企业的产品的个别价值高于社会价值，从而，同样的劳动总量生产的价值总量不变。如果先进的劳动对象、劳动手段普遍化了，超额剩余价值也就自然消失了。"②

关于第三个论据，宋则行从数量关系上作了分析。为了说明他的数据，钱伯海举了一种最终产品——上衣的简化例子（舍象掉设备的使用和消耗）：上衣全价 20 元，其中物化劳动——中间产品消耗（c）为 15 元，活劳动创造的价值（$v+m$）为 5 元，服装厂生产上衣所用的布料——色布由印染厂提供，印染厂生产色布所用的坯布由织布厂提供，织布厂生产坯布所用的棉纱由纺纱厂提供，纺纱厂生产棉纱所用的棉花则由棉农提供。其中：

---

① 宋则行：《马克思经济理论再认识》，经济科学出版社，1997 年版，第 21 页。
② 宋则行：《马克思经济理论再认识》，经济科学出版社，1997 年版，第 22~23 页。

	物化劳动的价值 (c) /元	活劳动创造的价值 $(v+m)$ /元	产品全价/元
棉花的价值＝	0 ＋	3	＝3
棉纱的价值＝	3 ＋	4	＝7
坯布的价值＝	7 ＋	4	＝11
色布的价值＝	11 ＋	4	＝15
上衣的价值＝	15 ＋	5	＝20
合　计	36	20	56

这样，上衣的价值等于物化劳动价值（15元）加活劳动创造的价值（5元），也等于5个生产单位——棉农、纱厂、布厂、印染厂、服装厂的活劳动所创造的总价值（3元＋4元＋4元＋4元＋5元＝20元）。用数学等式表示，即：

$$c+v+m=\sum_{j=1}^{k}(v_j+m_j)$$

（这里，k 为生产单位数，就上衣生产的例子而言，$k=5$，即棉农、纱厂、布厂、印染厂、服装厂5个单位）

扩充到全部最终产品，则为：

$$\sum_{i=1}^{n}(c_{ki}+v_{ki}+m_{ki})=\sum_{i=1}^{n}\sum_{j=1}^{ki}(v_{ij}+m_{ij})$$

（这里，n 为全部最终产品数，k 为生产单位数）

宋则行对钱伯海以上衣生产为例构造的这个数量关系，做了如下的分析：

就数量关系说，这两个数学等式无疑是正确的，但 c，v，m 三者之间的内在联系只能由数量关系背后的理论来解释。按照马克思的劳动价值论，无论从企业或从社会看，产品的新增价值（$v+m$）都是由活劳动创造的，其中 v 用于补偿劳动力价值，m 是剩余价值。c 是中间产品的消耗（包括原材料和辅助材料）和固定设备折旧（在上举的上衣例子中已被舍象掉）的总和，即劳动对象和劳动手段的消耗，属于转移价值。c 从企业看，从最终产品生产单位看，构成产品价值的一部分，但不是生产中的新增价值。从社会看，c 也不是社会生产的新增价值，不构成国民收入的一部分，而是各个企业、各个最终产品生产单位为维持再生产必须补偿的不变资本的价值。而按照钱伯海的解释，从企业看产品价值（$c+v+m$）中的 m 是物化劳动和活劳动共同创造的，即（$c+v$）共同生产的，这样，c 不但作为转移价值构成商品价值的一部分，而且还与 v 共同生产了 m，这显然不是马克思的劳动价值论，而是别的什么价值论了。因此，最终产品的价值构成"（$c+v+m$）＝社会产品净值"这个等量关系的正确等式本身，既不能推出这样一个结论，也不能掩饰这个不符合劳动价值论的结论。因为这个数量关系并没有表明 m 必然是（$c+v$）共同生产的或是物化劳动、活劳动共同创造的。

关于第四个论据，宋则行指出，"斯密教条"也没有为钱伯海的"从企业看的物化、活劳动共同创造价值≡从社会看的活劳动创造价值"的等式提供佐证。马克思对斯密教条有一个概括，即"每一个单个商品——从而合起来构成社会年产品的一切商品的价格或交换价值都是由三个组成部分构成，或者说分解为：工资、利润和地租。这个教条可以还原为：商品价值＝v＋m。"这就是说，商品价值原来是由工资、利润、地租以及所使用的生产资料价值构成的，但斯密教条认为所使用的生产资料价值也可分解为工资、利润、地租，这样，每一种商品或全部商品的价格归根结底是由工资、利润、地租构成或（v＋m）构成的。因此斯密教条说的是商品价格或价值的构成问题，根本没有提到价值是由谁创造的问题；说的是：一种商品的价格或价值，直观上或者从企业看是由（c＋v＋m）构成的，而根本没有如伯海同志所推论的，商品价值从企业看是物化劳动和活劳动共同创造而从社会看是活劳动创造的含义。显然，用斯密教条来论证其文字等式也是无济于事的。

接下来，宋则行深入研究了钱伯海为斯密教条混淆年产品价值和年价值产品所做的辩解。钱伯海先将年产品价值和年价值产品用现行统计指标来表达：

年产品是社会总产品，其价值即社会总产值（c＋v＋m）；年价值产品是社会净产品，其价值是（v＋m），这样，

社会总产品－中间产品（原材料等）＝最终产品

最终产品－折旧更新用产品＝社会净产品（即年价值产品）

社会总产值（c＋v＋m）－中间产品消耗（c''）＝最终产品价值即国民生产总值（c'＋v＋m）

国民生产总值（c'＋v＋m）－固定资产折旧（c'）＝社会净产值或国民收入（v＋m）

（宋则行在此处加一注：上面所列几个等式，为了加进固定资产折旧这个因素，对伯海同志原列的等式略有修正。再者，这里$c＝c'＋c''$）

在社会总产值（即各企业的产值总和）中，包括各企业从其他企业购入的产品的价值，即用作原材料等的中间产品和折旧更新用资本品的价值，它已由生产企业计算在自己的产值中，使用企业又作为不变资本c计算在自己产品价值构成中。因此，各企业产值加总成为社会总产值时，有重复计算部分。从社会总产值（年产品价值）中消除这个重复计算部分，即消除中间产品消耗和折旧更新用的资本品的价值，即为社会净产值（年价值产品）。这个重复计算部分是各个企业的产品价值的一部分，用来补偿消耗的不变资本，即留作来年再生产用的，它并不消失，只是未计算在企业的和社会的净产值或年价值产品之内。伯海同志用斯密所举谷物价格之例来说明这一点：生产谷物时所耗用的耕马和各种农具，"其中有一部分是上年或前几年生产的，一旦消耗，就要由本年度的生产的耕马和农具来补充，而本年所有的耕马和农具都是其他生产单位劳动生产的"。"所以可以确切地说明，亚当·斯密并没有'把两种不同的东西混淆起来，从而赶走了年产品中不变〔资本〕价值的部分'（马克思批评斯密的话——引者）。"对此，宋则行指出，如果按照伯海同志这样的解释，当然可以说并没有把年产品价值和价值年产品混淆起来。可是伯海同志引述的并不是斯密的原话，斯密的原话是这样说的："在谷物价格上虽必须用一部分支付耕马代价及其维持费，但其全部价格仍直接或最后由地租、工资及利润构成。"这就是说，生产谷物所使用的耕马、农具等生产资料，通过追溯，可还原为工资、利润、地租，而不是指用本年生产的生产资料补偿本年消耗的生产资料。

正如马克思批评斯密教条时指出的,年产品价值除包括"过去一年(指计算期——引者)劳动的产品"外,"还包括在生产年产品时消费掉的,然而是前一年生产的,一部分甚至是前几年生产的一切价值要素——生产资料,它们的价值只是再现而已,就它们的价值来说,它们既不是过去一年间耗费的劳动生产的,也不是它再生产的。"[①] 这就难免有"赶走了年产品中不变价值部分"之嫌了。而且,即使按照伯海同志的解释,分清了年产品价值和价值年产品的区别,把企业产品的价值理解为仍是由($c+v+m$)构成的,也不可能由此得出"从企业看物化、活劳动共同创造的价值"的结论来,尽管"从社会看的活劳动"创造了价值,并转移了不变资本(物化劳动)的价值(社会总产值中重复计算的部分)。

由上面的分析,宋则行得出结论说,关键的问题在于钱伯海混同了商品的价值和使用价值。在钱伯海的文章中,始终认为价值和使用价值是同方向变化的,凡是生产使用价值的东西必然也生产价值;凡是能使使用价值的量和质增进的,必然也使价值增加;在他看来,劳动力、劳动手段、劳动对象三者结合,活劳动与物化劳动结合,产生"新的生产力",产生使用价值。那么,价值也应是三要素结合或活劳动与物化劳动结合共同创造的。使用价值量增加了,价值量也相应地增加,而且价值量的增长,不但归功于劳动者活劳动,也应归功于劳动手段、劳动对象或其中凝结的物化劳动。忘了价值按劳动价值论的界定,是由生产商品所需的社会必要劳动量的耗费决定和计量的,价值只是社会必要劳动量耗费的体现,从而在商品生产中,耗费同量的社会必要劳动时间,即使生产了更多更好的使用价值,但其形成的价值总量不变。

应该说,这种分析是以理服人的。在宋则行的论文中,没有任何咄咄逼人或以势压人之处。这体现了宋则行作为经济学大家的理论自信和与人为善的风范,同时也表现了他的理论的原则性和坚定性,字里行间显露出一种捍卫马克思经济理论(劳动价值论)的风骨。

(二)理论创新:服务部门的劳动也创造价值

宋则行的《服务部门的劳动也创造价值》,是理论创新之作。该文结合当代资本主义实际和我国现实经济情况,突破了马克思劳动价值论基本限于物质生产部门的劳动,而把创造价值的劳动拓展到服务部门。其具体分析如下:

1. **马克思论生产劳动和非生产劳动**

马克思是在《剩余价值理论》和《资本论》有关部分评述斯密的生产劳动和非生产劳动的理论观点时,采取夹叙夹议的方法提出自己的理论观点的,一般读者很容易把马克思的观点同斯密的观点相混淆。为清楚起见,宋则行把马克思关于生产劳动和非生产劳动的理论观点归纳为以下各点:

①只有生产剩余价值的劳动才是生产劳动。马克思指出:"只有直接转化为资本的劳动,只有使可变资本成为可变的量,因而使整个资本 C 等于 $C+\Delta$ 的劳动才是生产劳

[①] 《马克思恩格斯全集》第24卷,北京,人民出版社,1972年,第418页。

动。"同时指出："在资本主义生产体系中，生产劳动是给使用劳动的人生产剩余价值的劳动。"因此，"生产劳动可以说是直接同作为资本的货币交换的劳动，或者说是直接同资本交换的劳动。"①

②同一种劳动可以是生产劳动，也可以是非生产劳动。"例如，密尔顿创作的《失乐园》得到5英镑，他是非生产劳动者。相反，为书商提供工厂式劳动的作家则是生产劳动者。……自行卖唱的歌女是非生产劳动者。但是同一个歌女，被剧院老板雇佣，老板为了赚钱而让她去唱歌，她就是生产劳动者，因为她生产资本。"②

③不是为生产资本的目的而购买的劳动，即为非生产劳动。这种劳动为其买者提供服务，提供一种特殊的使用价值，只是"不作为物而是作为活动提供"的。但是提供服务的劳动不都是同收入相交换而不同资本相交换的非生产劳动。例如，马克思在前面所提到的被剧院老板雇佣去唱歌的歌女所提供的服务劳动，就是生产劳动。马克思在《资本论》第1卷提到只有为资本家生产剩余价值的工人才是生产工人时，却特别在生产领域之外举了一个例子："一个教员只有当他不仅训练孩子的头脑，而且还为校董的发财致富劳碌时，他才是生产工人。"③

④资本主义社会中的独立手工业者或农民，他们虽然也是商品生产者，却不属于生产劳动者的范畴，又不属于非生产劳动者的范畴。但是，"这些用自己的生产资料进行劳动的生产者，不仅再生产了自己的劳动能力，而且创造了剩余价值，并且，他们的地位容许他们占有自己的剩余劳动或剩余劳动的一部分。"因此，"在资本主义生产方式下独立农民或手工业者分裂为两重身份，作为生产资料的所有者，他是资本家，作为劳动者，他是自己的雇佣工人。"④

⑤关于生产劳动的"补充定义"。马克思写道："在考察资本主义生产的本质关系时，可以假定……整个商品世界，物质生产即物质财富生产的一切领域，都……从属于资本主义生产方式。在这种情况下，可以认为，生产工人，即生产资本的工人的特点，是他们的劳动物化在商品中，物化在物质财富中，这样一来，生产劳动，除了它那个与劳动内容无关、不以劳动内容为转移的具有决定意义的特征之外，又得到了与这个特征不同的第二个定义，补充的定义。"⑤ 这个补充定义就是，生产劳动是物化在物质财富中的劳动。这也是后来马克思主义者通常所理解的生产劳动的定义。但是，这个补充定义是马克思考察资本主义生产的本质关系，在假定整个商品世界都是物质财富生产而且都从属于资本主义生产方式时提出的。当然，马克思完全意识到"在非物质生产中，甚至当这种纯粹为交换而进行，因而纯粹生产商品的时候"，在很小的范围内也存在资本主义生产关系，"如一切表演艺术家、演说家、演员、教员、医生、牧师等"，"对雇佣他们的老板来说都是生产工人。"但马克思认为"资本主义生产在这个领域中所有这些

---

① 《马克思恩格斯全集》第26卷Ⅰ，人民出版社，1972年版，第426~427页。
② 《马克思恩格斯全集》第26卷Ⅰ，人民出版社，1972年版，第432页。
③ 马克思：《资本论》第1卷，人民出版社，2004年版，第582页。
④ 《马克思恩格斯全集》第26卷Ⅰ，人民出版社，1972年版，第439~440页。
⑤ 《马克思恩格斯全集》第26卷Ⅰ，人民出版社，1972年版，第440页。

表现，同整个生产比起来是微不足道的，因而可以完全置之不理。"① 这对于马克思时代的资本主义国家来说也是符合当时的实际的。

⑥马克思指出，从物质生产过程看，一个商品是由许多"具有不同价值的劳动能力……的劳动者的总体进行生产的结果"。"所有这些劳动者结合在一起，作为一个生产集体，是生产这种产品的活机器……他们用自己的劳动同资本交换，把资本家的货币作为……自行增值的价值再生产出来。"还指出，"资本主义生产方式的特点，恰恰在于它把各个不同的劳动，因而也把脑力劳动和体力劳动……分离开来，分配给不同的人。但是，这一点不妨碍物质产品是所有这些人的共同劳动产品……另一方面，这一分离也丝毫不妨碍：这些人中的每一个人对资本的关系是雇佣劳动者的关系，是在这个特定意义上的生产工人的关系。"②

马克思在《资本论》第1卷中也曾强调地指出："产品从个体生产者的直接产品转化为社会产品，转化为总体工人即结合劳动人员的共同产品，总体工人的各个成员较直接地或较间接地作用于劳动对象。因此，随着劳动过程成本协作性质的发展，生产劳动和它的承担者即生产工人的概念也就必然扩大。为了从事生产劳动，现在不一定要亲自动手，只要成为总体工人的一个器官，完成他所属的某一种职能就够了。"③

⑦马克思明确指出：除了采掘工业、农业和加工工业以外，还有第四个物质生产领域。"这就是运输业，不论它是客运或是货运。在这里，生产劳动对资本家的关系……同其他物质生产领域是完全一样的。"④ 所不同的，就货运而言只是它使商品使用价值的位置发生了变化，同时，"商品的交换价值也增加了，增加数量等于使商品位置发生变化所需要的劳动量。"⑤ 至于客运，这种位置变化是企业向乘客提供的服务，"这种服务的买者和卖者的关系"当然"同生产工人对资本的关系毫无共同之处"，但是，被雇佣的工人、运输工人对资本的关系是劳动同资本相交换的关系，他们的生产劳动是物质生产劳动。

⑧关于商业劳动的性质。马克思在《资本论》第2卷第6章以"流通费用"的形式对此做了讨论。首先是纯粹流通费用，即由商品到货币和由货币到商品的形式转化中即买卖行为中所费的时间或费用，马克思认为是必要的。但这是一种非生产费用，因而相应地所费的劳动是一种非生产劳动。认为买卖当事人"用在买卖上的时间是一种不会增加转化了的价值的流通费用……一旦他的营业范围使他必须购买或者能够购买（雇佣）雇佣工人来充当他的流通当事人，事情的本质也不会发生变化。……可变资本的一部分必须用来购买这种仅在流通中执行职能的劳动力。资本的这种预付，既不创造产品，也不创造价值。"⑥ 其次，保管费用，即商品资本为储备商品所需要的费用，它同买卖行为所需的纯粹流通费用的"区别在于，它们在一定程度上加入商品价值，因此使商品变

---

① 《马克思恩格斯全集》第26卷Ⅰ，人民出版社，1972年版，第442~443页。
② 《马克思恩格斯全集》第26卷Ⅰ，人民出版社，1972年版，第443~444页。
③ 马克思：《资本论》第1卷，人民出版社，2004年版，第582页。
④ 《马克思恩格斯全集》第26卷Ⅰ，人民出版社，1972年版，第444页。
⑤ 《马克思恩格斯全集》第26卷Ⅰ，人民出版社，1972年版，第445页。
⑥ 马克思：《资本论》第2卷，人民出版社，2004年版，第150页。

贵",但"这里使用的资本,包括作为资本组成部分的劳动力,必须从社会产品中得到补偿",它仍然是一种非生产费用,是产品的一种扣除"对整个资本家阶级来说,是剩余价值或剩余产品的一种扣除。"①

在《资本论》第3卷马克思指出:"商业和流通费用,只有就商业资本来说才是独立化的东西。……这些商人保证流通职能的连续执行,担负由此产生的流通费用。对产业资本来说,流通费用看来并非确实是非生产费用。对商人来说流通费用表现为他的利润的源泉,在一般利润率的前提下,他的利润与这种流通费用的大小成比例。因此,投在这种流通费用上的支出,对商业资本来说,是一种投资。所以他所购买的商业劳动,对他来说,也是一种直接的生产劳动。"②

至此,宋则行指出:"目前马克思主义经济学家一般认为,商业劳动是再生产过程的必要组成部分,同运输部门一样,也可视为物质生产部门,商业从业人员包括商品的分类、包装、保管、储备以至买卖的劳动,也是生产劳动。"③

2. 社会主义市场经济中的生产劳动和价值创造

在阐述了马克思关于生产劳动和非生产劳动的理论观点之后,宋则行对马克思关于生产劳动的观点做了如下的简单概括:在资本主义生产体系中,无论是生产实物形式的商品的劳动,还是以活动形式提供服务的劳动,只要是同作为资本的货币相交换,为资本家生产剩余价值的,就是生产劳动。至于"物化在商品中的劳动才是生产劳动",只是一个补充定义,这个定义只有物质生产领域在资本主义生产体系中占绝对支配地位而非物质生产尚"微不足道"的前提下才是适用的。另外,值得注意的是,马克思提出了"总体工人"的概念,指出随着劳动过程协作性质的发展,生产劳动和生产工人的概念必然要扩大。

在对马克思关于生产劳动的观点做了如此概括以后,宋则行提出了这样的问题:这个概括,如果撇开它的特定的社会形式,能不能基本适用于社会主义市场经济呢?宋则行认为,马克思关于生产劳动的理论也适用于社会主义市场经济。他对此作了下面的科学分析:

社会主义市场经济和现代资本主义经济,就生产资料所有制说,有着根本的区别,一个以公有制为主体,一个以私有制为主体。但就经济运行体制说,有共同的一面,即都是社会化大生产和商品经济,无论是生产实物形式的商品,还是提供非实物形式的服务,现在,绝大部分都采取企业经营的形式。作为企业,在经营活动中就要获取盈利,进行积累。资本主义企业以获取最大利润为目的,生产的剩余价值,归资本家和为这个阶级服务的团体和国家;社会主义企业虽然要考虑社会效益,但也要获取盈利,以所生产的"剩余"用于扩大再生产和固定资产的增值以及集体、国家公共开支。因此,在社会主义市场经济中,无论生产物质产品还是为生产、流通、生活提供服务的公有制企业

---

① 马克思:《资本论》第2卷,人民出版社,2004年版,第167页。
② 马克思:《资本论》第3卷,人民出版社,2004年版,第336～337页。
③ 宋则行:《马克思经济理论再认识》,经济科学出版社,1997年版,第7页。

经营单位所使用的劳动,都是创造价值、为企业、集体、国家提供"剩余"的生产劳动。这也适用于社会主义市场经济中的私营企业。这是符合马克思所界定的生产劳动(撇开特定的社会形式)的基本含义的。至于企业内部的生产劳动人员怎样划定,则应调整传统的说法,不限于直接从事生产活动的工人,而可按照马克思的"总体工人"概念来扩展企业生产劳动人员的界限,凡直接、间接参加生产或服务活动的人员,包括体力劳动者、脑力劳动者,作为"总体工人"的成员,都是创造价值的生产劳动者。①

然后,宋则行又从产业部门划分的视角分析了生产劳动和价值创造的问题。这里的问题是:哪些部门的劳动是创造价值的生产劳动呢?宋则行的回答如下:

毫无疑问,第一产业(农业)、第二产业(工业,包括矿业、建筑业)和第三产业的第一层次——流通部门(包括交通运输业、邮电通讯业、商业、饮食业、物资供销和仓储业)以及第二层次——为生产、生活服务的部门(包括金融业、保险业、地质普查业、房地产业、公用事业、居民服务业、旅游业、资讯信息服务和各类技术服务业)中工作人员的劳动基本上都是采取企业经营形式而结合在一起的,而且为企业、集体、国家提供剩余,因而撇开社会形式,都符合马克思生产劳动的含义,是创造价值的劳动。在第一产业中采取联产承包制的个体农户以及第二产业和第三产业第一、二层次中的个体经营户,也都是商品生产经营者,按照马克思的观点,只要他们生产商品(或提供服务)所获得的收入,除了维持劳动力再生产所必要的开支外,还有剩余(剩余劳动的报酬),他们的劳动也是创造价值的生产劳动。

论及此,宋则行批评了某些同志坚持传统马克思主义经济学家理解的价值定义的观点,即只有物质生产部门的生产劳动才创造价值的定义的观点。认为这些同志的错误在于没有认清现今的时代和马克思生活的时代已经有了很大的不同。如果说,在马克思生活的时代,资本主义经济生活中商品生产绝大多数是在物质生产部门进行的,或者说,在当时的商品世界实物形式的商品居于主宰的地位,而以非实物形式提供服务的活动是"微不足道"的。那么,在当今的时代,在商品世界以非实物形式提供的服务却占了相当大的比重。在这种情况下,就不能拘泥于物质生产部门的生产劳动创造价值的定义,而要把价值的定义扩展到作为企业经营的一个重要形式的服务上去。宋则行写道:"无论在现代资本主义经济中,还是在社会主义生产经济中,整个商品世界中服务已占相当可观的比重,而不是'微不足道',而且大都以企业经营的形式出现,以利税形式提供一定的'剩余'。可见,事实已经突破马克思原来的价值定义和生产劳动'补充定义',不仅那些凝结在实物形式商品中的人类一般劳动在创造价值,就是附着在服务、即以活动为形式的商品中人类一般劳动,也在创造价值。"②

还有一个问题,即对于属于第三产业中的第三层次的为提高科学文化水平和居民素质服务的部门(包括教育、文化、广播电视业、科学研究事业、卫生、体育和福利事业等)和第四层次——为社会公共需要服务的部门(包括国家机关、党政机关、社会团体

---

① 宋则行在此处加一注解:社会主义条件下的生产劳动者,也可划分为必要劳动和剩余劳动两部分,但必要劳动生产的价值,已不限于劳动力的价值,而视当时的社会生产力水平和分配条件而定。

② 宋则行:《马克思经济理论再认识》,经济科学出版社,1997年版,第9~10页。

以及军队和警察等）工作人员的劳动，应如何看待？这也是必须讨论清楚的问题。宋则行对此作了如下的分析：

先说为提高科学文化水平和居民素质服务的部门。这类服务在资本主义生产方式下已大都或其相当大的部分由获取一定盈利的单位经营，它们雇佣的工作人员的劳动，按照马克思的界定，也是生产劳动。在我国社会主义市场经济中，这类服务已有一部分采取企业经营方式经营，并有向这个方向扩大的趋势。但目前大部分而且今后还会有相当部分需要依靠各级政府的财政拨款或社会基金开展活动的所谓事业单位，它们有开展活动所必需的固定资产（建筑和设备）、日常用品和材料的开支以及付给劳动报酬的工作人员，因而它们提供的服务有一定的成本，但不一定收费，即使收费也往往收不抵支。严格按照马克思的界定，这类在事业单位工作的人员的劳动就不是生产劳动。但从宏观角度计算一国生产的增加值或生产净值的统计实践看，同样的服务单位的劳动，采取企业经营方式的算作生产劳动并计算产值，而采取事业单位开展活动的不算生产劳动，不计算产值，这自然是不可行的。其实，把在事业单位工作人员的劳动视为生产劳动，在理论上也是讲得通的。首先，这类事业单位的工作人员是间接为物质生产、流通以及向那些为生产、生活鼓舞的部门提供服务的，符合马克思所提出的"总体工人"的概念；其次，这类事业单位提供的服务，无疑地具有使用价值（它有利于科学文化水平和居民素质的提高），而且由于与其他部门和居民实际上存在劳动交换关系，也具有潜在的交换价值，只是由于没有作为商品来对待（出版的著作、有偿转让的科技成果、出售的艺术品等除外），没有完全计量它的价值。这些事业单位的工作人员的劳动，和采取企业经营方式的单位的工作人员一样，也可以划分为必要劳动和剩余劳动两部分，他们的必要劳动同样取得相应的工资报酬（在我国新的国民经济核算体系中作为该部门的增加值被计入国内生产总值），只是他们的剩余劳动所创造的价值没有被计量，由接受这些服务的单位和居民无代价或少付代价地享用，或就整体来说，以缴纳一定税收为代价而享用。从表面上看，这些事业单位工作人员的劳动工资以及其他必要的费用是由政府或社会基金拨付的经费开支的，而实际上使用它们自己所提供的服务的价值支付的。只是拨来的经费，除了补偿事业单位的固定资产折旧、日常用品、材料开支以外，仅补偿了必要劳动所生产的价值，而未包括剩余劳动所生产的价值，但政府或社会基金为兴办这类事业单位所做的固定资产投资，就整体来说，实际上使用享用这类服务的单位和居民缴纳的税或赞助支付的，可以间接地或迂回地视作这些单位工作人员的剩余劳动所生产的价值的积累。"由上看来，为提高科学文化水平和居民素质服务的部门中属于事业单位的工作人员的劳动，与其他部门和居民实际有着交换劳动的关系，而且通过财政或社会基金的迂回渠道，实际上为国家或事业单位提供了积累，因此，也应视为创造价值的生产劳动。此外，从社会主义市场经济发展趋势看，这一层次的服务部门，在政府的宏观调控下，采取收支相抵的组织形式必将逐步增加、扩大。"①

至于第三产业的第四层次，即为社会公共需要服务的部门工作人员的劳动，按照马

---

① 宋则行：《马克思经济理论再认识》，经济科学出版社，1997年版，第11～12页。

克思的界定，似乎属于非生产劳动，但就社会主义国家来说，这些为社会公共需要服务的部门的职能，在于保证国民经济持续、稳定地发展，人民生活水平的不断提高，社会秩序的安定以及国家的安全。因此，这些部门虽然不直接从事生产、流通，或为生产、流通或生活服务，也不直接为提高文化教育水平和居民的素质服务，但对这些领域活动的顺利进行，起着积极的保证作用。随着社会主义条件下生产的日益社会化、劳动分工的日益细化以及各领域之间劳动协作关系的日益密切，这些为公共需要服务的部门工作人员的劳动为物质生产领域和非物质生产领域所起的积极保证作用以及彼此通过财政收支桥梁所体现的劳动交换关系①，日益明显。因此，在这些部门的工作人员也应属于马克思所说的"总体工人"的组成部分。他们的劳动也应视作创造价值的生产劳动。他们的劳动也可分为必要劳动和剩余劳动两部分。必要劳动提供的价值，相当于他们获取的工资报酬，通过财政收支渠道得到补偿；剩余劳动提供的价值，则由各个部门或社会全体成员无代价地享有，或者就整体来说，以缴纳一定税收为代价而享有（在我国新的国民经济核算体系中，这类部门工作人员的工资报酬，作为该部门的增加值，被计入国内生产总值，但剩余劳动提供的价值因该部门"盈余"为零，却未被计量）。但国家对这类公共服务部门的投资，实际上是享用公共服务的单位和居民所付的代价，就整体来说，也可间接地迂回地视作这类服务部门工作人员剩余劳动所生产的价值的积累。

宋则行总结说："总之，作为服务部门第三产业的各个层次的劳动，在我国社会主义市场经济体制下而视作创造价值的生产劳动。其中，目前尚未采取'事业单位'经营的、为提高科学文化水平和居民素质服务的部门和为公共需要服务的部门，是间接地为社会主义生产（包括物质生产和非物质生产）服务的，按照、引申马克思的'总体工人'的概念，也可视为创造价值的生产劳动。这样扩展生产劳动的界限和拓宽劳动价值论的适用范围，也是与目前国家统计局按照三次产业计算国内生产总值的国民经济核算体系一致的。"②

3. 与三次产业分类和新的国民经济核算体系相关的理论问题

有同志认为，三次产业分类和新的国民收入核算体系都是西方经济学家提出来的，有他们自己的理论基础，"我们没有必要也没有可能为两者提供劳动价值论基础"。③ 针对这一观点，宋则行回应说："的确，这两个概念是西方经济学家提出来的，但是西方经济学家提出来的东西，只要适合我国的国情，我们就可以加以借鉴和应用。我们的确没有必要为它们提供劳动价值论基础，但他们提出的个别范畴、方法，如若论证并非和马克思的经济理论不相容，可使我们踏实地加以借鉴和应用，这有什么不好呢？例如三次产业分类（不管这个分类的原来背景是什么），把农业、矿业、加工业、建筑业等物质生产部门作为一、二次产业，把各类服务部门作为三次产业，以便对国民经济进行分

---

① 宋则行在此处加一注解：国家财政一方面向物质、非物质生产部门征税作为其向提供公共服务支付的代价，一方面以征税所得支持公共部门的开支和投资，这实际上以财政收支为桥梁，沟通了两者之间的劳动交换关系。
② 宋则行：《马克思经济理论再认识》，经济科学出版社，1997年版，第13页。
③ 吴易风：《第三产业劳动和科技是否创造价值》，《人民日报》，1996年4月20日，第6版。

类的、具体的分析，这有什么和马克思的基本原理不相容的？又如国民经济核算体系（SNA）原是英国经济学家 J. R. N. 斯通在凯恩斯指导下设计的，但不能因为他们反对过马克思主义，就认为他们设计的国民经济核算体系也是反马克思主义的，不适用于社会主义市场经济体制。"①

在该文中，宋则行简要阐述了包括生产法、收入法、支出法在内的国内生产总值概念和计算方法，以期说明国民经济核算体系只是反映国民经济各项主要指标之间的数量关系，西方资本主义国家可以使用，社会主义国家也可以拿来使用。宋则行强调指出："这些数量关系既未指明产值是由资本、土地、劳动等生产要素创造，更未指明利息、利润是来自资本的收入，地租是来自土地的收入。你可以经过层层推论和附加的解说来'论证'在这些数量关系的背后包含着那些并未表明的'论断'从而得出结论说'它以萨伊的生产要素价值论和三位一体的分配论为基础'；相反地，你也可以说，国内生产总值扣除作为前期转移价值的固定资产折旧（它是本期总投资的一个重要来源）后，余下的国内生产净值，是各个物质生产部门和非物质生产部门的劳动创造的，一切非劳动的收入都是劳动者的'剩余劳动'创造的价值再分配的结果。这样，国民经济核算体系和扩展了生产劳动界限的劳动价值论就没有什么可以不相容的。"②

这样，问题又回到了最初的论题：承认还是否认非物质生产部门（服务部门）的劳动是创造价值的生产劳动。宋则行站在时代进步的高度上指出："就现时代说，非物质生产的服务部门在市场经济中已成为最大的、占有劳动力最多的部门，把生产劳动扩展到非物质生产的服务部门是符合实际的。特别是在社会主义市场经济中，把为提高科学文化水平和居民素质服务的部门和为社会公共需要服务的部门的劳动，从社会主义条件下劳动分工与协作关系的性质看，也视为创造价值的生产劳动，有着重要的理论意义和实践意义，并不违背马克思经济理论的基本原理。"③

三、生产价格理论：从李嘉图、马克思到斯拉法

宋则行关于从李嘉图、马克思到斯拉法生产价格理论发展的研究，是其理论研究的一个重要课题。宋则行在题为《马克思生产价格理论的由来、形成与发展——兼论斯拉法对古典传统的价格理论的发展》的论文中对这个课题做了系统的研究和探讨。宋则行的研究表明，他完全赞同马克思对李嘉图价值、价格理论的总体评价，认为李嘉图价值、价格理论的科学性在于比他以前和以后的西方经济学家的价值、价格理论更彻底地坚持了劳动价值论，把价值分析看作是对其他经济范畴分析的基础；而其缺点则在于跳过了一些必要的中介环节，因而出现了一些理论混乱。宋则行完全信服并完全坚持马克思的从价值到生产价格、从剩余价值到平均利润的转化程序的分析，认为马克思关于转化的分析提供了经济学理论发展的唯一科学的路径。而对马克思以后循着马克思转化程

---

① 宋则行：《马克思经济理论再认识》，经济科学出版社，1997年版，第13~14页。
② 宋则行：《马克思经济理论再认识》，经济科学出版社，1997年版，第15页。
③ 宋则行：《马克思经济理论再认识》，经济科学出版社，1997年版，第16页。

序的逻辑对转化程序的引申研究也给予了相当肯定的评价,特别是对斯拉法体系的科学价值给予了充分肯定的和积极的评价。宋则行对国内某些经济学家对斯拉法体系采取教条主义的批评大不以为然,认为这种做法不是马克思主义经济学家应有的实事求是的科学态度,并对此提出了中肯的批评。

(一) 李嘉图的价值、价格理论

宋则行指出,马克思的生产价格理论是在批判和吸收李嘉图的价值、价格理论的基础上形成的。所以,要把握马克思的生产价格理论,必须首先认识李嘉图的价值、价格理论。宋则行把李嘉图的价值、价格理论要点做了如下概括:

(1) 李嘉图的价格理论是从他的价值理论出发的。李嘉图认为:"商品的价值或其所能交换的任何另一种商品的量,取决于其生产所必需的相对劳动量,而不取决于付给这种劳动报酬的多少。"[1] 在有的地方则说:"几乎完全取决于各商品上所费的相对劳动量。"[2] 这里他所说的"或其所能交换的任何另一种商品的量"即指交换价值。他对"价值"和"交换价值"这两个概念是不加区别地混用的。交换价值是价值的表现形式。李嘉图同以前的古典经济学家一样,未能从交换价值中抽象出价值。而把两者视为同一概念。然而李嘉图在这里坚持了商品价值取决于其生产所必需的劳动量,而批判了亚当·斯密提出的商品价值决定的另一种说法,即取决于"该物在市场上所能换得的劳动量"。[3]

(2) 李嘉图认为:"影响商品价值的不仅是直接投在商品上的劳动,而且还有投在协助这种劳动的器具、工具和工厂建筑上的劳动。"[4] 这就是说,商品价值不仅取决于其生产所必需的活劳动,而且还包括投在其所生产设备上的物化劳动(这里,李嘉图漏掉了投在所耗费的原材料上的物化劳动)。李嘉图把垫支在生产所需的直接劳动的资本,称为流动资本,把垫支在生产所需的一切器具、机器和工厂建筑的资本称作固定资本。他认为,一种商品只要所用的固定资本与流动资本的比例,以及固定资本的耐久性都与其他商品相同,同时他生产所需的直接劳动量相对其他商品而言也没有变动,则它们的相对价值就不会变动;如果其他商品所需的劳动有所增减,则其相对价值就会随之变动。

(3) 假若各个不同行业的固定资本与流动资本配合比例不同,固定资本的耐久性有差别,则使商品相对价值变动的原因,除了商品生产所需的劳动量的增减之外,还有另外一个因素,这就是劳动价值(指工资)。因为,如果工资上涨,利润就一定会下降。[5] 这样,使用固定资本较多的行业的商品相对于其他使用固定资本较少行业的商品来说就会跌价。商品的相对价值由于工资涨落而发生变动的程度,取决于固定资本对所用全部

---

[1] 李嘉图:《政治经济学及赋税原理》,郭大力、王亚南译,商务印书馆,1972年版,第7页。
[2] 李嘉图:《政治经济学及赋税原理》,郭大力、王亚南译,商务印书馆,1972年版,第15页。
[3] 李嘉图:《政治经济学及赋税原理》,郭大力、王亚南译,商务印书馆,1972年版,第9页。
[4] 李嘉图:《政治经济学及赋税原理》,郭大力、王亚南译,商务印书馆,1972年版,第17页。
[5] 宋则行在此处加一注释:同量的劳动生产的价值,其中用以维持劳动的份额因工资上涨而增加,用以作为资本的利润的份额则必然减少。

资本的比例。但李嘉图认为由于工资涨落这一原因而导致商品相对价值变动是比较小的，而"商品价值发生变动的另一主要原因——生产所需的劳动量的增减——情形却不是这样。……在研究商品价值变动的原因时，完全不考虑劳动价值涨落的发生的影响固然是错误的，但过于重视它也同样是错误的。……我总认为商品相对价值的一切巨大的变动都是由于生产所必需的劳动量时时有所增减而引起的。"① 李嘉图在两个行业使用固定资本的耐久性不相等或商品送上市场的时间不相同（即流动资本周转速度有差别）的情况时，也得出同样的结论：例如：工资上涨，使用资本的耐久性大的行业，其商品相对价值就会跌落。但李嘉图认为在此情况下工资涨落引起的商品相对价值的变动也是次要的。

宋则行评论道："李嘉图在这里坚持了劳动价值论，但混淆了价值与自然价格或生产价格的区别，把两者等同起来。他所说的'相对价值'的变动实际上指的是已经包括工资与平均利润的自然价格或生产价格的变动。其实，即使工资不发生涨落，工资—利润关系不变，固定资本与流动资本配合比例不同，也会使等量劳动所生产的商品的相对价格与它们的价值发生差异。因为等量劳动所生产的价值应该是相等的，但因为与之配合的固定资本量不同，即使利润率不变，两种商品按比例而得到的利润量就会不同，从而包括平均利润的自然价格就会不同，而会与价值发生差异。李嘉图在有的地方也提到这种情况，② 但他强调的始终是工资涨落使资本配合比例不同的两种商品'相对价值'（应该说是自然价格或生产价格）发生变化的影响。"③

（4）李嘉图认为："当商品相对价值发生变动时，最好可能有一种方法可以确定究竟是哪种商品的实际价值上涨，哪种商品的实际价值下落。"④ 这样，就要寻找一个不变的价值尺度来衡量各种商品的'相对价值'的变动。此外，当商品的'相对价值'发生变动时，究竟由于生产商品所需的劳动量本身有增减，还是由于在生产商品所用的资本配合比例或资本耐久性不同因而工资发生涨落时影响了商品'相对价值'的变动，这也需要一种不变的价值尺度。即其价值不受工资与利润之间分配变化影响的衡量尺度。这样，"当我说明他物价值的变动时，不必总是要考虑用以估计价格和价值的媒介本身的价值可能发生的变动"。但李嘉图承认"这种尺度是不能找到的，因为任何一种商品本身都会和其价值须加以确定的物品一样地发生变化。"⑤

（5）李嘉图认为："当我们……把商品生产所必需的劳动量当成决定各种财货在相互交换中各自所需付与的标准尺度时"，这一尺度就是"它们的原始价格与自然价格"，"而商品的实际价格或市场价格跟这一尺度……可以有偶然和暂时的背离。"⑥ 这就是

---

① 李嘉图：《政治经济学及赋税原理》，郭大力、王亚南译，商务印书馆，1972年版，第28～29页。
② 宋则行在此处加一注解：例如在《原理》第三版第27页指出："在这种情况下，资本家们每年在商品生产上所使用的劳动量虽然恰好相等，但所生产的商品的价值（实际上指生产价格——引者）却会由于个人使用的固定资本或积累劳动不等而不相等。"
③ 宋则行：《马克思经济理论再认识》，经济科学出版社，1997年版，第167～168页。
④ 李嘉图：《政治经济学及赋税原理》，郭大力、王亚南译，商务印书馆，1972年版，第35页。
⑤ 李嘉图：《政治经济学及赋税原理》，郭大力、王亚南译，商务印书馆，1972年版，第35页。
⑥ 李嘉图：《政治经济学及赋税原理》，郭大力、王亚南译，商务印书馆，1972年版，第73页。

说，当商品的价值作为商品相互交换的基础和标准时，他就是商品的自然价格，市场价格可以暂时背离它而上下波动。可见，李嘉图在这里把商品价值和自然价格等同起来了。

李嘉图把市场价格对自然价格的暂时背离，看作是资本在部门间流动的原因。因为市场价格发生涨跌时。"利润会提高到一般水平以上，或降到以下。这时资本要不是受到鼓励进入某种发生这种变动的行业，便是受到警告退出这种行业。"每个资本家"自然会寻找那种最有利的行业"①。"这种孜孜不息的要求具有一种强烈的趋势，使得大家的利润率都平均化。""假定一切商品都没按照它们的自然价格进行买卖，因之一切行业的资本利润都恰好相同"。但若各种商品的市场需求发生变化，导致各行业的利润有高有低，则"总是每个资本家都要把资金从利润低的行业转移到利润较高的行业的这种愿望，使商品的市场价格不致长期继续大大超过或大大低于其自然价格。同时也正是这种竞争，把商品的交换价值调整得使在偿付生产所必需的劳动的工资以及维持资本原有效率所必须支付的一切其他费用以后，余下的价值或剩余部分在各行业中都会与所用资本成比例。"② 这就是说，由于不同部门的资本家之间的竞争，当市场价格和自然价格有所偏离时，就会导致资本在行业之间转移，直至利润平均化，同量资本得到同量利润。

此外，在谈到需求和供给对价格的影响时，李嘉图强调的是供给——生产成本。他说："最后支配商品价格的是生产成本，而不像人们常说的那样是供给与需求的比例。在商品的供给未按需求的增减而增减以前，供求比例固然可以暂时影响商品的市场价值，但这种影响只是暂时的。""降低帽子的生产成本，即令二倍、三倍或四倍于前，其价格最后总会降落到新的自然价格上去。"③

（二）马克思对李嘉图价值、价格理论的分析与批判

宋则行把马克思对李嘉图价值、价格理论分析与批判的要点归纳、整理如下：

1. 关于李嘉图的研究方法

马克思认为李嘉图的研究方法是："从商品的价值决定于劳动时间这个规定出发，然后研究其他经济关系（其他经济范畴）是否同这个价值规定相矛盾，或者说，它们在多大程度上改变着这个规定。"④ 马克思对此评论道："李嘉图的研究方法，一方面具有科学的合理性和巨大的历史价值，另一方面，它在科学上的缺陷也是很明显的。"⑤ 这主要是"因为这种方法跳过必要的中介环节，企图直接证明各种经济范畴相互一致，从而得出错误的结论。"⑥ 这里所谓"跳过必要的中介环节"，是指李嘉图的分析缺乏剩余价值、剩余价值转化为利润和平均利润、价值转化为生产价格等中介环节，而直接把剩余价值等同于利润，价值等同于生产价格的缺陷。

---

① 李嘉图：《政治经济学及赋税原理》，郭大力、王亚南译，商务印书馆，1972年版，第73页。
② 李嘉图：《政治经济学及赋税原理》，郭大力、王亚南译，商务印书馆，1972年版，第76页。
③ 李嘉图：《政治经济学及赋税原理》，郭大力、王亚南译，商务印书馆，1972年版，第327页。
④ 《马克思恩格斯全集》第26卷II，人民出版社，1972年版，第181页。
⑤ 《马克思恩格斯全集》第26卷II，人民出版社，1972年版，第183页。
⑥ 《马克思恩格斯全集》第26卷II，人民出版社，1972年版，第181页。

2. 关于李嘉图的价值概念

马克思肯定了李嘉图坚持商品的价值决定于生产所必需的劳动量这个基本论点，但指责李嘉图"把各种不同的'价值'规定混淆起来了"，① 把价值有时称为交换价值，有时称为相对价值、比较价值等。马克思指出，相对价值可能有两种意义：第一种意义是指"生产商品本身所必需的，即物化在商品本身中的劳动时间"；第二种意义是"一个商品的交换价值用另一种商品的使用价值或者用货币来实际表现。"② 第一种意义的相对价值，李嘉图有时用"绝对价值"或"实际价值"来表达或直接称为"价值"，但李嘉图在更多的场合讨论的是第二种意义的相对价值。正如马克思所说："应该被李嘉图记住，倒是他经常忘记了这种实际价值，而只是念念不忘相对价值或者说比较价值。"③ 可见，李嘉图经常混淆"价值"和交换价值、相对价值、比较价值等词的使用，这表明他不理解价值的实质和价值的表现形式的区别。④

3. 关于李嘉图的资本概念

马克思指出，李嘉图按照亚当·斯密的传统，将资本区分为固定资本与流动资本而未能区分不变资本和可变资本。上文提到李嘉图认为决定商品价值的劳动量不仅包括直接花费在商品上的劳动，而且包括花费在器具、工具和工场建筑上的劳动。马克思指出："这里漏掉了原料，而花费在原料上的劳动，像花费在劳动资料'器具、工具和建筑物'上的劳动一样，是不同于直接花费在商品上的劳动的……因此李嘉图没有得出不变资本的概念。"⑤ 固定资本与流动资本是"由流通过程产生的资本有机构成的差别"，而不变资本与可变资本是由"生产过程本身内部产生的资本有机构成的差别"，后一差别，"李嘉图在任何地方都没有涉及，或者根本就不知道。就是由于这个缘故他把价值和费用价格混淆起来了。"⑥ 这是因为可变资本产生价值与剩余价值，而"不变资本加入商品的比例，并不影响商品的价值，并不影响商品包含的相对劳动量。但是这种比例直接影响包含等量劳动时间的商品所包含的不同剩余价值或者是剩余劳动量。因此，这种不同的比例就造成不同于价值的平均价格。"⑦ 这里所说的"平均价格"，是由不变资本＋可变资本＋平均利润形成的，即马克思所说的"费用价格"，或马克思在《资本论》第3卷中所说的"生产价格"（以下所引的"费用价格"、"平均价格"和"生产价格"同义）。这就是说，如果等量资本生产的两种商品，其不变资本与可变资本的比例不同，

---

① 《马克思恩格斯全集》第26卷Ⅱ，人民出版社，1972年版，第87页。
② 《马克思恩格斯全集》第26卷Ⅱ，人民出版社，1972年版，第189页。
③ 《马克思恩格斯全集》第26卷Ⅱ，人民出版社，1972年版，第190页。
④ 宋则行在此处加一注释：李嘉图在逝世前写过一篇《绝对价值与交换价值》的未完文稿，试图探讨交换价值（或相对价值）与绝对价值（实际价值）之间的关系，但没有比《原理》有更多的进展。《李嘉图著作和通信集》的编者斯拉法则认为，"这篇文章自有它的重要意义，因为它发展了在李嘉图著作中前已存在只是偶尔加以暗示的一种想法，即实际价值或绝对价值是交换价值或相对价值的基础并与之形成对照这一概念。"（《李嘉图著作和通信集》第4卷，第340页）
⑤ 《马克思恩格斯全集》第26卷Ⅱ，人民出版社，1972年版，第191页。
⑥ 《马克思恩格斯全集》第26卷Ⅱ，人民出版社，1972年版，第423页。
⑦ 《马克思恩格斯全集》第26卷Ⅱ，人民出版社，1972年版，第192页。

其所生产的商品的"平均价格"或"费用价格"必将与其价值相背离，因为价值是由 $c+v+m$（剩余价值）构成的，而"费用价格"是由 $c+v+m$（平均利润）构成的。剩余价值只同可变资本成比例，而平均利润则与全部资本成比例（平均利润是全部资本乘平均利润率）。由于等量资本生产的两种商品的不变资本与可变资本的比例不同，两者所包含的剩余价值不同，可是两者的平均利润却相同（等量资本获得等量利润），从而造成"费用价格"（平均价格）与价值的背离。而李嘉图在分析价值变动的各种因素问题时，往往把价值或相对价值同"费用价格"等同起来，明明是"费用价格"的变动，却说成是价值或"相对价值"的变动。

4. 关于李嘉图的一般利润率假定

马克思指责李嘉图预先假定一般利润率的存在，而集中注意力去研究："如果固定资本与流动资本以不同比例加入生产，工资的提高或降低对相对价值发生什么影响"，[①]而不去研究在一般利润率的条件下价值与"费用价格"的差别或价值怎样转化为费用价格这样一个更为重要的问题。"即使假定工资不变，单单一般利润率的存在，就已决定了有个不同于价值的费用价格。换句话说，李嘉图就会发现，单单一般利润率的存在，就决定了在一个同工资的提高或降低完全无关的差别（指价值与费用价格的差别——引者）形式规定。李嘉图也会看到，理解这个差别，同他对工资的提高或降低所引起的费用价格变动相比，对于整个理论具有无比重要的、决定性的意义。"[②]

但是，马克思还指出，李嘉图"关于劳动价值（指工资——引者）的变动对相对价值影响这个问题——这同价值因利润率而转化为费用价格的问题相比，（在理论上）是一个次要的问题——的考察尽管有很大的缺陷，但李嘉图由此得出了十分重要的结论，推翻了自亚当·斯密以来一直流传下来的主要错误之一，即认为工资的提高不是使利润降低，而是使商品的价格上涨。"[③]

5. 关于李嘉图寻找"不变的价值尺度"的问题

马克思对李嘉图寻找"不变的价值尺度"及其困难的直接评论是："李嘉图对价值、价值的内在尺度——劳动时间——同商品价值的外在尺度的必要性之间的联系，根本不了解，甚至没有把它当作问题提出来。"[④] 后来在评论赛·贝利（Shamule Baily，1791—1870）的著作时，马克思又较为深入地论及了这个问题，指出："这个问题本身……是由误解产生的，它隐藏着一个深刻得多和重要得多的问题。'不变的价值尺度'，首先是指一种本身价值不变的价值尺度，就是说，因为价值本身是商品的规定性，'不变的价值尺度'就是指价值不变的商品。"[⑤] "因此，'不变的价值尺度'的问题，实际上只是为探索价值本身的概念、性质，对价值规定——它本身不再是价值，因此也就不会作

[①]《马克思恩格斯全集》第 26 卷 II，人民出版社，1972 年版，第 192 页。
[②]《马克思恩格斯全集》第 26 卷 II，人民出版社，1972 年版，第 194 页。
[③]《马克思恩格斯全集》第 26 卷 II，人民出版社，1972 年版，第 221 页。
[④]《马克思恩格斯全集》第 26 卷 II，人民出版社，1972 年版，第 223 页。
[⑤]《马克思恩格斯全集》第 26 卷 III，人民出版社，1972 年版，第 143 页。

为价值发生变动——所作的错误表达。这种价值规定就是劳动时间——在商品生产中特殊表现出来的社会劳动。劳动量没有价值,不是商品,而是使商品转化为价值的东西,是商品中的统一体,而商品作为这个统一体的表现,在质上相同,只是在量上不同。"① 马克思的分析表明,作为各种商品中的统一体的劳动量"不是商品",不会作为价值发生变动,但它能"使商品转化为价值",从而它可衡量各种商品的价值,因此劳动量才是各种商品的内在尺度。而李嘉图寻找的一种商品作为其他商品的"不变的价值尺度",实际指的是商品价值的外在尺度,他把两者混淆起来了。其实,唯一不变的价值尺度是劳动量本身,是商品价值的内在尺度。所以马克思指责李嘉图提出不变的价值尺度问题,是对商品价值的内在尺度和外在尺度之间的联系缺乏了解。至于如何找到一个商品的价值的不变的"外在尺度",马克思似乎没有做正面回答。

6. 关于李嘉图对自然价格和市场价格关系的论述

首先,马克思认为,李嘉图"只是说明不同生产领域的价格归结为费用价格或平均价格,也就是说,只是说明不同领域的市场价值的相互关系,却没有说明每个特殊领域中的市场价值形成过程。"②

马克思指出:"竞争在同一生产领域所起的作用是:使这一领域生产的商品的价值决定于这个领域平均需要的劳动时间,从而确立市场价值。竞争在不同生产领域之间所起的作用是:不同的市场价值平均化为代表不同于实际市场价值费用价格的市场价值,从而在不同领域确立同一的一般利润率。因此,在第二种情况下,竞争决不是力求使商品价格适应商品价值,而是相反,力求使商品价值化为不同商品价值的费用价格。"③

其次,马克思指出:"李嘉图在《原理》第4章开头说,他所谓的自然价格是商品价值,也就是指由商品的相对劳动时间决定的价格,而所谓的'市场价格',是指对这种等于'价值的自然价格'的偶然的和暂时的偏离。但是在这一章以后的全部行文中,甚至说得很明确,他所谓的'自然价格'是指完全不同的东西,就是说,指不同于价值的'自然价格'。因此,他不去说明竞争怎样使价值转化为费用价格,从而造成对价值的经常偏离,却按照亚当·斯密那样说明,竞争怎样使不同行业的市场价格在它们的相互关系中化为费用价格。"④

最后,马克思指出:"李嘉图在结束这一章时说,在以后的研究中,他将完全不考虑市场价格对费用价格(李嘉图亦称自然价格——引者)的偶然偏离。但是他忽略了一点,就是他根本没有注意到市场价格同费用价格相一致的条件下对商品实际价值的经常偏离,并且用费用价格代替了价值。"⑤

所以,按照马克思的分析,李嘉图的错误在于把"自然价格"(或费用价格、生产价格)和价值等同起来,在应该使用"自然价格"的地方却称之为"价值"或"相对价

---

① 《马克思恩格斯全集》第26卷Ⅲ,人民出版社,1972年版,第144~145页。
② 《马克思恩格斯全集》第26卷Ⅱ,人民出版社,1972年版,第231页。
③ 《马克思恩格斯全集》第26卷Ⅱ,人民出版社,1972年版,第230页。
④ 《马克思恩格斯全集》第26卷Ⅱ,人民出版社,1972年版,第236页。
⑤ 《马克思恩格斯全集》第26卷Ⅱ,人民出版社,1972年版,第236页。

值"。这种不同概念的混同使用,忽视了价值转化为费用价格的过程,以致无法解决商品价值决定于商品生产所必需的劳动量的规律与等量资本取得等量利润的矛盾。

宋则行指出,总的说来,马克思对李嘉图的价格理论,虽然作了系统的批判,但是对他的功绩还是作了很高的评价。马克思指出:李嘉图是"第一个一般地考察到商品的价值规定同等量资本提供等量利润这一现象的关系。……而且李嘉图第一个注意到同量资本决非具有相同的有机构成。"① 只是"他是以资本和一般利润率的存在为前提去研究价值的。他一开始就把费用价格和价值等同起来,而没有看到,这个前提一开始就同价值规律乍看起来是矛盾的。他只是根据这个包含着主要矛盾和基本困难的前提去考察个别情况——工资的变动,即工资的提高或降低(的影响)。……如果工资提高,从而利润下降,那么,用较大比例的固定资本生产的商品的价格就下降。反之,结果也相反。因此,各商品的'交换价值'在这种情况下不是由生产该商品所需要的劳动时间决定。换句话说,有机构成不同的资本具有相同的利润率这个规定,同价值规律是矛盾的,或者像李嘉图所说,成为价值规律的例外……。但是,李嘉图仍然有很大的功绩;他觉察到价值和费用价格之间存在差别,并在一定的场合表述了(尽管只是作为规律的例外)这个矛盾……"②

(三)马克思的生产价格理论:转化程序

如前所述,马克思批评李嘉图的价格理论时,说他预先假定"一个一般利润率的存在,而跳过必要的中介环节"。③ 马克思在阐述自己的生产价格理论时,则按照逻辑和历史相结合的方法,首先说清这些必要的中介环节,从而揭示价值与生产价格之间、剩余价值和平均利润之间的内在的本质联系。

1. 剩余价值转化为利润和剩余价值率转化为利润率

在《资本论》第3卷引进资本的竞争因素后,马克思首先阐述剩余价值怎样转化为利润和剩余价值率怎样转化为利润率。资本家在面对竞争的情况下,先得把成本价格从商品价值中分离出来。商品的价值(W)由不变资本+可变资本+剩余价值即($c+v+m$)构成,而商品的成本价格由($c+v$)构成,即有生产商品实际耗费的资本构成。如以 k 代表成本价格,则商品价值=成本价格+剩余价值,即 $W=k+m$。"但是剩余价值不仅对进入价值增值过程的预付资本来说是一个增加额,而且对不进入价值增值过程的预付资本部分来说也是一个增加额。"④ "因此剩余价值既由预付资本中那个加入成本价格的部分产生,也由预付资本中那个不加入商品成本价格的部分产生;总之,……总资本在物质上是产品的形成要素,不管它作为劳动资料,还是作为生产材料和劳动,都是如此。总资本虽然只有一部分进入价值增值过程,但在物质上总是全部进入现实的劳动过程。"这样,"剩余价值,作为全部预付资本的这样一种观念上的产物,取得了利润

---

① 《马克思恩格斯全集》第26卷Ⅲ,人民出版社,1972年版,第71页。
② 《马克思恩格斯全集》第26卷Ⅲ,人民出版社,1972年版,第71~72页。
③ 马克思:《资本论》第3卷,人民出版社,2004年版,第41~42页。
④ 马克思:《资本论》第3卷,人民出版社,2004年版,第41~42页。

这个转化形式。"① 如以 p 代表利润，W＝k＋m 这一公式就变为 W＝k＋p，即商品价值＝成本价格＋利润。这就是剩余价值转化为利润的过程。

马克思对此解释说：既然，不管是可变资本还是不变资本，两者在物质上都是产品形成要素，既然，"资本家只有预付不变资本才能对劳动进行剥削，……只有预付可变资本才能使不变资本增值，所以他的心目中，这两种资本就完全混同在一起了。而且因为他实际获利的程度不是决定于利润和可变资本的比率，而是决定于利润和总资本的比率，即不决定于剩余价值率，而是决定于利润率。"②

这样，剩余价值作为超过全部预付资本的余额，就会和总资本保持一个比率。如以 C 表示总资本，这个比率就可用 $\frac{m}{C}$ 来表示。这样，就得到了一个与剩余价值率 $\frac{m}{v}$ 不同的利润率 $\frac{m}{C}=\frac{m}{c+v}$。马克思说："应当从剩余价值率的转化引出剩余价值到利润的转化，而不是相反。"③

就剩余价值率和利润率的关系说，在马克思看来，这是本质和想象的关系。"剩余价值和剩余价值率相对地说是看不见的东西，是要通过研究揭示的本质的东西。利润率，从而剩余价值的形式即利润，却会在现象的表面上显示出来。"④

从这两个比率的数量关系看，如以 m' 表示剩余价值率，以 p' 表示利润率，则 $m'=\frac{m}{v}$，$p'=\frac{m}{C}=\frac{m}{c+v}$。由于 $m=m'v$，就有

$$p'=\frac{m'v}{C}=m'\frac{v}{c+v}$$

或　　$p' : m' = v : C$

即：利润率和剩余价值率之比等于可变资本和总资本之比。

该式可引申为 $p'=m'/\frac{c+v}{v}=m'/(\frac{c}{v}+1)$，即利润率与剩余价值率成正比，与资本有机构成成反比。

这就是说，利润率取决于两个因素：剩余价值率和资本有机构成。

此外，利润率也受资本周转时间（或称资本周转速度）的影响。"资本百分比构成（价值构成——引者）相等、剩余价值率相等、工作日相等的情况下。两个资本的利润率和它们的周转时间成反比例。"⑤

2. 不同生产部门间的竞争和价值与剩余价值的转化

马克思指出："竞争首先在一个部门内实现的，是使商品的各种不同的个别价值形成一个相同的市场价值和市场价格。但只有不同部门的资本的竞争，才形成那种使不同部门之间的利润率平均化的生产价格。这后一过程同前一过程相比，要求资本主义生产

---

① 马克思：《资本论》第 3 卷，人民出版社，2004 年版，第 43～44 页。
② 马克思：《资本论》第 3 卷，人民出版社，2004 年版，第 50 页。
③ 马克思：《资本论》第 3 卷，人民出版社，2004 年版，第 51 页。
④ 马克思：《资本论》第 3 卷，人民出版社，2004 年版，第 51 页。
⑤ 马克思：《资本论》第 3 卷，人民出版社，2004 年版，第 86 页。

方式发展到更高的水平。"①

马克思首先假定，剩余价值率和工作日长度在一个国家的一切生产部门都相同。如前所述，在剩余价值率不变的情况下，利润率就会随着资本的价值构成或有机构成和资本周转时间的变化而变化。因此，不同部门利润率发生差别出于两个根源，一是资本价值构成的不同，二是资本的周转时间不同。就前者而言，这是"因为不同生产部门按百分比考察的资本，或者说，等量资本，是按不同的比率分为可变要素和不变要素的，它们所推动的活劳动不等，因而所创造的剩余价值从而利润也不等，所以它们的利润率，即剩余价值和总资本的百分比也就不同。"② 就后者而言，由于"周转时间的差别，等量资本在不同生产部门在相等时间生产出不等量的剩余价值从而转化为不等量的利润，不同的部门的利润率也就不同。"③

马克思还指出："在不同产业部门由固定资本和流动资本组成的不变资本的不同构成本身，对利润率来说，并没有什么意义，因而起决定作用的是可变资本和不变资本之比，因而可变资本和不变资本的相对量，同不变资本的各个组成部分的固定性质或流动性质是完全无关的。"④

马克思以五个部门为例，假定它们有相同的剩余价值率，并为简单起见，假定不变资本都全部移入资本的年产品，可变资本周转时间也相同，每年实现同样的剩余价值，但各部门资本有机构成不同。如下表所示：

	资本	剩余价值率	剩余价值	产品价值	利润率
I	80c+20v	100%	20	120	20%
II	70c+30v	100%	30	130	30%
III	60c+40v	100%	40	140	40%
IV	85c+15v	100%	15	115	15%
V	95c+5v	100%	5	105	5%

由于各部门的利润率不同，引起资本在各部门间移动，直至利润平均化，形成一般利润率（平均利润率），使等价资本取得等量利润。就上述5个部门说，总资本为500，剩余价值总额即利润总额为110，最终形成平均利润率22%，把按此求得的平均利润（每100资本为22利润）加到不同部门的成本价格上，即为生产价格，各部门的商品都按此价格出售。各部门的生产价格（成本价格＋平均利润）及其与商品价值的偏离如下表所示：

---

① 马克思：《资本论》第3卷，人民出版社，2004年版，第201页。
② 马克思：《资本论》第3卷，人民出版社，2004年版，第167页。
③ 马克思：《资本论》第3卷，人民出版社，2004年版，第169页。
④ 马克思：《资本论》第3卷，人民出版社，2004年版，第171页。

	资本	剩余价值	商品价值	成本价格	平均利润率	生产价格	生产价格与价值偏离
Ⅰ	80c＋20v	20	120	100	22％	122	＋2
Ⅱ	70c＋30v	30	130	100	22％	122	－8
Ⅲ	60c＋40v	40	140	100	22％	122	－18
Ⅳ	85c＋15v	15	115	100	22％	122	＋7
Ⅴ	95c＋5v	5	105	100	22％	122	＋17
合计	390c＋110v	110	610			610	0
平均	78c＋22v	22	122			122	0

由上表可见，商品生产价格之所以与商品价值偏离，是由于投在不同生产部门的资本有着不同于平均资本有机构成的有机构成。同时在利润转化为平均利润，价值转化为生产价格的情况下，"虽然不同部门的资本家在出售自己的商品时收回了生产这些商品所用掉的资本价值，但是，他们不是得到了本部门生产这些商品时所生产的剩余价值或利润，而只是得到了社会总资本在所有生产部门在一定时间内上的总剩余价值或总利润均衡分配时归于总资本的每个相应部分的剩余价值或利润。"①

当然，各个生产部门所用资本数量是不同的，不像这里所举之例那样。因此，生产价格据以形成一般利润率要取决于两个因素：1. 不同生产部门的资本有机构成，从而各部门有着不同的利润率；2. 社会总资本在这些不同部门之间的分配，即投在每个特殊部门的资本有着不同的量。这样，通过各个生产部门的竞争，一般利润率就有各个生产部门所使用的资本量加权平均而成。各个生产部门产品的价值则通过一般利润率或平均利润率的形成而转化为生产价格。正因为如此，尽管高于或低于平均资本有机构成的生产部门的产品生产价格与其价值相背离，但"一切生产部门的利润的总和，必然等于剩余价值的总和，社会总产品的生产价格的总和必然等于它的价值总和。"②

马克思还特别谈到了在转化中会出现误差的可能性。他写道："我们原先假定，一种商品的成本价格，等于该商品生产中所消费的各种商品的价值。但一个商品的生产价格，对它的买者来说，就是它的成本价格。因而可以作为成本价格加入另一个商品价格的形成。因为生产价格可以偏离商品的价值，所以，一个商品包含另一个商品的这个生产价格在内的成本价格，也可以高于或低于它的总价值中由加到它里面的生产资料的价值构成的部分。必须记住成本价格这个修正了的意义，因此，必须记住，如果在一个特殊生产部门把商品的成本价格看作和该商品生产中所消费的生产资料价值相等，那就总可能有误差。对我们现在的研究来说，这一点没有进一步考察的必要。"③

往下我们看到，马克思认为没有进一步研究必要的问题，却引起了西方经济学家长

---

① 马克思：《资本论》第3卷，人民出版社，2004年版，第177页。
② 马克思：《资本论》第3卷，人民出版社，2004年版，第193页。
③ 马克思：《资本论》第3卷，人民出版社，2004年版，第184～185页。

达一个多世纪的争论,即西方经济学界关于转化问题的论争。

3. 转化程序的理论与实践意义

马克思转化程序的理论意义在于它揭示了利润和剩余价值之间内在的本质联系。马克思指出,一般利润率一经形成,对一个特殊生产部门来说,就发生了与过去不同的情况。因为过去,一个特殊生产部门仅有利润率和剩余价值率的差别,但利润和剩余价值还是同一个量。而现在,不仅利润率和剩余价值率,而且利润和剩余价值,通常都是实际不同的量。在这种情况下,便掩盖了剩余价值和利润、价值和生产价格之间的内在联系。他写道:"现在,在劳动的剥削程度已定时,一个特殊部门生产的剩余价值,对社会资本的总平均利润,从而对整个资本家阶级,比直接对每个生产部门的资本家更重要。它对每个特殊生产部门的资本家之所以重要,只是因为他那个部门生产的剩余价值量作为一个决定的因素参加平均利润的调节。但这是一个在他背后进行的过程,这个过程是他所看不见的,不理解的,实际上不关心的。现在,在各特殊生产部门内,利润和剩余价值之间,不仅是利润率和剩余价值率之间,实际的量的差别,把利润的真正性质和起源完全掩盖起来。最后,如果在剩余价值单纯转化为利润,形成利润的商品价值部分,与作为商品成本价格的另一部分相对立,以致对于资本家来说,价值概念在这里已经消失,因为他看到的不是生产商品所耗费的总劳动,而只是总劳动的一部分,即他已经在活的或死的生产资料的形式上支付的部分,因而在他看来,利润是某种存在于商品的内在价值以外的某种东西,那么,现在的看法就完全被确认、固定和僵化了,因为当我们考察特殊生产部门时,加在成本价格上的利润,的确不是由该部门本身的价值形成过程的界限决定,而是由完全的外在条件确定的。"[①]

马克思如此指出他的转化程序在理论与实践上的意义:"这个内在联系在这里还是第一次被揭示出来;我们在后面和在第四册中[②]将会看到,以前的经济学,或者硬是抽掉剩余价值和利润之间、剩余价值率和利润率之间的差别,以便能够坚持作为基础的价值规定,或者在放弃这个价值规定的同时,也放弃了对待问题的科学态度的全部寄出,以便坚持那种在形象上引人注目的差别,理论家的这种混乱最好不过地表明,那些陷在竞争斗争中,无论如何不能透过竞争斗争的现象来看问题的实际资本家,必然也不能透过假象来认识这个过程的内在本质和内在结构。"[③]

由此可以得出结论:劳动者不仅受本单位资本家的剥削,而且还受整个资本家阶级的剥削;反过来说,资本家不仅剥削本单位雇佣的劳动者,而且剥削全体资本家阶级所雇佣的全体劳动者阶级。马克思写道"目光短浅的单个资本家(或每一个特殊生产部门的全体资本家)有理由认为他的利润不只是来自他所雇佣的或他那个部门所雇佣的劳动。这就他的平均利润来说是完全正确的。这个利润在多大程度上由总资本,即由他的全体资本家同伙对劳动总剥削产生,这对他来说完全是一个秘密,因为连资产阶级的理

[①] 马克思:《资本论》第3卷,人民出版社,2004年版,第188页。
[②] 指《剩余价值理论》,见《马克思恩格斯全集》第26卷。
[③] 马克思:《资本论》第3卷,人民出版社,2004年版,第188~189页。

论家、政治经济学家,直到现在也没有揭露这个秘密。"①

(四) 西方学者对马克思转化程序的引申研究

马克思的生产价格理论或转化程序问世以后,立即引起西方经济学界的广泛热议,经济学家们纷纷从自己的视角或思路,来探讨马克思的转化程序。其中特别令马克思主义经济学家关注的是,自博尔凯维支(L. Von Botrkiewicz)以来的一些西方学者(包括温特尼兹、塞顿、米克等人)对马克思转化程序的引申研究,他们的共同特点是,将马克思转化方程的投入方面和产出方面都转化为生产价格,只是所做的假定各有所不同和侧重。这种研究应该说是具有积极意义的,在一定程度上它丰富了马克思的转化程序,并最终导致了斯拉法体系或斯拉法生产价格理论的形成。

1. 博尔凯维支的转化解式

博尔凯维支在 1906~1907 年以德文发表两篇论马克思转化程序的文章:一篇是《关于对〈资本论〉第 3 卷马克思基本理论结构的纠正》,另一篇是《马克思体系中的价值和价格》。这两篇文章的基本思想是,认为马克思关于转化程序的论述是不完全的,他仅仅将投入-产出关系中的产出方面进行了价值到生产价格、剩余价值到平均利润的转化,而没有同时将投入方面进行这种转化,完全的转化程序应该是投入和产出两方面同时进行这种转化。在其文章中,他首次试图按照马克思的分析逻辑提出了关于投入和产出两方面同时进行转化的解式。

博尔凯维支将商品生产划分为三大部类或部门:部门 I 生产生产资料(即不变资本 C 的诸要素);部门 II 生产工人的消费品(即可变资本 V 的诸要素);部门 III 生产资本家的消费品。此外,还假定生产体系为简单再生产体系(但在实际转化过程中取消了这一假定),博尔凯维支用来联系价值和价格的方程组为:

$$(c_1 p_1 + v_1 p_2)(1+r) = a_1 p_1$$
$$(c_2 p_1 + v_2 p_2)(1+r) = a_2 p_2$$
$$(c_3 p_1 + v_3 p_2)(1+r) = a_3 p_3$$

这里,

$$a_1 = c_1 + v_1 + s_1$$
$$a_2 = c_2 + v_2 + s_2$$
$$a_3 = c_3 + v_3 + s_3$$

式中 c 为不变资本价值(下标 1,2,3 表明 I,II,III 部门,下同),v 为可变资本价值,s 为剩余价值;r 为平均利润率;p_1,p_2,p_3 分别代表三个部门的价格-价值系数,这意味着产品作为投入品就应与其作为产出品一样,都要乘以相同的价值-价格系数(如果这个方程组是可解的,实际上它不论是否遵守简单再生产条件,都是可以成立的)。

上述方程组共有 4 个未知数(p_1,p_2,p_3 和 r),但只有 3 个方程式,博尔凯维支

---

① 马克思:《资本论》第 3 卷,人民出版社,2004 年版,第 189 页。

假定第 III 部门生产黄金，黄金作为货币商品，可以作为生产价格的计价标准。如规定 $p_3=1$，就可减少一个未知数，这样，三个未知数，三个方程式，这个方程组就变得可解了。而且，在遵守简单再生产的条件下，总利润额必然等于总剩余价值量。至于这个解法能否满足生产价格总额等于总价值量的条件，则视第 III 部门的资本有机构成是否等于社会平均资本有机构成而定。如果前者不等于后者，则总生产价格不等于总价值。因此，如美国马克思主义经济学家保罗·斯威齐所指出的，博尔凯维支假定 $p_3=1$ 应该是有条件的，这就是三个部类的资本有机构成必须等于社会平均资本有机构成。[1]

英国剑桥大学马克思主义经济学家莫里斯·多布对博尔凯维支关于转化问题的分析和他所提出的转化解式给予了肯定的评价，指出："博尔凯维支的转化解式的一个重要的意义，是他论证了剥削。这种博尔凯维支解式的奇妙在于它不依赖于为资本家的消费而生产的第三部类的生产条件的，这种解释唯独依赖其他两个部类的生产条件。他断言，这不只是一种形式上计算的结果，而且表示利润是剥削的果实。"[2]

在博尔凯维支转化解式经过美国马克思主义经济学家保罗·斯威齐在《资本主义发展理论》一书中的系统介绍，在讲英语世界传播以后，引起了广泛的热议。一些经济学家循着博尔凯维支的分析思路对该解式做了进一步的引申，这主要是温特尼兹（J. Wenternitz）、塞顿（F. Seton）和米克（R. L. Meek）等所做的工作。

2. 温特尼兹的转化解式

温特尼兹于 1948 年发表了一篇题为《价值与价格：所谓转化问题的一种解法》的论文，提出了他的解法。和博尔凯维支一样，他也把社会生产分为 3 个部门，但不以简单再生产为限定条件。其用来联系价值体系和价格体系的转化方程组的头三个方程和博尔凯维支是一样的，仅有的区别是他提出的第 4 个方程式：

$$a_1 p_1 + a_2 p_2 + a_3 p_3 = a_1 + a_2 + a_3$$

温特尼兹认为他的第 4 个方程，总价格＝总价值，体现了"马克思体系的精神上的显著命题"，而博尔凯维支的解法却使总价格和总价值相背离。这样，这个方程组具有 4 个未知数（p_1，p_2，p_3 和 r）和 4 个方程式，是完全可解的。但是温特尼兹却未谈到他自己的解法已使利润总额与总剩余价值量相背离这一事实。而这一点正像米克所说的，更是违背了"马克思体系的精神实质"。

3. 塞顿的转化解式

塞顿在 1957 年发表了《论转化问题》一文。塞顿指出，在这个问题上以前大多数作者都把经济分为生产资本品、工资品和奢侈品三大部门，并假定每一种产品在经济活动中的主要用途是不变的，是由生产这一产品的部门事先规定的。而他认为，他可以作这样的处理，即把全部经济最一般地细分为 n 个部分，

每个部分中每一种产品可以分配在几种或一切可能的用途。这样，塞顿提出按价格

---

[1] 保罗·斯威齐：《庞巴维克所著卡尔·马克思及其体系的终结和希法亭所著庞巴维克对马克思的批评》，英文版（1949 年），第 122 页。

[2] 莫里斯·多布：《马克思的经济学》（英文版），第 138 页。

转化的，类似里昂惕夫投入产出模式的 n 个部门生产方程组，如下列所示：

$$(k_{11}p_1 + k_{12}p_2 + \cdots + k_{1n} + \pi(a_1p_1) = a_1p_1$$
$$(k_{21}p_1 + k_{22}p_2 + \cdots + k_{2n}p_n + \pi(a_2p_2) = a_2p_2$$
$$\cdots$$
$$k_{n1}p_1 + k_{n2}p_2 + \cdots + k_{nn}p_n + \pi(a_np_n) = a_np_n$$

式中，k_{ij} 代表第 i 部门产品生产中所需作为投入品第 j 部门的产品数量（以所包含的物化劳动即价值量计算）；这里 k 既包括构成不变资本诸要素的生产资料价值，也包括构成可变资本诸要素的工人消费品价值；p_1、$p_2 \cdots p_n$ 代表价格－价值系数；a_i 代表第 i 部门产品的总价值，即 $a_i = c_i + v_i + s_i$；π 代表利润对总产值的比率，即 $\pi = \dfrac{s}{c+v+s}$（显然，只有当马克思的利润率 $\dfrac{s}{c+v}$ 在各部门相等时，π 在所有部门是相等的）。

塞顿认为，要解决转化问题，要表现马克思的转化问题的基本特征（生产价格总额＝价值总量，利润总额＝剩余价值总量），就必须把上面所列一般方程组变为具有简化假定的马克思模式。塞顿把 n 个部门减为熟知的 3 大部类：第Ⅰ部类生产用于进一步加工的生产资料；第Ⅱ部类生产工人消费的工资品，第Ⅲ部类生产资本家消费的奢侈品。所用符号也予以简化，以 c_i 代替 k_{i1}，以 v_i 代替 k_{i2}，便可将价值转化为价格的方程组简化为：

$$c_1p_1 + v_1p_2 + \pi(a_1p_1) = a_1p_1$$
$$c_2p_1 + v_2p_2 + \pi(a_2p_2) = a_2p_2$$
$$c_3p_1 + v_3p_2 + \pi(a_3p_3) = a_3p_3$$

式中，p_1，p_2，p_3 为价值－价格系数，a_1，a_2，a_3 分别为三个部门的产值，π 为产值平均利润率（$\pi = \dfrac{s}{c+v+s}$）。解这个方程组可求得三个未知数的解：π 和 p_1，p_2，p_3 的相互比率。如果求 p_1，p_2，p_3 的绝对值，则需要第四个方程式。塞顿设想第Ⅲ部类的资本有机构成与社会平均资本有机构成相一致，可得如下第 4 个方程式：

$$\sum a / \sum s = \sum ap / sp$$

塞顿认为，这可能是所有模型中最令人满意的模型，因为它可以使我们能同时假定 3 个不变性公式，即可使，$\sum a = \sum ap$（生产价格总额＝价值总量），

$\sum s = \sum sp$（利润总额＝剩余价值总量）这 3 个条件同时满足。

但同时满足这 3 个条件，在现实生活中是极为罕见的，因而这个解法具有很大的局限性。塞顿自己说：他的"这个模型可能使转化问题有完全的确定性，同时又能满足马克思所预想的这个解决方法的全部特性，但它又是一个受到很大限制的模型。"[1]

4. 米克的转化解式

米克的解法首次见于他在 1956 年发表的《关于转化问题的一些评论》一文中，后

---

[1] 塞顿：《论转化问题》，载［英］《经济研究评论》1957 年 6 月号，第 156 页。

来，他在1973年为其《劳动价值学说研究》一书所写的第二版导言中重新提到这个问题。在后一文中，他除了列出与博尔凯维支和温特尼兹相同的方程，还分别将第Ⅰ、Ⅱ、Ⅲ部类的资本有机构成规定高于、等于和低于社会平均资本有机构成，并将第4个方程式设定为：

$$r[\sum(c+v)] = E(\sum v)$$

式中的 E 为剩余价值率。这个方程式表达了利润总额与剩余价值总量相等的条件，这是不同于温特尼兹的地方。米克认为，虽然选择哪个方程（博尔凯维支的 $p_3=1$，温特尼兹的总价值＝总价格的方程，他自己提出的剩余价值总量＝利润总额的方程），从形式上看是一样好的，都可以求出那些未知解，但选择哪个方程却"不再是无关宏旨的问题了。"[①]

此后，在1977年发表的一篇题为《转化问题入门》的论文中，米克又提出另一个解法。该解法无须作利润总额等于剩余价值总量和生产价格总额等于价值总量的假定。米克列出如下3个部门（n个部门的简化）的投入－产出的价值体系：

$$K_{11} + K_{12} + K_{13} + S_1 = a_1$$
$$K_{21} + K_{22} + K_{23} + S_2 = a_2$$
$$K_{31} + K_{32} + K_{33} + S_3 = a_3$$
$$e_1 \quad\quad e_2 \quad\quad e_3$$

这里 K_{ij} 是以价值表示的构成不变资本诸要素和可变资本诸要素的投入，a_i 是以价值表示的各部门的产出，每一列最下面列出的 e_i 是一个部门的产出扣除用作本部门和其他部门投入品后的剩余部分价值。由于这个模式没有假定任何再生产条件，这些剩余产品可供资本家消费或用来投资。这样便产生下面的等式：

$$e_1 + e_2 + e_3 = s_1 + s_2 + s_3$$

当把这个模式从价值体系转化为价格体系的时候，基本方程式即变成：

$$(K_{11}P_1 + K_{12}P_2 + K_{13}P_3)(1+r) = a_1P_1$$
$$(K_{21}P_1 + K_{22}P_2 + K_{23}P_3)(1+r) = a_2P_2$$
$$(K_{31}P_1 + K_{32}P_2 + K_{33}P_3)(1+r) = a_3P_3$$

式中，r 为平均利润率，P_i 是价值－价格系数，把这些方程式相加并进行冲销，就可得出利润总额必然等于 $e_1P_1 + e_2P_2 + e_3P_3$，即生产价格总额扣除投入总额后的剩余产品总额。这就是说，这个解法已经包含了利润总额与剩余价值总额相等的关系，无须再做一个两者相等的假定。但这个解法仍然需要一个"不变性的假定"，以便决定与价格比率不同的绝对价格。这只要假定其中一个部门为计价单位使其 P＝1，即可求解，并使这一体系具有确定性。显然这是在斯拉法的生产方程和价格理论的启示下提出的，其适用性比塞顿的解法更为普遍。但对这个解法，正如米克自己说的，有人势必会提出：不用价值形式，而用商品自身的实物单位形式来计算投入和产出，将无损于它的结果：产出投入相抵的剩余都归于利润。这就涉及斯拉法的生产方程和价格决定理论了。

[①] 米克：见［英］《经济学杂志》，1956年6月号。

(五) 斯拉法体系或价格理论

宋则行以相当的篇幅评述了斯拉法体系,指出,在1960年出版的《用商品生产商品》一书中,斯拉法(Piero Sraffa)主要从生产条件出发考察各个生产部门商品的相对价格的决定及其与工资、利润的关系。它所涉及的,既是价格理论,又是生产理论和分配理论。所以又被称为"斯拉法体系"。宋则行认为,这个体系所设定的前提(明示的和隐含的)是下列各项:

①假定各生产部门都生产一种产品(单一产品生产部门),因而这里(该书第一篇)不涉及联合生产问题;

②各个生产部门的生产方法(或技术条件)、生产规模(产量水平)、生产要素间的配合比例都一定,因而不涉及产量的改变,不发生规模收益改变的问题;

③商品互为生产资料,参加商品生产的每种生产资料在一个生产周期内全部耗费掉,其价值全部转移到产品中,因而这里(第一篇)暂不涉及固定资本使用的问题;

④假定生产体系处于自行更新状态,并假定各个生产部门的生产周期均为一年,即各个生产部门在一年所生产的商品足够更新下一年生产体系所需的生产资料或有余;

⑤假定劳动在质量上是一致的,如果在质量上有任何差异,都已预先折成为数量上的相应差异,从而,每单位劳动所得的工资在各部门都是相同的;

⑥部门之间的竞争意味着资本可在任何部门中移出移进,直至实现利润平均化为止(各部门利润率相同),因此,这个体系所探讨的价格决定是指生产价格或自然价格(生产成本+平均利润),不涉及市场价格问题。

在这些前提下,斯拉法按照逻辑的(其实,宋则行认为,也是历史的,虽然斯拉法没有这样明确地提)顺序,先后提出三个生产模式,以阐明这些模式中各部门生产的商品的相对价格是如何决定的。

1. 仅足以维持生存的模式

在这个生产体系下,各部门生产的商品仅足以维持生存。全部产品包括生产用的生产资料和生产者的生活必需品,因而这些产品可通过市场交换使这个体系处于自行更新的状态。设不同生产部门生产的商品为 a,b,…,k;A 为每年生产 a 的数量,B 为 b 的年产量……,K 为 k 的年产量;A_a,B_a,…,K_a 为生产 A 的部门每年使用 a,b,…,k 的数量,A_b,B_b,…,K_b 为生产 B 的部门每年使用相应商品的数量,等等。根据既定的生产条件,所有这些数量都是已知数,有待决定的未知数是各种商品的价格 P_a,P_b,…,P_k。这个生产体系可以如下方程组表示:

$$A_a P_a + B_a P_b + \cdots + K_a P_k = A P_a$$
$$A_b P_a + B_b P_b + \cdots + K_b P_k = B P_b$$
$$\cdots$$
$$A_k P_a + B_k P_b + \cdots + K_k P_k = K P_k$$

由于这个体系仅足以维持生存,没有剩余产品,并处于自我更新状态,所以在上列方程组中:

$$A_a + A_b + \cdots + A_k = A$$
$$B_a + B_b + \cdots + B_k = B$$
$$\cdots$$
$$K_a + K_b + \cdots + K_k = K$$

当然，没有必要假定每种商品都直接参加其他商品的生产，所以，上列方程组左边的某些数量可以是零。

在各种商品中以一种商品为计价标准，使其价格等于1，这就剩下 k－1 个未知数。由于这个生产体系没有剩余产品，这个方程组的总量在左右边都是相同的，因而任何一个方程都可以从其他方程的加总推知，这就剩下 k－1 个独立的线性方程，这些方程就可决定 k－1 个价格。这样，所有产品按这样决定的价格通过交换在生产中进行分配。

2. 具有剩余但生产者仅得到生存工资的模式

如果经济所生产的数量多于更新所需要的最低数量，就有了可供分配的剩余。在这样的生产体系中，终将出现有些人占有并垫支生产资料（或资本）而获得作为利润的剩余，而多数人则作为被雇佣的工人，他们取得的工资仅足以换取生存必需品。由于部门之间的竞争，这些剩余或利润必然要按照每一生产部门所垫支的生产资料价值（即数量乘价格）的比例进行分配，这个比例就是利润率，而且对所有部门必然是划一的。但是这个在两种不同物品总量之间的比例，在未知商品价格之前是不能决定的。另一方面，剩余的分配是在交换的过程中进行的，不能等到价格决定之后，因而剩余分配决定于商品价格的决定，必然通过同一机制同时进行。这样，在生产方程中就须增加一个未知数——利润率。如以 r 表示利润率，这个体系就成为：

$$(A_a P_a + B_a P_b + \cdots + K_a P_k)(1+r) = A P_a$$
$$(A_b P_a + B_b P_b + \cdots + K_b P_k)(1+r) = B P_b$$
$$\cdots$$
$$(A_k P_a + B_k P_b + \cdots + K_k P_k)(1+r) = K P_k$$

由于这个体系是具有剩余的，并假定处于自行更新状态，所以，在这个方程组中：

$$A_a + A_b + \cdots + A_k \leqslant A$$
$$B_a + B_b + \cdots + B_k \leqslant B$$
$$\cdots$$
$$K_a + K_b + \cdots + K_k \leqslant K$$

这就是说，每一商品所生产的数量至少等于或大于所有各个生产部门消耗该商品的合计数量。

这个体系包括 k 个独立方程。若假定取其中一种商品作为计价标准，使其价格等于1，k 个方程决定 k－1 个价格和利润率 r，所有未知数都有解。这里，工人的工资仍以生存必需品的形式包括在生产资料投入一方，它们的价格和其他生产资料的价格以及生产资料占有者据以分配剩余的利润率，也都是通过同一机制同时决定的。

至此，宋则行评论说，这个模式相当于马克思在《资本论》第 3 卷中所描绘的资本主义生产方式。

3. 具有剩余，但工人工资占有一部分剩余的生产模式

与前一种工人不能占有剩余只领取生存工资的生产模式不同，在这个有剩余的生产模式中，工人工资则可包括一部分剩余产品。至于这种情况是怎样产生的，斯拉法未加说明，但显然是以现在西方社会中工人可以组织起来与资本家抗争以增加工资的现实为背景的。这样，斯拉法就把全部工资看作是可变的，并假定工资作为当年的年产品的一部分，是事后支付的。在每个生产方程中，明确表明生产中使用的劳动量，以代替相对应的生存用品的数量，并假定每单位劳动量所得的工资，各部门相同。

若以 L_a，L_b，…，L_k 表示生产 A，B，…，K 产品所分别使用的年劳动量，并规定它们是社会全部年劳动量的各个部分。设社会年劳动量等于 1，则 $L_a+L_b+\cdots+L_k=1$。另外，以 w 表示每单位劳动的工资。这样，这个生产体系的方程组便成为下列形式：

$$(A_a P_a + B_a P_b + \cdots + K_a P_k)(1+r) + L_a w = A P_a$$
$$(A_b P_a + B_b P_b + \cdots + K_b P_k)(1+r) + L_b w = B P_b$$
$$\cdots$$
$$(A_k P_a + B_k P_b + \cdots + K_k P_k)(1+r) + L_k w = K P_k$$

由于这也是一个有剩余的生产体系，并假定处于自行更新的状态，所以，在这个方程组中：

$$A_a + A_b + \cdots + A_k \leqslant A$$
$$B_a + B_b + \cdots + B_k \leqslant B$$
$$\cdots$$
$$K_a + K_b + \cdots + K_k \leqslant K$$

在这个体系总国民产品中，除去用于更新那些在所有生产部门中消耗掉的生产资料后余下的许多产品的价值（数量×价格），可以称作"合成商品"，形成国民收入。我们使它等于 1，成为工资和 k 个价格的价值标准，以代替以前任意选择的、用来表示工资和 k−1 个价格的单种商品，这样，就有了另一个方程：

$$[A-(A_a+A_b+\cdots+A_k)]P_a + [B-(B_a+B_b+\cdots+B_k)]P_b$$
$$+\cdots+[K-(K_a+K_b+\cdots+_k)]P_k = 1$$

现在，这个方程组共有 $k+1$ 个方程，变量则有 $k+2$ 个，即 k 个价格，工资 w 和利润率 r，就是说，增加了工资作为一个变量，结果使变量数比方程数多了一个。如果工资作为自变量，在生产体系之外规定，包括价格和利润率的其他变量数便与方程数相同。相反，如果把利润率作为自变量，并在价格决定之前给定，例如它可以在生产体系之外决定，特别是可以为货币利息率水平所决定，则其他变量，包括 k 个价格和工资，就可以确定。

宋则行继续评述说，斯拉法举出这三个模式后，就在第三个模式的基础上探讨了以下三个问题：

①在不同的生产部门中使用的劳动和生产资料的比例不相同时，工资变动对各种商品的价格和利润率将产生怎样的影响。*

②不变的价值尺度问题。

③还原为有时期劳动问题。

宋则行依照斯拉法的分析思路,对这三个问题分别作了如下的评述:

(1) 关于不同生产部门以不同的比例使用劳动和生产资料时工资的变动对价格和利润率的影响问题

这是涉及国民收入在工资与利润之间分配的一个重要问题。按照斯拉法的分析,不同生产部门中使用的劳动和生产资料比例的不相同,是工资变动造成相对价格变动的关键。如果所有生产部门中这个比例是相同的,则不管不同生产部门中作为生产资料的商品组成是如何多种多样,都不会产生相对价格的改变,因为在每个生产部门中工资同等削减,都可产生恰好同样多的、足以按照相同比率支付生产资料的利润,而无须变动现存的相对价格。由于同一理由,这个比例不相等时,就造成由工资下降而节省的部分使得按统一的利润率支付生产资料的利润后而有所剩余,这就使产品的相对价格发生变化。斯拉法进一步指出,这两种产品相对价格的变动,不但取决于它们各自生产时所使用的劳动对生产资料的"比例",而且还取决于生产这些生产资料的生产资料时所使用的"比例",以此类推,结果是,在工资下降时,劳动对生产资料比例低(或高)的部门的产品价格,不论相对于生产资料的价格,还是相对于其他部门的产品的价格,或许上升,或许下降,甚至或许轮换升降,情况十分复杂。在工资下降时,劳动对生产资料比例高的部门的产品价格相对于生产资料价格和其他部门产品价格的变动的情形,亦复如此。但是,正如斯拉法指出的,由分配变动所引起的价格变动形式,不论如何复杂,价格变动的结果还是使每个生产部门恢复平衡。

(2) 关于不变的价值尺度问题

循着斯拉法的分析思路,宋则行指出,伴随分配变化而来的价格变动,使得以一种商品作为标准来表示其他商品价格的方法变得无效了。因为任何一种分配的变化,都会造成各种商品相对价格的变动,这种变动究竟是由于被计量的商品的价格变动,还是由于作为计算标准的商品的价格变动,就无法确定。如果找到某种商品,它的价格不受分配因素的影响,换言之,其价格不因分配的变化而变化,它就成为"一种不变的价值尺度"。这正是李嘉图所要寻求解决的问题。

当然,找到一种符合这种条件的可以担当不变的价值尺度的个别商品是不可能的。但斯拉法指出,用若干商品组成一种混合的"合成商品",使它符合上述要求是完全可能的。这就是使这种合成商品所使用的生产资料的组成与合成商品组成的比例相同。换言之,产品和生产资料两者都是由同一比例的合成商品组成的。根据这一要求,斯拉法把他的第三个模式,在不改变各个生产部门原有各种生产资料和劳动比例的前提下,调整成一个新的体系,在这个体系中所生产的产品比例和这些产品它们的生产资料总量的比例相同。斯拉法称这种商品为"标准商品",称采取这种比例生产标准商品的生产体系(生产方程组)为"标准体系"。从纯产品视角来看标准体系,就是所生产的纯产品的组成比例与作为它们的生产资料的这些产品的组成比例相同。斯拉法称之为"标准纯产品"或"标准国民收入"。把标准纯产品对生产资料的比率称"标准比率"以 R 表示之。在这种标准体系中,无论纯产品在工资和利润之间如何变动,纯产品对生产资料的比率,即标准比率 R 不变。如以 w 代表纯产品中支付工资的部分,并以 r 表示利润率,则在标准体系中工资和利润率呈如下的公式所表达的关系：
$$r = R(1-w)$$

该公式表明，在工资从 1 减为零时，利润率的提高和工资的减少成正比例变化，也就是说，工资和利润率是互为消长的，工资提高了，利润率就下降，反之则相反。如果 $w=0$，$r=R$，R 就成为最高利润率。这种关系，也可以用下面图形中的直线来表示：

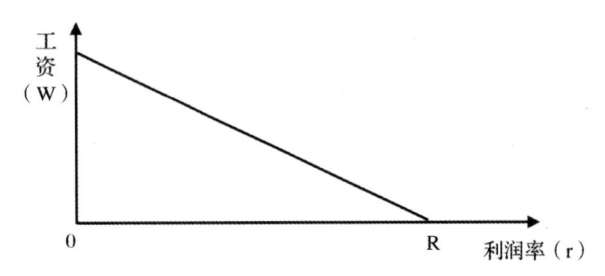

斯拉法认为，只要工资是用标准商品来表示的，那么，工资和利润率之间的这种线性关系在任何情况下都是有效的。因为组成实际体系的基本方程和标准体系相同，只是比例不同。一旦给定了工资，两个体系的利润率就都决定了，不论任一体系中的方程比例如何。只是相同的利润率在标准体系中是由商品的数量之间的比率得出的，而在实际体系中是由价值总量（数量乘价格）的比率得出的。

关于如何建立这种标准商品，斯拉法指出，只要寻找一套 k 个合适的乘数 q_a，q_b，…，q_k 分别应用于 a，b，…，k 的生产方程，使实际生产体系转变为标准体系，这样，就可得到标准纯产品（或标准国民收入），并作为标准商品，用作衡量原来体系中工资和价格的"不变价值尺度"。

（3）关于还原为有时期的劳动量问题

宋则行指出，虽然斯拉法的价格理论不是从价值分析开始的，而是从生产所必需的各种生产资料的实物量出发的，但他始终没有忘记生产商品所直接和间接使用的劳动量问题。在讨论了标准商品－不变价值尺度后，他设专章探讨还原为有时期劳动量问题，即在一种商品的生产方程中用一系列的劳动量来代替使用的各种生产资料，而且，每一种劳动量都有适合于它的"时期"。

宋则行按照斯拉法的分析思路阐述了还原为有时期劳动量的路径：

可以把任何一种商品的生产过程看作是各种生产阶段的连续，每一个生产阶段都是由劳动和生产资料相结合生产一定量的商品，而生产资料本身又是用前一时期的劳动和生产资料生产的，如此追溯下去，生产资料的价值（数量乘价格）可以层层归结为不同时期的劳动量。以生产商品"a"的方程为例（这里的工资和利润都以标准商品表示）：

$$(A_a P_a + B_a P_b + \cdots + K_a P_k)(1+r) + L_a w = A P_a$$

现在，我们不用形成 A 的各种生产资料，而用它们自己的生产资料和劳动量来代替；由于现阶段所用的生产资料是在前一阶段用生产资料和劳动生产的，现阶段生产资料的价值便由前一阶段生产资料的价值乘 $(1+r)^2$ 加上前一阶段的直接劳动乘 $(1+r)$ 来表示；更前一阶段的生产资料的价值，则由前一阶段的生产资料价值乘 $(1+r)^3$ 加上前一阶段的直接劳动乘 $(1+r)^2$ 来表示，然后把二者之和加到先前计算的总量中。如果我们把这个过程不断地进行下去，就会发现现存的生产资料将实际变得无限小。这样，我们可以在原生产方程中的直接劳动 $L_a w$ 之后列入追溯出来每个时期的连续劳动总量，如以 L_{a_1}，L_{a_2}，…，L_{a_n}，…来分别表示它们，我们就可以得出无限级数形式的还原方程：

$$L_a w + L_{a_1} w a(1+r) + L_{a_2} w(1+r)^2 + \cdots + L_{a_n} w(1+r)^n + \cdots = AP_a$$

其中 $L_a w$ 是使用的直接劳动价值，上式左边其余部分是所使用的各种生产资料作为不同时期耗费的间接劳动的价值。在这里，r 作为独立自变量，是"给定"的。这样，商品的生产价格就可还原为有时期的劳动量。当然，斯拉法也承认，这种还原为有时期劳动量的程序不是普遍可能的。

至此，宋则行将斯拉法体系或生产价格理论的基本特征及其理论意义做了如此概括的说明："斯拉法价格理论的基本特征，是直接从生产条件出发，根据商品互为生产资料，即各种商品生产相互依存性的特点来分析生产价格的决定，并把工资与利润分配因素纳入价格决定分析，用联立生产方程和投入产出的一般均衡方法建立自己的体系。但是，从他的分析前提、思路来说，实际上是向古典的生产价格理论传统以及马克思的生产价格理论的复归和发展，而且提供了对新古典的边际主义的价值和分配学说进行批判的基础。"[①]

（六）斯拉法体系和马克思生产价格理论的一致性和相异性

宋则行把斯拉法体系和马克思生产价格理论做了如下的比较，指出二者具有相当的一致性：

1. 经济学方法的共性：逻辑与历史的统一

宋则行指出："从分析方法说，斯拉法的体系是和马克思所应用的逻辑的历史的分析方法相吻合的。从表象上看，斯拉法在薄薄的不到 100 页的书里精炼地提出的许多具有独创性的命题，并未说明它们的来龙去脉，思想渊源和制度背景，所表现出的似乎是纯逻辑的形式分析，但从实质上看，斯拉法的分析却隐含着与马克思相似的逻辑—历史方法。"[②]

他赞同英国经济学家米克对斯拉法体系的看法。他引证米克的话说：只要"在必要的地方讲清适当的制度方面的论据，然后加上极少的修正和改进"，就可把斯拉法和马克思联系起来，使"斯拉法的模式序列做马克思的劳动价值论被用来做的基本上相同的工作。"[③] 宋则行指出，米克自己就曾把斯拉法的生产模式经过少量的"修正和改进"和马克思的模式进行比较，说明斯拉法和马克思用的同样是"逻辑—历史的方法"。

2. 逻辑—历史方法的体现：斯拉法生产模式的演进

以下宋则行阐述斯拉法五个生产模式（其中第二、第三两个模式是米克根据斯拉法

---

① 宋则行：《马克思经济理论再认识》，经济科学出版社，1997 年版，第 206 页。
② 宋则行：《马克思经济理论再认识》，经济科学出版社，1997 年版，第 206 页。
③ 宋则行注：见米克《劳动价值学说研究》（1977 年）一书中的《从价值到价格：马克思走的道路真是必要的吗？》一文，该文中译文见《马克思主义研究参考资料》1982 年第 44 期。该文有些观点值得商榷，请参阅杨玉生《马克思机制理论研究》一书第 3 章第 4 节。

模式序列插入的）的演进，以此来说明其"逻辑－历史"方法的应用。

前文所述的斯拉法第一个生产模式，可以代表马克思的"简单商品生产"的初步形式，而且如同马克思的模式一样，可以表明，不同商品的价格是与直接或间接用来生产他们的劳动量成比例的。因为在这个模式中，除了直接生产者的收入，再没有其他形式的收入，所有"投入"的生产资料费用最终都可转化为劳动费用。

在斯拉法的第一个生产模式和第二个模式（即具有剩余但直接生产者只取得生存工资并已出现平均利润的生产模式）之间，米克按照斯拉法的序列，插入另外两个模式，即米克所说的第二、三模式。米克补充提出的第二生产模式是指已经出现剩余，但还未出现资本家阶级，因而剩余都在直接生产者中间分配，因而这些直接生产者的劳动收入高于第一模式仅能维持生存的收入水平。这个模式表达了马克思"简单再生产"的较为发展的形式。其实，斯拉法在分析有剩余的生产体系时，也曾提到过这个生产模式，只是没有作为单独的一个模式提出。

在米克补充提出的第三个生产模式中，资本家阶级第一次出现于历史舞台，分别属于不同生产部门，他们把直接生产者的工资降低到仅足以维持生存的水平，但不同部门之间的竞争尚未发展到使利润平均化的程度，本部门的全部剩余由本部门的资本家们占有。这样，各部门有不同的利润率。这个模式相当于马克思《资本论》第3卷第8章（不同部门的资本的不同构成和由此引起的利润率的差别）中所分析的模式，即假定商品按它的价值出售，各部门的剩余价值率相同，因而不同部门有着不同的利润率。

米克提出的第四个模式即斯拉法的第二个生产模式，假定不同生产部门的资本家之间开展竞争，并随之而来的是资本从一个部门向另一个部门移动，以至利润率在各个部门趋于平均化，这就产生了由劳动量决定的价值与生产价格相偏离以及马克思的价值转化为生产价格、剩余价值（率）转化为平均利润（率）的转化程序问题。

米克提出的第五个模式就是斯拉法的第三个模式。这个模式显然假定工人已经组织起来可以通过劳资谈判迫使资本家归还一部分剩余，这样，工人的工资不仅包括由社会条件所决定的生存必需品，而且也包括剩余产品中的一部分。而这一部分是可变的。这种情况是符合现代资本主义经济实际的。斯拉法增加这样一个模式，显然是有制度背景的。这个模式是马克思《资本论》第3卷未曾考察过的（仅偶尔提到），是斯拉法根据现代资本主义实际而对马克思生产价格理论所作的补充。

这五个生产模式序列，是一个连贯的逻辑－历史过程，都是用斯拉法的一系列物质投入产出方程表示的。

3. 经济学方法的相异性

如果说斯拉法体系的经济学方法和马克思的生产价格理论有什么不同的话，那就是，斯拉法是从作为物质投入的实物形式的商品出发而展开分析的，而马克思的生产价格理论是基于对商品价值的分析，生产价格理论是对他先前在《资本论》第一卷所做的价值分析的引申与发展。宋则行在他的论文中也提醒人们注意这一点。在揭示资本主义生产方式作为一种剥削制度的本质方面，马克思的劳动价值论具有无可替代的作用。因此，宋则行不赞成新李嘉图主义经济学家以及米克等所主张的，以斯拉法体系代替马克思的劳动价值论。但斯拉法体系作为一种分析工具和经济学知识，可以用来进行马克思主义经济理论的研究。

宋则行赞成马克思主义经济学家的基本看法：必须根据劳动价值论来说明利润的决定。因为，在一定社会技术条件下所提供的劳动量规定了剩余价值的最大的可能数量，实际工资一定，剩余价值量为利润确定一个最高限界。若剩余价值量为零，完全没有利润，当剩余价值增加时，利润也增加。选择剩余价值作为利润决定过程的基本因素，是因为它能使我们建立一个利润的社会决定理论。这样，利润就同阶级斗争、阶级结构紧密联系起来了。

（七）评国内学者对斯拉法体系的批评

宋则行对国内某些学者以教条主义对待斯拉法体系的态度颇不以为然，认为他们对斯拉法体系所做的批评缺乏实事求是的精神，并以严肃的科学态度对这些批评提出了评析。

宋则行把国内学者（以胡代光教授为代表）对斯拉法体系的批评，归纳为以下七个方面：

（1）斯拉法的价格决定理论，混淆了"商品价值、交换价值和价格的本质差别"，"只从商品的交换价值出发，满足于商品交换的量的关系和比例的确定，而并没有从此出发进一步探索掩藏在其中的商品价值"，在他的生产方程中"交换价值的本质关系——人与人之间的社会关系，便被商品生产和交换中的物与物之间的关系掩盖起来了。"[1]

（2）斯拉法为求解他的价格决定方程，选择其中一种商品作为价值标准，选择它的价格等于1，批评者认为"这种做法完全能从纯数学计算技术的便利出发，却根本无视价值与交换价值的内在联系以及价值形式的发展。"[2]

（3）斯拉法对在具有剩余的生产体系中商品的相对价格的确定，是根据生产条件和剩余在工资和利润之间的分配来分析的，批评者认为他和李嘉图及李嘉图学派一样，"根本不去追究生产剩余的根源及其本质"。[3]

（4）在斯拉法第三个模式中，除了改变古典经济学关于工资是生存工资的假定，还改变了古典经济学（和马克思经济学）关于工资由资本垫支的假定，而采取了工资作为年产品的一部分是事后支付的假定，批评者认为，这样一来，"工人和资本家好像立于同等地位，共同分享了'剩余'，劳动——工资，资本——利润，资本家占有工人劳动的成果消除了。"[4]

（5）斯拉法在第三个模式中假定"剩余"即国民收入等于1，是成为计量工资和k个价格的价值标准，以代替以前模式中任选一种商品作为价值标准。批评者认为国民收

---

[1] 宋则行注：我国最早"试图"用马克思主义观点、方法对斯拉法一书进行系统批评的是胡代光教授，这些评论最后编辑在他的《西方经济理论和经济计量学评论》一书第一部分中（1988年）。
[2] 胡代光：《西方经济理论和经济计量学评论》，1988年版，北京大学出版社第97页。
[3] 胡代光：《西方经济理论和经济计量学评论》，1988年版，北京大学出版社第103页。
[4] 胡代光：《西方经济理论和经济计量学评论》，1988年版，北京大学出版社第108页。

入只分解为 v+m，这不构成商品价值，把它作为衡量商品价格的标准，国民收入就变成了"调节商品价值的内在尺度"，这就"完全陷入了亚当·斯密教条的错误"，"从而庸俗经济学的生产费用说就成为斯拉法价格决定方程的理论基础了。"①

（6）斯拉法在第三个模式的基础上建立"标准商品"和"标准体系"企图解决李嘉图至死未能找到的"不变的价值尺度"问题。批评者认为斯拉法所涉及的"标准商品"解救不了李嘉图的困境。

（7）斯拉法把他的生产方程中所使用的各种生产资料还原为有时期的劳动，这样，他的生产方程就成为还原方程，并据此进一步分析工资与利润的变动关系。批评者认为，"'还原方程'并非斯拉法的'发明创造'，实质上，他是用数学符号复制麦克库洛赫的庸俗价值论。"②

下面，是宋则行针对这七个方面的问题逐一做的评析：

（1）斯拉法《用商品生产商品》一书的任务只是研究商品生产价格的决定，不在于探索商品价值的决定以便揭露资本主义生产方式的本质。众所周知，后者是马克思在《资本论》中已经完成的任务，似乎无须斯拉法在那本薄薄的书中去重述。至于斯拉法是否混淆了价值、交换价值和价格的本质差别，倒是可以探讨的问题。批评者之所以说斯拉法混淆了三者的本质差别，是因为他"一开始认为商品交换价值'直接产生于生产方法'，而把'满足生产条件的交换比率'一向叫做'价值'或'价格'。"批评者引证的第一句话是斯拉法在"维持生存的生产"的一章说的，那是个没有"剩余"的生产，没有工资和利润，所生产的商品通过交换，只能维持生产者的生存，这些产品的交换价值，说它们是当时的生产条件或生产方法直接决定的，这并没有错，而且说不上把交换价值和价值混淆了。批评者所引证的第二句话，是斯拉法在"具有剩余的生产"一章说的。说的是"为什么满足生产条件的[交换]比率"（即能使生产过程反复进行或使生产处于一种自我更新状态的交换比率）"一向叫作'价值'或'价格'而不是像想来似乎更为合适地叫作'生产费用'。"（斯拉法，中译本，第14页）这里的"交换比率"是指商品互为生产资料时的交换比率，故也可以叫作"生产费用"（但斯拉法认为这样叫不合适，因为"生产费用"是一个带有片面性的表述）；这里的'价值'和'价格'一样，是指一般意义上的价值，即数量乘价格，而不是专指由劳动量决定的价值。而且斯拉法接着说，"那些古典用语，例如'必要价格'，'自然价格'会满足这种需要，但是我们还是用价值和价格，因为比较简短，并且在本文中（这里所说的不涉及市场价格）也不会含糊不清。"（斯拉法，中译本，第15页）可见在斯拉法书中所用的价值、价格只是商品交换比率或生产价格的简短代用词。在他的生产方程中用的词也都是价格，即生产价格的简称；偶尔用'价值'一词（如生产资料价值）也是指一般意义的价值，即指数量乘价格的价值。这一点只要从他使用"价值"一词的上下文中，一眼就可看清。

至于专指由劳动量决定的"价值"和生产价格或"价格"的本质差别，斯拉法倒是分辨得很清楚的并未混淆。早在斯拉法编辑《李嘉图著作和通信集》为《政治经济学及

---

① 胡代光：《西方经济理论和经济计量学评论》，北京大家出版社1988年版，第110页。
② 胡代光：《西方经济理论和经济计量学评论》，北京大学出版社1988年版，第116页。

赋税原理》写序言时就已说清楚了这个问题：认为当各个生产部门的资本有机构成不同时商品的相对价值（即交换价值或价格）与商品由耗费的劳动量决定的价值就会发生差异。

（2）斯拉法的生产方程是价格决定方程，可以不涉及商品的价值。交换价值与价值的内在联系是生产方程背后的事，不可能要求它在方程中显示出来，这是不言而喻的。至于选择任一商品使它的价格等于1，从而由 k－1 个方程求解 k－1 个价格未知数，这是西方经济学的一般均衡分析惯用的数学方法，的确没有考虑价值形式发展的历史过程。但若选择金属货币这个作为一般等价物的特殊商品（它也是商品生产方程之一），使其价格等于1，也无碍于生产方程的求解。至于价值形式发展的分析，这是马克思对货币理论的一个重要贡献，但不能要求以生产价格决定为研究对象的斯拉法体系，也重述这一段价值形式发展史。

（3）关于剩余从何而来的问题。的确，斯拉法在这部著作中没有提过剩余从何而来的问题。但和维持生存的生产体系比较来说，具有剩余的生产体系所生产的，之所以"多于为更新所需要的最低数量，有一种可分配的剩余"，根据斯拉法的思路，不言而喻是由于后一体系的生产条件或生产方法较之前一体系有了改进所致。至于这个剩余怎样分配于工资和利润，斯拉法用了不同于马克思的分析方法。

首先，斯拉法的所谓剩余是社会纯产品，即国民收入，是一年所生产的产品超过更新（再生产）所需最低数量的剩余，它和马克思的剩余价值概念是两个不同的概念。但在工资仅足以满足所必需的生存用品的条件下[①]，在斯拉法的生产方程里，代表工资的生存用品是属于需要更新的产品的一部分，这样，"剩余"产品的价值（数量乘价格）就相当于马克思的剩余价值，它转化为利润。当工资超过每天的生存用品而有余时，工资就包括一部分剩余产品。在这种情况下，在斯拉法的第三个生产模式中，就把全部工资看作是可变的，作为自变量 w 乘以劳动量列于生产方程中，这样，作为可分配的剩余或社会纯产品，就在 k 个价格确定的同时，分配于工资与利润之间（如工资在生产体系以外给定，剩余产品减工资即为利润；反之，如利润在生产体系以外给定，则剩余产品减利润即为工资）。如果说，斯拉法所举的前一种生产模式（工资为生存工资，剩余全部归利润，即斯拉法的第二个生产模式）符合马克思所处时代的资本主义实际，那么，斯拉法所举的后一模式（工资高于生存工资，占有剩余一部分，即斯拉法的第三个生产模式），则比较符合现代资本主义实际。这样，斯拉法虽然没有明确地说明过剩余的来源，但根据斯拉法的思路，我们可以这样来解释：工资是工人有酬劳动的产值，在前一生产模式中，仅包括生存用品，在后一生产模式中已占有剩余产品或社会纯产品的一部分；而利润是工人无酬劳动的产值，在前一生产模式中，包括全部剩余产品，在后一生产模式中则包括支付工资后的剩余产品。

其次，斯拉法的价格决定方法是从商品生产商品的物量关系出发的，用一般均衡和投入产出方法，通过方程运算同时求出各种商品的价格和平均利润率的。这就是说，商

---

① 宋则行注：这个条件意味着资本家占有生产资料和对工人进行剥削的存在。

品的价格和平均利润率是相互依存、相互影响的,利润率"在我们知道商品价格之前,是不能决定的",反之,"在求出利润率之前,价格也是不能决定的",因此,"剩余分配的决定,必须和商品价格的决定,通过相同的机构(指同一市场机制——引者)同时进行"。(斯拉法,中译本,第16页)很显然,这个方法同马克思从商品的价值规定出发得出剩余价值率,再从剩余价值率到利润率的转化再引出剩余价值到平均利润的转化,然后得出生产价格的方法是不同的。批评者指责斯拉法的商品价格决定以平均利润率事先确定为前提,一开始把平均利润率作为出发点,这是对斯拉法分析方法的误解。

(4)斯拉法假定工资是事后支付的是否改变了资本家占有剩余的事实。

其实,在资本主义条件下,年产品首先是由资本家占有的,资本家将年产品的一部分事后支付工资,和在初期以资本形式垫支工资是一回事。因为生产作为连续的再生产,或从资本周转的角度看,初期用以垫支工资的资本也就是上期生产的产品价值的一部分。资本家占有工人劳动果实的事实是否存在,不在于工资先垫支还是后支付,而在于工资占有年产品的部分究竟有多大,是包括"剩余"的全部,还是仅为"剩余"的一部分。只要存在利润,即使工资超过了生存工资水准而占有了"剩余"的一部分,就不能说"资本家占有雇佣工人的劳动成果被消除了"。倒是把 L_aw 作为独立一项处理后,利润率已不表现为利润对不变资本和可变资本之比,而是变成利润对垫支生产资料,即不变资本之比了。因为在斯拉法第三个生产模式中,r 都是对 $(A_aP_a+B_aP_b+\cdots+K_aP_k)$、…、$(A_kP_a+B_kP_b+\cdots+K_kP_k)$ 来计算的。这和马克思生产价格公式:$c+v+m=(c+v)(1+r)=P$ 是不同的(公式中的 m 为平均利润,r 为平均利润率,P 为生产价格)。但不能因为斯拉法生产方程中的利润率是由利润(剩余)对生产资料价值(相当于不变资本)之比得出的,就说利润是不变资本产生的,从而"掩盖了资本主义利润的真实源泉"。同样,不能因为在马克思的生产价格公式中利润率由利润对资本总额(不变资本+可变资本)之比得出的,就说利润是由资本总额产生的,这样也掩盖了资本主义利润的来源。所以,问题不在于利润率究竟是利润对不变资本之比,还是利润对不变资本+可变资本总额之比。至于斯拉法的生产方程中生产资料或不变资本仅包括流动不变资本而不包括固定资本,这是为了分析的方便,这和马克思分析生产价格时所作的假定是一样的,并不影响所得的结论。

(5)斯拉法把国民收入作为衡量商品价格的标准,是否陷入了"斯密教条"的错误。其实,斯拉法在价格决定方程中把"剩余"即国民收入等于1作为价值标准,纯粹是一个数学处理方法,使生产方程从 k 个增加到 $k+1$ 个以求解 $k+2$ 个变量(k 个价格、工资 w 和利润率 r)。这样,这个体系就有一个自由度,或者工资 w 在体系以外确定,或者利润率 r 在体系以外确定。在前一种情况下,如通过工资谈判来确定工资 w,则 $k+1$ 个变量(k 个价格和利润率 r)就可确定;在后一种情况下,利润率在"生产体系以外,特别是可以为利息率水平所决定",则仍是 $k+1$ 个方程解 $k+1$ 个未知数,k 个价格和工资 w 就可确定。所以,以国民收入这个"合成商品"代替单一商品作为价值标准,与商品价值由 $v+m$ 构成还是由 $c+v+m$ 构成并不相干。① 这就谈不上斯拉法的价格决定方程犯了斯密教条的错误,并"以生产费用论为理论基础"了。

(6) 关于"不变的价值尺度"问题。批评者认为斯拉法以标准"合成商品"作为"不变的价值尺度"无助于解决李嘉图的问题,其理论根据是马克思的如下一段话:"为了衡量商品的价值——为了确定外在的价值尺度——不一定要使衡量其他商品的价值不变。……例如,货币的价值变了,那它的变动对其他所有商品都是相同的。因此,其他商品的相对价值就像货币保持不变一样正确地表示在货币上。这样就把寻求'不变的价值尺度'的问题排除了。"② 这是马克思在评价赛·贝利首次阐明货币的一种职能的贡献时所说的一段话。马克思的意思是说,贝利正确地表明货币作为价值尺度是可变的,从而排除了寻找"不变的价值尺度"问题。但这并不意味着马克思认为寻找"不变的价值尺度"是一个毫无意义的问题。相反地,马克思在评论贝利的这段话以后,紧接着用了很长的篇幅讨论了"它隐藏着一个深刻得多和重要得多的问题"。寻找一个不变的价值尺度并非是"一点儿意义也没有的问题"。正如斯拉法在为李嘉图的《政治经济学及赋税原理》一书所写的序言中所说:在李嘉图看来"'政治经济学的主要问题'是国民产品在各阶级之间分配的问题。在这一研究的过程中,他感到麻烦的是这种产品量的大小似乎随着分配的变化而变化。纵使没有出现什么使总产品的量值发生变化的情况,因为量度是用价值表示的,而相对价值则由于工资和利润的划分有变动而结果已经发生了变化,……因此,当时使李嘉图感到有兴趣的价值问题,便是怎样找到一种不因产品的分配的变化而变化的价值尺度。因而如果工资涨落本身使社会产品量值发生变化,那么,对利润的影响就很难确定了。"③ 斯拉法接过李嘉图提出的这样一个不变(即不受产品分配变化影响)的价值尺度问题,作进一步的研究,决非一点意义没有。

那么,斯拉法由标准体系所确定的工资与利润间的关系是否如批评者所说的"远比李嘉图倒退了一大步"呢?斯拉法从标准体系中得出的 $r=R(1-w)$ 公式,表示工资和利润率之间成反比例变化的关系,这为什么不能表示工资与利润的对立(从而表现为阶级对立的关系)而只反映物质技术关系呢?至于从 $r=R(1-w)$ 这个公式推演出利润率的最高限是 R(假设 $w=0$),这只是一个假设的极限,不是说利润率可以达到这个最高限,正如根据马克思的原理,利润率总是小于剩余价值率,只有假设不变资本=0,利润率才达到最高限——剩余价值率一样。如果认为剩余(纯产品)和剩余价值,都是由活劳动生产的,两者就不存在实质上的分歧(如果工资仅限于生存工资,在这种情况下,斯拉法的"剩余"和马克思的"剩余价值"在量上是一致的,两者都转化为同量的利润)。

此外,斯拉法提出以标准纯产品所能购买的劳动量作为"不变的价值尺度",批评者认为"这样一来,他就在混同消耗的劳动和购买的劳动的前提下,把构成价值实体的

---

① 宋则行注:就整个国民经济来说,国民收入由 $v+m$ 构成,但国民收入作为"合成商品",就其组成部分来说,其价值仍由 $c+v+m$ 构成的。
② 《马克思恩格斯全集》第 26 卷 III,人民出版社,1972 年版,第 143 页。
③ 李嘉图:《政治经济学及赋税原理》,中译本附录,商务印书馆,1972 年版,第 395~396 页。

这个意义上的价值尺度,视为等同于价值的外在尺度,回到了亚当·斯密关于所能支配的劳动决定商品的价值的错误"。的确,商品价值是由生产商品所耗用的劳动量决定的,不是由商品所能支配的劳动量决定的,这是商品价值的内在尺度。应该注意到,斯拉法的"标准商品"虽然沿用了李嘉图的"不变的价值尺度"这个词,但用来计量的是商品价格或生产价格。这里的所谓"不变"是指不受分配变动影响的意义上的"不变"。既然"标准商品"是用来计量商品价格的尺度,它就不是商品价值的内在尺度,即生产商品的劳动耗用量。斯拉法提出用来计量商品价格的尺度是"标准商品",或代替"标准商品"的用"标准纯产品所能购买的劳动量",同商品价值决定于生产所耗用的劳动量,是两回事。不能说"用标准纯产品所能购买的劳动量"计量各种商品价格,违反了商品价值决定于耗用的(社会必要)劳动量的李嘉图或马克思的价值理论而陷入了亚当·斯密的"所能支配劳动量决定商品价值"的错误。

(7) 斯拉法的有时期劳动"还原方程"是否在复制麦克库洛赫的庸俗价值论。麦克库洛赫的错误在于把作为"积累劳动"的资本看作工人的活劳动一样,创造了价值,利润是积累劳动的工资,和工人的工资一样来自劳动。这样就把劳动价值论庸俗化了。斯拉法的"还原方程",是否像批评者所说的那样,犯了和麦克库洛赫一样的错误呢?不,这是对斯拉法"还原方程"的一种误解。斯拉法在"还原方程"中之所以把利润同生产资料价值或同层层的过去的劳动(工资)对应起来,只是表明利润是按生产资料价值或由层层还原的过去的劳动(工资)乘平均利润率 r 计算而得到的。这和马克思的公式一样,不能因为利润是由资本总额($c+v$)乘平均利润率得出的,就说利润是由资本总量产生的。既然,从还原方程得不出利润是由层层的过去劳动产生的结论,从而,也就不能指责还原方程"混淆价值转移过程和新创造过程。"

其次,批评者举李嘉图《绝对价值和交换价值》一文所用麦克库洛赫的例子与斯拉法的还原方程比较,认为只是"两人的手法有所不同",一个由远期推到近期,一个由近期推到远期,都按复利法计算出所使用的资本总量。其实,这只是在计算利润时都用复利法计算的形式上相似而已,在实质上两者完全不同。麦克库洛赫错误地"用使用的资本量来计算所使用的劳动量",把生产所使用的资本量直接等同于使用的劳动量;而斯拉法则是把生产使用的生产资料价值还原为有时期的劳动(工资)与平均利润。两者根本不是一回事,而且斯拉法的还原方程的目的不是说明利润是由过去的劳动或积累的劳动产生的,而只是说明生产所使用的生产资料价值,可还原为有时期劳动,并据此可按利润率计算利润而已。

至于批评者对斯拉法的还原方程所作的如下一个批评,倒是合理的;即还原不管推到多远,在劳动项目以外,总有一个"商品余数"。这点斯拉法自己也承认,但认为只要"尽量把还原推远,总有可能……使余数小得对价格不起任何作用。"但是说斯拉法的还原方程"想要排除不变资本","死抱住亚当·斯密的教条",说它是"建立在收入决定价值这个庸俗价格理论的基础上"的,这就有些牵强了。

的确,斯拉法的还原方程可以说渊源于亚当·斯密在《国富论》中曾举过的谷物价格的例子,说谷物的价格除支付工资、利润、地租外,"也许有人以为必须有第四个部分,用来补偿租地农场主的资本,或者说,补偿他的役畜和其他农具的损耗。但是……

任何一种农具的价格，本身又是由上述三部分构成：养马用的土地的地租、养马的劳动（预付这种劳动的工资）和租地农场主的利润。因此，谷物的价格虽然要补偿马的价格和给养费用，但全部价格仍然直接地或最终地分解为三个部分：地租、劳动（他指的是工资）和利润。"①（转引自马克思《资本论》第2卷，第414页）。马克思对这段话所作的评论是："他在所举的例子中承认，谷物的价格不仅由v+m构成，而且也由生产谷物的生产资料价格构成。但是，他说，这一切生产资料和谷物的价格一样，也分为v+m，不过亚当·斯密忘记加上一句：此外，还分为生产这些生产资料本身所耗费的生产资料的价格。"因此，"商品的全部价格'直接地'或'最终地'分解为v+m，不过是一个空洞的遁词。"②

斯拉法的还原方程和斯密所举的例子显然有相似之处。不过，在还原方程中斯拉法将生产商品所消耗的生产资料价值（数量乘价值）分解（还原）为工资和利润时运用了更精细的方式，如采用了由近及远层层还原，"直至生产资料的'余数'小得对价格不起任何作用"的程度；层层还原的劳动量，分解为有时期的劳动量并据此计算工资额；层层还原的利润则用复利计算等。但是，不言而喻，还原方程并没有如批评者所说的"派生出了不变资本"（生产资料），而只是把使用的生产资料层层还原为有时期的劳动量，从而据以计算工资和利润而已；并且和马克思所归结的"一切商品的价格分解为工资加利润加地租"的斯密教条有别。

最后，宋则行总结道："综观以上七个方面，给人的印象是：批评者基本上将马克思批评李嘉图和李嘉图学派的言词，不问是否对口径，挪用来批评斯拉法，甚至指责斯拉法把李嘉图的理论'进一步庸俗化了'。这样一种批评方法，似乎有欠实事求是。"③

四、经济调节理论：市场调节和计划调节或宏观调控

前文在介绍宋则行改革年代的理论探讨时已阐述了宋则行的市场调节和计划调节的理论观点。这里，从作为宋则行经济思想或宋则行经济学的理论结构的一个组成部分的视角，来深入系统论述一下宋则行的市场调节和计划调节理论。

（一）有计划商品经济与计划调节和市场调节

1. 对社会主义有计划商品经济的总体认识

宋则行在1980年发表的题为《两种层次的计划调节和市场调节》的论文中指出，社会主义经济是建立在生产资料公有制基础上的经济。生产资料公有制要求对国民经济进行计划管理。但在社会主义阶段，生产资料公有制还采取两种不同的形式，有全民所有制，有集体所有制。不同所有制的企业，有不同的利益，就是在全民所

---

① 转引自马克思：《资本论》第2卷，人民出版社，2004年版，第414页。
② 马克思：《资本论》第2卷，人民出版社，2004年版，第414~415页。
③ 宋则行：《马克思经济理论再认识》，经济科学出版社，1997年版，第327~328页。

有制企业之间,也有经济利益上的差别。各种企业之间的交换还必须实行等价原则。此外,在社会主义阶段实行按劳分配原则,对职工劳动报酬的支付以及职工用收入换取消费品,还需借助于商品货币关系。因此社会主义经济又是一种商品经济,它同资本主义商品经济的区别,在于它是建立在公有制基础上的有计划的商品经济,正是这一特征,决定了在社会主义经济管理上,要实行计划调节和市场调节相结合、以计划调节为主的方针。

所谓计划调节,就是通过国家(包括中央和地方)的计划安排来调节社会生产、流通和消费;所谓市场调节就是通过市场机制,即通过市场的供求和价格之间互相作用来调节社会的生产、流通和消费。目的是通过这两种不同的调节经济的途径(或方式),求得各个部门各种产品的生产和需要的相对平衡,求得整个国民经济有计划、按比例,高效率的发展。

2. 社会主义客观经济规律与计划调节和市场调节

宋则行认为,实行计划调节和市场调节相结合的方针,体现社会主义客观经济规律的要求,而且,体现社会主义各种经济规律综合的要求。宋则行说:"不能把一种调节仅仅看作是某一个经济规律的要求。例如,如果把计划调节仅仅看作是国民经济有计划、按比例发展规律的要求,而市场调节只是对价值规律的作用的利用,这就把问题简单化了。容易把两者截然分开。无论计划调节,还是市场调节,首先都必须遵循社会主义基本经济规律和按劳分配规律的要求,要考虑社会主义生产目的是满足人民日益增长的物质和文化生活的需要,要承认国家、集体、个人之间物质利益的差别,照顾各方面的物质利益关系。我们制定计划,实行计划调节,固然要遵循前者的要求,但也要利用后者的作用;同样,实行市场调节,固然要按照价值规律办事,但也要考虑有计划按比例发展规律的要求。"[①]

宋则行对他的这个经济思想做了如下的进一步说明:举例说,制定计划价格,这是计划调节的一个重要手段。但若制定的计划价格不以价值为基础,偏离价值太大,或者不根据价值的变化及时予以修订,这就不仅会影响到企业执行国家计划的积极性,影响到有关产品的供求平衡,而且也影响根据这种计划价格所规定的国民经济各种重要比例(如消费与积累的比例,农、轻、重的结构比例等)是否合理,能否按计划地实现。因此制定计划,进行计划调节,要遵循有计划按比例发展规律,同时也要考虑价值规律的要求,自觉利用价值规律的作用。反过来,进行市场调节,要依靠价值规律,但也要受有计划按比例发展规律的制约。在社会主义条件下的市场调节,决不是让价值规律在市场上完全自发地起调节作用,而是自觉地利用价值规律对生产和流通的调节作用,使各种商品供求得到相对平衡,符合社会主义生产目的,有利于国民经济各种重要比例计划的实现。

3. 区分两种层次的计划调节和市场调节

宋则行把社会主义有计划的商品经济中的计划调节区分为两种层次,即宏观层次的

[①] 宋则行:《转轨中的经济运行问题研究》,辽宁大学出版社,1997年版,第6~7页。

计划调节和市场调节与微观层次的计划调节和市场调节。这种区分，在我国经济学界，是宋则行首次提出来的，具有重要的理论创新意义。

宋则行对两种层次的计划调节和市场调节做了如下的科学界定：

宏观的或对国民经济总体来说的计划调节，其目的是要实现整个国民经济的综合平衡和按比例、高效率的发展。在这个层次上的计划调节，就是要安排好发展国民经济的重要比例关系，如消费与积累的比例，农、轻、重的比例，经济建设、国防建设、文教卫生事业建设的比例等等；规定好国民收入发展水平和增长速度，职工和农民的收入水平和增长速度等一些综合性的、战略性的指标。在这个层次上的计划调节的中心任务是搞好国民经济的综合平衡，实现社会生产和社会需要在总量上的平衡。

在这个层次上的市场调节，则是利用市场机制和与市场机制相联系的各种经济杠杆（或经济手段），如价格、利润与利润分配、信贷和利率、税收等来调节市场的总供给、总需求，使劳动力和资源在各个部门之间的分配符合国家计划规定的方向和比例，以实现国家化规定的各项战略性的综合指标。因此，在这个层次上，市场调节既要受计划调节的制约，同时，又是实现计划目标的手段，实现国民经济综合平衡的手段。

至此，宋则行确定了包括改革经济体制在内的实现两种调节结合的有效途径。他指出："搞好第一层次即宏观的两种调节的结合，就需要改革现行的计划体制和管理体制；加强综合平衡计划工作，搞好中长期计划；在扩大企业经营自主权的同时，充分发挥各种经济杠杆的作用，使市场调节真正成为实现宏观计划调节目标的手段，在国家计划统一指导下，把经济搞活，以满足人民不断增长的物质和文化生活的需要。"[①]

关于微观层次的计划调节和市场调节，宋则行的定义是，对各个企业或各种产品来说的计划调节和市场调节，其目的是要在国民经济综合计划的指导下，实现各个部门或各种产品的生产和需要的相对平衡。在这一层次中，两种调节的关系是，市场调节要受计划调节的制约，同时它又是计划调节的补充。

4. 关于计划调节和市场调节的深度或范围的问题

从计划调节上说，涉及计划调节的范围，例如企业应有多大范围的经营自主权，应当下达哪些指令性指标？是否允许一些产品的价格在一定幅度内上下浮动？一些经济指标是否可以由企业自行决定呢？宋则行揭露了计划经济体制下的一些弊端，例如过去许多消费品都规定由商业部门统购包销，重要的生产资料都由物资部门统一分配。这种"计划性"流通的弊端，现在已经明显地显露出来，它造成产销脱节，货不对路，生产企业不关心产品质量和市场需求，造成有的产品大量积压，有的产品长期短缺等等。宋则行主张改变统一包销和统一分配的体制，允许商业部门根据市场需要进行选购，也允许生产单位进行自销，除了极少数短缺的重要生产资料仍由物资部门统一分配外，可以开辟生产资料市场，允许生产单位和使用单位自行签订供销合同等等，把市场调节的作用引进这些纳入国家生产计划的产品的流通中去，反过来促使生产单位及时调整生产计

---

① 宋则行：《转轨中的经济运行问题研究》，辽宁大学出版社，1997年版，第8～9页。

划，使它更切合市场和使用单位的需要，使计划调节更有效地发挥平衡生产与需要的作用。

属于市场调节的范围，即不列入国家（中央和地方）直接计划的产品，它的生产和流通是否可以完全由市场机制来调节呢？这就涉及一个市场调节的深度的问题，或者从另一个角度说，生产这类产品的企业的经营自主权可以扩大到什么程度的问题。

宋则行指出："所谓市场，就其严格意义来说，应当是价格和供求之间相互作用的机制可以得到充分发挥的地方：价格跌了，买方可以多购，卖方可以少卖或不卖；价格涨了，卖方可以多卖，买方可以不购或少购。当供过于求了，价格就会下跌，求过于供了，价格就会上涨。而这个机制的发挥，是以买方或用户可以自由选购，卖方可以自行决定供应数量，买卖双方都允许竞争为前提的。一般来说，有商品生产的地方，就有价值规律和上述意义的市场存在，就有市场机制调节生产和流通的作用存在。"[①]

回到社会主义经济的现实，市场机制调节生产和流通的功能或作用，却要受到计划调节的制约。如果对市场作用限制得过死，例如，通过国营商业部门的消费品流通，虽然存在着市场，但由于价格是由国家规定的，不因消费者的需求量的增减而涨落，如果再加上一个"统购包销"，市场调节作用就要受到很大限制。市场需求的变化，既不能影响价格，又不能及时反映到生产部门中去，当然不可能对生产起到调节作用。同样，如果某些生产资料，不仅它们的价格和产量是由国家计划规定的，而且它们的流通，都是由物资部门统一分配的，在这种情况下，就连市场也不存在，更谈不上市场调节作用了。对此，宋则行指出："这样，价值规律对生产和流通的作用，将会从反面通过对生产单位的生产积极性的打击，以及出现产品大量积压或长期短缺等现象表现出来。当然在理论上也可设想：计划可以自觉利用价值规律，模拟市场的调节作用。如果充分掌握社会需求情况，经过自下而上的反复平衡来确定计划产量，价格的确定也能以价值为基础，而且可以根据情报和预测，及时根据需求的变化调整计划价格和计划产量，做到生产和需要的相对平衡。但在目前的计划工作水平和计量技术十分低下，而需求情况又是千变万化的情况下，这种模拟市场调节作用的计划调节，对品种、规格、花色繁多的大部分产品来说，只能是一个设想，还不可能做到。"[②]

基于这样一种对经济现实情况的分析，宋则行指出，迫切需要改变"统购包销"、"统一分配"的体制，并允许价格在一定幅度内上下浮动，以充分发挥市场对流通的调节作用，使产、供、销紧密联系，求得生产与需要的相对平衡。

5. 对计划经济和市场调节关系的再认识

在1982年发表的题为《对计划经济和市场调节关系的再认识》的论文中，宋则行对计划经济和市场调节的关系重新做了阐述，表明了一种对二者关系的再认识的看法。过去包括宋则行在内的国内经济学家，在表述二者的关系时都坚持"以计划调节为主"

---

① 宋则行：《转轨中的经济运行问题研究》，辽宁大学出版社，1997年版，第11~12页。
② 宋则行：《转轨中的经济运行问题研究》，辽宁大学出版社，1997年版，第12页。

的提法，现在则按照第五届人大第四次会议的提法，把计划调节作为市场调节的前提提出来。宋则行认为，这个新提法比过去的"以计划调节为主"的提法进了一步，"这是因为'计划经济'和'市场调节'是属于不同层次的东西，前者是指经济体制的总体，因而是'前提'；后者是调节生产和流通的一种方式，因而是'从属'。"[①]

宋则行对当时确定的有计划的商品经济的基本特征做了这样的表述：

①国营经济和集体经济是我国基本的经济形式，一定范围的劳动者个体经济是公有制经济的必要补充；

②由于社会主义公有制的这个特点，在社会主义经济中，国家、集体、个人之间还存在物质利益的差别，还须实行按劳分配原则，所有的产品，包括消费资料和生产资料仍都是商品。因此，社会主义经济也是一种商品经济，但它是建立在公有制基础上的由计划发展的商品经济；

③有计划发展是公有制经济的特征——这固然是区别于资本主义的一个特征，但它又是与共产主义高级阶段经济共有的特征（尽管计划的范围和深度有差异）；

④有计划发展还是无计划发展，是就经济活动或经济运动形式说的；是商品还是一般的物质产品，是就经济活动或竞技运动的内容的性质来说的。所以把社会主义经济活动或运动的形式和内容结合起来，才能揭示它的基本特征。

宋则行指出："把社会主义经济表述为建立在社会主义公有制基础上的有计划发展的商品经济，是有重要的实际意义的。过去在经济工作中长期存在的'左'的错误，就在于混淆了商品经济和资本主义的界限，混淆了社会主义和共产主义的界限，把社会主义商品经济当作资本主义来批，又用共产主义的标准来批社会主义。忽视按劳分配原则，忽视发展商品生产和商品交换，否认价值规律对生产和流通的调节作用。三中全会以来，经济理论界最大的一个突破，就是承认生产资料也是商品，承认社会主义经济仍然是一种商品经济。因此，对社会主义经济作前面那样的表述，对于纠正过去'左'的错误指导思想，明确今后经济体制改革的方向，都是有益的。"[②]

宋则行根据对社会主义有计划的商品经济基本特征的分析，强调了实行计划管理和市场调节的必要性。他写道："当然，社会主义的商品经济是建立在公有制基础上的，是有计划发展的。正因为这样，对社会主义商品经济必须实行计划管理，这是社会主义商品经济发展的一个前提。另一方面，社会主义经济既然还是一种商品经济，价值规律对生产和流通还起着调节作用，这样，国家在制定计划时就要充分考虑和运用价值规律；在实行计划调节的同时，要发挥市场调节的作用；在实行这两种调节时，又要注意运用价格、税收、信贷等经济杠杆。"[③]

6. 关于完善市场体系问题

与市场调节和计划调节相联系，有一个逐步完善社会主义市场体系的问题。宋则行

---

① 宋则行：《转轨中的经济运行问题研究》，辽宁大学出版社，1997年版，第15页。
② 宋则行：《转轨中的经济运行问题研究》，辽宁大学出版社，1997年版，第17页。
③ 宋则行：《转轨中的经济运行问题研究》，辽宁大学出版社，1997年版，第17页。

指出，发展有计划的商品市场，逐步完善市场体系具有重要的意义。这首先在于它是增强企业活力的必要的外部条件。增强企业的活力，就要使它们真正成为相对独立的、自主经营、自负盈亏的社会主义商品生产者和经营者。而要做到这一点，必须为它们创造外部条件，使它们的再生产得以正常地顺利地进行，这就要求它们的产品和所需的各种投入品能够无阻碍地自由流通，迅速周转；生产条件能够及时更新，技术能够迅速交流；劳动力能够合理流动，适时更替等等。这都需要进一步发展商品市场，开辟资金市场、技术市场，形成一个完善的市场体系。增强企业的活力，还须要为它们创造必要的平等竞争的环境和条件，使它们在竞争的压力下对市场的变化做出灵活的反应，从而提高它们的自我改造和自我发展的能力，提高生产与经营的经济效益。这就需要打破条条块块的分割封锁，拆除"部门所有制"和"地区所有制"造成的种种壁垒，破除形形色色的垄断，使同一种产品和服务有足够数量的企业进行生产和经营，在平等、合理的基础上进行竞争。同时，还要逐步形成买方市场，改变由于经常性的产品短缺而形成的卖方对买方的奇货可居的地位。另外，在价格、信贷、税收等各种经济杠杆的运用上，也要做到有利于发展平等的合理的竞争，所有这些都需要建立和发展一个社会主义的统一的市场体系。

此外，宋则行还指出，发展有计划的商品市场，逐步完善市场体系的重要意义还在于它是国家对企业的管理由直接控制为主转向间接控制为主的必不可少的条件。直接控制为主的弊端，如政企职责不分，国家对企业管得过多、过死，忽视商品生产、价值规律和市场的作用，企业缺乏应有的自主权等等，是人们所公认的。现在要从这种以直接控制为主的管理体制，转为以间接控制为主的管理体制，就须一方面切实实行政企职责分开，使企业特别是全民所有制企业真正摆脱作为行政机构附属物的地位，使中央各部、各省、市、自治区不再干预企业的日常的生产经营活动，使企业真正成为独立或相对独立、自主经营、自负盈亏的商品生产者和经营者；另一方面，运用经济手段，特别是各种经济杠杆，如价格、税收、信贷、利率等，间接控制和调节它们的经济活动，使之符合社会主义方向和纳入国家计划的轨道。而要使用各种经济杠杆充分发挥控制和调节企业活动的作用，使企业对各种经济杠杆的参数变动（如各种商品比价的调整，税收税率的调整，信贷额度和利率水平的调整等），做出灵敏的反应，使各种经济杠杆的御用，能激发企业的内在动力或形成企业的外来压力，引导它们循着调节的目标行事，就必须有一个发达的商品市场和完善的市场体系。

如何完善市场体系？宋则行提出，为此，必须配套地搞好计划体制、价格体制、财政税收体制、金融体制和劳动工资制度等方面的改革，以形成一套把计划和市场、微观搞活和宏观控制有机地结合起来的机制和手段。

（二）社会主义市场经济与市场调节和宏观调控

1. 对社会主义市场经济的基本认识

宋则行在题为《纵谈社会主义市场经济》一文中，对社会主义市场经济谈了以下三点基本认识：

（1）市场经济是一种经济运行体制，不是一种社会基本制度，而是和某种社会基本制度相结合的一种经济体制。资本主义市场经济是同资本主义基本制度结合在一起的经济体制，而社会主义市场经济则是同社会主义基本制度结合在一起的经济体制。不同类型的市场经济的共同特征是一国经济的资源配置是由市场起着基础和决定性作用的。从历史发展历程看，市场经济首先是和资本主义基本制度结合在一起的，因而传统的观念误认为市场经济是资本主义特有的东西。但后来的实践，特别是新中国经济发展的实践证明，社会主义也有市场，市场不过是经济运行和资源配置的一种手段，市场经济不等于资本主义。十多年来的实践还证明，在社会主义国家里，发展市场经济比高度集中的计划经济体制更能加快社会生产力的发展，更能促进人民生活水平的提高；在社会主义条件下，利用市场机制，同样可以有效率地起着优化资源配置的作用。因此，市场经济固然是同某种社会基本制度结合在一起的，但它本身不属于社会基本制度的范畴。

（2）市场经济的基本特征是市场对一国经济的资源配置起着基础和决定性作用。一国存在商品生产和商品交换，即存在市场，是一国形成市场经济的前提条件，但存在市场不等于就存在市场经济这样一种经济体制。一国经济必须是基本上通过市场机制配置它的资源用途，才算是市场经济。

资源，或经济资源，在经济学中又称生产要素，它包括自然资源（如土地、森林、探明的矿产等）、人力资源（如一般劳动力、技术人才、管理人才等）、资金、技术、信息等。资源在各个部门、各个地区的配置，首先是由各个部门、各个地区对各种产品（包括物质产品和服务，下同）的需要以及为适应这种需要而进行的产品生产而形成的。为了满足需求，就要进行消费品的生产；为了满足投资需求，就要进行投资品（包括机器设备、工具、建筑物）的生产；而要进行这两类最终产品（消费品和投资品）的生产，就会引起对中间产品（原材料、燃料、动力、交通运输服务）的需要以及为适应这种需要而进行的中间产品生产。而无论进行最终产品生产还是中间产品的生产，都需要劳动力、技术人才、管理人才、固定资金（它体现对机器设备、工具、建筑物等的需求）、流动资金（它体现对原材料、燃料、动力等中间耗用的需求）以及必要的土地、技术、信息等，这就形成对生产要素、即经济资源的需求。如果这些依次形成的最终产品需求、中间产品需求以及生产要素需求，都是通过相应的市场得到满足的，而各个市场的供求双方，又都通过价格机制和竞争机制的调节得到协调和均衡，最终使各类经济资源配置到效益较好的部门、地区、环节中去。这就是市场怎样在一国的资源配置中起基础和决定性作用而形成市场经济的基本轮廓。

宋则行写道："市场是一双看不见的手，凭借它对供求双方的各种信号做出及时的灵敏反应，而企业作为自主经营的市场主体又能依据市场传递的各种经济信号作出相应的行为调整，这样就可使生产适应不断变化的需求，促进各类资源各得其所，得到优化的配置。"[1]

（3）在社会主义市场经济中，市场对资源配置的基础和决定性作用是在国家宏观调控下实现的。市场经济从本质上说，具有自发性。在市场经济中，消费主体和投资主体

---

[1] 宋则行：《转轨中的经济运行问题研究》，辽宁大学出版社，1997年版，第50页。

具有自主性、多元性和分散性，重视当前利益和局部利益，因而由消费需求和投资需求形成的社会总需求与社会总供给的不平衡是经常的，主要靠市场的不断调节达到均衡。但若投资严重过热或不足，都会导致经济周期性的剧烈波动，造成资源使用的浪费或闲置。因此，即使在发达的资本主义国家中，对市场经济活动也要运用财政、金融政策乃至指导性计划，实行不同程度的国家宏观调控和引导，以减轻经济的剧烈波动，寻求经济的平衡增长。而社会主义市场经济是同社会主义基本制度结合在一起的，为实现社会主义的根本任务，更需要国家的宏观调控，以"保持经济总量的基本平衡，促进结构的优化，引导国民经济持续、快速、健康发展，推动社会全面进步。"[①]

2. 社会主义市场经济中的市场调节：作为资源配置的基础

宋则行在题为《社会主义市场经济中的资源配置》的论文中，从产品的生产和需求说起，论述了起资源配置基础和决定性作用的社会主义市场经济中的市场调节。其基本思路是：一个时期的国民生产总值，在扣除折旧以后形成国民收入，国民收入又通过一定的过程，形成个人收入、企业收入、事业单位收入和政府收入。于是这些收入形成消费需求和投资需求，而为了满足这些需求，便需要生产企业（各个生产部门和各个地区的生产企业）生产消费品和投资品。生产企业为了生产消费品和投资品，便需要为生产这些消费品和投资品的中间产品和包括劳动力在内的人力资源，于是形成对生产要素的需求，或称引致需求。"这样，一个时期内各个产业部门，和各个地区生产什么（种类）、生产多少（规模），通过市场价格机制和竞争机制和争取最大利润和最大效用原则得到确定。相应的，各类生产要素（资源）根据各个生产部门、各个地区的生产需求和争取最大报酬的原则，经过部门间、地区间的流动调整，最终被分配到效益较好的部门、地区中去，从而一个时期的产业结构、地区布局和经济总量的新水平由此形成。"[②]

宋则行指出，要形成这样一个市场对资源配置起基础和决定性作用的市场经济体制，需要具备一些基本条件：一是要有一个包括最终产品市场、中间产品市场以及生产要素市场在内的全国统一、开放的、不受地区和部门分割的市场体系，而且国内市场要与国际市场相互衔接，哪儿收益高，可流动的资源就无障碍地往哪儿流，这样才能形成资源的优化配置；二是要企业这个市场主体，真正是自主经营、自担风险、自负盈亏、自我发展、自我约束的经济实体，能及时地根据市场的变化做出相应的行为调整；三是要市场机制的功能得到充分的发挥：一方面，由市场供求来形成价格，反过来又由价格来调节市场供求；同时，企业与企业之间的竞争应是规范化的平等竞争，通过优胜劣汰，实现资源的优化配置。具备以上三个基本条件，市场才能对资源配置起基础和决定性的作用，同时也是任何一个市场经济所具有的共同的基本特征。

3. 社会主义市场经济中的宏观调控：引导市场调节的方向

宋则行认为，社会主义市场经济体制的另一个重要内容，是强调国家的宏观调控。在社会主义市场经济中，市场对资源配置的基础和决定性作用是在国家的宏观调控下实

---

① 见1993年11月14日公布的《中共中央关于建立社会主义市场经济体制若干问题的决定》。
② 宋则行：《转轨中的经济运行问题研究》，辽宁大学出版社，1997年版，第54页。

现的。宋则行指出，国家宏观调控有如下三个目标：

（1）保持经济总量的基本平衡，主要是保持社会总需求和社会总供给的基本平衡。保持社会总需求和社会总供给在增长过程中的基本平衡，才能保持物价总水平和货币价值的基本稳定，才不致造成各类资源的紧缺或闲置、浪费和不合理的配置。特别要防止投资过热，它会造成社会总需求持续地超过社会总供给，形成通货膨胀的压力。因此，重点是调控固定资产的投资规模，使之不超越可能的各类资源供应。

（2）优化经济结构，主要是优化产业结构。合理的产业结构，体现资源的合理配置。在这里，关键是要调控投资的部门结构和地区结构。当然，为了合理调整结构，有时也有必要进行资产存量的调整。

（3）保持经济的快速、协调增长，主要是调控经济的增长速度，使之既保持较高的速度，又能取得较高的效益，避免经济增长过程的剧烈波动。

上述三项调控目标是相辅相成、紧密联系的。

至于实现宏观调控目标的方式，显然不能采取直接干预企业经济活动的办法。政府应主要运用经济手段来协调供求，间接通过市场机制实现调控目标的要求。具体说来，应主要运用计划、金融、财政三方面的手段，使之相互配合、相互制约，作用于宏观经济，以达到经济总量的基本平衡，经济结构的基本合理，经济快速协调增长的要求。进行宏观调控，在必要时也可运用行政手段，如极少数关系国计民生产品和服务的价格，可以采取国家定价或规定价格浮动幅度或规定最低价、最高价等，但应尽量避免使用这种强制性的行政手段。

五、国民经济综合平衡理论：总量平衡与结构平衡

（一）对所谓"积累和消费总和超过了国民收入"提法的评析

在 20 世纪 80 年代初，经济学界流行一种提法，即"积累和消费总和超过了国民收入"。宋则行以一个经济学家特有的敏感性，立即觉察到这种提法的谬误，并写了专门的文章对这个提法加以评析，指出其错误所在。由这篇文章又引出了一系列论述国民经济综合平衡的文章，贯穿这些文章的一个基本线索，是从总量平衡（社会总需求＝社会总供给）和结构平衡（国民经济各部门间的价值平衡和实物平衡）的视角论述国民经济综合平衡问题。这就是宋则行经济学的国民经济综合和平衡理论。

宋则行提出如下诸条理由，来说明所谓"积累和消费总和超过了国民收入"的提法是错误的所在：

一是在统计上，谈到积累、消费、国民收入使用额、国民收入生产额，都是指实现了的数额来说的。在没有进出口贸易或进出口贸易平衡的情况下，积累和消费的总和即国民收入使用额，总是和国民收入生产额是相等的（计算上的误差和财产上的损失不计）。从实现的结果来说，前者不可能超过后者。

二是如果考虑到进出口贸易以及入超的存在，那么，积累和消费的总和的确有可能超过国民收入生产额。因为在这种情况下：国民收入使用额＝积累＋消费＋出口＝国民

收入生产额+进口，或积累+消费=国民收入生产额+（进口-出口）。这就是说，当积累和消费的总和中有一部分靠入超来弥补时，积累和消费的总和就超过了国民收入生产额。因此，只有在这个意义上，上述的提法才是准确的。但是提出这个说法的同志显然不是主要就这个意义来说的，而主要是指，由于中央、地方及企业安排的基本建设投资过多了，城乡人民收入提高得快了，两者之和超过了国民收入生产额。如果这样来体会这个提法的实际意义是不错的话，那么，问题就在于和国民收入生产额相比时，把安排的基本建设投资和城乡人民收入等同于国民收入使用额中的积累和消费，是否准确？

三是宋则行认为，中央、地方、企业安排的基本建设投资额和作为国民收入使用额组成部分的"积累"不是一个概念，不能把两者混淆。作为国民收入使用额组成部分的积累，只是实现了的投资，如果不考虑进出口或假定进出口可以相抵的话，它和国民收入生产额中作为最终产品的生产资料产值（包括一切部门中存活于储备的增加）相等，不存在超过的问题。而所谓基建投资安排过多，则是指它超过了国民收入生产额中的生产资料生产，超过了生产资料供应的可能，占用了过多的生产资料，挤压了简单再生产和消费品生产，这样，不仅使一部分投资得不到实现，未完成的项目比重增大，并且使生产资源的供求关系紧张，影响简单再生产的正常进行，而且也造成了消费品供求关系的紧张，使国民经济比例严重失调。

四是城乡人民收入的提高（或购买力提高，或消费能力提高），和国民收入使用额组成部分的"消费"也不是一个概念，不能把两者混淆。作为国民收入使用额的"消费"也只是实现了的消费，如果同样不考虑进出口贸易或假定进出口贸易相抵的话，它和国民收入生产额中消费品产值（除去存货与储备增加）相等，也不存在超过的问题。城乡人民收入由于增加工资、提高农产品收购价等原因大大增加了，这就造成对消费品需求的增加，这在消费品生产不能相应扩大的情况下，必然造成消费品供求关系的紧张，以致相当一部分城乡人民的消费得不到实现，成为强制性储蓄，同时引起市场物价上涨。因此，只能说：城乡人民收入或社会购买力的提高超过了消费品生产供应增长的可能，不能说国民收入使用额中"消费"超过了国民收入中的消费品生产额。

至此，宋则行总结说："基于上述理由，我认为国民收入使用额或'积累和消费总和'超过了国民收入（生产额）的提法是不准确的，不能表达这句话原来想要表达的含义。我想，比较准确的提法应是：这几年来通过中央、地方财政开支、银行贷款和企业自筹资金安排的投资（包括基建投资和扩增的流动资金），增加的储备和城乡人民的收入水平，超过了生产资料和消费品生产供应的可能（或生产资源供应的可能）。更简单的说法是社会总需求超过了社会总生产。"[①]

宋则行对"积累和消费总和超过了国民收入"的提法的评析不但纠正了这个错误的或不准确的提法，而且开启了按照社会总需求和社会总供给分析国民经济综合平衡问题的新思路，或者说，开创了具有创新意义的国民经济综合平衡理论，大大丰富和发展了我国社会主义经济运行理论。往后，我们看到，在宋则行关于我国社会主义经济运行问

---

① 宋则行：《转轨中的经济运行问题研究》，辽宁大学出版社，1997年版，第131~132页。

题的理论文章中，都贯穿了社会总需求和社会总供给相平衡的基本线索。这种分析无疑是借鉴和运用了凯恩斯的总量分析方法。此外，在宋则行探讨国民经济综合平衡的理论著作和文章中，还应用了马克思关于社会生产两大部类实现条件的理论，把凯恩斯的总量分析和马克思的结构分析融为一体，从而形成了宋则行经济学的一大理论特色。

（二）国民经济综合平衡理论概述

1981年3月2日，《人民日报》发表了宋则行题为《关于国民经济综合平衡的几个理论问题》的经典性论文，第一次全面系统地阐发了以社会总需求和社会总供给相平衡为基础的国民经济综合平衡理论。这里，依据他的这篇论文，对他的国民经济综合平衡理论作一概述。

1. 国民经济综合平衡的基本原则和要求

综合平衡是国民经济全局性的宏观平衡，是相对于单项或局部（部门、地区）的微观平衡来说的。它要求社会总需求和社会总生产（即社会总供给，下同）相平衡，要求社会总需求的各个重要构成部分（如投资和消费）和社会总生产中相应的各个重要构成部分（如生产资料生产和消费品生产）相平衡。综合平衡是建立在单项或局部的平衡基础上的，而单项或局部的平衡又必须符合全局性的综合平衡的要求。社会总需求和社会总生产的平衡主要是价值上的平衡，而社会总需求各个构成部分和社会总生产与之相适应的各个构成部分的平衡，又必须在实物上取得平衡。因此综合平衡要求价值平衡和实物平衡互相衔接，互相一致，要求社会总需求与社会生产资源的供应可能相适应。在计划期间，经过努力，有多少可以利用的资源，才能安排多大的社会需求。在一定期间，量力而行，量入为出，这是搞好综合平衡的一项基本原则。

但是综合平衡，不是为平衡而平衡。搞好综合平衡是为了实现一定的目标，这就是要使国民经济按照符合社会主义生产目的的最优比例协调发展。所谓最优比例，是指能保证最优增长速度的比例；而所谓最优增长速度，并不是通常所说的高速度，而是指能保证人民眼前利益和长远利益相结合的具有最优宏观经济效益的速度。这就是说，要通过综合平衡，使有限的资源得到高效率的利用，在国民经济全局范围内实现以最少的劳动耗费取得最大的经济效果，更好地满足人民日益增长的物质和文化生活的需要。

2. 综合平衡从何着手？

怎样搞好综合平衡？宋则行认为，首先要从分析过去一个时期社会总需求和社会总生产的规模、结构着手，从中揭示国民经济中不平衡的因素，生产结构中的薄弱环节，可能挖掘的生产潜力，急需满足的群众物质和文化生活的需要，进行必要的扩大再生产所需的投资规模，以及为满足这些方面的需求所需的生产资源供应的可能，等等。宋则行指出："进行综合平衡，就是要在分析过去、摸清现状的基础上，按照量力而行、量入为出的原则，估算计划期内可以达到的国民收入水平和资源供应规模，由此出发，合理调整投资和消费的比例以及两者的规模和结构，使之既能逐步改善人民的物质和文化生活，又能逐步增强扩大再生产的能力，取得最优的宏观经济效果。"① 为此，就需要从两方面来反复平衡。一方面，从计划安排的投资和消费需求来估算其所需要的各种生产资源的规模（包括物力、财力、人力，特别是其中的物力）；另一方面，从采取的生产结构调整措施和增产节约技术措施来估算各项生产资源及其薄弱环节。如果发现后者不能满足前者的需求，就要控制或压缩社会总需求，重新调整投资和消费的规模和结构，同时尽可能改善或强化资源供应方面的薄弱环节，直至两者相适应为止。在制定计划时，固然要从这两方面来反复平衡，就是在执行计划的过程中也要随时注意情况的变化，从上述两方面进行适当的调整，不断进行平衡。

3. 控制社会总需求是搞好综合平衡的关键

宋则行从总结新中国成立以来到 20 世纪 80 年代初经济建设的历史经验教训中认识到，每次出现国民经济比例关系的严重失调，都是因为在"左倾"思想的错误指导下违背了量力而行、量入为出的原则，不适当地安排了过多的社会总需求，超过了社会总生产，超过了资源供应的可能。而造成社会总需求超过资源供应可能的最重要原因，则是不自量力地安排了过多的基本建设投资。

对此，宋则行做了如下的进一步分析：

基本建设投资规模愈大，占用生产资源愈多，达到一定程度，就有可能挤掉简单再生产所需的资源；同时，如果占用的大都是与消费品生产所共同需要的资源，如能源、材料、制造机器设备的能力等，就必然挤掉消费品生产能力。不仅如此，基本建设投资规模愈大，占用劳动力愈多，就业面相应扩大，职工工资开支增加，社会购买力膨胀，对消费品的需求也就随之增大。为了充分估计这种对消费品需求的增大，还应看到投资的增加会引起一系列连锁反应，可以引起几倍于投资额本身所包含的职工收入的增长。这是因为投资不仅引起投资部门本身的就业扩大和职工收入的增加，而且引起为他供应能源、材料、设备等部门的就业扩大和职工收入的增加，而这些部门在增加生产时，又必然引起他们生产所需的又一些原材料、设备生产部门就业的扩大和职工收入的增加，并且这些生产资料生产部门的就业和职工收入的层层扩大，这又进一步引起对消费品需求的增加。这样层层的连锁反应，不仅造成生产资料供求关系的紧张，而且会引起消费品供求关系的紧张。因此，如果对投资不加控制，必将造成各方面比例关系的失调。

宋则行的这种关于基本建设投资的增长对国民经济影响的分析，显然应用了凯恩斯关于投资需求在决定国民收入中的作用和投资乘数理论。但这种乘数效应起作用的条件，在资本主义社会是资源没有充分利用；在社会主义下面，虽然资源短缺，但计划部门把资源过多地投放于基本建设部门，也会引起这种效应，在这种情况下，很可能出现匈牙利经济学家科尔奈所说的"投资饥渴症"。

当然，宋则行指出，基本建设投资或迟或早形成新的生产能力，这对各方面紧张的供求关系可起缓解的作用。但进一步分析起来，问题复杂得多。这里从略。

构成社会总需求的另一个因素是消费需求。消费需求的增长取决于城乡人民收入的

---

① 宋则行：《转轨中的经济运行问题研究》，辽宁大学出版社，1997 年版，第 124~125 页。

提高。城乡人民的收入随着工农业生产的增长而增长，是理所当然的。但是平均收入增长的幅度必须不超过劳动生产率增长的幅度。因此，在压缩和调整投资的同时，通过控制农产品价格、平均工资和奖金增长的幅度，把人民的消费需求控制在消费品生产供应可能的增长范围内。这也是搞好综合平衡的一个重要方面。

（三）准确理解或把握社会总供求关系的内涵

宋则行在题为《关于社会总需求与社会总供给的平衡问题》一文中，针对北京大学厉以宁教授所编写的《社会主义政治经济学讲授提纲》（以下简称《提纲》）所涉及的社会总需求与社会总供给及其关系问题的一些不够准确的提法，提出了自己的意见。这些意见表现了宋则行对待经济分析的严肃的科学态度。重温宋则行的文章，对于我们准确理解和把握社会总供求关系的内涵，大有裨益。

1. 关于国民收入价值构成和社会总供求之间关系问题

宋则行在文章中首先把《提纲》中涉及社会总供求之间关系的原文摘录如下：

从供给的角度看，国民收入的分解如下：

国民收入＝狭义的社会总供给＝消费品供给＋投资品（指狭义净投资品）供给＝消费品和投资品生产中创造出来的价值＝从事生产活动的劳动者的收入＋剩余　　　（3－1）

从需求的角度来看，国民收入的分解如下：

国民收入＝狭义的社会总需求＝对消费品的需求＋对投资品（指净投资品）需求＝用于消费的支出＋用于投资的支出＝消费＋投资　　　　　　　　　　　　　（3－2）①

在此处，宋则行做了这样的说明：以下为行文方便，提到社会总供给和社会总需求时都是《提纲》所说的狭义的社会总供给和社会总需求（关于狭义、广义的分法，下文将有专节讨论）；提到投资品时都指净投资品（即不包括重置投资品）；提到"从事生产活动的劳动者收入＋剩余"时，都用（v＋m）来代替。

接下来，宋则行对这一段论述提出了如下的意见：

（1）（v＋m）不是从供给角度看的国民收入价值构成

一定时期（如一年）创造的国民收入，从其实物形态说，是这一时期生产的投资品和消费品，形成社会总供给。就其价值形态说，即这类产品的价值或社会净产值，它可分解为（v＋m）。但问题是：（v＋m）是不是从供给角度看的国民收入价值构成，即能不能用（v＋m）来代表社会总供给。

我们认为不能。尽管（v＋m）和投资品与消费品在价值上是相等的，但（v＋m）不是从供给的角度来说的国民收入价值构成，而是从国民收入所得者的角度或从国民收入分配的角度来说的价值构成。而且 v 与 m 恰是形成社会总需求的源泉，即 v 与 m 经过分配和再分配，形成社会总需求。因此，不能如公式（3－1）那样，用（v＋m）代表社会总供给。代表社会总供给的，只能是消费品和投资品的价值或社会净产值。

（2）国民收入等于社会总需求，必须有一个前提

---

① 《经济研究资料》，1986 年第 1 期，第 7～8 页。

公式（3—2）："国民收入＝社会总需求"这个公式的成立，必须有一个前提，即全部国民收入（v＋m）不是用于消费支出，就是用于投资支出。但从国民收入所得者来说，v不一定全部转化为消费支出，v的所得者，将其一大部分用于消费，一小部分作为储蓄，而后者不一定能全部转化为投资需求。同样，m也不一定全部转化为投资和消费。m通过分配和再分配，一部分转为企业收入（其中一部分转化为个人收入），一部分转化为国家收入，但就企业收入或国家收入来说，也不一定全部转化为投资和消费，也有可能一部分被闲置起来。总之，无论是v或m，从所得者来说，一部分用于消费支出，一部分用作储蓄。由于收入的所得者不一定就是投资的决策者，全社会的储蓄不一定全部都能直接、间接转化为投资需求（支出）。反过来，消费需求和投资需求也不一定全部来自本期的v与m，也可能有一部分来自上期的结余资金、财政赤字、信贷的过度扩张等。只有在消费需求和投资需求全部来自本期的v与m，并且v与m不是用于消费就是用于投资，或本期的储蓄（v与m不用于消费的部分）全部转化为投资的条件下，社会总需求才和国民收入相等。

（3）国民收入＝消费＋投资，是从实现的意义上说的

宋则行指出，就一定时期的国民收入的最终使用或实现来说，全部国民收入不是用于消费，就是用于投资（更确切地说就是积累，投资的实现可称为积累，下同），因此，在这个意义上说，国民收入总是等于消费＋投资，但这里的消费和投资，都不是从需求的意义上来说的，而是从实现的意义上来说的。因为一定时期的国民收入，就其使用结果看，一部分成为消费者手中的消费品，一部分形成固定资产，一部分形成流动资产，即投资品或消费品或原材料库存的增加，而这些和消费需求及投资需求都不是同一概念。消费需求和消费的实现不一定是一致的，因为对消费品的需求和同其消费品的供给经常是不平衡的，如果前者大于后者，其结果或者一部分消费需求得不到实现，或者造成消费品库存的被动减少（即流动资产投资的被动减少），或者一部分消费支出为消费品涨价所吞噬。如果前者小于后者，其结果或者一部分消费品会积压，转为库存的被动增加（即流动资产投资被动增加），或者消费支出因消费品跌价而增加。同样，投资需求与投资的实现也不一定是一致的，因为对投资品的需求和同其投资品的供给也是经常不平衡的。如果前者大于后者，其结果或者一部分投资需求得不到实现，或者造成投资品库存的被动减少（即流动资产投资的被动减少），或者一部分投资支出为投资品涨价所吞噬。如果前者小于后者，一部分投资品就会积压，不能形成固定资产，转为投资品库存的被动增加（即流动资产的被动增加）。因此消费需求和投资需求与实现的消费和投资不是同一概念。一定时期的消费需求＋投资需求，不一定和国民收入相等，但一定时期的国民收入总是与实现的消费和投资（包括消费品、投资品即原材料库存的被动增减，或流动资产投资的被动增减）相等。

从国民收入变动的动态分析看，在生产能力和劳动力资源尚未充分利用的情况下，如果社会总需求超过（或小于）社会总供给，而市场机制的调节作用不受到阻碍，就会促使生产的增长（或减缩），从而促使国民收入水平上升（或下降），与社会总需求趋于一致。但是这种国民收入与社会总需求的相一致，是通过社会总需求与社会总供给的失衡，引起国民收入水平的变动而达到的。然而就一定时期来说，国民收入就并非必然和

社会总需求相等,即未必等于消费需求+投资需求。

(4) 基于上面的分析而得出的小结

一定时期的国民收入,

①就其生产来说,

国民收入=消费品价值+(净)投资品价值=社会生产净值=社会总供给 (A-1)

②就其所得者之间的分配说,

国民收入=v+m (A-2)

v与m是社会总需求的资金来源,国民收入通过v与m的分配和再分配,形成对消费品的需求和对投资品的需求。但后者不一定等于(v+m);它们可以大于(v+m)(如果有其他资金来源),可以小于(v+m)(如果v与m并不全部转化为消费需求和投资需求)。

③就其最终使用或实现说,

国民收入=消费+投资(积累) (A-3)

这里,消费与投资并非指对消费品的需求和对投资品的需求,而是指消费和投资的实现。而且,投资的实现包括消费品、投资品、原材料的库存的被动的增加(或减少),即流动资产投资(积累)的被动增加(或减少)。

(5) 在封闭条件下社会总需求与社会总供给平衡公式

根据前文的分析,这个公式应是:

消费支出+投资支出=消费品产值+(净)投资品产值
　　　　　　　　=社会生产净值

这个平衡公式实现的条件:

①消费支出与投资支出唯一资金来源是(v+m);

②(v+m)通过分配和再分配全部转化为消费支出和投资支出。

如果不能满足这两个条件,平衡公式可写为:

由(v+m)转化的(消费支出+投资支出)+由其他资金来源
　　　转化的(消费支出+投资支出)=社会净产值

这个平衡公式实现的条件是(v+m)未转化为消费支出和投资支出的部分,刚好为其他资金来源转化的消费支出和投资支出所补充,即平衡公式的左端相加=(v+m),才能和社会总供给平衡。

2. 关于开放条件下社会总需求和社会总供给的价值平衡问题

关于这个问题,《提纲》有关的原文摘要如下:

(1) 从社会总需求的角度分析出口

总需求=消费需求+投资需求+来自国外的对消费品和生产资料的需求
　　　=消费支出+投资支出+出口 (3-4)

(2) 从社会总供给的角度分析进口

总供给=消费品供给+投资品供给+进口 (3-5)

引入对外贸易后总需求与总供给的平衡公式是:

消费支出+投资支出+(出口-进口)=消费品供给+投资品供给

或表达为：

消费＋投资＋（出口－进口）＝从事生产活动的劳动者收入＋剩余　　　　　　（3－6）

(3) 从社会总需求的角度分析资金的流入

总需求＝消费需求＋资金流入引起的对消费品的需求和投资品的需求＝消费支出＋投资支出＋资金流入　　　　　　（3－7）

(4) 从社会总供给的角度分析资金流出

总供给＝从事生产活动的劳动者收入＋剩余＋资金流入　　　　　　（3－8）

引入国际资金流动后，总需求与总供给的平衡公式是：

消费＋投资＋（出口－进口）＝从事生产活动的流动性和收入＋剩余－（资金流出－资金流入）　　　　　　（3－9）

(5) 开放条件下维持社会总需求与社会总供给之间价值平衡的条件

消费＋投资＋（出口－进口）＝从事生产活动的劳动者收入＋剩余＋资金净流出
　　　　　　（3－10）

即：消费＋投资＋净出口＝从事生产活动的劳动者收入＋剩余＋资金净流出
　　　　　　（3－11）

如果消费与投资之和已经等于从事生产活动的劳动者收入与剩余之和，那么，社会总需求与社会总供给之间保持价值平衡的条件是：

净出口＝资金净流出　　　　　　（3－12）①

对《提纲》的这一部分论述，宋则行做了如下的评析：

(1) 关于引入对外贸易后的总需求与总供给的平衡的分析

《提纲》所列（3－3）、（3－4）、（3－5）几个等式都是准确的。但是等式（3－6）的表述，涉及（v＋m）能否表达社会总供给含义问题。关于这点，上文对《提纲》中等式（3－1）所提的意见，这里也是适用的，不须赘述。

(2) 关于引入资金流出后总需求与总供给的平衡的分析

①关于总需求等式（3－7）。首先，等式右端的头两项消费需求（支出）和投资需求（支出），应指明是来自国内资金的消费需求和投资需求；笼统地提出消费需求和投资需求，易于误解为全部消费需求和投资需求，则将与第三项（资金流入引起的消费品需求和投资品需求）有重复计算。其次，这个等式实际上是以资金流入全部转化为对国内消费品和投资品的需求为条件的。但这个假定是不符合实际的。资金流入无论是来自国外借款或外商直接投资，主要用来进口技术和设备，只能一部分用来购置国内生产的投资品和消费品，即主要引起对国外生产的投资品的需求。因此，总需求如果是指对国内产品的需求，那么，资金流入不能全部转化而只能部分转化为对国内产品的需求；如果总需求指的包括对国内和国外产品的总需求，则资金流入全部作为组成部分时，应在总供给一方加上相应的进口。但《提纲》分析资金流入的影响时，仅仅提总需求，而未提总供给的变化。

---

① 《经济研究资料》，1986年第1期，第11～12页。

②关于总供给等式（3—8）。《提纲》指出，流出资金是国内新创造价值的扣除，即（v+m）的扣除，既然如此，则等式（3—8）右端第一、二项也不能笼统地写作（v+m），只能写作供国内用的（v+m），因为资金流出既然意味着（v+m）的扣除，如第一、二两项是全部（v+m），那么应该减去而不是加上资金流出，才能表示可供国内消费和投资用的总供给；如果加上资金流出，显然会造成重复计算。如果总供给是指全部消费品和投资品的供给，包括供国内用的和国外用的，则总供给仍然是全部（v+m），没有必要再加上资金流出。但更确切地说，总供给仍然是全部社会生产净值或全部消费品产值和投资品产值，因为已如前文所述，（v+m）不表达总供给的含义，只表达国民收入分配的含义，而且，从实物形态来说，总供给是国内生产的全部消费品和（净）投资品，其价值是社会生产净值，资金流出并不意味着总供给的减少，而只是意味着可以转化为投资需求和消费需求的国内资金的减少。如果流出的资金全部转化为对国内产品的需求，即资金的流出引起同量的出口的增加（如对外投资引起国内产的投资品的出口），则填补了因资金流出而减少的投资需求和消费需求。如果流出的资金全部转化为对国外市场产品的需求，则资金流出只是减少了国内的总需求，总供给仍可全部供国内之用，无须分出一部分供出口之用。因而用等式（3—8）来表述资金流出时的社会总供给是不确切的，而应写为：

总供给＝消费品产值＋（净）投资品产值＝社会净产值；同时，在总需求等式中扣除资金流出。

以上对等式（3—7）、（3—8）提出的意见，同样适用于等式（3—9）、（3—10）、（3—11）。

（3）综合考虑以上复杂因素，可以分以下两种情况来分析资金流入流出对总需求和总供给的影响及其平衡条件

①假定资金流入全部转化为对国内投资品和消费品的需求（不引起进口的增加）。这实际上是《提纲》所假定的一种极端情况。在这种情况下，总需求与总供给等式应如下列：

总需求＝来自国内资金（扣除流出资金后）的消费支出和（净）投资支出＋资金流入引起的（净）投资支出和消费支出　　　　　　　　　　　　　　　　（B—1）

总供给＝消费品产值＋（净）投资品产值＝社会生产净值　　　　　　　　（B—2）

平衡公式是：

来自国内资金（扣除资金流出后）的消费支出和（净）投资支出＋资金流入引起的（净）投资支出和消费支出＝社会生产净值　　　　　　　　　　　　　　　（B—3）

设国内资金系全部来自（v+m），并且扣除资金流出后，全部转化为消费支出和投资支出，这样，平衡公式的左端，即来自国内资金和由资金流入引起的消费支出与投资支出，就等于（v+m）－资金流出＋资金流入。从而上述平衡公式就成为：

（v+m）－资金流出＋资金流入＝社会生产净值　　　　　　　　　　　　　（B—4）

即（v+m）＋资金净流入＝社会生产净值　　　　　　　　　　　　　　　　（B—5）

在上式中由于（v+m）与社会生产净值是相等的，要实现平衡，就须：

资金流入＝资金流出　或资金净流入＝0　　　　　　　　　　　　　　　　（B—6）

如果资金流入大于资金流出，总需求将超过总供给；反之，如果资金流入小于资金流出，总需求将小于总供给。

另外，如果用于消费和投资支出的国内资金大于扣除资金流出后的（v＋m），这说明消费和投资支出还有其他国内来源，这样，即使资金净流入＝0，总需求仍将超过总供给。如果用于消费和投资的国内资金小于扣除资金流出后的（v＋m），这说明后者没有全部转化为消费与投资，则总需求将少于总供给。

总之，在资金流出流入被设想为①的情况下，总需求与总供给平衡的实现条件有二：一是来自国内资金的消费支出和（净）投资支出＝（v＋m）－资金流出，即国内资金全部来自（v＋m），无其他国内来源，并且扣除资金流出后，全部转化为消费支出和投资支出；二是资金净流入（出）＝0．如果这两个条件得不到实现，则只有在以下两种特殊情况下，才能平衡：一是来自国内资金的消费与投资支出超过扣除资金流出后的（v＋m）之数恰好为资金流出额所抵消；二是（v＋m）扣除资金流出后未能转化为消费与投资之数，恰好为资金流入额所补充。一句话，在引入资金流出流入因素后，如属于①的情况，则只有在来自国内资金和由资金流入所引起的全部消费总支出和（净）投资总支出的数额，仍相当于（v＋m），从而和社会生产净值相等时，总需求才能和总供给相平衡。

②假定资金流入一部分用于对国内消费品和（净）投资品的需求，一部分用来进口投资品和消费品；资金流出一部分转化为对国外市场产品的需求，一部分引起对国内投资品和消费品的需求（即出口的需求）。这是通常符合实际的情况。在这种情况下，总需求与总供给的等式应如下列：

总需求＝来自国内资金（扣除资金流出后）的（净）投资支出和消费支出＋资金流入引起的（净）投资支出和消费支出＋资金流出引起的出口　　　　　　　　　　　　　　（B－7）

总供给＝消费品产值＋（净）投资品产值＋资金流入引起的进口＝社会净产值＋资金流入引起的进口　　　　　　　　　　　　　　　　　　　　　　　　　　　　　　（B－8）

平衡公式是：

来自国内资金（扣除资金流出后）的（净）投资支出和消费支出＋资金流出引起的出口＝社会净产值＋资金流入引起的进口　　　　　　　　　　　　　　　　　（B－9）

设国内资金全部来自（v＋m），并且扣除资金流出后全部转化为消费支出和投资支出，这样这个平衡公式左端的前两项，即来自国内资金和由资金流入引起的投资总支出和消费总支出，就等于（v＋m）－资金流出＋资金流入，从而上述平衡公式就成为：

（v＋m）－资金流出＋资金流入＋资金流出引起的出口＝社会净产值＋资金流入引起的进口　　　　　　　　　　　　　　　　　　　　　　　　　　　　　　　　（B－10）

移项：（v＋m）＋（资金流入－资金流出）＝社会净产值＋（资金流入引起的进口－资金流出引起的出口）　　　　　　　　　　　　　　　　　　　　　　　　　（B－11）

在上式中由于（v＋m）与社会净产值是相等的，要实现平衡就须：

资金净流入＝资金流出入引起的净进口　　　　　　　　　　　　　　　　（B－12）

或资金净流出＝资金流出入引起的净出口　　　　　　　　　　　　　　　（B－13）

如果资金净流入大于资金流出引起的净进口（或资金净流出小于资金流入引起的净

出口），则总需求将少于总供给。

另外，如果用于消费和投资的国内资金大于扣除资金流出的（v+m），这说明消费和投资支出还有其他国内来源，这样，即使资金流入等于资金流出入引起的净进口，总需求仍将超过总供给。如果用于消费和投资的国内资金小于扣除资金流出后的（v+m），这说明后者没有全部转化为消费与投资，则总需求将少于总供给。

总之，在资金流出流入被设想为②的情况下，总需求与总供给平衡的实现条件有二：一是来自国内资金的消费支出和（净）投资支出＝（v+m）－资金流出，即国内资金全部来自（v+m），无其他国内来源，并且扣除资金流出后全部转化为消费和投资支出［这个条件与（1）的情况相同］；二是资金净流入（出）＝资金流出入引起的净进口（出口）。如果这两个条件都得不到实现，则只有在以下两个特殊情况下，才能平衡：一是来自国内资金的消费与投资支出超过扣除资金流出后的（v+m）之数，恰好为资金净流出超过资金流出如引起的净出口（资金净流入少于资金流出入引起的净进口）之数所抵消；二是（v+m）扣除资金流出后未能转化为消费与投资之数，恰好为资金净流入额超过资金流出引起的净进口（或资金净流出额少于资金流出入引起的净出口）之数所补充。一句话，在引入资金流出流入因素后，如属于（2）的情况，则只有在来自国内资金和资金流入所引起的全部消费支出和（净）投资总支出的数额，相当于（v+m）加上资金净流入（或减去资金净流出），并和社会净产值加上因资金流出入引起的净进口（或减去因资金流出入引起的净出口）相等时总需求才能和总供给相平衡。

（4）引入资金流出流入和进出口贸易后的总需求与总供给之间的价值平衡

除了因资金流入流出引起的进出口外，还有通常的对外贸易往来的进出口。如果在上述资金流出入②的情况中加上这个因素，则只需在总需求中加上通常的出口，在总供给中加上通常的进口；前者与资金流出引起的出口合并，通称出口，后者与资金流入引起的进口合并，通称进口，就可得出在这种情况下总需求与总供给的平衡公式：

来自国内资金（扣除资金流出后）的（净）投资支出和消费支出＋资金流入引起的（净）投资支出和消费支出＋出口＝社会净产值＋进口　　　　　　　　　　（B－14）

同样，设国内资金全部来自（v+m），并且扣除资金流出后全部转化为消费支出和投资支出，这个平衡公式就成为：

(v+m)－资金流出＋资金流入＋出口＝社会净产值＋进口　　　（B－15）

移项：(v+m)＋（资金流入－资金流出）＝社会净产值＋（进口－出口）

即 (v+m)＋资金净流入＝社会净产值＋净进口　　　　　　　　（B－16）

同样，在上式中由于（v+m）与社会净产值是相等的，要实现平衡，就须：

资金净流入＝净进口　　　　　　　　　　　　　　　　　　　（B－17）

因此在同时引入资金流出入和进出口贸易后，总需求和总供给的价值平衡条件仍然有二：一是国内资金全部来自（v+m），无其他国内来源，并且扣除资金流出后全部转化为消费和投资支出；二是资金净流入（出）＝净进口（出口）。如果这两个条件都得不到实现，也只有在两个特殊情况下才能平衡［同②］。总之，在引入资金流出入和进出口贸易后，只有在来自国内资金和资金流入引起的全部消费总支出和（净）投资支出总额,相当于(v+m)加上资金净流入(或减去资金净流出),并和社会净产值加上净进口(或减去净出口)相等时总需求才能和总供给相平衡。

总结以上两节分析:

封闭条件下总需求和总供给平衡公式是:

消费总支出+(净)投资总支出=社会净产值

这里,社会净产值是指消费品产值与(净)投资品产值之和。平衡的条件是:消费总支出+(净)投资总支出的总额相当于(v+m)。

开放条件下总需求和总供给的平衡的基本公式是:

消费支出+(净)投资支出+出口=社会净产值+进口

这里的消费总支出与净投资总支出都包括来自国内资金和流入资金引起的。平衡的条件是:消费总支出+投资总支出的总额相当于(v+m)+资金净流入(或-资金净流出)=净进口(或净出口)。

3. 关于引入财政信贷收支后的社会总需求与社会总供给的价值平衡问题

宋则行对《提纲》前两部分论述所作的评析,属于总需求和总供给平衡问题的理论分析,宋则行在本部分所作的评析则属于政策分析,就是说,在引入宏观经济政策(财政政策和金融或货币政策)以后,对总需求和总供给的平衡将有什么影响的分析。

(1)引入财政收支后的社会总需求与社会总供给的平衡公式

《提纲》的这一部分的论述摘要如下:

"引入财政收支前,

消费+投资=从事生产活动的劳动者的收入+剩余 (4—1)

引入财政收支后,公式(4—1)变为

消费+投资+财政支出=从事生产活动的劳动者收入+剩余+财政收入 (4—2)

移项后:

消费+投资+(财政支出-财政收入)=从事生产活动的劳动者收入+剩余(4—3)

即:消费+投资+净财政支出=从事生产活动的劳动者收入+剩余 (4—4)"[①]

在此处宋则行加以说明:以下为行文方便,"从事生产活动的劳动者收入+剩余",仍用(v+m)代表。

下面是宋则行对《提纲》的这一部分论述所提出的意见:

①用(v+m)来表达总供给的含义是不准确的,理由在前文第一、二两节已说过,不再重复。

②《提纲》提到公式(4—1)与公式(4—2)从总量上说,含义是相同的,但公式(4—2)左端中的消费和投资实际上与公式(4—1)左端中的消费和投资已有不同内容和数额。因为,既然财政支出或者用于消费或者用于投资,则公式(4—2)左端的消费和投资中就包括有财政支出用于消费和投资的部分,再加上财政支出就有重复计算了。同样,既然财政收入或者来自v,或者来自m,则公式右端的(v+m)中就包括有被

---

① 《经济研究资料》,1986年第1期,第16页。

转为财政收入的部分,在(v+m)上再加上财政收入,就有重复计算,而且也不符合总供给的含义。

社会主义国家财政支出的主要项目:一是固定资产投资(包括基本建设投资和更新改造投资);二是流动资金拨款,这两项已经包含在左端的"投资"项内。三是为下一年教科研卫生事业开支;四是行政机关经费;五是国防费用支出。这三项的一大部分转化为国家职工(包括军警人员)的工资收入,其中除一部分留作储蓄外,绝大部分转为个人消费,包括在左端的"消费"项内;这三项的另一部分用于日常开支,即购置公共消费用品,也包括在"消费"项内。因此,如果公式(4-2)中的"消费"是指总消费,"投资"是总投资,在"消费"和"投资"之外再加上财政支出,显然有重复计算。除非这里的"消费"是指不包括财政支出引起的消费,"投资"不包括国家预算拨款的投资,但《提纲》并没有做出这样的说明。而且,既然是考察引入财政收支后的总需求的变化,在"投资"和"消费"中应该包括由财政支出而增加的投资和消费在内。同样,在公式(4-2)右端,在(v+m)之外加上来自(v+m)的财政收入(税收,企业上缴利润),也显然是重复计算,而且它也并不表明总供给有所增加。

那么,公式(4-4)左端的(消费+投资+净财政支出)能否代表总需求呢?如净财政支出是正值,即为财政赤字,但是财政赤字不是转化为投资需求,就是转化为消费需求,其数额也包括在"消费"或"投资"之中。因而也同样有重复计算。所以,引入财政收支后,社会总需求和社会总供给平衡公式,既不能用公式(4-2)来表示,也不能用公式(4-4)来表示,仍然只能用:

消费总支出+净投资总支出=消费品产值+(净)投资品产值=社会净产值

(C-1)

来表示。财政收支情况只能作为消费总需求和投资总需求的影响因素或构成因素来分析。如果要把财政收支反映在公式中,则可以把财政支出、总消费、总投资分解成几个部分来表示:

财政支出=预算内投资+公共服务部门职工消费与公共消费 (C-2)

(这里,假定财政包括中央和地方财政;财政支出用于投资拨款或事业单位、行政部门、国防费用开支;后者转化为职工个人收入的部分并全部转化为消费支出,另一部分全部转化为公共消费;舍去了职工有个人储蓄以及民办事业等复杂情况)。

总消费=生产部门职工消费和公共消费+公共服务部门职工消费与公共消费

(C-3)

总投资=预算内投资+预算外投资 (C-4)

(这里预算外投资指预算拨款外的一切投资,主要是企业投资;另外,无论预算内投资或预算外投资都舍去了重置投资)

总需求=消费支出+投资支出
 =生产部门的职工消费和公共消费+公共服务部门职工的消费与公共消费+
  预算内投资+预算外投资=生产部门及其职工的消费支出与投资支出+由财
  政支出转化的消费支出与投资支出 (C-5)

怎样把财政收入引入总需求与总供给的平衡公式呢?财政收入不能像《提纲》所列

出公式（4—2）那样，作为总供给的构成部分。总供给只能体现于消费品和投资品的产值，或社会净产值。财政收入取自（v+m），是影响生产部门企业投资支出和职工消费支出的因素。因此，假定生产部门提出的（v+m）扣除税利，即转化为财政收入部分外，全部转化为投资和消费，则总需求等式右端的头一项，即生产部门及其职工的消费支出与投资支出就等于（v+m）－财政收入（这里舍去了财政收入中来自公共服务部门的税收，如征自公共服务部门职工的所得税；另外间接税视作产品价值的一部分，征自企业）。这样，上列的总需求等式就成为：

$$\text{总需求} = (v+m) - \text{财政收入} + \text{财政支出}$$
$$= (v+m) + \text{净财政支出} \qquad (C-6)$$

总需求是否与总供给平衡，视（v+m）+净财政支出是否等于社会净产值。这就是说，由于（v+m）与社会净产值在总量上是相等的。

净财政支出=0，即财政收支平衡，则总需求等于总供给；

净财政支出>0（赤字），则总需求>总供给；

净财政支出<0（有结余）则总需求<总供给。

但这个结论，有几个假定：①（v+m）扣除转化为财政收入的部分后全部转化为投资和消费，即无储蓄或闲置资金；②生产部门的投资和消费除来自（v+m）外无其他来源，即舍去动用过去的结余、信贷等来源。如生产部门的投资和消费还有其他来源，则即使财政收支平衡（即净财政支出=0），总需求仍将超过总供给。当然，在这两个条件得不到实现时，也有可能出现各种因素相互抵消或互相补充而使来自生产部门的消费和投资支出与来自财政支出的消费和消费支出的总额仍相当于（v+m），从而和社会净产值相等，保持总需求和总供给的平衡。

（2）引入信贷收支后社会总需求与社会总供给的平衡公式

《提纲》对引入信贷收支的分析和引入财政收支的分析是相同的。有关等式如下：

"消费+投资+信贷支出=从事生产活动的劳动者收入+剩余+信贷收入　　（4—6）

移项后：消费+投资=从事生产活动的劳动者收入+剩余+净信贷余额　　（4—7）

即：消费+投资=从事生产活动的劳动者收入+剩余+净信贷余额　　　　（4—8）"①

这些公式存在的问题同《提纲》中引入财政收支后的平衡公式相同。除用（v+m）来表达总供给的含义不确切外，等式两端存在重复计算问题。《提纲》既然认为信贷支出的方向是消费和（净）投资，信贷收入的来源是（v+m），则无论将信贷支出与消费和投资相加，或者将信贷收入和（v+m）相加，都有重复计算。

银行信贷收入（存款）的正常来源是社会再生产过程中的闲置资金，包括居民户（v与m经过分配、再分配得到收入的居民户）的储蓄（不用于消费的部分）以及企业上未转化为投资和公共消费的利润（m的一部分）。一句话，银行信贷收入来自（v+m），再与（v+m）相加，显然是重复计算，也并不说明总供给有所增加，且不说（v+m）并不代表总供给的含义。

---

① 《经济研究资料》，1986年第1期，第17页。

银行信贷支出，也不外乎贷给企业用于投资（包括固定资产投资和增加流动资金），它直接间接引起对投资品和消费品的需求，只要"投资"和"消费"两项指的是投资总支出和消费总支出，则已经包括由信贷支出所增加的投资和消费在内。而且既然是考察引入信贷收支以后总需求的变化，则"投资"和"消费"也应包括由信贷支出而增加的消费和投资在内。因此，在投资和消费之外再加上信贷支出，也是重复计算。

由以上理由，公式（4—6）并不能代表引入信贷收支后的总需求与总供给的平衡公式。那么，能不能用公式（4—7）或（4—8）来表达呢？如果净信贷余额为负值，即信贷支出大于信贷收入，将此负值移项至左端，即为：消费＋投资＋信贷借差，而信贷借差不是转化为投资需求就是转化为消费需求，其数额已经包括在"投资"与"消费"之中，同样是重复计算。同时总供给即使用（v＋m）来代表，也绝不会使信贷收支由于借差或存差而有所增减。因此，用（v＋m）＋净信贷余额来代表总供给，也是不确切的，也不能用公式（4—7）或（4—8）来表达，而仍然只能用：

消费总支出＋净投资总支出＝消费品产值＋（净）投资品产值＝社会净产值

(C—8)

来表示。信贷收支情况只能作为投资总需求和消费总需求的影响因素或构成因素来分析。如果要把信贷收支反映在平衡公式中，则可把消费总支出和投资总支出分别分解成几个组成部分来表示：

消费总支出＝来自（v＋m）的消费支出＋来自信贷支出的消费支出　　　　(C—9)

投资总支出＝来自（v＋m）的投资支出＋来自信贷支出的投资支出　　　　(C—10)

由于（v＋m）的所得者——居民户和企业的一部分收入暂不用于消费或投资，而把它储蓄或闲置起来，如这部分收入假定完全转化为银行存款即信贷收入，则来自（v＋m）的消费和投资就等于（v＋m）－信贷收入。这样，社会总需求的等式就成为：

社会总需求＝来自（v＋m）的消费和投资支出＋来自信贷支出的消费和投资支出
＝（v＋m）－信贷收入＋信贷支出＝（v＋m）＋净信贷支出　　　(C—11)

总需求与总供给的平衡公式为：

（v＋m）＋净信贷支出＝社会净产值　　(C—12)

社会总需求是否与社会总供给平衡，视（v＋m）＋净信贷指出是否等于社会净产值，这就是说，由于（v＋m）与社会净产值在总量上是相等的，

如净信贷支出＝0，则总需求＝总供给；

如净信贷支出＞0，则总需求＞总供给；

如净信贷支出＜0，则总需求＜总供给。

但这个结论，也有两个假定：①（v＋m）经过分配、再分配后的所得者（企业与居民户）的收入不用于投资和消费部分，全部存入银行，转化为信贷收入；②信贷收入，从而信贷支出，除来自（v＋m）的不用于消费和投资部分外，无其他来源；如信贷支出有其他来源（如增发货币或前期沉淀的储蓄转为存款），则投资和消费支出将大于（v＋m），超过社会净产值，从而超过总供给。当然，这两个假定条件都得不到实现时，也有可能出现各种因素相互抵消或互相补充从而使来自（v＋m）的消费和投资与来自信贷支出的消费和投资支出的总额仍相当于（v＋m），从而和社会净产值相等，保

持总需求与总供给的平衡。

（3）同时引入财政收支和信贷收支后总需求与总供给的平衡公式

《提纲》将公式（4—3）和（4—7）结合到一起，得出同时引入财政收支和信贷收支后总需求和总供给的平衡公式：

"消费＋投资＋（财政支出－财政收入）＝从事生产活动的劳动者收入＋剩余＋剩余＋净信贷余额 (4—9)

即消费＋投资＋净财政支出＝从事生产活动的劳动者收入＋剩余＋净信贷余额

(4—10)"①

上文对公式（4—3）和（4—7）提出的意见，也用于公式（4—9）和（4—10），这里不重复了。

根据前文我们自己的分析，同时引入财政收支和信贷收支后，社会总需求和总供给的平衡关系，在前文提到的一些假定之下，应如下列：

总需求＝消费总支出＋投资总支出

＝来自（v＋m）（扣除转化为财政收入和信贷收入的部分后）的消费支出和投资支出＋由财政支出转化的消费支出和投资支出＋由信贷支出转化的消费支出和投资支出 (C—13)

或 总需求＝（v＋m）－财政收入－信贷收入＋财政支出＋信贷支出

＝（v＋m）＋净财政支出＋净信贷支出 (C—14)

总供给＝消费品产值＋（净）投资品产值＝社会净产值

社会总需求和社会总供给的平衡公式为：

（v＋m）＋净财政支出＋净信贷支出＝社会净产值 (C—15)

总需求是否与总供给平衡，视（v＋m）＋净财政支出＋净信贷支出是否等于社会净产值。

这就是说，由于（v＋m）与社会净产值在总量上是相等的，如净财政支出和净信贷支出都＝0，或者净财政支出是正值而净信贷支出是负值，并刚好相抵，则总需求＝总供给；如财政支出和净信贷支出都是正值，或一正一负，相抵后仍为正值，则总需求＞总供给；如净财政支出与净净信贷支出都是负值，或一正一负，相抵后仍为负值，则总需求＜总供给。

以上一些分析的结论，基本上和《提纲》是一致的，但分析推理和表述有所不同，我们认为这样更符合总需求和总供给本来的含义。

4. 社会总需求和社会总供给的平衡分析究竟应以国民收入还是以社会最终产值为中心

宋则行在此提出一个问题：考察社会总需求和总供给时，究竟是针对社会净产品（其产值为社会净产值，即国民收入）来说的，还是针对社会最终产品（其产值为社会最终产值）来说的？宋则行指出，关键是考察对投资品的需求和供给时，究竟是只对净

---

① 《经济研究参考资料》，1986年，第1期，第17页。

投资品来说的，还是对包括净投资和重复投资在内的总投资来说的。宋则行认为，是针对后者来说的。为此，他提出了以下几点理由：

第一，无论是社会总需求还是总供给，都是对一定时期（如一年）供最终消费和使用的产品（包括服务在内，下同）而言的，而一定时期供最终消费和使用的产品，应包括消费品和所有供投资用的产品；后者既包括供新投资用的产品，也应包括供重置投资用的产品，因为它们都是一定时期为生产部门所提供的最终产品，同时也是社会总需求的组成部分。供重置投资用的产品的需求和生产，与消费品和净投资用的产品一样，会间接引起对中间产品的需求。

第二，一定时期的最终产品的价值中包括了它们在生产中耗用的本期生产的中间产品价值，因此，它们既包括了所有本期产品在生产中增加的价值，又不存在重复计算问题。最终产品价值中固然包括其在生产各个阶段上的固定资产折旧，这是前期生产的价值转移到本期产品的价值。这对前期产品价值来说有重复计算，但就本期生产的产品价值来说，并不存在重复计算，因为这部分固定资产折旧的价值不是本期生产的。当然，要计算本期新创造的价值即国民收入时，则应将其扣除。但要计算本期生产的最终产品的全部价值，就应包括这部分价值，否则是不完整的。从另一个角度说，为补偿本期生产中固定资产消耗而生产的重置投资品是本期生产的产品，也应算作本期生产的最终产值的一部分，它和本期生产的其他最终产品产值并无重复计算之处。如果说，因为它是用来补偿本期生产中固定资产的消耗的，因而和所有最终产品中所包括的前期转移来的固定资产价值重复，但那也是同前期转移来的价值重复，而不是同本期生产的价值重复。所以，要计算不带重复的本期生产的产品总值时，应包括这部分重置投资品。只有为了计算本期新创造的价值即社会净产值或国民收入时，才有必要把这部分用以补偿固定资产消耗的重置投资品扣除，而作为社会总需求和总供给的对象，则不应扣除。

第三，在实际生活中，新增投资（即净投资）和重置投资是不易划分的，一般把新建企业的投资或基本建设投资作为新增投资或净投资，扩建、改建企业或更新改造投资作为重置投资。但实际上它们的界限并不清楚。例如，在甲地新建一个企业或一项工程，似乎是新增投资，实际上是用以代替乙地某个设备陈旧或准备废弃不用的同类型企业或工程，具有重置投资的性质。相反地，某个企业在扩建或更新某项设备时，不仅在技术性能上有提高，就是在价值上也不完全是重置投资而包括有新增投资的部分。所以，在实际统计中，一年的新增投资或净投资额，不过是从总投资（或总积累额）减去同年的固定资产折旧费而得，并不是把实际生产的投资品分别哪是新增投资品哪是重置投资品来计算的。而一年中扣除的固定资产折旧费和同年在生产中实际消耗或报废的固定资产价值，也未必是一致的。所以在实际生活中，一年生产的投资品很难划分为净投资部分和重置投资部分；而且生产部门在一年中真正提供的和真正作为需求对象的投资品，也不仅仅是净投资品，还包括了重置投资品。因此，用总投资减去固定资产折旧费求得净投资额，主要是为了计算一定时期新创造的价值或国民收入，因而构成社会总需求重要组成部分的投资，决不限于净投资。同时代表一定时期生产能力和基础设施增长总量的，也不仅仅是这一时期实现的净投资，而是实现的总投资。

第四，在技术进步的条件下用积累的固定折旧费进行重置投资所形成的生产能力，一般会高于、甚至远远高于这笔折旧费所代表的原来的生产能力。因此，不把重置投资作为社会总需求的构成部分，不把这部分投资品的生产作为社会总供给的构成部分，也就不能全面反映技术进步的情况。

基于上述理由，宋则行指出："我们认为，分析社会总需求与总供给平衡关系，不宜限于社会净产值或国民收入范围，而应扩及包括重置投资在内的全部社会总产品或社会最终产值。当然，前面各节分析的情况下社会总需求与总供给的平衡关系，只须稍加改变，也基本上适用于以最终产值为中心的总需求与总供给的平衡分析的。但重要的是要明确考察社会总需求与总供给以什么范围为好。"①

上述宋则行关于"社会总需求与社会总供给平衡问题"，突出表现了宋则行治学严谨和理论分析科学性的特点。在这篇论文中，把各种情况下，包括封闭经济条件下（在封闭经济中没有政府干预和政府以财政政策和金融政策干预经济的条件下）、开放经济条件下（引入进出口资金流出流入）社会总需求和社会总供给平衡所需满足的条件进行了有理有据的分析，对于厉以宁的《提纲》所表现出来的各种不准确或不科学之处，给予了鞭辟入里、层层深入的分析。这种分析无疑是令被批评者心悦诚服的。据说，当年宋则行把他的文章寄到《经济研究资料》编辑部的时候，编辑曾把宋则行的文稿转给厉以宁教授，征求他对宋则行文章的处理意见。厉以宁看过宋则行的文章后，当即表示同意刊登宋则行的文章。这表现了厉以宁教授同样的对待经济科学的严肃认真的态度。他的虚心接受批评的态度同样是令人敬佩的。

从理论上分析社会总需求和社会总供给相平衡问题，见之于宋则行从马克思再生产理论关于两大部类实现条件的分析所引申出的总量平衡和结构平衡的理论分析。从马克思再生产理论说，社会生产两大部类的实现条件在于两大部类从实物上和价值上都相互平衡。宋则行拓展马克思再生产理论的分析思路，将剩余价值划分为资本积累和资本家消费两部分，并考察工人消费和资本家消费对资本积累的影响。这实际上是把一定时期的社会净产值或国民收入（以马克思的公式表示，为 v＋m）划分为消费和储蓄两部分，并把储蓄和投资相等看作是实现均衡的国民收入的条件，这正是凯恩斯经济学的基本思路。不仅如此，宋则行还把凯恩斯的总量分析和马克思的结构分析（即社会再生产实现条件的分析）结合起来，从而实现了马克思和凯恩斯理论的综合。详见前文（本部分第一节）关于宋则行经济学理论体系基本特征分析。

六、企业、产业理论和产业结构（经济结构）调整

宋则行按照经济学的一般要求，把企业作为市场经济供给侧的经济活动的主体，而同一类型的或生产同一类型产品的企业群体则相应地构成产业，某一地区或某一国的众多的、多种多样的产业，又构成产业结构。在市场经济中，每个企业都把实现最大化的利润作为自己的目标，在市场机制的作用下，具有较高利润的产业，吸引企业进入该产

---

① 《宋则行经济论文集》，辽宁大学出版社，1987年版，第353页。

业；而具有较低利润的产业又驱使一些企业离开该产业，于是，在市场机制的调节下，最终在全社会形成优化的产业结构。在均衡的状态下，无论处于何种产业的企业都将获得大体相同的或平均的利润。在宋则行经济学中也贯彻现代经济学的这一个一般原理。

不过宋则行是在中国经济转轨的特殊时期来论述企业行为和产业结构调整问题的。在这里，需要按照市场调节的要求，重塑作为市场活动主体的企业，它们要摆脱计划经济体制的羁绊，割断政府和企业的联系，使企业真正成为独立或相对独立的自主经营、自负盈亏、自我发展、自我约束的商品生产者和经营者，或者，成为体现现代企业制度基本特征的独立的法人单位。至于产业结构调整，除了创造条件实现主要由市场机制决定的优化的产业结构，在经济转轨过程中，需要政府实行正确的产业政策，以促进形成优化的、合理的产业结构。

（一）关于国有企业改革问题

宋则行于1996年发表的题为《国有企业改革的一个关键问题》的论文中对当时的企业"现状"做了这样的描述："目前，国有企业总的说来是经济效益低下，亏损严重。停产半停产问题突出，深深陷于困境而不能自拔。全国独立核算的国有企业亏损面1993年占31.8%，1994年占39.1%；亏损金额达290亿元以上，相当于国有盈利企业盈利额的37.1%。全国国有企业停产半停产的职工，据1994年9月统计已有580万人；企业拖欠职工工资的人数已达500万人以上。1994年全国工业生产增加值比上年增长18%，其中国有企业完成的增加值仅为5.5%。"[①] 宋则行指出，国有企业陷于困境的原因是多种多样的，如企业缺乏活力，历史包袱沉重，社会负担过重，设备陈旧，技术落后，管理不善，结构调整缓慢等等。但从根本上说，是经济体制转轨缓慢的问题。传统计划经济体制遗留下来的种种弊端，如政企职责不分、条块分割、政府对企业干预过多，企业缺乏经营自主权等，迄今没有得到根本解决。宋则行认为，使国有企业走出困境的根本出路，是遵照中央和国务院的有关规定，深化国有企业改革，转换国有企业的经营机制，特别是要建立现代企业制度。

当然，宋则行指出，转换国有企业的经营机制，建立现代企业制度，不是一蹴而就的事情；也需要把企业制度创新和其他方面的配套改革结合起来。"如前所述，造成国有企业陷入困境的原因是多方面的，例如：历史包袱沉重（企业富余人员过多、离退休职工比重过大等）、社会负担过重（企业办社会、乱摊派乱收费等），这主要靠建立社会保障制度、兴办第三产业、端正地方政府服务职能来解决；设备陈旧、技术落后，主要靠增加投入，加强技术改造，促进技术进步来解决；结构调整缓慢，主要靠国有资产存量流动和改组来实现。因此，政府和经济学界提出国有企业的'改制'要和'改组'、'改造'结合起来，要和其他配套改革结合起来，进行综合治理，这无疑是对的。但是缺乏真正的经营自主权，转换经营机制慢，参加市场竞争能力弱，适应市场变化能力差，是当前国有企业存在的普遍的突出问题。所以，'改制'是关键，是根本，是国有

---

① 宋则行：《转轨中的经济运行问题研究》，辽宁大学出版社，1997年版，第61页。

企业改革的中心环节。"①

（二）改制、改组与建立现代企业制度

宋则行对改制、改组和建立现代企业制度的科学内涵做了如下的科学界定：所谓改制，就是把国有企业的核心部分（主要是国有大中型企业）改组成为"适应市场经济要求、产权清晰、权责明确、政企分开、管理科学的现代企业制度"，以实现国有企业经营机制的转换。但是，企业改制要与改组相结合，要在改组的基础上进行。所谓改组，指的是国有企业资产存量实现优化的组合。说改制在改组的基础上进行，就是要在国有资产存量结构调整的基础上进行。因此，改组除了具有国有资产实现优化组合的本来的意义外，它具有为改制创造条件的作用。

建立现代企业制度，宋则行认为，不是说把所有的国有企业都要建成现代型企业即公司制企业。"这既不可能也无必要。在西方发达国家数以万计的企业中，在国民经济中具有重要影响、具有现代企业制度的特征的公司制企业也属少数。多数是与公司制有千丝万缕联系的大量个资企业或合伙企业。在我国社会主义初级阶段，实行的是以公有制为主体、多种经济成分共同发展的方针，只要坚持公有制的主体地位，国家和集体所有的资产在社会总资产中占优势，国有经济能控制国民经济命脉并对经济发展起主导作用，则在此前提下，现有国有企业完全可以根据实际情况而缩小经营范围，进行资产流动和重组，以便实现优化组合。"②

宋则行提出如下一些根据不同情况处理国有企业的措施：一些长期亏损、资不抵债，没有发展前途的企业，在安排好职工生活的前提下，要下决心让其破产或停产；对一般小型国有企业则放开、放活，有的实行承包、租赁经营，有的可以兼并、联合或改组为股份合作制；有的可以出售给集体或个人。出售企业或股权的收入，由国家投入急需发展的产业。"至于经过重组后的国有企业，绝大部分是大中型企业，是国民经济的支柱，应通过试点，着力进行制度创新，根据不同情况分别改建为不同组织形式的、具有现代企业制度特征的公司制企业。"③

（三）现代企业制度的基本特征

在1993年11月召开的党的十四届三中全会上通过的《中共中央关于建立社会主义市场经济体制若干问题的决定》（以下简称《决定》）中，对现代企业制度加了四句定语来概括，即："产权清晰、权责明确、政企分开、管理科学"。宋则行在解释这四句话时明确指出："我认为四句话中头一句'产权清晰'是关键性的，其他三句也重要，但是是由第一句衍生的，只有在产权清晰的前提下才能做到权责明确、政企分开、管理科学。"

其实，宋则行说，《决定》在第二部分（"转换国有企业经营机制，建立现代企业制

---

① 宋则行：《转轨中的经济运行问题研究》，辽宁大学出版社，1997年版，第62~63页。
② 宋则行：《转轨中的经济运行问题研究》，辽宁大学出版社，1997年版，第63~64页。
③ 宋则行：《转轨中的经济运行问题研究》，辽宁大学出版社，1997年版，第64页。

度")（4）对现代企业制度的基本特征（共5条）有更明确的论述，其中的一条是："产权关系明晰，企业中国有资产所有权属于国家，企业拥有包括国家在内的出资者投资形成的全部法人财产权、成为享用民事权利、承担民事责任的法人实体。"①

关于产权清晰问题，宋则行结合市场经济的历史发展和现实的情况做了如下的全面、系统的论述：

一般所说的产权清晰，指的就是产权关系明晰，随着商品经济的发展，资产所有权衍生、分解为两种相互联系着的所有权，这就是出资者所有权和由出资者投资形成的企业法人财产权。以现代公司制企业来说，公司的股东投资形成对企业的股权，即为出资者所有权，而公司运用股东提供的资本金形成法人财产，从而拥有企业法人财产权。后者是由前者衍生的、但是一旦产生，即与前者分离，形成两种各有权责的产权，两者区界是明晰的。就它们各自拥有的权责说："出资者按投入企业的资本额享用所有者权益，即资产受益、重大决策和选择管理者权利。"（这是《决定》所述的现代企业制度的第三个基本特征）但出资者对企业的责任是有限的（与传统计划经济体制下国有企业不同，因为在计划经济体制下，国家对企业的责任是无限的）因为"企业破产时，出资者只以投入企业的资本额对企业负有限的责任"。另外，出资者对已经投入企业的资本额，虽然拥有所有权，享有上述几项权利，但既不能任意抽回，也不能占用和进行其他处理。

另一方面，出资者的股金投入企业后，就形成企业的法人财产，企业也就对它拥有了法人财产权，企业就可"以其全部法人财产依法自主经营、自负盈亏、照章纳税，对出资者承担资本保值增值的责任"（这是《决定》所述的现代企业制度的第二个基本特征）。很显然，前半句话说的是企业为了经营就可对其全部法人财产行使占有权、使用权和处分权；后半句话，则是指企业应尽的职责，这就是照章纳税，对出资者承担资产保值增值的责任。

至此，宋则行得出结论说："只要两种产权关系明晰了，在此基础上两者的权责就可以据此加以明确规定，因此，产权清晰乃是权责明确的前提。"②

有的同志认为，企业法人财产权指的是过去常说的企业经营权。宋则行认为，这个理解不全面。指出，企业法人财产权包括企业自主经营权，但企业的自主经营权是建筑在企业法人财产权基础上的，没有企业法人财产权，也就没有真正的经营权。"多年来讲两权分离，讲给予企业自主经营权，但始终落不到实处，就是因为没有确认企业具有法人财产权。现在《决定》明确指出作为现代企业制度，企业拥有'出资者投资形成的全部法人财产权'，这是认识上的一个重大突破。因为，只有在确认企业具有法人财产权的前提下，企业的自主经营权，才能得到真正的落实。"③

还有的同志认为："法人财产权本身就是一个具体内涵不明晰的概念。"针对这种看法宋则行作了这样精辟的分析："从分析上可知，它不仅是一个明确的概念，而且具有'具体的内涵'。企业法人财产权可以说是一种财产所有权，只是它与出资者所有权属于

---

① 转引自宋则行：《转轨中的经济运行问题研究》，辽宁大学出版社，1997年版，第64页。
② 宋则行：《转轨中的经济运行问题研究》，辽宁大学出版社，1997年版，第65页。
③ 宋则行：《转轨中的经济运行问题研究》，辽宁大学出版社，1997年版，第66页。

不同的层次。企业法人所有权随法人组织的成立而存在，随法人组织的终止而消失。一旦企业法人组织终止，清算以后的剩余财产全归出资者所有，在这个意义上，企业法人所有权并不是最终所有权，与出资者所有权相比，除了各自的权责相异外，它由后者衍生，它们属于不同的层次。"①

宋则行遵照《决定》的提法，阐述了现代企业制度的第五个基本特征，即："建立科学的企业领导体制和组织管理制度，调节所有者、经营者和职工之间的关系，形成激励和约束相结合的机制"。宋则行解释说，这也就是前面提到的四句话中的第四句"管理科学"。在这里，他又一次提到，这个基本特征是基于产权清晰的。他指出："这个特征的形成，也必须以出资者所有权和企业法人财产权的分离为基础。只有在企业产权清晰和权责明确的条件下，才能确立有效的企业治理结构，形成科学的企业领导体制和组织管理制度。如果出资者和经营者权责不清，企业的生产经营活动随时受到出资者或其代表（政府）的干预，怎么能有科学的管理和有效的经营机制？"②

最后，宋则行带有结论性地指出："在深化国有企业改革中，要形成现代企业制度的几个基本特征，都须实行出资者所有权与企业法人财产权的分离。"他引证《决定》（6）中的话说："规范的公司，能够有效地实现出资者所有权与企业法人财产权的分离。"而实行两权分离，就会"有利于政企分开、转变经营机制"，有利于"企业摆脱对行政机关的依赖，国家解除对企业承担的无限责任"，"也有利于筹集资金，分散风险"。"概括起来说，这就是实行投资者所有权与企业法人财产权相分离的优越性。抓深化国有企业改革，就要抓两权分离这个关键环节。"③

（四）经济结构、产业结构及其调整与提高经济效益

1. 关于产业结构或经济结构的一般认识

在 1983 年发表的题为《实现经济发展战略目标要合理调整经济结构》的论文中，宋则行对产业结构或经济结构调整问题，深入地阐发了其深邃的见解。首先是对产业结构含义的理解。在宋则行看来，经济结构的含义要比产业结构的含义宽泛得多。经济结构是指包括物质生产部门和非物质生产部门，全部经济部门的结构，而产业结构则主要是指物质生产部门结构。所以他不赞成把经济结构和产业结构相混淆的看法。宋则行如是说：一提到经济结构，人们认为就是农、轻、重的比例关系问题。安排好农、轻、重的比例当然是一个重要的问题，在这个问题上，我们有过历史的教训。但它不是产业结构的全部，更不是经济结构的全部。过去一个时期国民经济的失调，从经济结构方面说，也不仅是一个农、轻、重安排的问题。农、轻、重的比例关系还仅仅是物质生产部门的结构问题，或者是通常所说的产业结构问题。"即使就产业结构这个概念来说，农、轻、重的比例结构也只是一个狭义的产业结构概念。且不说西方关于产业结构的概念，

---

① 宋则行：《转轨中的经济运行问题研究》，辽宁大学出版社，1997年版，第66页。
② 宋则行：《转轨中的经济运行问题研究》，辽宁大学出版社，1997年版，第67页。
③ 宋则行：《转轨中的经济运行问题研究》，辽宁大学出版社，1997年版，第68页。

即使从社会主义国家对社会总产值或国民收入的计算范围来说，产业结构除了农、轻、重之外还包括建筑业、交通运输、邮电和商业在内。因此，从这样一个广义的产业结构的含义说，农、轻、重的比例，也不是产业结构的全部。此外，即使就物质生产部门或狭义的产业结构来说，农、轻、重的划分虽然是一个传统的、大家已经用惯了的方法，但是这种划分，是否有利于经济发展方向、战略目标、战略重点的确定，有利于国民经济比例关系和薄弱环节的考察，也还是值得研究的问题。"[①]

关于经济结构问题，宋则行列举了各种不同的说法，但他在其文章中无意讨论哪个概念更合适的问题，只是指出他所讲的经济结构是指广义的国民经济部门结构，即相当于我国今后制定国民经济和社会几个五年计划所包括的各个社会经济部门的范围。这不仅包括物质生产部门，还包括流通部门以及为物质生产以及为人民生活服务的服务行业，还有科学、教育、卫生、文化等部门。

2. 衡量经济结构或产业结构是否合理的标准

宋则行为衡量经济结构或产业结构是否合理，确定了如下的标准：

①必须符合社会主义生产目的的要求，即必须符合满足人民日益增长的物质和文化生活的需要这个社会主义生产的最终目的。当然，这既要考虑人民眼前的需要，也要考虑人民长远的根本利益。因此，合理的经济结构必须和一个符合社会主义生产目的的合理的消费与积累比例相适应。

②必须保证国民经济各部门之间按比例的协调发展和人力、财力、物力的合理分配和使用。这样才能取得较高的宏观经济效益和较高的经济增长速度。这里，特别要注意重点建设与为此服务的各部门之间的协调发展。

③必须符合国情、省情，要考虑现有的资源条件和可能开发的资源潜力；考虑现有的技术基础和可能达到的技术进步条件。就一个省来说，还要考虑取得省外支援的可能，如可能从省外调入物资以及进口物资；可能取得的国家资金以及可能引进的外资和技术等。

④必须符合生产力合理布局的要求，即合理的经济结构必须和合理的生产力地区分布相结合。

⑤必须有利于解决劳动力就业问题。就物质生产部门来说，要选择一个合理的技术结构，既能保证劳动生产率和竞争能力的不断提高，又能广开就业门路，随着人民收入水平的提高，要特别注意既便利人民生活又能广泛提供就业机会的非物质生产部门的发展。

3. 克服经济薄弱环节，实现各经济部门的协调发展

在这里，宋则行揭露了过去简单地按照农、轻、重划分经济部门的弊端。他认为按照这种划分经济部门的传统做法，没有从现代化大生产的基本特征上，即从各经济部门相互联系、相互依存的关系上划分经济部门，必然不能揭示其内在的联系，也难以发现其间的薄弱环节。他说，通常一提到过去我国经济结构失调时，都说这主要是因为农、

---

① 宋则行：《转轨中的经济运行问题研究》，辽宁大学出版社，1997年版，第103页。

轻、重的比例关系没有处理好，采取了片面发展重工业的方针，长期重"重"，轻"轻"，轻"农"。一般地说，这个说法是对的，但是过于笼统了。同时，离开资源条件、技术条件，也很难说清楚三者究竟保持一个什么样的比例关系才是合理的。而且，无论农业、轻工业和重工业，特别是重工业都包括许多复杂的众多的部门，在这三大部类中各个部门的发展、资源条件、技术条件是极不平衡的。"若说我们过去忽视了农业，可是却一贯片面抓粮食生产，下的力气也不少，问题是农村经济政策不对头。说我们过去片面发展了重工业，可是恰恰忽视了其中的能源工业，以至它已成为当前国民经济中的薄弱环节。卡住了其他部门的发展。因此，笼统地把物质生产部门划分为三大类而不考虑这三大部类中各个部门的发展不平衡性，很难制订出一个合理的比例关系，即使制订了出来，也解决不了国民经济的综合平衡问题。"①

所以，宋则行主张改变传统按照农、轻、重划分经济门类的方法，另外找一个物质生产部门的划分方法，以便能够比较清楚显示社会生产过程的先后衔接的程序，便于估算它们之间的技术经济关系或投入产出关系，从而容易确定可使它们协调发展的比例关系；同时，也容易从它们在社会生产中的相互衔接的关系，发现影响整个社会生产的关键部门和薄弱环节，以便采取措施，作为建设重点，加以解决。

4. 关于物质生产门类的划分

宋则行认为，划分物质生产门类应该体现社会化大生产的特点。他把社会化大生产的特点概括为：各个生产部门在生产程序上是相互衔接，在供需上相互依赖、相互制约，因而在技术经济上必须保持一定的比例关系，才能使社会生产协调地向前发展。

按照这样的要求，宋则行最初（见《人民日报》1981年3月2日第五版文章《关于国民经济综合平衡的几个理论问题》）建议如此划分物质生产门类：按社会生产先后衔接的程序，把物质生产部门划分为起始或基础产品（当时称原始产品）生产、中间产品生产、最终产品生产三个大门类。第一门类包括农林牧副渔、能源（煤、石油、电）和矿产原料采掘；第二门类包括冶金、化工材料、建筑材料等生产；第三门类可分为投资品（设备器材、建筑）生产和消费品生产。宋则行认为，这样划分，比较能反映社会化大生产各部门之间相互衔接、相互依赖、相互制约的特点，便于考察大门类之间的比例关系和发现它们中间的薄弱环节。由此他进一步分析道："就我国当前的实际情况看，第一门类中农业、能源和矿产原料，都是我国经济中的薄弱环节，是需要重点建设的部门。第二门类的中间产品（冶金、化工、建材等）和第三门类中的投资品即设备器材生产和建筑业，大体上说，它们过去在优先发展重工业的方针下得到较大发展是基础较厚的部门；就当前来说，也是需要重点进行技术改造的部门。第三门类中消费品生产则是过去长期被忽视，比较落后，当前需要大力发展，以满足人民日益增长的物质和文化生活需要的部门。把最终产品的生产从物质生产部门划出来，并分为投资品和消费品生产两类，也便于计算国民收入（国民收入生产额加折旧费就是最终产品的价值总额），便

---

① 宋则行：《转轨中的经济运行问题研究》，辽宁大学出版社，1997年版，第108页。

于考察产业结构是否与国民收入在积累和消费之间的分配比例相适应。"[①]

后来，宋则行觉得，这种对物质生产门类的划分，固然有其优点，但也有缺陷。例如，对起始或基础产品、中间产品、最终产品等这些概念，一般人都比较生疏，和大家已经习惯的划分方法缺乏连续性，不易被人们所接受。另外，和农、轻、重的划分一样，任何大门类的划分，都不可避免地掩盖同门类内部各生产部门之间不平衡发展，不便于考察一个大门类中某个细类同其他大门类或其中某些有关细类之间的比例关系。

为此，他将以前的划分，在1983年发表的题为《关于物质生产门类划分的建议》的文章中，做了调整。按照同样的划分原则，改为如下6个大门类：

①农业。广义的农业，包括林牧副渔，这是国民经济的基础。

②能源工业。包括煤炭和石油开采、水力发电、火力发电、风力发电、核电及其他能源。能源是现代生产和现代生活中的关键因素，是当前国民经济中薄弱环节，它制约整个经济的发展，有必要作为一个独立的大门类，以考察它和其他生产部门增长之间的比例关系。

③材料工业。包括能源以外的各种矿产的采掘、冶炼、加工，为各种生产（包括建筑业）提供原材料。它是中间产品工业，属于这个门类的行业有冶金、化工材料、建筑材料、农用产品（化肥、农药）等。

④设备器材工业。包括各类生产、建筑工程、交通运输、科学技术实验等部门使用的机械、电子设备和仪器的生产。它们生产的最终产品中的投资品，通过销售和分配，形成国民经济中的固定资产。

⑤建筑业。承担生产性建筑（厂房、堤坝、公路、铁路、港口等建筑工程）、住宅建筑及其他非生产性建筑的营造。它们生产的也是最终产品的一种，竣工后形成国民经济中的生产性和非生产性的固定资产。

⑥消费品工业。包括以农产品为原料的消费品工业和以矿产、化工材料为原料的消费品工业。它们也是最终产品。国民收入中的消费基金大部分要通过这一门类产品的生产和销售来实现。

宋则行认为，在今后的一个相当长时间内的经济建设中，这六个门类的安排顺序应该是：农业、能源、消费品工业、材料工业、设备器材工业、建筑业。需要重点建设的是农业和能源（以及作为物质生产在流通领域延续的交通运输业）；需要加快发展的是消费品工业；需要重点进行改造的是材料工业、设备器材工业、建筑业。

最后，宋则行做了这样一点说明："以上的讨论只是关于物质生产部门如何合理划分为若干大门类的问题。但实现国民经济的协调发展，不仅物质生产部门内部保持合理的比例，而且要在物质生产部门与流通部门，特别是交通运输、商业部门之间保持合理的比例。另外，为国民经济发展服务的部门，特别是其中的科学、教育、文化、卫生等部门，也应随着生产的增长而有相应的发展。"[②]

---

① 宋则行：《转轨中的经济运行问题研究》，辽宁大学出版社，1997年版，第114~115页。
② 宋则行：《转轨中的经济运行问题研究》，辽宁大学出版社，1997年版，第119页。

5. 合理调整产业结构：以辽宁为例

在发表于1984年的题为《合理调整辽宁的产业结构》的文章中，根据对辽宁省情的分析，宋则行指出，在辽宁现有的产业结构中，属于薄弱环节的（相对于发展要求说）有：农业、能源（特别是煤、电），水资源、交通运输业（包括电讯）、新兴产业、科学与教育、城市基础设施、生活服务业等；当前尚处于优势的部门有：传统工业中的冶金、重型机械、化工材料、建筑材料等。但这些部门老企业多、设备陈旧、工艺落后，耗能大，亟待以世界先进的技术和设备进行改造和更新。他指出：对辽宁产业结构的调整，应依据前面提到的一些原则，对调整的方向、目标、步骤、措施等，有一个通盘的规划：

①调整的方向和目标应是：在以先进技术加速改造传统产业的基础上，逐步发展新兴产业（主要是知识、技术密集型的产业），发展第三产业，使两者在整个产业结构中的比重逐步增大，形成一个有利于促进技术进步和提高经济效益，能使国民经济协调发展、人民生活的水平和质量得到逐步提高的产业结构。

②调整的步骤应是：在1990年以前重点放在继续抓好农业、能源、水资源和交通运输等薄弱环节的建设和传统产业（特别其中尚处于优势的工业）的技术改造，同时有选择地在沿海对外开放地区和中心城市开发新兴技术，发展一部分有条件的新兴产业，并相应地发展第三产业，为后十年的经济技术大发展打好基础。

③关于对传统产业的技术改造，重点可放在机械、电子、冶金、石油化工、建材等方面。对轻工、纺织、食品工业的技术改造，主要是加速产品的升级换代。在传统产业的技术改造中要注意跟新兴技术和新兴产业开发相结合，使有的传统产业通过新技术的改造，由劳动密集型或资金密集型向知识技术密集型转型，在产品更新换代中逐步派生出新产业。

④关于开发新兴产业。在1990年前可以发展哪些，后十年发展哪些，这要依据辽宁在这方面原有的基础和人才条件，全国对新兴产业的部署、本省的生产力布局要求，按轻重缓急来确定。

⑤关于发展第三产业。对第三产业应包括哪些部门，它要不要计算到社会总产值和国民收入中去，还有些不同看法，不过应当把它看作产业结构整体的一个重要组成部分，并且要和物质生产部门的发展相适应，这是毋庸置疑的。

6. 关于提高经济效益问题

宋则行在题为《实现经济发展战略目标要合理调整经济结构》一文中，把提高经济效益作为调整经济结构使之实现合理化的一个重要标准。关于经济效益，宋则行做了这样的科学界定："谈到经济效益，通常把它分为宏观经济效益和微观经济效益。所谓宏观经济效益，是从整个国民经济角度来衡量的经济效益，或称社会经济效益。所谓微观经济效益是从一个企业或一个部门角度来衡量的经济效益。两者是密切联系的。提高微观经济效益是提高宏观经济效益的基础。但宏观经济效益并不只是微观经济效益的加总。因为两者有一致的地方,也有不一致的地方。"①

他进而分析道:"一种措施或方案,从一个企业或部门来说是可以提高它的经济效益的,但从整个国民经济来说,却是不利的,甚至会损害宏观经济效益。另一方面,要提高一个企业的经济效益,既要依靠企业的内部条件,如更新设备,进行技术改造,提高生产工艺水平,改善经营管理等等,但也要依靠企业的外部条件。因为每一个企业都不是孤立的,而是整个国民经济的一个组成部分,要受到国家的经济管理体制、经济结构、计划安排等等的制约。只有宏观经济条件改善了,企业的经济效益才能得到充分发挥,因此,宏观经济效益的提高,既表现在能不能使全国或全区的人力、物力、财力得到最合理的利用,同时也表现在能不能为企业提高经济效益创造充分的有利条件。"②

宋则行指出,影响经济效益的因素是众多的、复杂的,但概括起来不外乎是一个经济体制问题,一个经济结构问题,一个国民经济综合平衡问题。而这三个问题又是密切相连的。在该文中,宋则行集中谈了经济结构及其调整对提高经济效益,特别是宏观经济效益的影响问题。

就当时中央和国务院提出的到上世纪末工农业生产总值翻两番的问题而言,宋则行认为,这个战略目标本身包含着结构问题。按照宋则行的分析思路,这个目标是由农业总产值和工业总产值两部分构成的。这两部分增长的速度不同,比重不同,加总起来的总产值翻两番的程度也就不同。同样,其中工、农业生产内部结构不同,也影响这两大部类的总产值,从而影响两者加总起来总产值翻两番的实现程度。其次,工农业生产的发展需要其他部门如交通运输、商业、教育、科学等部门的配合和协作,才能实现,这里又有一个工农业生产部门和其他部门直接、间接为其服务,与其配合协作的部门之间的结构问题。再者,工农业生产也不是为翻番而翻番,实现这个战略目标的最终目的是更充分地满足人民的物质、文化生活需要,使全国人民达到一个小康水平。这就不能只注意工农业年产值翻两番的问题,而也要注意到怎样通过工农业生产的发展,带动其他有关提高人民物质、文化生活水平的部门如住宅建筑、生活服务行业、文化部门等的发展。这就又涉及物质生产部门和非物质生产部门之间的比例和结构问题。

上述关于经济结构和产业结构的调整,正是体现了宋则行关于经济建设的总体构想。贯穿其中的一条基本线索,就是提高经济效益,即提高微观经济效益和宏观经济效益,以达成社会主义生产目的——不断满足人民日益增长的物质和文化生活的需要。

七、经济增长理论:理论比较和社会主义经济增长问题分析

对经济增长理论和我国社会主义经济增长问题的研究,是宋则行的一个重要研究课题。这里,按照宋则行的分析思路,首先阐述马克思的经济增长理论,然后把马克思的经济增长理论和西方经济学家的经济增长理论加以比较,并对我国社会主义经济增长问题作一简要分析。

---

① 宋则行:《转轨中的经济运行问题研究》,辽宁大学出版社,1997年版,第101页。
② 宋则行:《转轨中的经济运行问题研究》,辽宁大学出版社,1997年版,第101~102页。

(一) 马克思的经济增长理论

什么是马克思的经济增长理论？或者，如何确认马克思的经济增长理论？宋则行在题为《马克思的经济增长理论——兼与西方现代经济增长模式比较》的经典性论文中指出："马克思关于社会资本扩大再生产的论述，实际上就是资本主义经济增长的理论，而马克思对扩大再生产实现条件的分析，也就是资本主义经济实现稳定增长条件的分析。"①

下面是宋则行对马克思经济增长理论的阐释：

1. 马克思的假定与平衡公式

马克思的扩大再生产的数字公式，主要提供了实现社会资本扩大再生产所必需的两大部类生产结构上的平衡条件，即产品的实现条件。为说明这个问题，首先阐述一下马克思的若干假定：

①社会总产品或社会总生产分成生产资料生产和消费资料生产两大部类，即第Ⅰ部类和第Ⅱ部类。

②每一部类使用的资本分为可变资本和不变资本。前者指生产上使用的劳动力的价值（等于所支付的工资额），后者指生产上使用的生产资料的价值，包括固定资本和流动资本。

③每一部类借助于这些资本而生产的全部年产品都以价值表示：即（c＋v＋m）；其中，c 为生产年产品时消耗的不变资本的价值，v 是补偿可变资本的价值，m 是生产的剩余价值。不变资本中的固定资本在生产中耗费的价值本应转移到产品价值中，但马克思在这里"暂时抛开固定资本在当年因损耗而转移到年产品中去的那部分价值，因为固定资本没有在当年重新得到实物补偿。"② 因此，这里 c 仅包括生产中一次转移全部价值的流动不变资本的价值。

④"产品按照它们的价值交换"，③ 这表明马克思在《资本论》第 2 卷中所作的扩大再生产分析，尚未进到剩余价值转化为利润、价值转化为生产价格阶段的分析。

⑤"生产资本的组成部分没有发生任何价值革命。"④ 这个假定意味着在扩大再生产过程中，不变资本与可变资本的比例，即资本有机构成，保持不变，剩余价值与可变资本的比例，即剩余价值率保持不变。

⑥"我们把资本主义的生产者当作全部剩余价值的所有者。"⑤ 这是承接《资本论》第 1 卷第 7 篇资本积累过程中的一个假定。直接榨取剩余价值的资本家被看作是"剩余价值的第一个占有者"⑥ 他作出剩余价值的分配决策——一部分作为追加资本（即积

---

① 宋则行：《马克思经济理论再认识》，经济科学出版社，1997 年版，第 131 页。
② 马克思：《资本论》第 2 卷，人民出版社，2004 年版，第 440 页。
③ 马克思：《资本论》第 2 卷，人民出版社，2004 年版，第 436 页。
④ 马克思：《资本论》第 2 卷，人民出版社，2004 年版，第 436 页。
⑤ 马克思：《资本论》第 1 卷，人民出版社，2004 年版，第 620 页。
⑥ 马克思：《资本论》第 1 卷，人民出版社，2004 年版，第 619 页。

累）用，一部分作为资本家的个人消费用，而没有被闲置的部分。这就是说，在马克思社会扩大再生产表达式中，资本所有者和经营者是合一的，从而投资、储蓄、消费的决策也是合一的。

在这些假定之下，可以把马克思用数字列出的社会扩大再生产表达式用符号表述如下：

$$\left.\begin{array}{l}I(c+v+m)=q_1 \\ II(c+v+m)=q_2\end{array}\right\}=q$$

这里，q_1 为第 I 部类生产的产值；q_2 为第 II 部类生产的产值；q 为两个部类的生产总额。

年末，两个部类的资本家都决定以所得的 m 的一部分转化为积累，即追加不变资本和可变资本，$(\Delta c+\Delta v)$，一部分作为资本家的个人消费 m/x。做出这个决策后，两部类产品在第二年年初的价值分配为：

$$I(c+\Delta c)+I(v+\Delta v)+Im/x=q_1$$
$$II(c+\Delta c)+II(v+\Delta v)+IIm/x=q_2$$

这样，两个部类的产品通过交换，如能满足下列平衡公式的要求，第二年的扩大再生产就可能顺利实现（以后各年也都如此）：

$$I(v+\Delta v+m/x)=II(c+\Delta c)$$

这个平衡公式是说，第 I 部类的产品除了满足补偿本部类所消耗的和扩大再生产时所追加的生产资料的需要［I（c+Δc）］外，余下部分［其价值相当于（v+Δv+m/x）］通过在两个部类之间交换，既能换回本部类扩大再生产时所需要的消费资料，又能满足第 II 部类所消耗的和扩大再生产时所追加的生产资料的需要［其价值相当于 II（c+Δc）］。至于第 II 部类的产品，除了满足本部类在扩大再生产情况下对消费资料的需要［II（v+Δv+m/x）］外，余下部分［其价值相当于 II（c+Δc）］通过交换，既能换回本部类所消耗的和扩大再生产情况下所追加的生产资料，又能满足第 I 部类在扩大再生产情况下所需要的消费资料［其价值相当于 I（v+Δv+m/x）］。这就是说，I（v+Δv+m/x）要恰好等于 II（c+Δc）。这是社会资本扩大再生产的实现条件，也是资本主义经济增长得以顺利进行的条件。如果这个公式所展示的两大部类生产和交换平衡条件得不到满足，经济增长就难以顺利实现。

2. 马克思的经济增长模式

马克思的资本扩大再生产表达式及其进行连续 5 年的计算，提供了一个由剩余价值积累率、资本有机构成、剩余价值率三个因素决定的经济增长模式。

第一，每个部类生产的产品都按 c，v，m 价值构成列出，说明产品价值取决于资本有机构成和剩余价值率。

第二，为了进行扩大再生产，把剩余价值分为积累和资本家个人消费两部分，表明资本规模的扩大取决于剩余价值的积累率。这样，逐年两个部类总产值的增长取决于该部类的资本有机构成、剩余价值率以及剩余价值的积累率（剩余价值转化为资本的比率），特别是后者，是决定增长率的关键。

第三，根据马克思的数字模式，无论是第Ⅰ部类还是第Ⅱ部类，其每年扩大再生产的结果都是按包括不变资本、可变资本、剩余价值的产值计算的，并把两个部类合并计算其总产值、总资本、总剩余价值，因此，马克思数字表式所体现的经济增长模式是总产值的增长模式。这个模式可以从马克思的数字表式中概括出来：

假设两大部类生产在扩大时保持平衡关系，即 [Ⅰ($v+\Delta v+m/x$)＝Ⅱ($c+\Delta c$)]，在此前提下，可以把两大部类生产合并起来，以考察总产值增长率的决定因素。

假设第一年的总产值价值构成为：

$$q=c+v+m \qquad ①$$

年末准备在下年扩大再生产时，将 m 分为追加的不变资本（Δc），追加的可变资本（Δv）和资本家个人消费部分 m/x，即 $m=\Delta c+\Delta m+m/x$；这样，下年扩大再生产开始时，不变资本为（$c+\Delta c$），可变资本为（$v+\Delta v$）。经过扩大再生产，第二年结束时的总产值的价值构成为：

$$q'=c'+v'+m'=(c+\Delta c)+(v+\Delta v)+m' \qquad ②$$

设第二年总产值较第一年的增长率为$(q'-q)/q$，并以 g 来表示，则

$$g=[(c+\Delta c)+(v+\Delta v)+m']/[c+v+m]-1 \qquad ③$$

根据马克思的假定，在扩大再生产过程中资本有机构成、剩余价值率都不变，即第二年与第一年相同，两者分别以 j 和 m_r 表示，并以 s_m 代表剩余价值积累率，则

$$j=c/v=(c+\Delta c)/(v+\Delta v)$$
$$m_r=m/v=m'/(v+\Delta v)$$
$$s_m=(\Delta c+\Delta v)/m$$

按照马克思的分析，经济增长直接取决于可变资本的增加和剩余价值增值，则③式在上述前提下可转为下列方程：

$$g=\Delta v/v \qquad ④①$$

根据 $s_m=(\Delta c+\Delta v)/m$，可得②：

$$\frac{\Delta v}{v}=\frac{s_m \cdot m_r}{j+1}$$

所以，

$$g=s_m \cdot m_r/(j+1) \qquad ⑤$$

等式⑤就是从马克思社会扩大再生产数字表式中概括出来的总产值增长率模式。其实，在资本有机构成和剩余价值率不变的情况下，总产值增长率既等于可变资本增长率（$\Delta v/v$），也等于不变资本增长率（$\Delta c/c$），等于总资本的增长率（$\Delta c+\Delta v$）/（$c+v$）；

---

① ④式由③式推导而得：

$$g=\frac{(c+\Delta c)+(v+\Delta v)}{c+v+m}-1=\frac{(v+\Delta v)j+(v+\Delta v)+(v+\Delta v)m_r}{vj+v+vm_r}-1$$

$$=\frac{(v+\Delta v)(j+1+m_r)}{v(j+1+m_r)}-1=\frac{\Delta v}{v}$$

② $s_m=\frac{\Delta c+\Delta v}{m}=\frac{\Delta vj+\Delta v}{v \cdot m_r}=\frac{\Delta v(j+1)}{v \cdot m_r}$，移项，得 $\frac{\Delta v}{v}=\frac{s_m \cdot m_r}{j+1}$

同时，社会总产值增长率也等于社会净产值增长率①。

这个等式清楚地表明，经济增长率取决于剩余价值积累率（s_m）、剩余价值率（m_r）和资本有机构成（j）。从这三个决定因素看，剩余价值率和资本有机构成取决于生产技术条件和历史条件，一般来说变化比较慢，波动也小；而剩余价值积累率取决于众多企业资本家分散的决策，他们在剩余价值中以多大的比率用于追加资本，则主要取决于他们对未来利润的预期，它波动大。因而在资本主义条件下，经济增长是十分不稳定的。加上，经济增长能否实现，还要看两大部类进行扩大再生产时，能否通过交换，换回本部类所需补偿和追加的生产资料和消费资料，即两大部类的比较结构上能否保持必要的平衡关系。这原是马克思扩大再生产表式所要分析的主题。

3. 马克思经济增长模式的引申分析

按照宋则行的分析思路，现在我们探讨：如果舍去马克思扩大再生产数字表式所做的某些假定，会对所概括出来的经济增长模式有什么影响？

（1）关于产品价值中的 c 未包括固定资本转移到产品中去的那部分价值的假定。如果把固定资本在生产过程中转移的那部分价值包括在 c 中，但产品出售后，这部分价值"不需要立即用实物补偿，而要转化为货币，这个货币逐渐积累成一个总额，直到固定资本需要以实物形式更新的时候为止。"② 这样，在再生产过程中，总有一部分固定资本寿命完结有待更新，而一部分固定资本仍以实物形式继续发挥其职能，只是为了补偿其耗损而把一部分价值转移到产品中去。如果这部分固定资本的比例发生变化，就可能发生如下情况：或者第 II 部类需要实物补偿的固定资本的比例因此而增加，造成第 I 部类产品再生产不足；或者第 II 部类需要补偿的固定资本的比例减少，而只需用货币进行补偿的固定资本同比例增加，这样，第 II 部类需要实物补偿的固定资本在量上减少了，因而造成第 I 部类产品再生产过剩，一部分产品不能转化为货币。所以如果产品价值中的 c 包括了固定资本按寿命期分年转移的价值，当需用实物形式补偿固定资本部分和只需用价值形式补偿固定资本部分的比例发生变化时，就会产生第 I 部类生产不足或过剩的现象。"因此，尽管规模不变的再生产，但危机——生产危机——还是会发生"。③ 这个结论，同样适用于扩大再生产，因为在扩大再生产条件下也存在固定资本补偿的问题，使经济增长出现周期性的失衡。

此外，产品价值中的 c 不论包括不包括固定资本转移价值，资本有机构成都是指耗费的资本的有机构成，而在扩大再生产时，剩余价值转化为追加资本的有机构成（$\Delta c/\Delta v$）应是准备使用的资本的有机构成，这和产品价值中的 c 与 v 之比为耗费的资本有机构成是不同的。虽然如此，但在第二年使用扩大了的资本进行再生产时，只要进入产品价值的（$c+\Delta c$）仍是耗费的不变资本，其与（$v+\Delta v$）之比也仍是耗费的资本的有机

---

① 在资本有机构成和剩余价值率不变的情况下，$c/v=\Delta c/\Delta v$，故 $\Delta v/v=\Delta c/c=(\Delta c+\Delta v)/(c+v)$；即可变资本、不变资本、总资本，三者的增长率相等；另外，$m/v=\Delta m/\Delta v$，则 $\Delta v/v=\Delta m/m$，这样，$g=\Delta v/v=\Delta m/m=\Delta(v+m)/(v+m)$，$\Delta(v+m)/(v+m)$ 即是净产值增长率。

② 马克思：《资本论》第 2 卷，人民出版社，2004 年版，第 507 页。

③ 马克思：《资本论》第 2 卷，人民出版社，2004 年版，第 525 页。

构成，这样，各年所用的资本有机构成的含义仍是一致的，即使不变资本包括分次转移的固定资本在内，也不影响马克思扩大再生产数字表式的基础上计算的经济增长率。

（2）马克思的扩大再生产数字表式是以价值表述的，并假定产品按照它们的价值出售。现若剩余价值转化为利润，价值转化为生产价格，则马克思的扩大再生产数字表式将有什么变化？对此，宋则行认为，这个变化只是影响某些部门的商品价格低于价值，某些部门的产品价格高于价值，从而某些部门的资本家所得到的利润低于该部门产生的恒宇价值，某些部门的资本家在所得到的利润高于该部门所产生的剩余价值。因此，这个转化的主要意义在于剩余价值按部门之间的重新分配。在部门内和部门外资本家相互竞争大压力下，利润趋于平均化，每单位资本有取得相等利润的趋势，每个生产部门的产品的生产价格将等于生产成本加平均利润。这样，马克思的扩大再生产表式基本上可用原来的符号表述，只是所代表的含义有所改动。q 代表生产价格总额（总产值的价格表现）；c 代表以价格计算的原材料成本，如果 c 中包括固定资本分年转移价值，则还应包括固定资本的折旧费；v 代表工资成本即工资总额；m 可用 $\overline{m}$ 来代替，后者代表一个部门的资本总额按平均利润率所得到的平均利润总额，它可以高于或低于本部类生产的剩余价值。在进行扩大再生产时，平均利润额仍可分为两部分，即转化为资本的部分（$\Delta c + \Delta v$）和资本家个人消费的部分（m/x）。这样，前文所作推导仍将适用。

（3）马克思的扩大再生产表式假定各个生产部门的资本所有者和资本经营者是合一的，经营企业的资本家是全部剩余价值的占有者。因此，作为资本所有者将收入分为储蓄与消费的决策与作为资本经营者将利润转为投资的决策是合一而不是分离的。在这个前提下，如果工人在再生产过程中将其所得的生存工资全部花掉，资本家将其榨取的全部剩余价值不是用作追加资本（投资）就是用作个人消费，这样，产品的供给与需求在总量上应是平衡的，造成再生产不能实现的因素只是两大部类的生产在结构上的失调，以致彼此不能通过交换以满足其扩大再生产时所需补偿和追加的生产资料和消费资料。但若考虑到资本所有者与资本经营者是分离的（如马克思在《资本论》第 3 卷所分析的那样），资本所有者作为股息、债券、存款利息、地租等资产收入者，作出将收入分为储蓄与消费的决策。而资本经营者——企业将一部分利润转化为追加资本或向社会筹集资本，作出投资的决策，这两种决策显然是独立进行的，不一定、也不可能一致。因此，就决策而言，如果投资超过储蓄，必将引起产品需求的增加，从而造成生产的扩张；而正是这个储蓄与投资决策的分离造成经济增长过程中的波动。马克思扩大再生产表式由于假定剩余价值不是用作追加资本（投资）就是用作资本家个人消费，因而排除了这两个决策分离所造成的后果（尽管马克思已经观察到资本所有者与资本经营者职能的分离，但推迟到《资本论》第 3 卷才加以分析）。后来，在西方经济学中，也正是因为强调了这个储蓄与投资决策的分离所导致有效需求不足而造成的经济波动和失业，从而发生了"凯恩斯革命"。

至于舍去资本有机构成和剩余价值率不变的假定，正如前文所述，并不影响所概括的马克思经济增长模式的基本命题。

4. 马克思经济增长模式与现代西方经济增长模式的比较

宋则行在其论马克思经济增长理论的经典性论文中，对马克思的经济增长模式同现代西方经济增长模式做了如下的比较：

(1) 与哈罗德经济增长模式的比较

20世纪40年代初英国经济学家哈罗德（Roy F. Harrod）将凯恩斯的储蓄与投资事后恒等基本方程动态化，用变动率来表示其中的变量（如投资率、储蓄率、收入增长率等），用比率分析代替水平分析，得出如下一个基本方程：

$$G = \frac{s}{C}$$

这里，G为国民收入增长率，即国民收入增量（ΔY）与国民收入之比（ΔY/Y）；s为储蓄率，即储蓄与国民收入之比（S/Y）；C为资本－产出率，即资本增量（ΔK，即投资I）与国民收入增量之比（ΔK/ΔY，或I/ΔY）。这个基本方程是实际的国民收入增长率，意思是说，一个时期的国民收入增长率（以下简称收入增长率）取决于该时期的储蓄率与资本－产出率，这个增长率引致的投资，等于本期的储蓄。哈罗德根据这个基本方程引出两个规范性的增长率，即"有保证的增长率"（warranted rate of growth）和"自然增长率"（natural rate of growth），并从这两个增长率与实际增长率的比较中说明资本主义经济的不稳定性。有保证的增长率的方程是：

$$G_w = \frac{s_d}{C_r}$$

这里，s_d是收入中人们愿意储蓄的比率；C_r是企业相对于产量的变化所愿意增加的资本量，即企业根据预期的产量（收入）变化决定投资时依据的资本产出率，依据这个资本－产出率决定的投资所形成的生产能力预期能得到充分利用。由这两个比率所决定的收入增长率就是有保证的增长率，G_w，意思是说，如果要经济保持稳定增长，国民收入就必须按照这两个比率决定的增长率增长。否则，经济就处于不稳定的增长状态。

自然增长率的方程式为：

$$G_n = \frac{s_n}{C_r}$$

这里，G_n是自然增长率，这是指在劳动人口和技术进步条件下能导致充分就业的"社会最优增长率"；s_n是通过货币政策和财政政策调控所能达到的"社会最优储蓄率"，C_r的含义同前。由此决定的增长率，就是在劳动人口增长和技术进步条件下实现充分就业的"自然增长率"。如果$G_w < G_n$，经济可以稳定增长。但由于需求相对不足，失业率将日益增长。如果$G_w > G_n$，经济将在充分就业条件下增长，但由于需求超过经济潜在的供给边界，将导致加速的通货膨胀。因此哈罗德认为，最理想的经济均衡增长要做到$G = G_w = G_n$，只有在这种情况下既能实现充分利用生产能力和充分就业，又能避免通货膨胀。但是在他看来，这个理想境界在资本主义制度下难于达到。因此，资本主义经济实现稳定增长的余地犹如"刀锋"，非常狭窄，经济波动不可避免。

撇开哈罗德增长模式回避资本主义本质分析这一根本缺陷不谈，仅就这个模式的基本方程所表述的数量关系而言，它与我们上面概括的马克思增长模式有其相通之处。

如前所述，在资本有机构成、剩余价值率不变的情况下，马克思增长模式中的总产值或净产值（即国民收入）增长率都可用 $\frac{s_m m_r}{j+1}$ 来表述。其中剩余价值率（s_m），既是资本家的储蓄率又是资本家的投资率。在雇佣劳动者全部消费其所得工资的假定下（在马克思时代，这是符合实际的），剩余价值转化的积累也就是全社会的积累，这样，可将剩余价值积累率称作"国民收入储蓄率"（相当于哈罗德增长模式中的 s）。马克思增长模式中的 m_r，即 m/v，可调整为 (v+m)/v，即国民收入与可变资本之比，这并不改变剩余价值由可变资本产生的性质；(j+1) 即 (c/v+1) 或 ((c+v)/v)，即总资本与可变资本之比，这个比仍有资本有机构成的性质，因为它是由 c/v 决定的，只是改变了表达的方式。这样，可以把马克思的增长模式推演成为哈罗德的基本方程：

$$g=\frac{s_m m_r}{j+1}=\frac{\frac{\Delta c+\Delta v}{m}\cdot\frac{m}{v}}{\frac{c}{v}+1}=\frac{\Delta c+\Delta v}{v+m}\cdot\frac{v+m}{v}/\frac{c+v}{v}=\frac{\Delta c+\Delta v}{v+m}/\frac{c+v}{v+m}$$

这里，g 相当于哈罗德模式中的 $\frac{\Delta Y}{Y}$，即 G；($\Delta c+\Delta v$) 既是积累（追加资本），又是储蓄，因而 ($\Delta c+\Delta v$)/(v+m) 相当于哈罗德模式中的 s（即国民收入中的储蓄率 S/Y，在均衡时，与投资率相等）；(c+v)/(v+m) 则相当于 K/Y，即哈罗德模式的 C（即资本－产出率）。①

宋则行指出，两个模式最终推导出的数量关系的一致，并不能抹煞两者对此数量关系的解释所用经济范畴的区别。例如，哈罗德模式中的国民收入储蓄率掩盖了其中工资收入和资产收入的区别以及两种收入的各自储蓄率的差异（工资收入的储蓄率在马克思的时代可以推断为等于零，在现代则至少也异常小于资产收入的储蓄率）。至于资本－产出率，实际上是资本－劳动比率与社会（平均）劳动生产率的结合，② 而资本－劳动比率就是马克思所说资本技术构成，这一构成的价值表现就是资本有机构成。至于社会（平均）劳动生产率，则是剩余价值率的变化形态：使用的劳动量以工资总额来体现，即为 v；国民收入为 (v+m)，劳动生产率以工资单位来计量，即为 (v+m)/v，而后者不过是 m/v（剩余价值率）的另一表现形式。所以资本－产出率实质上是资本有机构成与剩余价值率的结合。用马克思的剩余价值积累率、剩余价值率、资本有机构成来表述经济增长因素，较之哈罗德用国民收入储蓄率和资本－产出率来表述，更具有深刻的社会意义，尽管在数量关系上两者是相通的。

宋则行进一步指出，哈罗德用"有保证的增长率"和实际增长率不一致来解释资本主义经济增长的不稳定性，实际上是用实际增长率与资本主义企业所预期的经济增长率

---

① 哈罗德假定资本－产出率在增长过程中不变，则增量的资本－产出率（$I/\Delta Y=\Delta K/\Delta Y$）与平均的资本－产出率相等。

② 设 L 为一个时期使用的劳动量，K 为使用的资本量，则 K/L 是资本－劳动比率，Y/L 是社会（平均）劳动生产率。而资本－产出率为 K/Y=K/L/Y/L。

之间的背离来解释经济的累积波动,这显然是一个重要因素,但他缺乏从资本主义制度本质探讨经济不稳定根源的深层次分析。

(2) 与后凯恩斯经济增长模式的比较

宋则行指出,现代西方经济学界提出的经济增长理论最接近于马克思的经济增长模式的是以琼·罗宾逊(Joan Robinson)和卡尔多(N. Kaldor)为代表的后凯恩斯增长模式。因此,宋则行在其论文中简略介绍了以琼·罗宾逊增长理论为主的后凯恩斯增长模式,并说明了其与马克思经济增长模式的相通之处。

后凯恩斯的经济增长理论,从凯恩斯的有效需求理论出发,认为投资是资本主义经济活动的核心,它既是经济增长的重要决定因素,也是国民收入在利润与工资之间分配的主要决定因素。这个模式的特点是把经济增长理论与收入分配理论结合起来。它假定:①国民收入划分为劳动收入(工资)和资产收入(利润)两大部分,相应地,社会阶级划分为工人和资本家两大阶级;②国民生产分为投资品生产与消费品生产两大部门;③投资由资本经营者即企业(厂商)的投资决策决定,它与储蓄决策无关,两者是相互独立的;④把工资(即劳动收入)的储蓄率与利润(即资产收入)的储蓄率区别开,一般假定工资的储蓄率为零,即全部工资收入都用于消费,因而全部储蓄都来自利润,利润储蓄率大于零而小于1。

设以 P 代表一个时期的利润,I 代表净投资;K 代表按正常价格计算的资本存量(即资本总额);s_p 代表利润储蓄率,s_w 代表工资储蓄率;I/K 或 g 代表资本积累率,即投资对资本总额的比率,它在资本-产出率不变的条件下,也即国民收入增长率($\Delta Y/Y$);[①] P/K 或 π,代表利润率,这样,在 $s_w=0$ 及投资与储蓄均衡的条件下,利润与投资的关系为:$\frac{P}{K}=\frac{I}{K}/s_p$ 或 $\pi=g/s_p$

即利润率取决于资本积累率和利润储蓄率。这样,在利润储蓄率不变的情况下,要保持一定水平的资本积累率或收入增长率,就要取决于利润率状况或收入在工资和利润间的分配状况。按照琼·罗宾逊的分析,一方面资本积累率决定实际利润率,另一方面资本积累率又取决于企业对利润率的预期,预期利润率的变化会引致资本积累率的变化。而对未来利润的预期又一实现了的利润率为基础。因此,按照上列方程决定的实际利润率,反过来又会影响企业对资本积累率的选择。如果按照某一资本积累率实现利润率,与企业作此投资决定时所预期的利润率一致(琼·罗宾逊将此积累率称为"合意积累率"),企业就可能将此积累率继续保持下去,经济就可得以稳定增长(当然,在增长过程中仍然要受未来条件变化的约束)。但是企业原定的资本积累率所实现的利润率不一定与其预期利润率一致,两者背离,特别是实现的利润率低于预期利润率,就会导致资本积累的波动,从而造成经济增长的不稳定。

[①] 根据哈罗德的增长基本方程 G=s/C,即 $\frac{\Delta Y}{Y}=\dfrac{\frac{S}{Y}}{\frac{\Delta K}{\Delta Y}}$;在 S=I 的均衡条件和资本-产出率不变的条件下,$\frac{S}{Y}=\frac{I}{Y}$,$\frac{\Delta K}{\Delta Y}=\frac{K}{Y}$,则 $\frac{\Delta Y}{Y}=\frac{S}{Y}\cdot\frac{\Delta Y}{\Delta K}=\frac{I}{Y}\cdot\frac{Y}{K}=\frac{I}{K}$;$\frac{I}{K}$ 即是资本积累率,又是国民收入增长率。

也可将上列方程改写为①：$\frac{P}{Y} = \frac{I}{Y}/s_p$，这表明投资率（投资在国民收入中占的比例）愈高，利润在国民收入中的份额就愈大。当然，后者还要取决于利润储蓄率（s_p），利润储蓄率愈低或消费率愈高，则利润在国民收入中所占的份额愈大。因此，在工资储蓄率等于零的假定下，利润在国民收入中所占份额的大小取决于资本家阶级的投资支出和消费支出的大小。此外，投资率的增长，势必造成以较多的资源用于投资品生产，而以较少的资源用于工人所需的消费品生产，而后者意味着工人得到的实际工资份额将相对下降。这些都说明后凯恩斯的增长理论是与其收入分配理论密切结合的。

以上假设工人把工资收入全部用于消费，即 $s_w = 0$，储蓄全部来自利润。如果根据发达资本主义国家的现实，改变这个假定，工人收入也有一部分用于储蓄（即购买少量的债券、股票等），即 $s_w > 0$，但小于利润储蓄率，即 $s_w < s_p$。这样，$\frac{P}{K} = \frac{I}{K}/s_p$ 或 $\pi = g/s_p$ 就要改写为：$\frac{P}{K} = \left(\frac{I}{K} - s_w/\frac{K}{Y}\right)/(s_p - s_w)$

根据后凯恩斯学派经济学家帕西内蒂（L. L. Pasinetti）的分析，由 $\frac{P}{K} = \frac{I}{K}/s_p$ 所得的结论，不因 s_p 改为 >0 而受影响，只是"职能收入"（工资收入与利润收入）的划分与社会阶级（工人与资本家）的划分变成不相一致。就是说，投资的增长对工资和利润这两种职能收入在国民收入中的份额所起的作用仍然一样，只是工人的收入除工资而外有了一部分利息、红利等收入，但国民收入分配与工资和利润两大范畴之间的基本结果并不因此而改变。

至此，宋则行认为，后凯恩斯的经济增长模式更接近于马克思的增长模式；从分析方法看，甚至可以说它是对后者的复归。首先，因为它回到了马克思的一些基本假定：如社会划分为工人和资本家两个阶级；国民收入划分为工资和利润，并强调了两者的对立（两者相互消长）；社会生产分为投资品生产和消费品生产两大部类；特别是区别利润收入储蓄率和工资收入储蓄率，并假设后者等于零。这样，他们所提出的利润收入的储蓄率相当于马克思的剩余价值积累率，虽然在马克思的增长模式里，它既是剩余价值的储蓄率又是剩余价值的投资率。其次，在后凯恩斯的增长模式中标志经济增长率的资本积累率（投资与资本总额之比），如前文曾指出的，在资本－产出率不变的条件下，也就是国民收入增长率。而假定资本－产出率不变，实质上就是假定资本有机构成和剩

---

① 根据 $\frac{P}{K} = \frac{I}{K}\over s_p$ 即 $P = \frac{I}{s_p}$，两边除以 Y 即得 $\frac{P}{Y}\over s_p$。

余价值率不变。① 在后两者不变的假定下，无论总产值或净产值（即国民收入）的增长率都和资本的增长率（无论是可变资本、不变资本或总资本）相同。这里所说的资本增长率也就是后凯恩斯增长模式的资本积累率。因此，后一模式在假定资本－产出率不变的条件下，资本积累率也就是国民收入增长率，这也和马克思的增长模式假定资本有机构成和剩余价值率不变的条件下，资本增长率就和产值增长率的命题是一致的。

这样，通过推导，可以将马克思的经济增长模式转化为后凯恩斯的增长模式：

$$g = \frac{s_m m_r}{j+1} = s_m \cdot \frac{m}{v} / \frac{c+v}{v} = s_m \cdot \frac{m}{c+v}$$

若把这个方程内的价值转化为价格，则 s_m 即为利润储蓄率（它与投资率合一）相当于后凯恩斯模式中的 s_p（在那里假定储蓄与投资相等）；m 为利润，（c＋v）为资本总额，则 m/（c＋v）相当于后凯恩斯增长模式中的利润率 P/K；而后凯恩斯模式中的 I/K，在资本－产出率不变的情况下即为国民收入增长率（ΔY/Y）。这样转化的结果是，$g = s_m \cdot \frac{m}{c+v}$ 可改写成 $\frac{I}{K} = s_p \cdot \frac{P}{K}$，或 $\frac{P}{K} = \frac{I}{K} / s_p$。所以两个模式，无论从基本内容或模式内容看，基本是同一的。

当然，宋则行指出，后凯恩斯增长模式以人们的储蓄决策与企业的投资决策相分离为前提，提出企业资本积累所实现的利润率与企业所预期的利润率相背离时必将导致资本主义增长的不稳定。这固然是一个重要论断，但它同哈罗德的模式一样，未从资本主义制度的本质去探究资本主义经济不稳定性的根源，这也是后凯恩斯增长模式的根本缺陷，尽管他们经常强调制度因素在经济发展中的重要作用，而且承认他们的模式只是提供一个分析实际的框架并指出增长过程中的一些关键因素及其作用而已。

5. 马克思经济增长模式对于社会主义市场经济的适用性

宋则行指出，马克思的扩大再生产数字表式，撇开他所表现的资本主义经济所特有的形式，实际上揭示了建立在社会化大生产基础上的市场经济运行的一个共同规律。从中概括出的经济增长模式，如果根据社会主义市场经济的特点加以调整，也可以用来分析社会主义经济增长问题。为此，他做了这样的科学论证：

如前文式（5）所示，在资本有机构成和剩余价值率不变的条件下，总产值增长率或社会净产值增长率均为 $g = s_m \cdot m_r /(j+1)$，该式如用马克思原用的符号，可写成：

$$g = \frac{\Delta c + \Delta v}{m} \cdot \frac{m}{v} / (\frac{c}{v} + 1)$$

上式又可改写为

---

① 资本－产出率以 K/Y 表示，再以 L 代表劳动量，K/L 代表资本－劳动比率，Y/L 代表社会（平均）劳动生产率，则 $\frac{K}{Y} = \frac{\frac{K}{L}}{\frac{Y}{L}}$；以 w 代表工资率，乘 L，wL 即为工资总额，相当于马克思的不变资本 V；此外，K 相当于（c+v），Y 相当于（v+m）。这样，$\frac{K}{Y} = \frac{\frac{K}{wL}}{\frac{Y}{wL}} = \frac{\frac{(c+v)}{v}}{\frac{(v+m)}{v}} = \frac{\frac{c}{v}+1}{\frac{m}{v}+1}$。如 c/v 和 m/v 不变，则 K/Y 也不变。

$$g=\frac{\Delta c+\Delta v}{v+m}\cdot\frac{m}{v}/\frac{c+v}{v} \tag{7}$$

其中（v+m），在社会主义条件下，即为国民收入；（Δc+Δv）为国民收入用于积累的部分（可以用s来表示），则（Δc+Δv）/（v+m）为国民收入的积累率，可以s（=S/Q）来表示；v在社会主义条件下为生产部门职工的工资总额，若平均工资率为w，生产部门的就业量或生产中使用的劳动力为L_d，则v=wL_d。这样，（7）式中的（v+m）/v就等于（v+m）/wL_d，其中（v+m）/L_d即为社会劳动生产力（生产部门职工平均生产的社会净产值），可用P来表示；再者，（7）式中c+v，在社会主义条件下为生产资金总额，可以K表示，则（7）式中（c+v）/v就等于K/wL_d，其中K/L_d为资金劳动比率，即资金构成，可以用t表示。这样，（7）式就可写成：

$$g=s\cdot\frac{v+m}{wL_d}/\frac{K}{wL_d}=s\cdot\frac{P}{w}/\frac{t}{w}=\frac{sP}{t} \tag{8}$$

由于马克思的经济增长模式假定在扩大再生产过程中剩余价值率（m_r）和资本有机构成不变，在转化为社会主义条件下的经济增长率即（8）式时，实际上假定了社会劳动生产力和资金-劳动比率不变；在这两个假定下，经济增长率也就是劳动就业增长率，则$l_d=S_p/t$。但在经济增长过程中，劳动生产力是变化的，因此经济增长率（g）应等于劳动就业增长率（l_d）+劳动生产力增长率（p）。①

此外，宋则行指出，在经济增长过程中，资本-劳动比率也是变化的。同时，在资本-劳动比率和劳动生产力都在变化的情况下，劳动就业增长率也会发生变化的。如以β代表资本-劳动比率变化率，仍以p代表劳动生产力增长率，在t和p都在变化的情况下，劳动就业增长率就等于$l_d=s\cdot\frac{P(1+p)}{t(1+\beta)}$，经济增长率应为：

$$g=\frac{sP(1+p)}{t(1+\beta)}+p \tag{9}$$

式（9）就是从马克思的经济增长模式演化而来的社会主义扩大再生产过程中估计到社会劳动生产力增长和资本-劳动比率发生变化情况下的经济增长率公式。

（二）关于我国的经济增长率问题

在1981年发表的《关于我国的经济增长率问题》的文章中，宋则行在总结我国经济发展的历史经验的基础上提出，确定我国适当的经济增长率最重要的是要弄清国情，从实际出发制定计划。就当时的情况而言，宋则行指出：我国拥有10亿人口，其中农村人口占8亿，人均国民收入水平很低；自然资源虽然比较丰富，但在短期内开发资源的资金和技术力量都很薄弱，在生产和建设中近期内可供利用的资源是有限的；作为一个社会主义国家又必须时时刻刻考虑满足人民日益增长的物质和文化需要。在这样的条件下，确定适当的经济增长率所应遵循的原则是：

①必须量力而行。确定发展目标和增长率，不能超越计划期内生产资源供应的可

---

① 宋则行注：严格说来，$g=l_d+p+l_d\cdot p$，由于$l_d\cdot p$数值比较微小，可不计，这样。$g=l_d+p$。见宋则行：《社会主义经济增长模式与适度经济增长率》，《经济研究》1986年第9期。

能,这包括原料、燃料、动力、技术装备、技术人力、管理人才、熟练劳动力等。

②合理安排积累和消费的比例是确定最优经济增长率的重要前提。较高的增长率,一般说来需要较高的积累率,但是超过人民负担能力的过高的积累,只能取得相反的结果。根据我国社会制度的性质和人民生活水平低下的情况,安排积累和消费的比例,要把人民的长远利益和眼前利益结合起来。在安排次序上,应该首先安排好人民生活,使得人民得到当时的生产力所许可的必要的生活条件,这包括个人消费水平以及关系人民集体福利的科学、文化、教育、卫生等设施,然后按余力的大小安排用于扩大再生产的积累规模。

③一个最优的经济增长率必须是在国民经济各个部门协调发展的基础上形成的增长率。国民收入的增长率是国民经济各个部门增长率的综合,但各个部门的发展是相互联系相互制约的,它们的增长必须相互协调,使增长内容符合社会主义生产目的的要求,才能实现最优的综合增长率。因此,应协调积累和消费的合理比例,使农业、轻工业、重工业、建筑业、交通运输业、商业以及其他基础设施协调发展,形成一个能取得最有经济效果的经济结构。在制定各个部门的经济增长率时,还要特别注意克服增长过程中出现的关键性薄弱环节,使它们优先地得到增长,才能使各个部门协调发展。

④有较高的经济效率,才能有较高的经济增长率。扩大生产不能光靠兴办新企业,增添新设备,更重要的是要靠提高经济效率。因此,要首先挖掘现有企业的生产潜力,使它们的设备及时得到更新和改造,注意节约能源和原材料,提高劳动生产率和设备利用率,改进产品质量和品种,灵活适应市场需要,加速资金周转,力求以最少的消耗取得最大的经济效果。而提高经济效率的关键,除了搞好调整,使经济结构合理化之外,则在于使国有企业在经营管理上有较大的自主权,并使企业及其职工的利益和企业的经济效果联系起来,这就涉及现行的经济管理体制改革的问题。

⑤经济增长必须有利于解决劳动力的就业问题。我国人口基数本来就大,新中国成立后的前20多年对人口的自然增长没有进行控制,以至人口平均每年增长2%,有许多年份超过了2.5%。从60年代后期开始,每年平均有两千多万劳动适龄人口需要安置。多年来由于我们采取了限制农村人口流向城市的措施,加上只强调粮食生产,忽视发展多种经营,农村中新增劳动力基本上都拥挤在有限的土地上参加农业劳动,没有充分发挥他们的劳动效率。城市中的新增劳动力,则由城市有关部门负责安排就业。但是由于长期以来在经济工作中存在"左"的失误,城市工业和其他事业单位所能提供的就业机会有限,未能完全加以吸收,因而在全国城市中历年来积累了大量的"待业青年"。在资金短缺而劳动力又过多的现阶段,提高经济增长率的途径,应该是先进技术、中间技术和手工技术相结合,既要逐步提高劳动生产率,又要尽可能为城乡新增劳动力提供就业机会。

宋则行是在我国经济体制改革初期来探讨我国的经济增长率问题的,许多方面还带着那个时期所特有的特征,例如,提高企业的经济效率和增加就业问题等,都是当时的迫切需要解决的问题,因此,他所提出的提高我国经济增长率的途径,反映了当时的经济运行的客观要求。但是,确定我国适度的经济增长率,还需要从更一般的意义上,即从较长时期的经济发展的视角来考虑经济增长问题。这是宋则行在另一篇经典性文章

《社会主义经济增长模式与适度的经济增长率》所解决的问题。

（三）社会主义经济增长模式与适度的经济增长率

宋则行发表于1986年的题为《社会主义经济增长模式与适度的经济增长率》的经典性论文从一般的意义上探讨了社会主义经济增长模式和适度的经济增长率问题。文章较长，这里摘其要点作一阐述。

1. 经济增长的一般模式

按照宋则行的界定，经济增长的一般模式，主要说明经济增长速度或经济增长率的一般决定因素，它和这些决定因素之间的数量关系，以及经济稳定、协调增长的制约条件。

对此，宋则行做了如下的科学分析：

假设以一定时期（如一年）的社会最终产值（或国民生产总值，下同）作为经济增长的综合指标，则它是这一时期劳动就业量（或使用的劳动量，下同）与社会平均劳动生产力的乘积。社会平均劳动生产力是指每一个劳动者（或使用的每一单位劳动量）平均生产的最终产值。以 Q 表示社会最终产值，L_d 代表劳动就业量，P 代表社会平均劳动生产力，则有

$$Q = L_d \cdot P \quad (1)$$

可见，社会最终产值的增长直接取决于劳动就业量的增加和社会平均劳动生产力（以下简称劳动生产力）的增长。假设以 g 表示社会最终产值的增长率，以 l_d 代表劳动就业量的增长率，p 代表劳动生产率的增长率，则有：

$$g = \frac{L_d(1+l_d) \cdot P(1+p)}{L_d \cdot P} - 1 = (1+l_d)(1+p) = l_d + p + l_d \cdot p \quad (2)$$

由于 $l_d \cdot p$ 数值一般比较微小，可不计，则

$$g = l_d + p \quad (3)$$

那么，劳动就业量的增长和劳动生产力的增长又取决于什么因素呢？

劳动就业量的增长首先取决于社会对产品需求量的增长。若当时的生产设备尚未充分利用，则劳动就业量可随社会需求量的增长而增加，一般不需增加投资。但从长期看，若原有生产设备已经充分利用或需更新，增加生产从而增加就业量，就必须增加投资。这是因为任何生产都需要由一定的劳动力与一定的资本（包括固定资本和流动资本）[①] 相结合。至于这个比率如何，则取决于当时技术条件所许可的不同技术类型的选择。它可以是劳动密集型的，即多用劳动力少用资本的技术；也可以是资本密集型的，即少用劳动力多用资本的技术。当然，不同产品或不同生产部门由于技术条件不同，它们在生产中使用的劳动力和资本会有不同的结合比率。因此，就全社会来说，劳动力和资本的结合比率还要取决于整个国民经济的部门结构或产业结构。不同的产业结构就会

---

① 作者受当时社会普遍认识的影响，以"资金"一词代替"资本"，这里，凡是作者原来用"资金"的地方都改成"资本"。

有不同的总的劳动力和资本结合比率。这种劳动力与资本的结合比率，也就是马克思所说的"资本技术构成"。为便于用数量来表现，我们把它称作资本－劳动比率，用 t 表示。若以 K 表示生产使用的资本，仍以 L_d 表示生产使用的劳动力（即劳动就业量），则

$$t = \frac{K}{L_d} \tag{4}$$

这个比率表示平均每个劳动力（或每单位劳动量）结合使用的资本量，它是随技术条件的变化和技术类型的选择而变化的。

现假定在社会需求增长时原有生产设备能力已充分利用，增加劳动就业量就需有新的资本与之结合，即需增加投资。如果劳动力的供给尚未受到限制，劳动就业的增长量就取决于投资额和当时技术条件决定的资本－劳动比率。假定投资及其引起的劳动就业量的比率和总的资本－劳动比率 t 相同，以 I 表示投资额，以 ΔL_d 表示劳动就业的增长量，则有

$$\Delta L_d = \frac{I}{t} \tag{5}$$

若 t 一定，则在社会需求增长的推动下，劳动就业量的增长取决于投资额的多寡。

如以 i 表示投资额在社会最终产品价值中所占的比率，则 $I = i \cdot Q$。等式（5）如以劳动就业量增长率表述，可写成

$$\frac{\Delta L_d}{L_d} = i \cdot Q/t \cdot L_d = i \cdot \frac{Q}{L_d}/t$$

上式中的 $\frac{\Delta L_d}{L_d}$ 即劳动就业量增长率 l_d；$\frac{Q}{L_d}$ 即社会平均劳动生产力 P。这样，上式可写成

$$l_d = i \cdot P/t \tag{6}$$

这个等式表明一定时期的劳动就业量增长率（l_d）取决于三个因素：投资率（i）、劳动生产力（P）和资本－劳动比率（t），三者的结合决定劳动就业量增长率。投资率高，劳动就业量增长率高。劳动生产力高，说明社会最终产值底数大，可提供的投资额多，可以结合的劳动就业量也多。但是同量的投资，能吸收多少劳动力与之结合，则又取决于资本－劳动力结合比率；它高，吸收的劳动就业量就少；它低，吸收的劳动就业量就多。所以，劳动就业量增长率与投资率、劳动生产力的高低成正比，而与资本－劳动比率成反比。t 与 P 一定，劳动就业量将随投资率的增长而增长。劳动就业量增长率则如等式（3）所示，是经济增长率的重要组成部分，社会最终产值将随劳动就业量增长率的增长而增长。

但是一定时期的投资额总是有限度的，因而就业量的增长也是有限度的。在无外资的条件下，投资资本总是本国的积累，即社会最终产值形成不同层次的收入后其中不用

于现实消费的部分（在西方经济学中称为储蓄，包括个人储蓄和公司储蓄）。① 如以 S 表示积累额，s 表示在社会最终产值形成的收入中积累所占的比率即积累率（s＝S/Q），则在一般情况下，投资率 i 不等于积累率 s，若 i 超过 s，社会总需求，即投资加消费支出，将超过社会总供给（社会最终产值），这在现有生产设备能力尚未充分利用的条件下，可以推动社会总供给的增长；但在现有设备和现有资源（特别是一些"卡脖子"的生产部门的生产能力）已充分利用的条件下，必将造成需求膨胀，使经济趋于不稳定。反之，若 i 小于 s，社会总需求小于社会总供给，经济将趋于萎缩。因此，不论投资率大于或小于积累率，由增加投资引起的劳动就业量的增长将不是稳定的。从长期看，只有在 i＝s 的条件下，由增加投资引起的劳动就业量增长率才是稳定的。这样，等式（6）可以写成

$$l_d = s \cdot P/t \qquad (7)$$

这个等式表明在投资率与积累率相等时的劳动就业量增长率。这就是说，只有在积累率允许的限度内进行投资而投资又能吸收全部积累的条件下，劳动就业量才能按照这个增长率稳定增长。依照等式（3），$g = l_d + p$，经济增长率随 l_d 的提高而提高。

经济增长率的另一组成部分是劳动生产力增长率 p。劳动生产力的增长，就微观来说，取决于劳动者的积极性、企业的经营管理水平和技术水平。在社会主义条件下，劳动者的积极性，一是取决于按劳分配原则的正确贯彻，一是取决于劳动者的收入水平和消费水平随着生产的增长而逐步提高，以及在两者基础上的社会主义觉悟的提高。如果采用或明或暗的强制性措施，提高积累而抑制收入水平和消费水平的增长，必将使劳动者的积极性受到挫伤。企业的经营管理水平取决于企业内部的劳动组织是否合理，生产设备是否充分发挥效率，资本是否得到迅速周转等等。企业的技术水平则取决于生产工艺是否得到不断改进，生产设备的效率是否通过更新改造得到不断提高等等。从宏观来说，劳动生产力的增长取决于产业结构和生产力地区布局的合理化；同时，投资的增长往往伴以新技术的应用，从而带来生产力的提高。因此，影响劳动生产力增长的因素比较复杂，难以分解为若干经济变量或参数来加以数量化。不过，除了一些影响劳动生产力增长的无形因素外，影响劳动就业量的 s 和 t，实际也是影响劳动生产力增长的因素。例如，积累率 s 的提高，一方面决定投资额的增长，可以带来利用技术进步的成果，从而促进劳动生产力的增长；另一方面又往往带来劳动生产力的提高。只是我们无法给出一个关于 s、t 与 P 之间确定的函数关系，而只能把劳动生产力增长率作为影响经济增长率的一个综合因素，这样，等式（3）就可写成

$$g = s \cdot P/t + p \qquad (8)$$

这就是我们得出的社会主义经济增长的一般模式。这个增长模式的特点，首先在于从劳动价值论出发，先把经济增长率分解为就业量增长率和劳动生产力增长率两个组成部分，然后分别分析两者的决定因素。其次，在分析劳动就业量增长率时运用马克思的

---

① 投资和积累是两个不同的概念。投资是指投向固定资产和流动资产（库存）的支出；积累是收入中不用于消费的部分，是可供投资的资金来源。投资和积累的决策者，即使在社会主义条件下也不一定是同一单位，两者不一定恰好相等。

"资本技术构成"范畴,提出资本－劳动比率,与制约投资率的积累率和劳动生产力结合,作为劳动就业量增长率的决定因素。再次,把劳动生产力增长率作为一个综合因素单独列出,构成增长模式的一个重要组成部分。

2. 经济增长的限制条件

决定经济增长率的各项因素都受一些外在条件制约。

(1) 劳动就业量增长率要受劳动力供给状况的制约

前列模式中,由 s、P、t 决定的劳动就业量增长率是就对劳动力的需求来说的,但这种增长能不能实现,取决于劳动力的供求状况。劳动力的供给,主要包括原先存在的失业人员和由于人口自然增长而新增的劳动力(待业人员)。假设原先不存在失业,劳动人口增长率与人口自然增长率一致,新增劳动人口中比率不变,则劳动力的供给取决于人口的自然增长率。若以 l_n 表示劳动人口自然增长率,则劳动就业量增长率 l_d 不能超过 l_n,即 l_d 以 l_n 为最高限。如 l_d 小于 l_n 劳动力供大于求,经济增长不足以吸收全部新增劳动人口,则将出现长期的失业或待业的局面。如 l_d 大于 l_n,这表明经济增长过度,将出现需求膨胀的局面。

其次,如在经济增长过程中,劳动生产力有所提高,劳动力的供给按效率单位计算,就不限于劳动人口的自然增长,因为劳动生产力的提高意味着生产同样产品量所需要的劳动力比原来的要少。这样,腾出来的劳动力等于是劳动力供给的增加。若把劳动生产力因素计算在内的劳动供给增长率称为按效率单位计算的劳动力增长率,以 l_e 来表示,则 $l_e = l_n + p_n$。① 这样,经济增长率就不能超过 l_e,而以 l_e 为最高限。② 这就是说,经济增长率只能达到足以吸收自然增长的劳动力和因劳动生产力提高而腾出的劳动力为止,否则就会出现劳动力供给短缺,出现需求膨胀。若原先有失业人员,失业率为 l_u,则劳动就业量的增长就更有余地,经济增长率可以 $l_e + l_u$ 为最高限。

就业量增长率(从而经济增长率)不仅受劳动供给总量的制约,而且受劳动力供给结构的制约,特别是受技术劳动力供给的制约。技术劳动力的短缺往往是限制经济增长的"瓶颈"。

(2) 决定经济增长率的主要因素积累率要受必要的消费增长的制约

如前所述,积累率是社会最终产值中不用于消费的比率。在社会最终产值既定的条件下,两者是相互消长的,前者提高必然导致后者的降低。因此,积累率要受保持必要的消费增长的限制。在社会主义条件下,要保证人民消费水平(包括物质和文化的需要)随着经济增长而逐步提高。但是,为了保持经济的不断有所增长,积累也需随着经济增长有所提高。一种设想是,在经济增长过程中,积累率和消费率保持不变,积累额和消费额都将随着经济增长而增长。但是,为了适应技术不断进步的要求,一般来说,往往需要提高积累率,而积累率的提高又意味着消费率的降低。因此,它必须以保持人

---

① 精确地说,$l_e = (1+l_n)(1+p) = l_n + p + l_n \cdot p$。由于 $l_n \cdot p$ 乘积一般比较微小,可以不计,所以,l_e 的近似值可按 $(l_n + p)$ 之和来计算。

② 但就劳动就业量增长率 l_d 来说,仍以不超过 l_e 为限。因为 l_d 是对原有的劳动就业量而言的;因劳动生产力提高而腾出的劳动力是属原有的劳动就业量的一部分,所以,后者已在 l_d 计算之内。

均消费水平（绝对额）比前期仍有一定比率的增长为条件，即人均消费增长率可以小于经济增长率，但应大于零，而且这种人均消费增长率能为人民所接受，不致影响劳动积极性。这样，积累率的确定应以保持人均消费水平逐年有一定的增长为最高限，以能适应技术进步所需要的投资为最低限。在此区间内如何做出抉择，则需要决策者对当时的情况，特别是长期利益与短期利益之间的平衡，进行综合考虑。

（3）经济增长率要受产业结构的适应性的制约

经济增长率主要取决于积累率，或积累与消费的比例。但是，预定的积累和消费比例，从而预定的经济增长率能否实现，又取决于生产结构或产业结构能否与之相适应。积累的增长相应地需要投资品生产及其所需要的中间产品生产的增长；消费的增长相应地需要消费品生产和服务业及其所需要的中间产品生产的增长。积累与消费比例的变化要求产业结构进行与之相适应的调整，否则不仅影响预定的积累与消费比例的实现，甚至会引起国民经济的失调和经济增长率的大起大落。在这方面，过去我国有过深刻的教训。但是，产业结构的调整是一个缓慢过程，特别是对技术比较落后、动力和交通运输等基础设施比较薄弱的国家来说，更是如此。因此，确定积累率从而确定经济增长率的高低，要考虑原有产业结构的基础及其适应积累率变化的能力。而且，在确定积累率的同时，要使投资结构符合产业结构调整的需要。总之，产业结构是否适应，能否迅速调整，以及相应的投资结构是否合理，是制约积累率从而制约经济增长率的一个重要因素。

（4）在对外开放的条件下，经济增长率还要受对外贸易状况的制约

实行对外开放发展对外贸易有利于社会主义经济增长，这是不言而喻的。但是，过高的经济增长率往往会引起对外贸易状况的恶化，反过来又限制经济增长。这是因为保持高经济增长率，需要高投入、高投资，若国内生产的机器设备、原材料、消费品在品种上、数量上都供不应求，就需大量依赖进口。进口增加固然可以用增加出口来抵补，但是出口的生产在一定程度上与国内投资品和消费品的生产是争资源的，因而增加出口要受国内生产出口品能力的限制，同时也要受到对外竞争能力和国外市场容量的制约。所以高经济增长率往往会引起贸易的大量逆差。当然，引进外资可以补充国内积累的不足，可以支付技术设备和原材料的进口费用，在短期内可以用来抵补外贸的逆差，但是引进外资就要偿还本息，还要用出口换回的外汇来支付。所以，从长期看，引进外资的规模要受出口能力的制约。这样，确定经济增长率就要综合考虑长期内对外贸易的平衡问题。

3. 确定适度的经济增长率

为了确定适度的经济增长率。参照前文的分析，可以设想如下几条准则：

①在经济增长过程中要保持社会总需求与社会总供给的基本平衡，特别是要防止社会总需求的过度膨胀。这是防止经济增长率大起大落，实现国民经济的稳定发展，为改革创造宽松的环境的必要条件；

②在经济增长过程中能保持社会总供给的构成（主要是产业结构）与社会总需求的构成基本适应。这是争取国民经济协调地、高效益地向前发展的重要条件；

③在经济增长过程中能保证劳动力逐步实现充分就业、人均收入和人均消费水平逐

步有所提高，使人民的劳动积极性得以持久发挥；

④在经济增长过程中能为生产建设积蓄力量，保持后劲，以保证经济社会发展的长期战略目标得以实现；

⑤在经济增长过程中能保持对外贸易收支的基本平衡，不至于因为经济高速增长而导致对外收支的长期恶化。

为了确定合乎上述几项准则的经济增长率，首先要确定合理的积累率，并使投资规模不超过合理积累率所确定的限度。

按照经济增长的一般模式，经济增长率首先取决于积累率，它是决定劳动就业增长的主要因素，同时也是吸收技术进步成果、提高劳动生产力的重要因素。

在有计划的商品经济体制下，积累的各个层次（个人、企业、国家）的收入一定，其中多少用于消费、多少用于储蓄，由个人（家庭）作出决策，但可以从市场得到反映，因此，个人收入中的积累是可以估测的。企业生产的"增加值"，扣除工资、奖金、福利开支、税金等转出企业的部分外，即为企业不用于消费的部分（包括固定资产折旧），形成企业积累，其中一部分直接转化为企业投资，一部分成为企业闲置资金存入银行，形成信贷资金的来源之一。这由企业进行决策，但也是可以估测的。国家的收入（主要是税收）中多少用于公共消费支出（如行政费开支、事业费开支，其中相当大部分转化为国家机关职工的工资收入，形成个人收入的一个组成部分），多少用于直接转化为投资拨款的积累，这是国家的决策，也是可以计算的。因此，在确定一个时期的积累率时，可以先根据上一时期的宏观经济统计数据，计算上一时期的社会最终产值通过分配、再分配形成的个人、企业、国家三个层次的收入以及各自将收入分配于消费与积累的情况，得出全社会的积累额和消费额、积累率和消费率，并且可以考察同一时期原先的投资额、投资率（不是事后实现的）是否超出了积累额、积累率，作为确定计划期的积累率和投资率的借鉴。确定计划期的积累额和积累率的原则之一，首先要确保计划期人均收入额和人均消费额较之上期有所增长；至于增长的幅度多大，则视预期的劳动生产力增长幅度而定，一般应小于后者，当然也要综合考虑其他有关情况。在此基础上确定计划期的积累率，并在此积累率的限度内确定计划期的投资率和投资结构。

在市场经济的条件下，消费和投资的决策权是分散的。如何从宏观上调节和控制全国的消费水平不超过计划增长的幅度，从而保证计划的积累率的实现，以及如何从宏观上调节和控制全国的投资额不超过规定的积累限度，这是社会主义市场经济体制所面临的难题。

在计划经济体制下，全国的消费水平基本上是由中央决策机构控制的。例如农民的收入水平（即消费水平）除了受农业上丰歉年景的制约外，基本上可由农产品统购、派购价格和统购、派购额来控制。那时的问题是中央统一决策是否科学，是否符合兼顾国家、企业、个人三者利益的原则，能否调动广大农民和职工的劳动积极性。现在，为搞活经济，决策权已比较分散。就农民的收入来说，由国家制定收购价格和通过合同定购的，限于少数大宗农产品及其产量的一部分。由于农民实行多种经营，由出售这类农产品所得的收入占农民总收入的比重逐渐减小，而由经营工、商、运输、服务业和其他副业所得的收入比重逐渐增大。在这种情况下，如何使农民收入的增长主要取决于生产，这就需要运用各种经济杠杆来调节。在新体制下，企业在发放工资、奖金上已经有了较大的自主权。一般来说，企业的工资总额（包括奖金）要与企业的经济效益挂钩。因此，除了要运用法律手段（如颁布奖金税、工资调节税条例等）以外，如何通过价格体制和价格体系改革，使企业的经济效益真正反映企业经营管理与技术水平的提高和劳动生产力的增长，十分重要。即使这样做了，还有一个企业的工资总额按什么比率与经济效益挂钩，才能使工资水平的增长不超过劳动生产力的增长，工资额的增长控制在预定的消费水平增长的幅度之内的问题。至于国家职工工资水平与工资总额当然仍要由国家预算（包括中央的、地方的）来控制，但也有一个既要调动国家职工的劳动积极性，又要控制在一定幅度内增长的问题。总之，在保证人均消费水平有一定增长的前提下确定合理的积累率并使之实现，在有计划的商品经济体制下，需要综合运用经济杠杆，辅之以法律手段和必要的行政手段，对收入分配、消费与积累进行一定的调节和控制。

至于在投资决策权比较分散的情况下，如何控制全国投资规模，使它不超过预定的积累率限度，也是比较复杂的问题。在新体制下，全国的投资可分预算内投资和预算外投资，后者又包括银行贷款投资和自筹资金投资。预算内投资取决于国家预算支出分配，一般都是国家重点项目，属于中央决策范围，是易于控制的，问题在于能否作出量力而行的科学决策。难于控制的是预算外投资。其中银行贷款投资（包括对企业流动资金的融通）的资金来源主要是居民的储蓄存款、企业的闲置资金以及增加货币供应。此外，还存在一个通过派生存款发放贷款的复杂问题。但总的来说，对银行贷款投资可以通过健全中央银行调节信贷的机制（如存款准备金制度、再贷款利率的运用以及制定全国信贷计划等）来进行调节和控制。自筹资金投资是用掌握在地方、部门、企业、个人自己手中的资金进行的投资，这是最难控制的。这类资金如果不自己用来进行投资，一般都存入银行，成为银行信贷资金的来源；自筹资金投资多了，银行信贷资金来源就少了，两者争的是同一来源。对自筹资金投资，除了运用经济杠杆（如对这类投资实行征税或调节利率等）进行间接控制外，就得规定在某一限额以上的投资须经审批手段等措施来进行直接控制。

投资总规模与预定的积累率相适应了，由投资和消费构成的社会总需求，在数量上和结构上也就确定了。这样，就要求社会总供给在结构上与之相适应。只有在合理的积累率的基础上做到社会总供给与社会总需求在结构上相互适应，才能实现经济的协调的、高效益的发展。这样，如前所述在确定积累率从而确定经济增长率的高低时，就要考虑原有产业结构的基础及其适应积累率变化的能力。

根据经济增长的一般模式，确定适度的经济增长率，除了需要确定一个合理的积累率外，也要选择适当的资本—劳动比率。确定计划期的资本—劳动比率，一离不开原有的资本—劳动比率，二要受计划期的投资结构和所选择的技术类型的制约。投资结构和技术类型的选择则又取决于对原来的产业结构进行调整的要求、劳动人口自然增长以及由此需要解决的就业问题。例如，原来的产业结构若是基础设施薄弱、基础原料供应不足，则在投资结构上就需加强这方面建设；这样，一般地说，相应地需要选择资本密集型的技术。若原来的产业结构存在的问题是消费工业品生产不足、生活服务业薄弱，则需加强这两类产业的建设；这样，一般地说，相应地需要选择劳动密集型的技术。又如劳动力自然增长率高，劳动就业机会不足，则也需多选择劳动密集型的技术，采用多用劳动力的投资结构，等等。从当前我国人口众多，劳动资源潜力大，劳动力自然增长率高，而资本相对短缺的情况出发，在投资结构和技术类型的选择上，除了首先考虑产业结构调整的要求外，要更多地考虑对劳动力的吸收能力，即选择资本－劳动比率较低的技术和投资结构。

依据经济增长一般模式，劳动生产力增长率是决定经济增长的一个重要因素，它的高低除了取决于劳动者的积极性、微观经济管理和宏观经济管理效率外，也取决于技术条件，因而也与投资结构和技术类型的选择有关。一般地说，采用与先进技术结合的投资结构和资本密集型的技术，劳动生产力相对较高；反之，劳动生产力相对较低。但从我国当前的情况说，更多地要从改进企业经营管理和宏观经济管理，发挥劳动者和管理人员的积极性方面挖掘提高劳动生产力的潜力。

最后，确定经济增长率要考虑对外贸易方面的限制条件。高经济增长率固然意味着总供给一时的增长，但是在国内生产的原材料和技术装备供给紧张的情况下，这种高经济增长率往往要依靠大量进口来支撑。1984年下半年和1985年的高经济增长与进口急剧增加并进，就是一个明显的例子。因此，为了确定适度的经济增长率，在计划一个时期的积累率和投资率时，就需预先考虑由此引起的进口需要以及同一时期出口增长的可能。如果发现预定的积累率、投资率和相应的经济增长率将引起长期的贸易逆差，即使增强出口能力和引进外资也难以抵补，就须降低增长率。

综上分析，一个适度的经济增长率，取决于积累率的合理确定以及投资规模不超过积累率所许可的限度，取决于投资结构和资本－劳动比率的合理选择。从而，能实现劳动就业量和劳动生产力的不断增长，保持充分就业或接近充分就业状态，保证人均消费水平的逐步提高；能保持社会总需求与总供给的基本平衡和两者在结构上的基本适应，保持进出口贸易和对外收支的基本平衡。归根结底，适度的经济增长率应是一个能实现国民经济稳定、协调和高效益发展的增长率。

八、经济周期理论：经济周期发生原因及治理分析

对于经济周期发生原因的分析，也是宋则行理论研究的一个重要课题。宋则行认为，在资本主义经济中，由于生产社会化和生产资料私人占有这个基本矛盾的作用，爆发周期性的经济危机是必然的。这是构成资本主义经济周期发生的更深或本质层次原因的分析。从经济运行层次说，造成资本主义经济周期的直接原因，是投资需求的猛烈下降。在社会主义条件下，尤其是在计划经济体制下，由于经济决策的失误等原因，也会造成个别经济部门比例关系失调，从而引起经济的大起大落，出现类似于资本主义经济周期危机的情况。而医治的措施，则是实现宏观调控的科学化，把经济建设或经济发展引上持续、协调、均衡、稳定、健康发展的轨道。

（一）对资本主义经济周期危机的马克思主义分析

宋则行在《经济研究》1961年第10期上发表的题为《关于固定资本更新和战后美

国经济周期缩短问题》,针对中国人民大学吴大琨教授所主张的只能从固定资本更新周期的缩短来解释战后美国经济周期缩短的论点,就什么是资本主义周期危机发生原因的问题,进行了马克思主义分析。

1. 怎样理解马克思关于固定资本更新对资本主义在生产作用的论述

为澄清谬误,宋则行引述了马克思关于固定资本更新对资本主义再生产作用的论述。马克思指出,纵然在简单再生产的条件下,如果必须在自然形态上予以更新的固定资本部分,和尚可继续使用、仅需暂在货币形态上补偿其磨损价值的固定资本部分之间应有的比例关系遭到破坏,就会引起第一部类(生产资料生产部门)的总生产发生不足或过剩的危机。因为如果某年到期必需在自然形态上予以更新的固定资本的比例增加了,就必须增加第一部类的总生产,才能使维持简单再生产所必须的固定资本总额保持不变,否则就会使简单再生产无法按照原有规模进行。相反,如果某年到期必须在自然形态上予以更新的固定资本的比例减少了,在只需维持简单再生产的条件下,就会引起对固定资本要素再生产的需要减少了,这样,第一部类的总生产就必须缩减,否则就会引起生产过剩。就后一种情况来说,无论是缩减生产或者生产过剩,对第一部类而言都是一种危机。

很显然,按照马克思的分析,在资本主义社会生产无政府状态的条件下,要使须在自然形态上更新的固定资本部分和仅须暂在货币形态上补偿其磨损价值的固定资本部分之间,经常保持一个不变的比例,是不可能的。这个比例必然会逐年变动;某些年份在自然形态上更新的固定资本部分增加了,必然导致以后年份的固定资本的更新相应地减少(因为在简单再生产条件下,在生产中使用的固定资本总额是不变的),这样,就会在相继的年代中发生生产资料生产不足和过剩、增加和减缩的交替过程。

宋则行指出,马克思的这一分析,对于理解马克思在《资本论》第2卷另一处提出的,关于固定资本更新是危机周期性的物质基础的原理是有很大启发的。因为,既然存在着固定资本在自然形态上更新和在货币形态上补偿之间的矛盾,既然固定资本的更新具有周期性,一个时期固定资本更新的极大增加,会导致以后一个时期固定资本更新相应地减少,那么生产资料生产乃至整个社会产品的生产,就会随着发生周期性的波动。这样,由于固定资本有它自己的周转循环的周期,从而生产资料生产乃至整个社会生产也将随之发生相应的波动。从这个意义上说,固定资本更新的周期,可以看作是影响社会生产周期的一个因素。

但是,宋则行并不赞同吴大琨的理论观点,即把战后美国经济周期缩短的原因归结于固定资本更新时间缩短的观点。为此,他提出以下一些值得注意的问题:

第一,马克思所论述的,由于固定资本在自然形态上更新和货币形态上补偿不一致所引起的危机和再生产周期性变动,只是资本主义再生产矛盾表现的一个方面,而且还不能说是主要方面,更不是唯一的方面。引起资本主义周期性危机的更为重要的方面,是在资本主义基本矛盾的基础上所必然引起的各个生产部门之间,特别是两大部类之间比例关系的严重失调,以及资本主义所特有的扩大生产之无限制的倾向与人民大众之有限的消费之间的矛盾。

第二,马克思在论述固定资本更新和危机的内在联系时,是以简单再生产为对象的。为了揭示资本主义再生产的规律性,马克思在理论分析上做这样的理论抽象是完全必要的。但在运用这个原理阐明实际问题时,必须考虑到,资本主义的现实经济生活要复杂得多。首先,作为资本主义再生产特征的,是扩大再生产(当然是间歇性的)。因此,引起生产资料总生产乃至整个社会生产周期性波动的,不仅有原有固定资本的更新,还有随着资本积累的增长而来的固定资本的扩大,以及与此相联系的资本有机构成的提高,劳动生产率的增长,对劳动力需求的相对缩减等等。

在简单再生产条件下,在生产中发挥机能的固定资本总量是不变的,因此在某些年份固定资本更新的比例增大时,必然会引起以后年份固定资本更新的减少。而在扩大再生产的条件下,即使原有固定资本需要在自然形态上更新的数量已经减少,但若市场情况对资本家有利可图,他们还会积累资本,扩大新的固定资本,从而生产资料总生产乃至整个社会生产不一定因原有固定资本到期更新的减少,而趋于减缩或发生生产过剩。相反,如果市场情况对资本家扩大生产,甚至维持原有生产都不利时,即使相当部分固定资本按照它们的平均的周期应予更新时,也不一定加以更新,因而造成生产资料总生产乃至整个社会生产的过剩或减缩(这里还没有考虑资本有机构成提高等所引起的复杂影响)。这些情况都说明,在现实经济生活中,决定再生产周期的因素是十分复杂的,除有一些因素使再生产波动的周期与固定资本更新趋于一致外,也还有另外一些因素使这两个周期不一定一致。

第三,既然如马克思所指明的固定资本的平均生命周期只是解释工业再生产周期的一个因素,则很显然,马克思所要确定的,主要还不是两者之间在年限上的确切关系。马克思之所以重视固定资本更新周期这个因素,是为了说明危机周期性的物质基础。马克思在《资本论》第2卷写道:"可以认为,大工业中最有决定意义的部门的这个生命周期现在平均为10年。但是这里的问题不在于确切的数字。有一点是很清楚的:这种由一些互相联结的周转组成的长达若干年的周期(资本被它的固定组成部分束缚在这种周期内),为周期性的危机造成了物质基础。在周期性的危机中,营业要依次通过松弛、中等活跃、急剧上升和危机这几个时期。虽然资本投入的那段时间是极不相同和极不一致的,但危机总是大规模投资的起点。因此,就整个社会考察,危机又或多或少地是下一个周转周期的新的物质基础。"[①] 根据对这段话来理解,那就是:往往在危机开始的固定资本的大规模更新和扩大,为危机、萧条阶段转入复苏、高涨阶段提供了物质基础,但在固定资本大规模更新和扩大的过程中同时也加深了再生产过程的各种矛盾,这就又为下一次新的危机准备了物质前提。这样,随着固定资本投资周期从扩大转向减缩,社会生产就又从高涨阶段陷入新的危机。总之,在马克思看来,固定资本周期性的更新和扩大是危机周期性的物质基础。因此,再生产的周期性变动是和固定资本更新、扩大的周期性变动相适应的。但是这个适应,显然不能机械地理解为两者在周期年限上完全一致,而只能理解为后者为前者提供了物质基础。

第四,固定资本更新和扩大的周期性虽然是再生产周期性变动的物质基础,但必须

---

① 马克思:《资本论》第2卷,人民出版社,2004年版,第207页。

指出两者是相互作用，相互推动的。固定资本大量更新和扩大，固然会推动生产资料生产的扩大，从而引起就业量和消费资料生产的扩大等等；但是也应看到，当社会生产处在复苏的高涨阶段，市场的景气、利润的扩大，也会反过来推动资本家加速固定资本的更新和扩大。这样，两者相互作用、相互推动，将整个社会生产推向高涨，同时也使再生产中不可克服的矛盾随之更趋尖锐化。反之，固定资本更新和新投资的减缩，固然会引起生产资料生产、就业量、消费资料生产等发生一系列趋向减缩的连锁反应；但是同样也要看到，在危机阶段，特别在初期，市场的萧条、物价的下跌、商品的大量积压、开工的严重不足等，也会反过来使资本家踌躇不前，推迟固定资本的更新。这些都说明两者是相互影响的。固定资本更新的实际周期，不仅要受它本身的平均生命周期（包括自然损耗和精神损耗）的制约，而且要受整个再生产周期变动的影响。正如马克思所说的："危机总是大规模投资的起点"，以及在另一处所说的，"迫使企业设备提前按照更大的社会规模实行更新的，主要是大灾难即危机。"① 也正是说明了再生产的周期性变动对固定资本更新的反作用，即危机发展到一定阶段，剧烈的竞争迫使资本家提前开始固定资本的更新。

因此，社会再生产的周期性变动和固定资本更新、扩大的周期性变动相适应和大致吻合的事实，不能简单地解释为后者决定前者，后者是因，前者是果；而应看到两者是互相作用、互相推动的。

基于上述分析，宋则行带有结论性地指出："总之，决定再生产周期的因素是十分复杂的。固定资本周期地大量更新和扩大固然是再生产周期性的物质基础，但固定资本更新和扩大的实际周期，本身也要受到生产周期变动的影响。因此，不能在固定资本更新周期和再生产周期之间简单地确定一个年限关系或单方向作用的因果关系。同时，我认为，对揭露在当前条件下资本主义再生产矛盾更趋尖锐化、资本主义经济更趋不稳定这一趋势，倒不是再生产周期缩短的具体年限问题；更为重要的问题，是在战后的新情况下为什么再生产周期具有缩短的趋势的问题。"②

2. 经济周期危机发生的原因：固定资本更新周期和社会总资本更新周期，与有限制的群众消费

宋则行在其文章中用了相当的篇幅分析了吴大琨所提出的两个论据：一个论据认为"根据马克思在《资本论》第2卷中所做的整个分析"，"一个社会的所谓固定资本更新的过程，实际上也就是一个社会的总资本的生产过程与流通过程"。另一个论据："马克思是把生产过剩的原因求之于整个社会资本再生产过程中所表现出来的生产的无政府状态的矛盾"。

关于第一个论据，经过对马克思有关论述的分析，宋则行指出，马克思要说明的问题，和吴大琨同志要说明的问题是不同的。马克思要阐明的是个别资本的运动和社会总资本运动之间的关系，强调社会总资本的运动不是个别资本运动的简单的总和，而是互

---

① 马克思：《资本论》第2卷，人民出版社，2004年版，第191页。
② 《宋则行经济论文集》，辽宁大学出版社，1987年版，第409页。

为前提、互为条件的各个个别资本运动在相互交错中形成的运动。正因为如此，所以马克思在分析社会总资本在生产和流通时，是通过两大部类生产之间相互依赖和相互作用的关系来论述简单再生产和扩大再生产。

接下来，宋则行针对吴大琨的错误观点提出这样的问题：是否可以把社会总资本运动归结为固定资本更新的过程呢？

宋则行自问自答地说：当然，不能否认固定资本更新对社会总资本运动起着重要的作用。但绝不能因此就把两者等同起来。首先，固定资本只是生产资本的一个组成部分。社会总资本的运动不仅包括固定资本的周转循环，而且也包括流动资本的周转循环（其中包括重要的可变资本的周转问题）。其次，更为重要的，在扩大再生产的条件下，不仅原有的固定资本的更新对社会总资本的生产和流通发生影响，并且还有新的资本积累对之发生影响，而由资本积累的增长所引起的生产的矛盾是更为复杂，更为深刻的。因此，把固定资本更新过程说成"实际也就是社会总资本的在生产过程与流通过程"，是片面的，是把社会总资本的运动简单化了。

关于第二个论据，宋则行指出，吴大琨仅仅把资本主义发生危机的原因归结于资本主义生产的无政府状态，而否认群众消费不足是造成危机的重要原因。因此他所引证马克思和恩格斯的有关论述，也只是其关于资本主义生产无政府状态方面的论述，而绝口不谈他们有关群众消费不足方面的论述，而在资本主义社会中，人民群众消费不足则是造成经济危机的最后的重要原因。马克思指出："一切现实危机的最后原因，总是群众的贫困和他们的消费受到限制，而与此相对比的是，资本主义生产竭力发展生产力，好像只有社会的绝对消费能力才是生产力发展的界限。"①

宋则行还引证列宁的话说："正是生产扩大了而没有相应地扩大消费，才符合资本主义的历史使命及其特有的生产结构，因为前者是发展了社会生产力，后者是不让人民群众利用这些技术成就。在资本主义固有的无限制扩大生产的趋向和人民群众有限制的消费（所以是有限的，是因为他们处于无产阶级地位）之间，存在着明显的矛盾。"②

宋则行指出，吴大琨对经典作家的这些论述避而不谈，似乎要避免马克思、恩格斯和列宁所批判过的"消费不足论"错误。但上述引文所阐述的群众有限制的消费的理论观点与马克思、恩格斯和列宁所批判过的"消费不足论"有本质的区别。"消费不足论的错误在于它在生产之外找寻危机的根源，把一切剥削社会都存在的群众消费不足的现象，看作是危机的原因。而没有看到危机是由资本主义的基本矛盾、即生产社会性和占有的私人性之间的矛盾引起的。而经典作家所说的生产无限扩大的趋向与人民群众有限的消费之间的矛盾，却是作为资本主义生产方式所固有的矛盾，并作为生产社会性与占有私人性这一基本矛盾在资本主义再生产过程中的表现形式之一提出的。这一矛盾所强调的是不仅是人民群众的消费有限的问题，而且突出了资本主义所特有生产无限扩大的倾向。正是在这个意义上，经典作家把这样一个矛盾作为危机的一个重要因素。因此，

---

① 马克思：《资本论》第 3 卷，人民出版社，2004 年版，第 548 页。
② 列宁：《俄国资本主义的发展》，《列宁全集》第 3 卷，人民出版社，第 35 页。

把它和消费不足论等同起来是错误的。"①

总之，宋则行指出，根据我们对经典作家有关论述的理解，经济危机的根本原因，当然是生产社会性和占有私人性的矛盾。但是不能把这个矛盾在资本主义再生产过程中的表现仅仅归结为生产无政府状态，并认为只能用生产无政府状态来解释危机。必须看到，资本主义基本矛盾还会不可避免地导致生产无限扩大和人民群众消费的有限之间的矛盾，而这一矛盾的尖锐化，最终必将表现为周期性的危机。

3. 如何认识战后美国经济周期的缩短问题

吴大琨说："由于目前美国的固定资本更新期限已经基本上变成5年左右，因此战后美国的经济周期也已缩短为3年、4年，或甚至3年、4年也不到的期限了。"②

宋则行依据马克思经济学原理并结合战后美国经济周期实际发生的情况，对吴大琨的这个论点做了如下的分析：

的确，从统计材料上看，固定资本投资的周期变动形态和整个生产的周期变动形态大致上是吻合的。这个吻合当然不是偶然的巧合。问题在于，大致上的吻合为什么一定是表明前者决定后者，而这又是否仅仅是或主要是由于"固定资本周转在这里发生规律性作用"的结果？

应该肯定，从规定资本的更新和扩大是危机的周期性的物质基础的原理说，固定资本投资的周期性变动，对整个社会生产的周期性变动是有重要影响的。但是在具体分析战后美国经济周期缩短问题时，还应该注意以下几个问题：

第一，上面已屡次提到，固定资本投资的周期性变动和整个生产的周期性变动是相互影响相互推动的。因此，两者在周期变动形态上的基本吻合，不能简单地从前者对后者的单方面作用来说明。

第二，在说明固定资本投资对经济周期作用时，显然不能停留在固定资本投资的扩大或减缩会引起整个市场的扩大或减缩这样一个分析上。"我认为问题的关键在于说明：为什么固定资本投资加速扩大到一定阶段就会转而减缩，从而成为引起生产过剩危机的一个因素。对于这个问题吴大琨同志似乎是用他所说的'客观的固定资本周转发生规律性的作用'来解释的，亦即运用在他的文章开头所引证的、马克思在分析简单再生产时所提出的，在某年固定资本更新'极其大'了，在以后的年份就会'依比例较小'的说法来说明的。……很显然，那样简单地运用马克思理论来说明当前美国经济周期的变动，是值得商榷的。"③

对此，宋则行做了进一步的分析：在简单再生产的前提下是假定在生产中发挥机能的固定资本总额不变的，因此在某年固定资本更新得多了，就会引起以后年份固定资本更新"依比例"地减少。但在扩大再生产条件下，随着资本积累的增长，固定资本的总额是在扩大而不是不变的。因此，如果随固定资本总额扩大而来的生产能力的扩大同市

---

① 《宋则行经济论文集》，辽宁大学出版社，1987年版，第413页。
② 宋则行：《关于固定资本更新和战后美国经济周期缩短问题》，载于《宋则行经济论文集》，辽宁大学出版社，1987年版，第419页。
③ 《宋则行经济论文集》，辽宁大学出版社，1987年版，第420~421页。

场上有支付能力的需求之间的矛盾尚未达到十分严重的程度，两大部类之间的比例关系的失调尚未达到十分严重的程度，因而尚未出现生产和能力显著过剩的话，固定资本的更新就可能不会因为过去年份增大而开始依比例地减缩。并且，如果市场在这个时候继续存在景气，固定资本的更新和扩大就还可能继续进行。"因此，我认为在扩大再生产的条件下，在经济周期的上升阶段，固定资本投资从加速、扩大转为停滞、减缩，主要不是固定资本周转本身的规律性的结果，而是固定资本投资的加速、扩大所导致的生产能力迅速扩大和有支付的市场需求的增长有限之间的矛盾尖锐化以及两大部类生产之间比例关系遭到严重破坏的结果。"①

所以会形成这样的结果，宋则行认为主要是由于以下两个原因：

这首先是因为随着固定资本投资的加速、扩大，生产资料生产部门以及国民经济各个部门的生产能力迅速扩大。这不仅是因为固定资本总额随之扩大了，而且因为无论是更新的或新增的设备，它们的生产效率一般都比以前有所提高；同时，在上升阶段，原有的设备往往在"生理年限"未到期就提前更新，因而它们的生产能力并不因其价值的"划消"而报废或减缩。

其次，随着固定资本投资的加速、扩大，资本有机构成必将提高，因此在上升阶段，对劳动力的需求和就业数量，虽然一般有所增长，但它并不能随着固定资本投资的增长而同比例的增长；从而，有支付能力的需求也不能随着生产的增长而同比例地增长。也因此，在经济周期的上升阶段，消费资料生产的增长总是更加赶不上生产资料生产的增长。

宋则行循此思路而继续言道："由于固定资本投资的加速、扩大而加深的生产能力迅速扩大和有支付能力的需求增长有限之间的矛盾以及两大部类生产之间比例关系的失调，尖锐到一定程度，必然导致生产能力的日益过剩和商品积存的日益增长，这就迫使垄断组织转而放慢乃至减缩固定资本的投资。这样在一般情况下，就首先在生产资料生产部门发生生产过剩，而终于演成全面的生产过剩的经济危机。这就是固定资本投资的加速、扩大必然导致危机的内在联系和一般过程。我认为在这样一个意义上去考察战后美国固定资本投资的加速、扩大对经济周期的影响，可能对这个因素的重要性及其影响做出比较恰当的估计。"②

根据美国战后所发生的经济周期危机的实际情况，宋则行认为，第二次世界大战以后美国固定资本投资的加速、扩大，大大加深了生产能力的扩大和有支付能力的需求有限之间的矛盾以及两大部类之间比例关系的失调，以致成为经济周期缩短（特别是其中上升阶段的持续时间的缩短）的一个因素。其所以如此，宋则行指出，与之相联系的是以下一些新情况：

①固定资本投资的规模和速度本身，在各种人为刺激下比战前有了很大增加。这是使生产资料生产和生产能力盲目扩大的重要因素。

②作为刺激固定资本投资加速、扩大的重要手段的军备竞赛和政府公共开支的增

---

① 《宋则行经济论文集》，辽宁大学出版社，1987年版，第421页。
② 《宋则行经济论文集》，辽宁大学出版社，1987年版，第422页。

加，是通过增加租税、实行通货信用膨胀，以压缩人民群众购买力为代价的。这是使人民有支付能力的购买力相对缩小的重要因素。

③伴随固定资本投资加速、扩大而来的资本有机构成的提高和一些新技术的运用（如自动化等），使经济周期上升阶段中就业量的增长和生产量的增长之间的差距更加扩大。

④在经济周期上升阶段，就存在了大量闲置的生产能力（表现为开工不足）和大量的经常失业的队伍。

宋则行认为，所有这些在第二次世界大战后美国国家垄断资本主义进一步发展和军备竞赛进一步加剧的条件下所发生的情况，都使固定资本投资的加速、扩大，加深、加速了再生产矛盾的尖锐化，从而使经济周期（特别是其中的上升阶段）趋于缩短，使危机的发生更为频繁。"从这个意义上说，我认为固定资本投资的加速、扩大（但这不仅是一个固定资本更新周期缩短的问题），确是战后美国经济周期缩短的一个重要因素。"①

第三，我们肯定在上述意义上美国固定资本投资的加速、扩大是促使经济周期缩短的一个重要因素，当然不等于说它是促使经济周期缩短的唯一因素。因为第二次世界大战后美国国家垄断资本主义的发展和军备竞赛的加剧，不仅通过其对固定资本加速、扩大的刺激，而且还直接通过其庞大的军事支出和其他公共支出、对外扩张、通货信用膨胀等，加深、加速了再生产矛盾的尖锐化，从而使危机的发生更为频繁。

宋则行在其文章的结尾处总结道："促使第二次世界大战后美国经济周期缩短的因素是十分复杂的，而其中与战后美国国家垄断资本主义的发展和军备竞赛有关的一些因素起着主导作用。就是作为促使经济周期缩短的一个重要因素的固定资本投资的加速、扩大，也主要是在国家垄断资本主义发展和军备竞赛下所采取的各种人为刺激措施所刺激起来的。因此，我认为第二次世界大战后美国经济周期缩短的终极原因，归根结底，还应主要从这两个因素以及在此条件下出现的一系列加深再生产矛盾尖锐化的新情况中去找。"②

宋则行的论文写于1961年，是从资本主义经济制度的本质层面（资本主义经济基本矛盾）上对固定资本更新的作用所进行的分析，因此，所揭示的是属于资本主义经济发展中一些具有本质意义的社会经济关系或内在的经济联系。其理论分析具有很高的学术价值。但从经济运行层面上说，由于受到当时"左"倾教条主义思想的影响，宋则行在本文中没有或尽量避免对凯恩斯的投资"乘数论"和萨缪尔森"乘数论和加速原理"相结合的分析方法或工具的应用，如果当时宋则行在文中运用这样的方法或工具来分析固定资本投资对资本主义经济的影响和资本主义经济周期问题，也许文章会有一些新的气象。另外，还应该指出，在美国像在整个西方世界一样，20世纪五六十年代，正是凯恩斯主义经济理论和政策大行其道且取得重要成就的时期，其经济发展速度超过资本主义以往发展的任何历史时代，并没有达到社会经济矛盾极度尖锐化的程度，而且，由

---

① 《宋则行经济论文集》，辽宁大学出版社，1987年版，第423页。
② 《宋则行经济论文集》，辽宁大学出版社，1987年版，第425页。

于"福利国家"制度的推行,政府(美国)确定"向贫困开战"的计划,实行扩大公共支出和消费信贷等措施,较之以前,群众的有支付能力的需求(有效需求)并没有下降反而提高了。如果把这些因素考虑进去,也许文章也会有新的结论。宋则行当时不可能不知道这些情况(英国皇家学会定期给他邮寄经济理论刊物),但这些在当时是"禁区",是他不能碰的。宋则行是个谨慎的人,而且经历过多次挫折,他是不会招惹是非上身的。因此,这使他的分析缺少了一点儿"理论锐气"(像他自己曾经说过的),不可避免地带有时代的或历史的局限性。但是,在改革开放以后,在他所作的关于经济周期问题的分析中,便从根本上克服了这些缺点。

(二)总供求关系视角下的经济周期

在宋则行主编的《社会主义宏观经济学》中,首先根据总供求的平衡关系,分析了均衡的国民收入决定问题,然后根据总需求的变化对总供给的影响,探讨了不同的总需求水平所形成的国民收入水平,以及由于社会总需求的变动所引起的经济周期波动。

1. 社会总需求变动对社会总生产的作用机制

社会总需求和社会总生产(总供给,下同)常常处于失衡状态,社会总需求的变动,是调节社会总生产与之相适应,从而实现社会总需求与社会总生产相平衡的机制。

(1)社会总需求对社会总生产水平的决定作用

按照宋则行经济学的分析,在一定时期(例如一年)内,一个国家可利用的生产资源总量,包括生产设备、劳动等是一定的,所达到的技术水平和管理水平以及各个生产部门的组成(即产业结构)也是一定的。这些生产要素供应的条件决定了这一时期最大可能的社会总生产水平。这个社会总生产水平,可用在这些既定条件下所能达到的最大社会最终产值来衡量。

但是在一定时期内一个国家实际达到的社会总生产水平不一定就是上述既定条件下可能达到的最大社会最终产值。这就是说,这里存在一个现存生产资源或生产能力利用程度的问题。现存的生产能力利用程度低,一部分生产能力被闲置未用,实际达到的社会总生产水平就低于可能达到的最大社会最终产值。当然,在一定条件下,也会发生生产能力过度利用的情况,如大量生产设备超负荷运转,劳动力广泛加班加点,或使用大量不符合技术的劳动力等等。在这种情况下,虽然可以使社会总生产水平得到一时的提高,但要付出较高的代价,如原材料短缺加剧、产品质量下降、生产安全状况变坏、每一单元投入带来的产出骤减等,最终导致社会总生产水平下降。

按照宋则行经济学的分析,一定时期生产资源或生产能力利用程度,一般来说取决于这一时期的社会总需求。因为在市场经济条件下,任何生产总是依据社会需求进行的,而且产品价值经过流通得到实现,才能继续进行再生产。因此,在既定的生产资源或生产能力没有得到充分利用之前,社会总生产的实际水平是由社会总需求的强度来决定的。社会总需求减缩了,社会总生产将随之减缩;社会总需求增长了,社会总生产将随之增长,直至现存的生产资源或生产能力得到充分利用为止。这时,社会总生产水平可以达到现存生产资源或生产能力制约下的最大社会最终产值。如果社会总需求还继续增加,社会总生产水平就不可能随之相应提高,即使在前述生产能力过度利用的情况下，社会总生产水平可能得到暂时的提高，那也是不可持久的。因此，超过这个限度，就会出现社会总需求超过社会总生产的失衡现象。造成物资短缺、劳动力不足、市场紧张、物价上涨等一系列后果。

宋则行按照凯恩斯经济学的分析思路，把社会总需求划分为消费需求和投资需求，考察其与国民收入或社会最终产值的关系。首先是消费支出与社会总生产的关系。一般来说，社会总生产与消费支出之间的函数关系是比较稳定的，即在一定时期内，不同社会最终产值所形成的国民收入（居民收入、企业收入、政府收入）中用于消费支出部分的比率是比较稳定的；在收入低于某一水平时，全部用于消费；超过这个水平后，消费支出将随收入的增长而增长，但小于收入的增长，即边际消费倾向为正数但小于 1（$\frac{\Delta C}{\Delta Y} < 1$）。

社会总需求的另一构成部分是投资需求（以 I 表示），包括国家投资、地方投资与企业投资三部分。国家与地方投资支出是根据国家与地方发展计划决定的，企业投资是按照其追求利润最大化的目标自主决定的，但也须考虑国家和地方的投资计划，以求同国家和地方的发展目标保持一致。国家、地方和企业做出投资决定时，要考虑各种因素，但它不直接是社会最终产值或国民收入的函数；它是本期的计划投资支出，一般不受本期社会最终产值或国民收入增长的影响，因此可称为"自主"投资。

在社会总需求水平低于资源（生产能力）充分利用所应有的水平时，虽然是和社会最终产值平衡的，但在平衡时所达到的社会最终产值却小于现有资源下可能达到的最大量。这就是说，现存的生产资源还没有得到充分利用，社会总需求还有扩大的余地，社会总生产还有增长的潜力。这个平衡小于生产资源充分利用的平衡（非充分就业均衡），只是暂时的平衡。社会总需求一旦扩大，平衡点就将向资源充分利用的平衡移动，逐渐接近于资源充分利用的平衡点。

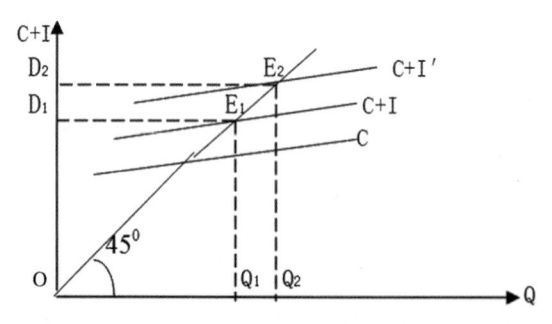

假定下期的投资需求增加，这样，总需求超过了原来的总生产。但由于生产资源还未充分利用，投资需求的增加，将促进投资品生产的增加，而投资品生产增加所形成的收入又引起对消费品需求和生产的增长，从而形成新一轮的收入增长；而新一轮收入的增长，又将引起另一轮对消费品需求和生产的增长。如此连锁扩张的过程，如上图所示，将使总需求曲线（C+I）上移至（C+I'）线。后者与 45°线相交于 E₂。这时，总需求由 OD₁ 增加到 OD₂（＝Q₂E₂）；与此同时，社会最终产值由 OQ₁ 增加到 OQ₂（＝D₂E₂）。由于 E₂ 在 45°线上，总需求 OD₂ 与社会最终产值 OQ₂ 是相等的。总需求与总生产在扩张中达到了新的平衡。同时，从图中可以看出，总需求的增加量（D₁D₂），以及总生产的增加量（Q₁Q₂），都大于投资需求增加量［(C＋I)线与(C＋I′)线的垂直距离，ΔI］。这是由于投资需求的增加，除了本身增加了总需求和总生产外，还导致了消费品需求和生产的一轮又一轮的增加。即投资的乘数效应。

除了增加投资需求引起总需求和总生产增加之外，在不增加投资而增加社会消费率的情况下，也同样引起社会总需求和社会总生产的增加。如下图所示：

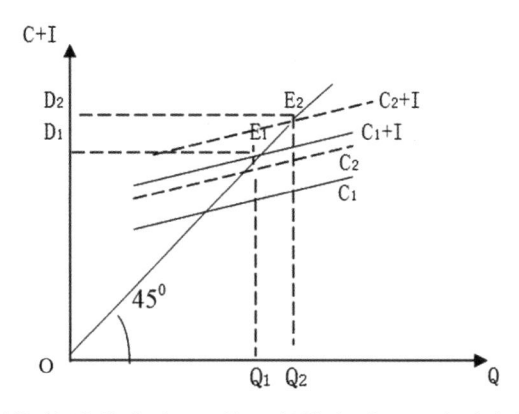

在图中，第一个时期的消费率为 C₁ 线，投资额为 I，总需求线为 (C₁＋I)，与 45°相交于 E₁。第二年由于国家采取特殊措施，消费率提高了（同样的社会最终产值水平，将比以前有较大的比率的消费支出），C₁ 线上升到 C₂ 线，设投资不变，总需求线相应地从 (C₁＋I) 线上移到 (C₂＋I)，与 45°相交于 E₂，社会最终产值由 OQ₁（＝D₁E₁）增加到 OQ₂（＝D₂E₂），两者在 E₂ 点归于平衡。这就是说，在特定条件下，不增加投资，而提高消费率，也会使社会总需求增长，从而导致以社会总产值衡量的社会总生产水平的增长达到生产资源充分利用时的社会最终产值的最大量（小于它、等于它或大于它），这须视消费率提高的程度而定。

（2）投资需求导致社会总生产增长的机制及其障碍

投资需求导致社会总生产增长的扩张机制

上文提到，在现存生产资源未充分利用的条件下，投资需求的增长可以导致大于以至几倍于投资需求本身的社会总需求和社会总生产的增长。这就是投资需求导致社会生产增长的机制。在西方经济学中是用"投资乘数论"来说明的。

假设本期内增加投资 1000 万元兴建一个机床厂，在生产资源尚未充分利用的条件下，可增加同额的社会最终产值，形成同额的各级（职工、企业、国家）收入。其中必有一部分形成消费需求，用于消费支出（包括个人消费和公共消费）。假设一般地消费率为 80%，则 1000 万元的投资支出形成的同额收入，将有 800 万元用于消费支出。这项支出将引起同额消费品生产的增加，从而直接间接引起第二轮收入的增加，即 800 万元。这项收入如果也有 80% 用于消费，则又将有 640 万元用于消费支出。同样，这项支出又将引起同额消费品生产的增加，从而能直接间接引起第三轮收入的增加，即 640 万元。这个生产和收入的连续扩展过程将按逐步收敛的规模一轮又一轮继续下去。这样增加 1000 万元投资层层引起的社会最终产值和社会总需求的增加，累积起来最终为

(单位为万元)：

$$1000\left[1+\left(\frac{80}{100}\right)+\left(\frac{80}{100}\right)^2+\left(\frac{80}{100}\right)^3+\left(\frac{80}{100}\right)^4+\cdots\right]$$

按照代数中下列无穷级数公式（设 c<1）：

$$1+c+c^2+c^3+c^4+\cdots\cdots=\frac{1}{1-c}$$

则在上列数例中，c=0.8，经过逐步收敛的连锁扩张过程，最终累积增加的社会总需求（$\Delta I+\Delta C$）以及由此引起的社会最终产值的增加（ΔQ），总计（单位为万元）：

$$1000\left[\frac{1}{1-0.8}\right]=1000\times 5=5000$$

这就是说，增加 1000 万元的投资，按照既定的消费率连锁扩张，可使社会总需求和社会最终产值的增量等于投资增量的 5 倍，即 5000 万元。

按照这个数例，推而广之，在资源尚未充分利用的条件下，如以 ΔI 表示全社会投资增加量，以 c 表示社会最终产值或其形成的收入的消费率，以 ΔQ 为社会最终产值的增加额，则

$$\Delta Q=\Delta I\frac{1}{1-c}$$

令 $\frac{1}{1-c}=k$，上式可写成：$\Delta Q=k\Delta I$

上式表明，由于增加投资，最终引起增加的社会最终产值为投资增量的 k 倍。k 可称为投资乘数。

上列投资乘数公式是一个理论模式，需要满足如下条件方能实现：①生产资源尚未充分利用，各个生产部门都普遍存在设备能力有一部分闲置未用的现象；②由投资需求增长直接间接引起的投资品需求、中间产品需求和消费品需求，都能顺利得到满足，即满足这些需求的部门的生产都能无障碍地顺利进行；③边际消费率稳定。

投资扩张机制可能遇到的障碍

可以把投资扩张机制所能遇到的障碍做如下的分析：

①如果一个时期的投资支出是根据本期现存的生产资源供应状况、特别是生产设备能力状况（包括在本期内完成的投资所增加的生产能力）以及预计可能达到的积累额（生产收入不用于消费的部分，包括折旧费和居民储蓄等，下同）来确定的，那么，只要本期较上期增加的投资额不超过本期预计可较上期增长的积累额，这样的投资增长，将会按投资乘数扩张机制，在导致总需求增长的同时，导致社会总生产的扩大。这是因为投资增长所需的生产资源，是由同额的积累增长所保证的。但这只是就投资增长所引起的总需求和总生产在总量上平衡来说的。如果投资增长也引起总需求构成变化，和原有的总生产结构不协调，而后者又不能随总需求构成的变化进行随时的调整，则这个扩张过程便会因此而遇到障碍。

②如果投资增长额超过预计本期可能达到的积累增长额，或者说，增加投资的资金不限于本期再生产过程中增值的资金，而还有其他的来源，如银行超出所集中的社会闲

置资金进行过度的信用扩张,来满足社会投资需要,或由财政部门在预算收入之外向银行透支以增加国家投资等,这样直接间接引起的社会总需求增长,能否促进社会总生产的增长,就要看现存的生产资源,特别是生产设备是否已经达到充分利用,各个生产部门的生产潜力状况如何。如果这时各个生产部门、特别是一些关键生产部门的设备能力已经达到充分利用,几乎没有更多的生产潜力可挖,那么,这种投资增长所引起的社会总需求的扩大,就不可能促进社会总生产的增长。即使通过超负荷使用的办法,所能增加的生产也是极为有限的;即使一时增产了,也是不能维持长久的。这就要造成总需求超过总生产的一系列严重后果。

③即使各个生产部门设备生产能力没有普遍达到充分利用的程度,但他们增产潜力也往往是不平衡的,有的在整个社会生产链条中还属于薄弱环节。这样,设备能力潜力大的部门对需求增长作出的反应(可称为"生产的需求效应"),就比较强而快;设备能力潜力小的部门对需求增长做的反应就弱而慢,特别遇到一些关键部门根本缺乏生产潜力时,整个连锁扩张过程将会遭到中断。在这种情况下,投资需求增加所引起的总需求和总生产的连锁扩张过程,就不会像投资乘数所假定的那样顺利实现,或者中断,或者达不到预计的扩张倍数,只能部分地转化为社会总生产的增长,另一部分则由于扩张过程中一系列"瓶颈"的出现而转化为有关物价的上涨。

④在投资需求增长引起投资品、中间产品和消费品需求和生产的连锁扩张过程中,都会引起对劳动力需求的增长。但在劳动力资源相对丰裕的情况下,即使在人口增长缓慢的情况下,无论在城市和农村,都还有大量剩余劳动力。因此,在增加投资需求的情况下,一般不会发生短缺的现象,但这只是就一般不熟练的或非技术劳动来说的,若增加投资的连锁扩张过程所需追加的是熟练劳动或技术劳动力,那也会发生短缺而成为总生产增加的制约因素。

⑤在对外开放的条件下,增加出口对社会总需求和社会总生产所起的连锁扩张作用,是和增加投资所起的作用基本相同。另一方面,用出口换回的进口物资如机器设备、原材料以至消费品,或由于引进外资为另一些投资项目取得必要的技术和装备等,又可满足一部分由增加投资所引起的对投资品、中间产品和消费品的需求,补充国内生产能力的不足,缓解因扩大投资造成的总需求与总供给的紧张局面。但这又往往造成逆差,涉及国际收支平衡和国内平衡的相互制约的关系问题。

(3) 社会总需求变动与社会总生产增长关系的长期分析

长期分析与短期分析的主要区别在于分析的前提。在假定可供利用的生产资源每年都为既定时,研究社会总需求怎样决定社会总生产水平,这是短期分析。但在可供利用的生产资源变动时,本期比上期或下期比本期(依此推移)的社会总生产怎样在社会总需求的推动下得到提高,按什么增长率增长,在增长过程中经历怎样的波动,这就属于长期分析了。当然,这两种分析也不是截然划分的,在对经济过程进行动态分析时,既要运用长期分析,也要结合必要的短期分析。

前文我们给出的经济增长的一般公式是:

$$g = s \cdot P/t + p$$

这是一个可导致经济稳定增长的增长率决定公式,这里,g 是社会最终产值增长率；s 是积累率（社会最终产值形成的收入不用于现时消费的部分）；P 是社会平均劳动生产力；t 是资本-劳动比率（即生产中使用的资本与劳动力的比率）；$s \cdot P/t$ 决定劳动就业量增长率（l_d）；p 是劳动生产力增长率。这是一个从劳动力使用量（就业量）及其使用效率（即劳动生产力）提出的一个经济增长模式。资本存量（体现生产设备能力）及其使用效率、技术进步、体制和管理因素，都是作为制约 P、t、p 等变量的因素在背后起作用的。s（积累率）则是作为制约投资率 i（需求因素）这个决定实际经济增长率的关键变量的因素进入这个一般经济增长模式的。当投资率与积累率一致时，社会总生产达到稳定增长，即按稳定的增长率向前发展。这个增长率的高低则取决于 s、P、t、p 等变量。因此，这个增长率是一个可使经济保持稳定增长即保持总需求与总生产平衡增长的一般模式。但不是经济生活中经济实际增长的模式。实际增长率是由（$i \cdot P/t + p$）决定的增长率，但这个增长率能否保持稳定（即保持总需求与总生产平衡）而不发生波动，须视投资率与积累率是否一致而定。

按照宋则行经济学的分析，经济能否实现稳定、均衡的增长，尚需注意以下一些事项：

①从劳动力资源供应来说，经济增长的最高限（可以 g_n 表示，可称为自然增长率，或充分就业增长率）为（$I_n + p$）。这里 I_n 为劳动人口自然增长率，如果由 s、P、t 等因素决定的就业量增长率（l_d）超过 I_n，将会出现劳动力供应短缺，出现需求膨胀。

②从制约投资率的积累率（积累率是投资资本的来源）本身来说，它也可以保证人均消费水平逐年有所提高，以使长期利益与短期利益保持均衡为最高限。超过这个最高限，将导致劳动积极性从而劳动生产力的下降。

③从产业结构适应性的制约作用来说，在长期分析中产业结构是可以调整变化的，但若产业结构适应积累率（或积累与消费的比例）变化的能力不强，投资品生产及其所需要的中间产品生产能力的增长赶不上投资需求的增长，则实际经济增长率又要受到投资品生产部门和有关的中间产品生产部门的设备能力增长的制约。

一般来说，一个时期的设备能力可以随着前期投资和本期一部分续建投资在本期内完成投产而增长。但若本期投资的增长从而引起总需求增长所需的生产设备能力超过了在本期内投资完成投产所增加的新生产能力，则仍会造成物资短缺，一部分需求得不到满足，经济增长就要受到限制。这样，就生产设备能力供应这个制约因素来说，如果以生产性固定资本的存量 k 来衡量综合生产能力，以 a 来表示 k 的增长率，以 e 表示 k 的产出效率（每单位固定资本可能带来的社会最终产值，在技术进步的条件下，它也是可变的）的增长率，则经济增长率的最高限（以 g_a 表示）为（$a+e$），即从生产设备能力这个制约因素看，经济增长率不能超过生产性固定资本增长率和资本产出效率增长率之和。相对于作为从资源充分就业看的实际经济增长率最高限的自然增长率（第一最高限），这里的最高限为第二最高限。

（4）在开放条件下经济增长率还需受到对外贸易平衡要求的制约

基于以上的分析，可以对社会总需求的变动与社会总生产增长的关系做以下的长期分析：

假定社会总需求的变动主要是由投资率的变动决定的。由于一定投资量的增加，通过投资乘数的作用,会引起若干倍于初始投资增量的社会总需求的增加,投资率的变动按照某种比例引起社会总需求相应的变动。若以 i_n 代表为达到充分就业的经济增长(即经济增长率为 $g_n=l_n+p$)所必需的投资率;以 i_a 代表为达到设备能力充分利用的经济增长(即经济增长率为 $g_a=a+e$)所必需的投资率。由于 g_n 和 g_a 这两个经济增长率的最高限,在一般情况下是不一致的,即同时达到充分就业和设备能力充分利用的经济增长只能是偶然的,因而 i_n 和 i_a 也是两个不同的投资率。一般来说,在资本存量相对充裕、劳动力资源相对缺乏的国家经济增长达到劳动力充分就业时,生产设备能力未必达到充分利用而常有剩余;相反地,在资本存量相对短缺、劳动力资源相对充裕的国家的经济增长达到生产设备能力充分利用时,劳动力资源未必达到充分就业而常有剩余。因此,对后一类国家来说,经济增长的第一最高限(g_n)要大于第二最高限(g_a),即 $(l_n+p)>(a+e)$,相应地,达到这两个经济增长的最高限所要求的投资率 i_n 要大于 i_a。

为使经济增长率的极限从第二最高限推向第一最高限,以解决劳动力充分就业问题,可通过宏观经济调控措施,使实际投资率与计划预计可达到的积累率相适应,这样,既可使计划期的生产设备能力得到充分利用,又可以使社会总需求与总生产保持平衡。一般来说,由于前期的某些投资项目完成投产,可增加下期生产设备能力,若按照包括新增生产能力在内的生产设备能力总量水平来预计这个新时期所能达到的积累率,并在此基础上确定这个时期的投资率,使之不超过前者,这样,就可使新一时期的经济增长既能充分利用新扩大的生产能力,又能保证社会总需求与社会总生产新的平衡。如此下去,经济可以得到稳定的发展,直至接近和达到劳动力自然增长率决定经济增长的最高限(g_a)。另外,也可以采取适当的技术政策调整资本-劳动比率,以加快接近经济增长的最高限。

上面关于经济运行机制的分析,属于一种中性的分析。无论资本主义市场经济或者社会主义市场经济,都可适用。下面,从社会主义市场经济的基本情况出发,来论述经济周期波动机制问题。

2. 社会主义经济周期波动的内在机制

在社会主义经济增长过程中发生波动的原因是多种多样的,有主观的因素,有客观的因素。后者有的属于外生因素。属于主观因素的有政局的变动、国家宏观经济决策的失误。属于客观的外生因素的,有自然灾害的打击、人口的增长、技术的进步、重要资源的发现等。这些都是在经济增长过程中影响生产要素供应的因素,在任何经济制度下都存在,由此发生的经济波动都是不可避免的。问题的焦点在于,在社会主义经济体制下存在不存在经济周期性波动的内在机制?和一般经济学家的看法不同,宋则行认为在社会主义市场经济体制下,也存在经济周期波动的内在机制。为此,在他主编的《社会主义宏观经济学》中首先阐明了以下几点:

①这里所指的经济波动,是指经济增长的波动;经济增长则以社会最终产值的增长率来衡量。

②经济波动不是指经济增长率逐年的微小的波动,而是根据较长时期的观察所显现的经济增长率每隔若干年的较大起落,这才可称为周期波动。

③由于社会主义经济的周期波动与资本主义经济的周期波动本质不同，它只是经济增长率在经济增长过程中的起落，因此，对阶段的划分，无须也不能按照资本主义经济那样分为繁荣（高涨）、危机、萧条（衰退）、复苏四阶段，而只需分为经济增长率上升和下落两个阶段；从上升阶段转向下落阶段的转折点，可称为增长（率）高峰，从下落阶段转向上升阶段的转折点，可称为增长（率）低谷。投资增长率和投资率的变动，同样也可作两个阶段的和两个转折点的区分。

④根据以上分析（短期分析和长期分析），投资是社会总需求变动的启动因素。投资的增长对社会总生产水平或经济增长率的提高，都起着决定性的作用。因此，要从社会主义经济体制内部探求经济波动机制时，就须肯定投资的波动是经济波动的启动因素，经济波动的内在机制须从投资增长率、投资率、积累率、生产设备能力增长率与经济增长率等几个变量之间相互推进和相互制约的关系来论证。

⑤为了分析上的需要，这里重新明确几个重要概念的区别：

第一，投资增长率与投资率。投资增长率是本期与前期或下期与本期的投资额的比较，可以 $\frac{\Delta I}{I}$ 或 $\left(\frac{I_t}{I_{t-1}}\right)$ 来表示。投资率是同期内的投资额和社会最终产值（代表社会总生产）的比较，可以 $\frac{I}{Q}$ 或 i 来表示。

第二，相应地，积累（社会最终产值形成的收入不用于消费的部分）增长率 $\frac{\Delta S}{S}$ 或 $\left(\frac{S_t}{S_{t-1}}\right)$ 和积累率 $\frac{S}{Q}$（或 s）之间的关系也可作同样的区分。

第三，生产设备能力增长率和经济增长率。生产设备能力增长率是供给方面的制约因素，是指生产设备得到充分利用所达到的产量，它的增长率是两个时期的生产设备能力都能充分利用时所达到产量的比较，在上文用资本存量的增长率 a 和资本产出效率的增长率 e 之和来表示。经济增长率是指两个时期生产设备实际得到某种利用程度时的社会最终产值的比较，以 g 来表示，两者之间的关系是：$(a+e)$ 是 g 的最高限，g 不能超过 $(a+e)$，$(a+e)$ 提高了，g 才有进一步提高的余地。

⑥说明社会主义经济波动的内在机制，关键要分析：经济增长率上升阶段的累积过程及其原因；下落阶段的累积过程及其原因，以及从增长低谷转向上升阶段的转折过程及其原因。

宋则行经济学对此作了如下的具体分析：

假设在起始时生产设备能力还未得到充分利用，经济增长率还有提高的余地。在投资决策多元化的体制下，国家、地方、企业鉴于生产和建设的需要，都开始增加投资，使总投资额（包括重置投资和新投资）比前期有所增长，即投资增长率 $\frac{\Delta I}{I}>0$，全国投资增长到一定程度，引起投资率 i 比之前有所提高，以至超过了积累率，造成因投资增长引起的总需求扩大，超过了总生产（社会最终产值）。但在另一方面，在生产设备能力未达到充分利用的条件下，投资的增长通过投资的乘数作用，将引起社会总生产的扩大，及经济增长率 g 的提高。这样，积累额也将随着社会最终产值的扩大而增加，以至积累率 s 与提高了的投资率 i 趋于一致。可是，随着社会总生产的增长，生产设备能力利用程度的提高以至接近充分利用，将导致投资的进一步增长，即发生引致投资①。由于引致投资的发生，投资增长率进一步提高，这将导致投资率又一次上升而超过积累率；社会总需求因投资乘数的作用进一步扩大，在此超过社会总生产。这时，如果前几期的投资到本期时陆续完成投产，生产设备能力得到扩大，经济增长率就有进一步增长的余地，则投资率超过积累率、社会总需求超过社会总生产的状况，可以得到缓解。但在上升阶段，社会总需求不断扩大的趋势易使各个层次的投资决策者继续增加投资。这样，上述各种变量相互推进的增长累积过程将继续下去，直至经济增长率推向它的最高限，$g=a+e$，上升阶段达到增长顶峰。

一般来说，经济增长到达或接近高峰时，将有若干因素促使其从高峰转向下落阶段：

①在增长过程中，投资率偏离积累率是不能持久的。投资增长所带动的社会总生产和收入的增长，虽然会使消费有所提高，但积累额、从而积累率也将随之提高。而积累率的提高意味着消费率的下降。根据我们已经给出的经济增长模式，只有能保证人均消费必要增长的积累率所决定的经济增长率才是稳定的。如果投资持续提高造成的积累率上升，使消费率下降，以至下降到不能保持人均消费的实际水平得到必要的增长，则将超过人们的心理承受界限，从而使人们的劳动积极性受到影响，导致劳动生产力增长率以至劳动生产力本身的下降，这就会使经济增长率无法维持在已经达到的高峰上。

②如前所述，经济增长率要受产业结构的适应性的制约。一般来说，在经济增长过程中，随着一些投资项目的完成和生产设备能力的增长，产业结构会得到一定的调整。但这种调整是一个缓慢的过程，特别是对技术比较落后，动力和交通运输基础设施比较薄弱的国家来说，更是如此。在投资率持续提高时，一些投资项目特别是大型投资项目的完成又都往往需要很长时间，这样，生产设备能力的增长愈来愈落后于投资的增长，产业结构的适应性也将逐渐变弱，从而使增长累积过程陆续遇到一系列的"瓶颈"障碍，造成物资短缺，价格上涨现象等等，使一些投资需求得不到实现，这也是促使净增长下落的一个重要因素。

③如前所述，在经济增长上升阶段，随着社会总生产的增长，将发生"引致投资"。而在生产增长和引致投资之间，就其变动率来说，具有这样一些技术关系：ⓐ在生产较前有所增长，生产增长率由零变为正值时，除重置投资外，将产生引致投资，两者相加的总投资增长率将高于生产增长率；ⓑ若本期生产不但绝对额比前期有所提高，而且其增长率较前期也有所提高（如由5%提高到10%），则将导致总投资更高的增长，即总投资增长率高于生产增长率（即高于10%，以至几倍于10%）；ⓒ本期生产额比前期有所提高，但增长率维持不变，与前期相同（如保持10%），则总投资增长率与生产增长率相同（也为10%）；ⓓ本期生产绝对额虽比前期有所提高，但增长率较前期有所降低（如由10%重新跌为5%），则总投资增长率将剧烈下降，低于生产增长率（即低于

---

① 在生产设备能力为充分利用或接近充分利用条件下，为适应进一步扩大生产的需要而增加的投资需求，成为"引致投资"。"引致投资"是相对于不随生产增长而增长的"自主投资"而言的。

5%）；ⓔ本期生产的绝对额与前期相同，即生产增长率为零时，则引致投资等于零，仅剩重置投资。这样总投资增长率的下降更为剧烈，以至成为负增长。

根据上述生产增长率与投资增长率之间的技术关系，可以看出，在经济增长率上升阶段，投资增长率（从而投资率）将会剧烈上升，但一旦经济增长接近或达到高峰后，稍有放慢（增长率稍有降低）或停止增长（增长率为零）时，投资增长率就会急剧下降以至成为负增长，这将反过来加剧经济增长从高峰向下落阶段的转折。

经济增长转向于下落阶段以后，经济增长率的下降也有一个累积过程。经济增长率开始下降时，物资短缺现象还会继续一个时期，经济进入调整阶段，引致投资停止，甚至为维持简单再生产必要的重置投资也不能正常进行，有的在建工程被迫停顿，投资率和社会总需求随之明显下降；投资率对积累率的偏离逐步缩小，社会总需求与社会总生产的距离，也随着前者的压缩而逐步接近。这样，投资增长率和经济增长率按照下落的方向互相推进，一直延续到投资率与积累率在较低水平上重趋一致，社会总需求与社会总生产也在较低的增长率上重趋均衡，经济增长率的下落阶段达到了低谷。

一般来说，当经济增长率到达或接近低谷时，也将有如下若干因素促使其从低谷向上升阶段转折：

①在增长率下落阶段到达低谷后，原有生产设备能力的利用率有所降低，加上增长率下落阶段中保持续建的投资项目逐步建成，增加了新的生产设备能力，这样，社会总生产有了扩大的余地。与此同时，多年没有更新的设备需要更新，重置投资首先恢复增长；在增长率下落阶段一些停建的工程也逐渐重新上马。这些都使投资增长率和投资率重又回升，开始偏离下落时期较低的积累率。这在生产设备能力具有比较宽松利用余地的情况下，将起着推动社会总生产增长的作用。这样经济增长率就逐渐摆脱低谷转向上升阶段。

②在经济增长率下落阶段，积累率也是下降的，在经济增长率达到低谷时，积累率也下降到最低点。积累率的下降意味着消费率的上升。在经济增长率下降时，居民收入的增长率也会有所下降，但生产与收入的增长率的下降并不意味着生产和收入绝对额的下降。这样，尽管生产和收入增长率有所下降，但生产和收入绝对额有所增加的话，则消费率就会上升，这意味着人均消费水平有了一定的回升，以至超过了居民心理承受的最低水平。这对于经济增长率从低谷转向回升也是有利的。此外，上述投资增长率的回升还将带动消费需求和社会总需求的增长。这在设备能力尚有宽松利用余地的情况下，也将加快经济增长的回升。

③经济增长率一旦回升，迟早将发生"引致投资"。根据前面提到的生产增长变动与投资增长变动之间的技术关系分析，经济增长率稍有提高，将导致投资增长率更大幅度的提高；反过来，投资增长率又将带动经济增长率的提高。这样经济增长上升阶段的累积过程又将重新开始。

宋则行经济学在这里进行的关于经济周期波动的分析，运用了美国经济学家萨缪尔森投资乘数论和加速原理相结合的分析方法，这使得其关于经济周期波动的分析具有了现代西方经济学的理论特征。

3. 社会总供求总量平衡及其调控机制

社会主义经济的实际增长过程是离不开政府宏观决策与宏观调控措施的引导的，它是经济内在机制和政府政策作用的共同结果。如果宏观决策正确，宏观调控措施得当，将对经济周期波动起着熨平的作用，化大起大落为小起小落，使国民经济得到稳定协调发展。相反地，如果宏观决策有重大失误，宏观调控措施失当，以至起着逆反作用，则将变小起小落为大起大落，造成国民经济失调，延缓经济发展进程。如果我们通过理论分析，认识到社会主义经济在现行体制下，仍然存在经济周期波动的内在机制，认识到社会主义经济增长波动前进的规律性，将有利于政府制定适当的宏观决策和宏观调控措施，就可以避免经济剧烈的周期波动。

(1) 社会总供求的总量平衡及其调控目标

按照宋则行经济学的分析，在社会主义条件下，总需求与总供给的总量平衡只是一种趋势，它们之间经常会出现失衡，经过调节才又趋于平衡。

调节总需求与总供给使之在总量上达到平衡，并不是最终目的，它必须与实现一定的国民经济和社会发展目标相联系。鉴于社会主义经济运行的目标是发展社会生产力，增加社会最终产品，满足人民不断增长的物质和文化生活的需要，因而总量平衡既要在现有供给能力下使人民的当前需要得到尽可能的满足，同时又要促进供给的增加，以保证人民的长远需要能得到尽可能的满足。如果单纯抑制总需求，使总需求与已有的总供给相适应，固然可以在较短时期内使总需求过分大于总供给的失衡趋于平衡，但对总供给的增加起不到促进作用。它只是一种治标的方法。因而，在宏观调控时，既要调节总需求，又要调节总供给（而且加大总供给调节的力度），充分利用已有的生产能力，促进总供给的增加，对总供给与总需求进行积极的平衡。

(2) 社会供求总量平衡与市场机制

在社会主义经济运行过程中，供求总量由失衡趋于平衡，市场机制有着不可替代的调节功能。

在社会主义市场经济条件下，经济运行中的各个经济主体（企业和个人）互相进行商品交换。广泛的市场关系把它们联结在一起。这反映社会生产和社会需要之间的联系，从而社会的总供给和总需求也就表现为市场的供给和需求，总供给与总需求的失衡的现实形式是市场总供求的失衡。由于市场机体内的供给、需求与价格、利率等构成要素之间是相互制约和相互作用的，因此，市场机制对供求总量起着重要的调节作用。

从价格机制来看，当社会总需求超过总供给时，市场商品供不应求，出现货币供给过多，引起物价上涨，造成货币贬值，因此，这时市场价格总水平集中表现了总供给与总需求之间失衡的状况。与此同时，市场机制中的价格反过来还会影响总需求，对供求总量的失衡起到调节作用。在其他条件不变的情况下，需求量一般按照与价格变动相反的方向变动，价格上涨使需求量下降。商品价格变动所引起的需求量变动的幅度，虽然由于各种商品的需求价格弹性不等而有所不同，但就总量来说，当总需求膨胀引起市场价格总水平上升后，上升的价格总水平总会起压缩总需求的作用。相反，若总需求小于总供给时，则会发生完全相反的情况，即由总需求不足引起市场价格总水平下降，从而起刺激总需求增加的作用。这样，市场总价格水平的变动最终将调节总供求趋于平衡。

作为资本或信贷市场价格的利率则调节货币的供求，其调节方式类似于商品市场，这里不予赘述。

市场机制虽有自动调节总量平衡的功能，但也必须看到市场机制的调节是有局限性的。一是市场调节是事后的调节，所需要的时间过长；二是市场机制的自动调节作用往往会由于人们对市场前景预期的变动而削弱甚至抵消；三是市场机制的调节并不能自动地实现预定的经济发展目标。因此，依靠市场机制来调节供求总量平衡，但又不能单纯依靠市场机制的调节。

需要指出，社会主义国家在调节供求总量平衡中，充分利用市场机制，不只是利用其自动调节的功能，更需要自觉运用经济规律，制定科学的经济政策，规定一些经济参数，来调节市场供求关系，把宏观调控和市场调节结合起来，自觉地利用它来进行宏观经济调控，以实现预期增长目标的总量平衡。

(3) 社会供求总量平衡与财政政策

社会主义财政是国家（政府）参与社会最终产值分配和再分配的经济活动，国家在组织社会最终产值分配过程中自觉运用财政分配杠杆，可以对社会总需求和社会总供给产生重要的调节作用。社会主义国家自觉运用作为财政分配杠杆的财政政策，是宏观经济的重要调控政策，它包括财政收入政策、财政支出政策和财政收支总量关系政策。

财政收入政策主要是税收政策。社会主义税收作为国家凭借政治权力参与社会最终产值分配的一种形式，不仅是国家聚集资金的主要手段，同时也是宏观经济调控的重要杠杆。在社会主义市场经济中，企业和个人握有相当的资金，是影响总需求和总供给的不可忽视的因素。国家不可能通过直接的方式对它们进行调节，而需要间接地通过税收的征收或免征、多征或少征、税种的选择、税率的变化，调节企业和个人的收入和资金的使用，以实现总需求与总供给的平衡。进一步地说，当企业和个人握有的资金所形成的投资需求和消费需求严重超过社会供给能力时，国家通过增税（扩大税种和提高税率）的方式，可以减少他们的收入并转入国家财政手中；或者提高他们的投资成本和消费成本，促使他们减少投资支出和消费支出，以抑制总需求的增长，使总需求与总供给趋于平衡。反之，当企业和个人握有的资金所形成的需求低于社会总供给能力时，国家则可以通过减税的方式，增加他们的收入，促使他们增加投资支出和消费支出，以刺激总需求的增长，同样可使总需求与总供给趋于平衡。

财政支出政策是国家对财政资金分配和使用的政策。财政支出主要是政府的投资和对非生产部门的经费开支，后者转化为职工工资和公共消费品的购置。它无论是作为投资支出还是消费支出都会直接成为总需求的主要组成部分。它的扩张会立即增加总需求，收缩则立即会减少总需求。财政支出所形成的总需求会拉动总供给，其中投资支出则会使未来供给增加，因而它最终也会对总供给发生影响，只不过一般要经过一个较长时期才能显示出来。因而，当总需求大于总供给时可以减少政府的投资和支出，降低总需求水平；反之，可以增加政府的投资和支出，提高总需求水平，使之与总供给相适应。

宏观财政政策还包括调节财政收入总量与财政支出总量对比关系的政策。财政收入总量和财政支出总量对总需求的影响是逆向的，就是说，财政收入的增加会抑制总需求,而财政支出的增加则会扩张总需求;财政收入的减少会刺激总需求,而财政支出的减少则会使总需求萎缩。正因为这样,国家依据不同的情况采取不同的财政政策来调节总需求,促使总需求与总供给趋于平衡。一般来说,当总需求大于总供给,总需求过度膨胀时,可以采取紧缩性的财政政策,增加税收和紧缩政府开支,将财政收入大于财政支出的盈余部分沉淀在国家手里,以压缩总需求;当总需求小于总供给,有效需求不足时,可以采取扩张性财政政策,减少税收,增加政府开支,以至财政支出大于财政收入形成的赤字由原有的财政盈余或向银行借款来弥补以刺激总需求;当总需求与总供给大体平衡时,可以采取平衡性的财政政策,财政支出等于财政收入,以继续保持平衡。

但是,在运用财政政策进行宏观经济调节时,需要将财政收入政策和财政支出政策合理配合使用,正确处理财政收入总量与财政支出总量的对比关系。例如,当总需求大于总供给时,应该在紧缩总需求的目标下,将财政收入政策和财政支出政策合力配合使用,如在增加税收以抑制总需求的同时,又保持原有的财政支出规模或适当扩大足以刺激总供给增长的支出,通过抑制总需求、增加总供给来协调总需求与总供给平衡,使总量平衡建立在高供给的基础之上。同样,在总供给大于总需求时,在扩大总需求的目标下,将财政收入政策和财政支出政策的扩张功能和紧缩功能合力配合使用,即刺激总需求的增加又相应地抑制总供给的增长,以达到总需求与总供给的平衡。

(4) 社会供求总量平衡与货币政策

在社会主义国家进行宏观调控中,除了运用财政政策,还须运用货币政策。按照宋则行经济学的分析,社会最终产品的价格总额决定货币的实际需求量,而社会总需求则是由货币供给量形成的对社会最终产品的需求,因而在货币供给量和货币需求量的关系与社会总需求和总供给的关系之间便有着内在的必然的联系,要实现社会总需求与社会总供给的平衡必须使货币供给量与货币需求量相平衡。由于货币的实际需求量是社会最终产品(含劳务)由使用价值形态转化为价值形态时所需要的货币数量,社会最终产品数量一定,货币需求量也一定,因此,调节货币供给量与货币需求量的平衡,一般不可能通过对货币的实际需求量的调节,而只能通过调节货币供给量来进行。中央银行可以通过调整准备金率、调整再贷款利率(再贴现率)和进行公开市场业务来调节货币供给量和市场利率,从而直接和间接影响银行信贷的扩张和收缩,以扩张或抑制社会总需求。因此,使社会总需求与社会总供给趋于平衡的货币政策,是宏观经济调控的重要手段。

根据社会总需求与社会总供给失衡的情况,调节货币供给量与货币实际需求量的对比关系的货币政策,大致可分为三种类型:扩张性货币政策,紧缩性货币政策、均衡性货币政策。在社会总需求小于社会总供给的情况下,可以实行扩张性的货币政策,即通过中央银行降低法定准备金率、降低再贷款利率、在公开市场上买进政府债券等措施,增加货币供给量,降低利率,使银行信贷扩张刺激社会总需求的增加,从而促使社会总需求与社会总供给趋于平衡。而在社会总需求大于社会总供给的情况下,可以实行紧缩性的货币政策,即通过中央银行提高法定准备金率、提高再贷款利率、在公开市场上卖出政府债券等措施,减少货币供给量,提高市场利率,使银行信贷收缩,以抑制社会总需求的膨胀,从而使社会总需求与社会总供给趋于平衡。至于在社会总需求与社会总供给大体平衡的情况下,则应实行均衡性货币政策,中央银行按照经济增长率控制货币供给量,使货币供给量与货币的实际需求量大体一致,从而保持社会供求的总量平衡。

(5) 财政政策与货币政策的配合使用

在社会主义条件下,为了通过扩大总需求来拉动总供给的增长,可以把扩张性的财政政策和扩张性的货币政策配合使用,即一方面增加政府财政支出以带动投资品生产,消费品生产和由此所引起的中间产品生产的增长,同时适当减少税收或采取"让利"的办法增加企业收入,使企业休养生息,扩大生产能力;另一方面降低准备金率、再贷款利率、增加政府购买银行、企业证券,降低市场利率,扩大银行贷款规模,以增加货币供给量,为企业生产发展提供宽松的货币条件。但实行扩张的财政政策和货币政策是有一定条件的,它要以社会生产资源和生产设备能力有较大的扩充潜力,国家由较充足的财力,各种货币政策的传递机制比较健全或有充分的弹性为前提,否则将会导致财政赤字,产生通货膨胀,从长远看不利于社会供求总量的平衡。

在存在严重的通货膨胀的条件下,为了抑制总需求的膨胀,缓解社会供求总量的矛盾,可以把紧缩性的财政政策和紧缩性的货币政策配合使用。如一方面增加税收或减少财政支出,另一方面提高准备金率、再贷款利率,扩大政府各种债券的发行,提高市场利率,严格控制银行贷款规模,收紧银根,以限制需求的过分扩张。但紧缩财政、收紧银根也有个限度,如果不加区分全面紧缩,也会限制供给量增加,最终也不利于供求矛盾的解决。

为了在刺激总供给增长的同时不至于引起严重的需求膨胀或通货膨胀,可以把扩张性的财政政策和紧缩性的货币政策配合使用,或者把紧缩性的财政政策和扩张性的货币政策配合使用。但由于财政政策和货币政策的特点不同,在使用中也应注意扬长避短,"两害相权取其轻,两利相权取其重"。如在通货膨胀严重的情况下,一方面提高利率,收紧银根,严格抑制货币供给的增长,但又要区别对待,则有扶植;同时,在财政政策方面,可以采用在国内举债的办法,增发多种政府债券,避免财政向银行大量透支,同时减少财政支出,以减少财政赤字。通过这些办法,达到既能够抑制总需求膨胀或通货膨胀,有能够有效地刺激总供给增长,促进社会供求总量平衡的目的。

4. 社会总供求的结构平衡

宋则行经济学除了关注社会总供求平衡,也十分关注社会总供求的结构平衡。宋则行经济学认为,在现代化大生产中各个生产部门形成了相互依存、相互衔接、相互适应、相互制约的统一体。这就是经济的供给结构,或称产业结构。而供给结构又是同需求结构相适应的,或者说,是需求结构决定供给结构或产业结构。因此社会总供求的平衡,不仅要求其总量平衡,而且也需要其结构平衡。这在前文关于产业理论的阐述中已经做了充分的说明。重复地说,无论从短期还是长期看,合理的产业结构,才能满足合理的社会需求。产业结构不合理,必然会出现社会供求结构不适应、不协调。因此,分析社会总供给和总需求结构的相互适应和协调发展的问题,便成了题中应有之义。

九、社会主义政治经济学

宋则行对《政治经济学》(社会主义部分)所做的理论贡献,是他科学地界定了其研究对象,经济范畴,体系结构,以及对社会主义经济运行规律的探讨。按照其分析思路,他和南开大学谷书堂教授合作主编的(北方13所大学参加)《政治经济学》(社会主义部分)(北方本),在全国高等学校政治经济学理论教育中,产生了广泛而深远的影响,是不可多得的精品教材。

(一) 社会主义政治经济学的研究对象和任务

按照传统的看法,社会主义政治经济学的对象和任务是研究社会主义经济的本质关系和特征,社会主义运行规律的研究则是社会主义宏观经济学和微观经济学的对象。宋则行认为把社会主义经济本质关系的研究和社会主义经济运行的研究割裂开来是不妥当的。因为社会主义经济的本质是在社会主义经济运行中展示出来的,离开了社会主义经济的运行来论述社会主义经济的本质,后者就成为没有生动内容的若干原理、原则,政治经济学就成为孤立叙述一些经济规律的汇集,也不可能真正阐明社会主义经济的优越性。他以马克思的经济学巨著《资本论》为例来说明他的观点:"《资本论》正是在对资本主义生产方式运行的微观分析和宏观分析中揭示资本主义生产方式发生、发展和灭亡规律的。"[①] 按照宋则行的分析思路,可以把社会主义政治经济学分为宏观分析和微观分析两个部分,换言之,社会主义宏观经济学和微观经济学作为理论经济学,都是社会主义政治经济学的必要组成部分。

论及此,宋则行对政治经济学这一经济学概念做了如此解释:"据我理解,'政治经济学'是马克思沿用古典经济学的用语,在马克思、恩格斯的著作中'政治经济学'与'经济学'往往是交替使用的,并未赋予'政治'一词以特殊意义,从而有区别于'经济学'的特殊对象。只是以后的马克思主义者,把'政治经济学'视作马克思主义经济学的专用词,以区别于资产阶级经济学。其实,在马克思主义领域里,'政治经济学'不过是'理论经济学'的代用词,不能因为它叫'政治经济学'就有区别于理论经济学的特殊的研究对象,而排斥作为理论经济学应包括的其他部分。"[②]

在明了了社会主义经济运行规律是社会主义政治经济学必须研究的内容以后,依据马克思在《资本论》中所确定的研究对象:即"资本主义生产方式以及和它相适应的生产关系和交换关系。"[③] 宋则行认定,社会主义政治经济学的研究对象,是社会主义生产方式及与其相适应的生产关系和交换关系(扩展地说当然还应包括分配关系)。所谓生产方式,按宋则行的理解,"是生产力(诸要素)的社会组合方式"。他指出:"一定

[①] 宋则行:《转轨中的经济运行问题研究》,辽宁大学出版社,1997年版,第376页。
[②] 宋则行:《评〈社会必要产品论〉——社会主义经济学的对象主要在于探索社会主义经济运行规律》,载于宋则行:《转轨中的经济运行问题研究》,辽宁大学出版社,1997年版,第377页。
[③] 马克思:《资本论》第一版序言,《资本论》第1卷,人民出版社,1975年版,第8页。

社会都有一定的生产力社会组合方式,从而有一定社会生产关系和经济运行方式。一个社会的经济运行规律既反映这个社会的生产关系特点,也反映这个社会的生产力社会组合方式的特点。"①

宋则行认为,要论述社会主义生产关系的本质特征,就必须对生产力社会组合方式进行分析。"事实上,社会主义尚在实践中,尚在发展中,现在还很难对社会主义生产关系本身的发展规律进行具体、深入的研究;具有迫切现实意义的是研究在社会主义生产关系下怎样对生产力进行合理的社会组合,以实现社会主义经济持续、稳定、协调、高效益地运行和发展,从中探索社会主义生产关系发展的方向和具体模式。"②

(二) 评《社会必要产品论》

宋则行在1986年发表了一篇题为《评社会必要产品论——社会主义政治经济学的对象主要在于探索社会主义经济运行规律》的文章,对上海人民出版社出版的雍文远主编的《社会主义政治经济学探索·社会必要产品论》做了科学而系统的评论。宋则行在该文中首先肯定了该书的科学价值,认为由于该书比照马克思《资本论》的体系设计社会主义政治经济学体系,突破了以往社会主义政治经济学著作的框架结构,具有重要的理论意义。宋则行写道:"这个理论体系的基础是确立了社会主义政治经济学的始点范畴、主体经济范畴和基本经济范畴。始点范畴是'社会主义商品',主体经济范畴是'资金',基本范畴是'社会必要产品'。这和《资本论》中的商品、资本、剩余价值的范畴程序是基本对应的。社会主义政治经济学的理论体系比照《资本论》的理论体系来设计是有道理的。《资本论》是以资本主义条件下的社会化大生产和资本主义的商品经济作为研究对象的,社会主义政治经济学是以社会主义条件下的社会化大生产和社会主义商品经作为研究对象的。撇开两种制度各自的生产关系特点,两者有着一定的共同的运行规律。因此,比照《资本论》的体系设计设计社会主义政治经济学的体系,不失为一种可取的途径。"③

宋则行认为,贯穿该书的主线是"社会必要产品"这一经济范畴。该书正确地认定"社会必要产品",即净产品或国民收入(v+m),是"最集中地体现社会主义劳动者的物质利益",从而是"社会主义经济运转的核心"。该书之所以没有像马克思在《资本论》中所作的那样,把剩余价值(或与剩余价值相对应的剩余产品)作为经济运转的核心,而是把包括"个人必要产品"(v)和"公共必要产品"(m)的"社会必要产品"(v+m)作为经济运转的核心,是因为在社会主义条件下,生产关系发生了变化。这也是贯穿该书的主线。

但是,宋则行认为,该书对于"社会必要产品"的界定是有问题的,至少从科学定义上说,是不够严密的。对此,他提出了以下几点商榷意见:

①把社会总产品中相当于(v+m)的部分称为"社会必要"产品,但从"社会必

---

① 宋则行:《转轨中的经济运行问题研究》,辽宁大学出版社,1997年版,第378页。
② 宋则行:《转轨中的经济运行问题研究》,辽宁大学出版社,1997年版,第379页。
③ 宋则行:《转轨中的经济运行问题研究》,辽宁大学出版社,1997年版,第379~380页。

要"的涵义来说，一年生产的总产品中用作补偿基金维持简单再生产的 c 也应属"必要"之列。因此，仅把社会净产品称为"社会必要产品"，是不够确切的。我们可以把相当于（v＋m）那部分的产品的生产、流通和分配作为社会主义政治经济学分析的主要对象，因为它是直接满足个人和社会的需要的，但是不能仅把这一部分产品认为是"社会必要的"。

②把相当于（v）的那部分产品称为"个人必要产品"，把相当于（m）的那部分的产品称为"公共必要产品"，这从社会净产值的初次分配来说是可以的。但是（v）毕竟仅仅指生产领域中职工的个人"必要产品"，而（m）经过再分配后，有相当一部分转化为非生产领域职工的收入和消费，这一部分也当属"个人必要产品"之列。因此，仅把相当于（v）部分的产品视为"个人必要产品"是名不副实的。同样理由，相当于（m）部分的产品也不能都称为"公共必要产品"。就全社会来说，（v）与（m）不是划分"个人必要产品"和"公共必要产品"的界限。

③即使就直接满足社会和个人需要的产品来说，也不限于社会净产品，因为后者仅包括消费品和净投资品，而关系整个社会生产能力增长的，还有重置投资或更新投资。随着社会固定资产规模的增长和技术进步，重置投资的数额和比重都在增长，它对整个国民经济中生产能力的增进具有越来越重要的意义。就社会主义企业来说，关系到它自我能力增长的，不只是它生产的净产值，而且包括固定资产在内的"增加值"（即扣除购自外单位原材料、动力、燃料、劳务后的产值）。就整个国民经济来说，关系经济实力增长的，也不只是社会净产值或国民收入，而且包括供重置投资用的产品在内的社会最终产品或社会最终产值。这就是说，直接用来满足社会和个人需要的，作为社会主义经济运转核心的，不只是该书所说的"社会必要产品"，而是社会最终产品或社会最终产值，它包括全部消费品和全部投资品。①

④"社会必要产品"这一范畴的用词，与作为主体范畴的"资本"联系不紧密，也不能充分反映社会主义商品经济的特点；特别是与此范畴密切联系的社会主义基本经济规律的表述，似乎也适用于社会主义"产品经济"，以至于共产主义经济。

（三）社会主义政治经济学的体系结构

关于社会主义政治经济学的体系结构问题，如前所述，按照宋则行的意见，应该区分为社会主义微观经济学和社会主义宏观经济学。

社会主义微观经济学所要论述的基本内容，是社会主义经济中的市场均衡问题，包括价值规律或市场调节机制如何发挥资源配置的决定作用，以实现资源消耗最少、收益最大的微观经济效益最优化。在社会主义微观经济学中，应该把价格和产量的决定置于中心的地位，阐述市场价格如何作为经济活动的晴雨表或"指示器"，引导作为市场主体的厂商（企业）进行以实现最优化生产为目标的生产和经营活动。因此，在社会主义微观经济学中，应该包括一般商品市场供求分析、生产要素市场供求分析，成本－收益

---

① 宋则行注：关于这个问题可参阅拙作《关于宏观经济及其计划管理问题》，《经济研究》，1984 年第 6 期。

分析、企业理论（包括企业的组织结构和生产过程分析）、不同类型市场（竞争市场、垄断竞争市场、垄断市场）价格和产量决定分析，以及市场失灵和微观经济政策等。社会主义微观经济学不但研究流通领域的问题，也要研究生产领域的问题，例如新技术的采用，新产品开发，企业创新机制的形成等。

从更一般的意义上说，社会主义微观经济学要研究社会主义条件下生产什么、生产多少，如何生产，为谁生产这三个基本问题。进一步地说，社会主义微观经济学认为：①依靠"消费者主权"来解决生产什么、生产多少的问题，生产者要按照消费者的意旨来作出生产什么、生产多少的决策，因为消费者在市场中所显示的意愿或偏好，关系到生产者的产品销路，关系到他们能否盈利。"消费者主权"表明，消费者的需求状况决定生产的方向，决定生产的规模。同时，需求结构，决定资源配置结构和生产结构；②依靠市场竞争来解决如何生产的问题。在社会主义市场经济中，也充满了竞争。在市场价格机制的作用下，生产者（企业）应用最能节省花费（成本）的生产方法或技术，便能获得市场竞争的优势，取得高于一般企业的利润。因此，为了赢得竞争优势，实现最大化的盈利，生产者（企业）之间便展开了竞相采用新技术、新生产方法的竞争，竞争的结果，常常使成功应用新技术、新生产方法的企业战胜技术和生产方法相对落后的企业，占有较大的市场份额，获得额外利润；③依靠生产要素市场的调节来解决为谁生产问题。生产要素市场调节是一个双向选择过程，要素所有者可以选择生产者（企业），生产者（企业）也可以选择要素所有者。选择的依据是其边际生产力。就劳动者（劳动力要素所有者）而言，劳动者在生产中所提供的产品数量，即其生产能力，是他得到劳动报酬（工资）的依据，同时也是生产者（企业）愿意支付给劳动者工资数量的依据。因此，在这里，劳动者为获取较高的工资收入，必须不断地提高自己的技术水平和生产技能。劳动者之间在提高技术水平、生产技能上的竞争，将推动技术进步、生产力的提高和生产的发展。

社会主义微观经济学认为，在社会主义市场经济中应奉行经济自由的原则。在社会主义市场经济中，生产者（企业）有生产和经营的自由，它们是自主经营、自负盈亏、自我发展、自我约束的独立的商品生产者和经营者；个人有择业的自由，他们可以随时抓住市场提供的机会，实现自己个人的发展。但市场调节也有其盲目性，具有马克思所说的"生产无政府状态"的弱点。为了克服这一弱点，必须发挥政府的职能，实行包括微观经济政策在内的行之有效的政府调节措施。

在社会主义宏观经济学中，要以社会总供求平衡关系为中心展开对宏观经济问题的论述。宋则行把其关于社会主义宏观经济学的分析思路作了这样的阐述：

①社会总生产包括物质产品和直接为生产和生活服务劳务；社会总生产划分为中间产品生产（包括直接为生产服务的劳务）投资品生产、消费品生产（包括直接为生活服务的劳务）三大部类，后两部类构成社会最终产品生产，社会总生产形成社会总供给；与此相对应，对投资品和消费品（即社会最终产品）的需求构成狭义的社会总需求，对包括中间产品在内的社会总需求构成广义的社会总需求。

②在社会生产划分为三大部类的基础上，重新推导社会扩大再生产的比例关系及其实现条件，并提出"社会最终产值"这一比之"社会总产值"和"国民收入"更能准确

衡量经济增长的总量指标。

③社会总产品的价值运动与实物运动的分离是社会总需求与社会总供给失衡成为可能的基础；社会总产品的价值实现后经过分配和再分配转化为企业、个人、国家的收入，形成投资需求、消费需求和对中间产品的需求，它与社会总产品实物运动形成的投资品、消费品、中间产品的供给未必一致，加上在再生产过程外注入资本所形成的需求，便可能造成社会总需求和社会总供给的失衡。

④循此继进，便提出社会总需求和社会总供给平衡的基本公式，以及分别引入财政收支、信贷收支、进出口贸易、资本流出流入后的社会总需求和社会总供给的平衡公式及其实现条件。

⑤然后，便是关于建立以间接调控为主的宏观经济管理体系，包括宏观调控目标、调控手段及其必备条件等等的分析。

以上也就是社会主义宏观经济学的基本框架结构或基本内容。

（四）社会主义经济运行规律

结合对上述雍文远主编《社会政治经济学探索·社会必要产品论》一书的评论，宋则行论述了关于社会主义经济运行规律探索的问题。宋则行认为，在该书第二篇中提出的社会主义基本经济规律，实际上就是对社会主义经济运行规律的总概括。并说，为了说清楚这个总的运行规律，该书从不同侧面或角度论述了与这个总的运行规律有关的各种问题。肯定在这些论述中"较有深度和新意"。

但是，宋则行指出："遗憾的是，本书对社会主义有计划商品经济体制下经济运行的一个核心问题，即计划与市场的关系、宏观经济管理与微观经济活力的有机结合，缺乏集中的、系统的理论分析。"① 按照宋则行的看法，应在社会总供求平衡关系的统领之下进行这些分析。诸如国民经济综合平衡问题，商品流通和价值规律调节机制问题，信贷（包括利率）和财政（包括税收与支出）在社会主义经济运行的调节机制中起着杠杆作用问题，进出口贸易和资本流出流入对国民收入增长的作用问题，汇率的变动对国际收支和国内平衡的作用机制问题等等，都应该纳入社会总需求和社会总供给平衡关系分析的框架内，以形成科学的社会主义宏观经济学的理论体系。宋则行认为，只有通过这样的科学分析，才能揭示出社会主义经济运行规律。

（五）社会主义政治经济学本质层面的分析

宋则行认为，社会主义政治经济学，除了进行经济运行层面的分析，还要进行本质层面的分析。这是从社会主义经济的性质着眼所进行的分析。例如，宋则行主编的《社会主义宏观经济学》在分析调控社会总供求平衡的内容和手段时指出："首先，社会主义经济制度的性质决定了社会总需求与总供给关系具有不同于资本主义的新的特点。在本主义制度下，生产的目的是为了加强对雇佣工人的剥削，榨取更多的剩余价值。因而

---

① 宋则行：《转轨中的经济运行问题研究》，辽宁大学出版社，1997年版，第385页。

在资本主义基本矛盾不断激化的基础上，形成了社会总生产周期地超过社会有支付能力的总需求，周期地爆发生产过剩的经济危机。相反地，在社会主义制度下，由于生产的目的是充分满足人们的物质文化需要，在生产增长的基础上人们的经济收入以至文化生活水平在不断提高，有支付能力的消费需求也在日益增长。但是，社会主义社会生产的发展水平却不是一下子可以上去的，在一定时期内社会总供给的增长总是有一定限度的。因而社会主义社会的总需求就往往在总量上大于总供给。"① 在这里，从社会制度性质上（本质层面）把社会主义社会总需求问题同资本主义社会总需求问题划清了界限。告诉人们，同样是处理社会总需求问题，在社会主义下面和在资本主义下面具有完全不同的特点。再如，在发展市场经济问题上，除了谈作为市场经济的社会主义市场经济和资本主义市场经济具有共同点，即通过市场配置资源之外，宋则行经济学强调，在本质上，社会主义市场经济和资本主义市场经济是根本不同的。

宋则行经济学认为，社会主义市场经济区别于资本主义市场经济之处主要在于以下几点：

第一，是坚持公有制，坚持公有制经济的主导地位。宋则行认为，公有制可以采取不同的形式，但不论采取什么样的形式，其公有制的性质却不能变。他指出，所有制改革不是把公有制变成私有制，或变相的私有制，而是使公有制更加完善。而且，国家政策规定国有企业在其发展中有为国有资产增殖的任务。

第二，是坚持共同富裕的方向。社会主义市场经济发展的目标是使全国人民走共同富裕的道路。社会主义的收入分配原则是，一方面承认差别，根据人们在创造国民收入中所做的实际贡献确定其应得的收入数额，即坚持按劳分配为主的多种分配形式的分配制度。另一方面，又反对把收入的差距拉得过大，过分悬殊。收入差距过大便违反了共同富裕的原则，造成两极分化，发展下去，社会主义市场经济就将走到反面，成为资本主义市场经济。这在中国是绝对不能允许的。

第三，坚持社会主义基本经济规律，即社会主义的生产目的，是满足人民日益增长的物质和文化生活需要。宋则行主张，安排生产建设要从满足人民需要出发。宋则行指出："任何一个社会的生产，都有自己的特定目的，而且这种目的都是不依人们的意志为转移的，是由一个社会生产关系决定的。不同的社会有不同的生产关系，就有不同的生产目的。……在社会主义制度下，确立了生产资料公有制，劳动者成了生产资料的主人，生产就不再是为少数剥削者增殖资本，而是为了满足广大劳动者的需要，丰富和提高广大劳动者的物质和文化生活。"②

社会主义市场经济，按照宋则行的解释，是同社会主义基本制度结合在一起的经济体制，当然要贯彻和坚持社会主义基本经济规律。这是发展社会主义市场的一项基本原则；从经济理论上说，则是社会主义政治经济学的一条基本原理。

---

① 宋则行主编：《社会主义宏观经济学》，辽宁大学出版社，1989年版，第243~244页。
② 宋则行：《转轨中的经济运行问题研究》，辽宁大学出版社，1997年版，第73~74页。

十、经济发展理论

宋则行也非常关注经济发展理论的研究，强调发展经济学对于中国经济发展的重要意义，反过来说，中国的经济发展则以其宝贵的经验丰富和发展了发展经济学本身，成为指导第三世界发展中国家经济发展的指南。

（一）发展经济学与中国的经济发展

宋则行在为《发展经济学——理论·战略·政策》一书写的序中较为具体地阐明了作为第二次世界大战以后产生的新兴学科发展经济学及其对于中国经发展的意义："发展经济学是第二次世界大战以后适应发展国家经济发展的需要逐渐形成和发展起来的一门新兴经济学科。发展经济学对于发展中国家的重要意义，在于揭示其经济落后的现状，分析其经济落后的原因，确定其经济发展的战略和政策。中国也是发展中国家，同世界上其他发展中国家有共同的经历、共同的特征，面临着同样的发展经济的历史任务。发展经济学关于发展中国家经济发展的理论分析和实际问题的分析，无疑对我国具有重要的参考和借鉴意义"①

宋则行从经济思想发展史的视角阐述了发展经济学在经济科学中的地位，他指出：从经济思想史上看发展经济学，应该说，它是历史上的各种经济发展思想一系列发展的产物。自亚当·斯密的《国富论》以来，西方的一些著名经济学家在其各种经济学著作中都曾阐述过经济发展的思想。斯密强调"一只看不见的手"、分工和资本积累在经济发展中的意义；李嘉图提出，经济发展依赖于生产和消费间的差额，强调增加生产和减少消费，强调通过采用先进技术、加强管理、分工及新市场的发现而提高劳动生产力的重要意义。特别是他提出的比较成本说，为国际间的分工和贸易提供了重要的理论基础；马尔萨斯的著名的人口理论，虽然过分悲观地看待人口增长和物质生活资料之间的关系，但却首次明确阐述了人口增长与经济发展之间的关系，为认识人口增长在经济发展中的作用提供了重要的启示；德国历史学派经济学家李斯特，是现代贸易保护主义的先驱，他提出的保护幼小工业的理论观点和政策主张，一直是经济落后国家发展经济的重要指南。在现代经济学家中，熊彼特的创新理论、罗斯托的经济成长阶段论、凯恩斯的就业理论、哈罗德－多玛的经济增长理论，以及继哈罗德、多玛之后的西方经济学家提出的各种经济增长模型，都构成了当代发展经济学的思想渊源和其重要的理论组成部分。

再从发展中国家经济发展实际来看发展经济学，宋则行指出，它反映了发展中国家经济发展的客观要求，是其经济发展经验的理论概括。"虽然发展经济学有其内在的理论发展的线索，或者如上所述，是经济思想史上各种经济发展思想的发展的产物，但它并不简单地是这些经济发展思想的逻辑演进，而是根据对发展中国家经济发展实际所提

---

① 杨玉生：《发展经济学——理论·战略·政策》，辽宁大学出版社，1992年版，第1页。

出的各种迫切需要解决的问题的分析所进行的理论抽象和概括。"[1] 发展经济学家们一般都强调，应该根据发展中国家的特点来应用发达国家发展经济的经验，在应用西方一般经济理论分析研究发展中国家经发展问题时，应该从发展中国家经济发展的特点出发，探讨西方一般经济理论对于发展中国家的适用性，提出适合于发展中国家经济发展需要的经济发展战略和政策主张。因此，它具有突出的客观现实性和时代感，并且在一定程度上引导了发展中国家和地区的经济发展，使一些发展中国家和地区取得了令人瞩目的经济发展成就，其中，典型的范例是亚洲"四小龙"。

宋则行在序中对他所指导编著的《发展经济学——理论·战略·政策》一书给予以下几点肯定的评价：

第一，介绍理论观点准确，评价适当。本书原原本本地介绍了西方发展经济学的各种原理观点，其中包括各种经济增长模型，各种经济发展理论，各种经济发展战略，各种经济发展政策。在对各种理论观点评价时，则从发展中国家经济发展实际出发，实事求是地评价了其对发展中国家经济发展的作用和影响，指出其积极意义，批评或揭露其弱点或局限性。

第二，材料丰富，论述全面。本书应用了大量的统计材料和数据，比较全面地论述了经济发展的理论和政策。在对理论和政策的阐述中，本书力求把各种不同的理论观点和政策主张一并纳入进来，加以阐释和分析，并对其加以比较和鉴别。在对经济发展问题分析时，除了分析各种经济因素对经济发展的影响，还分析包括价值观、宗教、家庭、文化和社会制度等非经济因素对经济发展的影响。从分析方法上说，有实证分析和规范分析，有静态分析和动态分析，有短期分析和长期分析等。

第三，把研究发展经济学同研究中国的经济发展结合起来。这是本书的一个突出特点。正如本书的编著者所指出的，中国作为一个发展中的社会主义国家，发展经济是当前的基本的或中心的任务，研究发展经济学对我国具有十分重要的意义。另一方面，对于我国经济发展的实际进行理论上的分析和概括，也是对发展经济学的丰富和发展。从这一基本认识出发，本书用了一章的篇幅对包括中国作为社会主义发展中国家的特殊国情、经济发展战略、经济体制改革、经济结构的合理化与调整、持续协调稳定的经济发展，以及中国经济发展的前景及其世界历史意义等我国经济发展的基本问题，展开了分析和论述，从而丰富和发展了发展经济学的内容。

宋则行上述对该书的评价，也可以看作是他对编写发展经济学教科书的基本要求或基本原则。该书之所以具有宋则行所说的这些优点，则是由于忠实地遵循了他的指导意见的结果。

（二）《后发经济学》概述

2003年在宋则行指导下，我和杨戈合作编写了《后发经济学》，这本书倾注了宋则行的心血，他规划了本书的基本框架结构，提出了基本的分析思路。按照宋则行的意见，本书要突出经济转轨的分析，把经济转轨看作是自20世纪80年代初以来后发国家

---

[1] 杨玉生：《发展经济学——理论·战略·政策》，辽宁大学出版社，1992年版，第2页。

经济发展的主线,特别是要阐述中国经济发展的经验。本书贯彻了宋则行关于经济发展的思想。现把该书的基本内容概述如下:

该书从理论与实践结合上阐述了后发国家的经济发展。后发国家,按字面解释,就是后来走上发展道路的国家,或称在世界经济发展历程中"迟起步的国家"。一部数百年的近代世界经济发展史表明,在不同的经济发展时期,总有走在经济发展前头的国家与走在经济发展后头的国家。走在经济发展前头的国家,或因其资源禀赋的优势,或因其占尽人文、社会制度和历史积淀的优势,或因其具有发展先进技术的条件,因而在经济发展中独领风骚。走在经济发展后头的国家,或因其制度的落后,或因其观念的保守,或因其自然资源的劣势,而被世界经济发展的大潮抛在了后面。走在经济发展前头的国家负有两个责任:一是开创促进经济发展的经济制度;二是发展社会生产力,包括提供作为"第一生产力"的科学技术。与此同时,走在经济发展前头的国家,也因其得天独厚的条件而享尽了各种比较优势的利益。走在经济发展前头的国家,或发达国家,向走在经济发展后头的国家展示了经济发展的前景和实现经济发展的方式。因此,为了获得其经济的长足发展,后发国家可以采用已经被发达国家的经济发展的实践证明是行之有效的经济体制和管理方式,采用其先进的技术和设备,并在经济理念上发生根本的变化。这是后发国家可以赶上甚至超过发达国家的根据。历史上也确实存在不少后发国家赶上和超过"先发国家"(相对于"后发国家"似乎也可以把经济先行发展的国家称作"先发国家")的例证,众所周知,英国超过荷兰,美国超过英国,德国和日本也迅速赶了上来,成为世界上少有的经济发达国家。在第二次世界大战以后,一批新兴工业化国家和地区的兴起和发展,也表明后发国家和地区在当今时代,在适宜的条件下,也可以通过实行有效的经济发展战略跻身于先进国家和地区的行列。列宁称此为"经济政治发展不平衡规律"。这个规律不但过去起作用,现在起作用,将来也将起作用。

有一本美国人写的书名为《国富国穷》[①]的书,书中谈到后发国家赶上先发国家的条件时,强调把滞后当成美德。书中引用别人的话说,滞后的成长趋向于"以现代化、最高效的技术为基础",因为这种技术效益最高,而且只有掌握了它,才能同更先进的国家竞争。[②] 结果,后进的国家比他们的先行者成长得更迅速,它们的成长都具有"迸发"的特征,即一个时期(或多个时期)实现超长的增长率。

但是,后发国家受历史和现实条件的约束,也存在着许多不利于其经济发展的因素。这位美国人在同一本书中提出了这样一些问题:落后国家缺乏资金和优秀的劳动力,怎样能成功地创建现代的、资本密集型工业呢?而且,它们怎样才能获得知识和技术呢?它们怎样才能克服工业企业所遇到的社会性、文化性和体制性的障碍呢?它们怎样才能创建合适的安排和机制呢?它们怎样应变呢?

这些问题都应看作是后发国家所面临的困难或障碍。只有有效地解决这些问题,才能有后发国家的长足的经济发展。

各种研究后发国家或发展中国家经济发展问题的经济学家,从不同的视角阐述了后

[①] 戴维·S. 兰德:《国富国穷》,新华出版社,2001年版,第200页。
[②] 戴维·S. 兰德:《国富国穷》,新华出版社,2001年版,第379页。

发国家经济发展问题,并相应地提出了经济发展的战略选择。

本书跟踪发展经济学家的最新研究成果,全面而系统地阐述了包括诸如新古典主义、凯恩斯主义、新制度主义、新马克思主义关于后发国家经济发展理论,并对亚洲、拉丁美洲的一些后发国家经济发展的实际进行了深入的研究,也研究了日本和澳大利亚等发达国家经济发展的实际。虽然日本和澳大利亚并不属于我们现在所说的后发国家范畴,但是,这两国发展经济的经验却对后发国家具有重要的借鉴意义。日本是在第二次世界大战以后作为经济遭受严重创伤而在不太长的时间内迅速崛起的经济大国,其发展经济的经验无疑对于后发国家具有重要的启示性。澳大利亚在发达国家中属于后发国家,为了发展经济的需要,澳大利亚在20世纪80年代以来进行了持续地探索经济发展途径的努力,并且一般来说是有成效的。这对于处于摸索适合于自己经济发展要求的发展路径的后发国家来说,无疑也具有重要的启发意义。

另外,该书还用一章(第8章)的篇幅,评述了西方福利国家理论与实践的发展,并探讨了福利国家理论和西方国家发展福利国家的经验对于后发国家的适用性。本书认为,建设和发展福利国家是社会生产力发展的客观要求。在后发国家建设和发展福利国家具有必然性和必要性。但建设和发展福利国家必须顾及社会生产力发展水平和经济承受能力,必须以有效发挥市场机制作用为前提(把福利国家看作是对市场调节的补充)。必须有利于解决诸如贫困、收入分配不平等、种族歧视和性别歧视等各种社会问题。否则便会影响经济绩效。在这个方面,应该吸收西方国家发展福利国家的经验教训。

贯穿该书的一条基本线索是关于后发国家的经济转轨问题的研究。一般讲经济转轨是指实行计划经济体制的国家从计划经济向市场经济的转轨。本书则把转轨的含义扩大,除了原来意义上的经济转轨之外,还把主要以国家干预为主的经济体制转变为以市场机制调节为主的经济体制的转变过程看作是经济转轨,或经济转型。就后发国家而言,在20世纪80年代以前,一般都实行了国家干预为主的经济体制,自20世纪80年代初以来,在世界性的经济自由化的影响下,后发国家纷纷抛弃了国家干预的经济体制,转向了市场经济。相应的,也改变了经济发展战略的选择,从原来的进口替代工业化战略转向了出口导向战略。在这个转变过程中,由于各国的国情不同,其经济体制转轨和经济发展战略的转变各有不同的特点,形成了五花八门的情况。有的国家在经济转轨过程中还出现了诸如地区不平等、贫富两极分化或贫困、失业、通货膨胀等社会问题。但总的说来,经济转轨使后发国家的经济发展获得了较之以往的更快的发展。

同后发国家的经济转轨相联系,也有一个公共或行政管理方式转变的问题,还有一个如何对待国际资本流动的问题(是实行资本控制的政策,还是实行资本自由流动的政策?),本书用了相当篇幅探讨了西方一些经济学家关于管理设计,即管理非集中化设计的理论研究的新成果;探讨了西方学者关于资本控制对经济增长影响的理论研究的新成果。

最后,该书用一章(第9章)的篇幅对作为后发国家的中国的经济发展做了论述。由于这一部分的论述就使得本书关于后发国家经济发展的论述更为完整了。中国的经济发展,特别是经济改革以来的经济发展,是成功的、富有成效的。中国经济发展成功的经验,丰富和充实了后发国家经济发展的理论。从后发国家经济发展的视角上看中国的经济发展，它的意义在于证明，在当今时代经济发展的必由之路是发展市场经济（在中国则是社会主义市场经济）和实行对外开放，遵循包括可持续发展的客观的经济发展规律。

十一、西方经济学与西方经济思想的发展

宋则行是西方经济学专家，在他的经济学生涯中，始终关注西方经济学与西方经济思想的发展。他是在全国高校中最先向学生传授西方经济学的教授之一，早在20世纪60年代初，他就给辽大政治经济学专业的本科生讲授了凯恩斯经济学。在"文革"以后首批招收研究生中，他招收了两名外国经济思想史专业的研究生，并选用萨缪尔森《经济学》教科书（英文版），向经济类专业的研究生系统讲授西方经济学，同时，也给77级和78级本科生讲授西方经济学。他主编的《当代西方经济学原理》（1987年由辽宁大学出版社出版），不但被辽大作为教材，也被全国多所大学选作教材。他在北京大学所做的"英国后凯恩斯经济学"（新剑桥学派）的学术讲座，受到广泛的欢迎。因此，在宋则行的经济思想中，也包含其对西方经济学和西方经济思想的研究。

（一）《当代西方经济学原理》概述

1. 经济学定义

关于经济学的定义，萨缪尔森在《经济学》一书中做了这样的一般表述："经济学研究人和社会如何作出最终抉择，在使用或不使用货币的情况下，来使用可以有其他用途的稀少的生产性资源在现在或将来生产各种商品，并把商品分配给社会的成员或集团以供消费之用。它分析资源配置形式所需的代价和可能得到的利益。"[①]

萨缪尔森的经济学定义突出了稀少性和选择的问题，揭示了稀少性同各种经济问题的联系，以及选择在经济生活中的重要意义。这种关于经济学的定义，从西方经济学的角度来说，确实抓住了经济学的中心问题。但是，从西方经济学的角度看，萨缪尔森的关于经济学的定义也有片面性，它只能概括微观经济学的性质。在宏观经济分析中，尽管也有生产、消费等问题，但是，生产、消费等问题本身却并不是宏观经济分析所要解决的问题。宏观经济分析的出发点是总需求的问题，总需求的变动如何影响总就业量和国民收入水平的变动；货币的变动对总需求有什么影响，从而对就业量和国民收入水平有什么影响；货币的变动，总需求的变动对一般物价水平有什么影响等等。虽然，萨缪尔森在《经济学》一书中用了相当大的篇幅进行宏观经济分析，但是，在他的经济学定义中却没有反映这方面的内容。

美国经济学家李普瑟（Richard G. Lipsey）和斯第纳（Peter O. Steiner）在其所编著的《经济学》中把经济学所研究的问题做了如下的概括：

（1）生产什么产品和劳务？生产多少产品和劳务？

[①] [美]萨缪尔森：《经济学》第10版，高鸿业译，商务印书馆，1979年版，第5页。

(2) 以什么方法生产产品和劳务?
(3) 产品的供给如何在社会成员中分配?
(4) 一国的资源是充分利用了呢, 还是有些资源闲置不用从而造成浪费了呢?
(5) 货币和储蓄的购买力保持不变呢, 还是由于通货膨胀而下降了呢?
(6) 经济的生产能力是在增长呢, 还是始终保持不变呢?

在这些经济问题中,前面三个属于微观经济学的范畴,后面的三个属于宏观经济学的范畴。李普瑟和斯第纳在具体解释这些问题时,一方面强调了稀少性和选择的问题,另一方面也强调了总需求、货币的变动对就业量、国民收入和一般物价水平影响的问题。因此,在这里,李普瑟和斯第纳所概括的问题,就经济学定义而言,较之萨缪尔森更全面一些。

该书指出,西方经济学家们关于经济学的定义并不是经济学的真正科学的定义。它完全脱离了资本主义生产关系的问题,侈谈所谓"稀少性"和"选择"的问题,它既不谈在什么样历史阶段上的社会生产,也不谈由哪个阶级进行的社会生产,完全抽掉了生产的历史性和阶级性,似乎生产、交换、分配和消费等问题没有历史的规定性,纯然是一个自然的技术性质的问题。经济学用不着研究资本主义所有制问题,资本主义制度在它看来是"天然合理的",有效率的,问题是如何消除弊病,充分发挥其效率。整个西方经济学,可以说,都是围绕如何使资本主义经济更加有效运行展开其理论分析的。因此,它在本质上是庸俗的、反科学的。

2. 微观经济学和宏观经济学

微观经济学和宏观经济学是以研究问题的范围、经济范畴、经济概念的不同而划分的。前者研究社会单个经济单位(厂商、消费者和市场)的经济行为以及相应的经济变量单项数值的决定,它所涉及的经济范畴或基本概念是效用、利润、成本、收益、生产函数、个别市场的供给和需求、商品价格以及各种弹性概念、生产资源的分配、各种类型市场的厂商均衡等等;后者则研究社会经济活动的总图景,以及相应的经济变量的社会加总数、平均数和比率等等之间的相互关系。它所涉及的是这样一些经济范畴或基本概念:国民生产总值(或国内生产总值)、国民收入、总需求、总投资、总消费、总储蓄、货币供给量和货币需求量、价格水平、就业、失业、通货膨胀、经济周期、经济增长、进出口等等。确定所研究的对象是属于微观经济学还是宏观经济学的问题,其经济变量的绝对数值不能成为根据,而是看其体现的是整个经济社会还是个别的经济单位。例如,美国的一家大公司,其年产值可能超过某些发展中国家几倍,但是对这家大公司经济活动的分析属于微观经济学的范围,而对发展中国家国民生产总值(或国内生产总值)变化的考察则属于宏观经济学的范围。

微观经济学所要解决的基本问题是生产什么、生产多少,如何生产,为谁生产的问题。它强调通过市场价格机制自发地调节经济活动的秩序。因此,价格理论是微观经济学的中心。

在很长一段时期,在资本主义经济生活中奉行供给创造需求的"萨伊定律",社会所通行的原则是"自由放任主义",根本反对国家(政府)对经济的干预。在这种情况下,人们所迫切需要解决的问题是,如何能够取得最大的满足(效用),如何能够使成本最小而利润最大。因此,以分析单个经济单位的行为及其经济变量单项数值如何决定内容的微观经济学便受到了异常的重视。在此期间,微观经济学本身也经历了一个不断演变的历史过程。早期资产阶级庸俗经济学家提出的效用价值论和生产费用论,可以看作是最初的微观经济学;后来,边际效用学派提出的边际效用价值论以及它所运用的边际分析方法,则把这种最初的微观经济学大大地向前推进了一步。19 世纪末和 20 世纪初,英国著名经济学家马歇尔(Alfred Marshall)所创立的以"均衡价格论"为核心的折衷主义的理论体系,则使微观经济学达到了非常"精巧"和"完善"的形式。20 世纪 30 年代以后,美国经济学家张伯伦(E. Chamberlin)、英国经济学家琼·罗宾逊(Joan Robinson)提出的垄断竞争(不完全竞争)理论,英国经济学家希克斯(John R. Hicks)对"一般均衡理论"的"开创性研究",为使微观经济学的进一步"完善化"做出了贡献。随着垄断资本主义的产生与发展,特别是国家垄断资本主义的产生与发展,微观经济学的地位已经不如先前那么重要了,但它仍然在资本主义经济生活中发挥着重大的影响。

与微观经济学不同,宏观经济学所要解决的是经济稳定和经济增长的问题,在资产阶级经济学家中间注意宏观经济现象,进行宏观经济分析也是由来已久的。例如,重农学派魁奈的《经济表》就是进行这种宏观经济分析最显著的一例。在斯密和李嘉图的著作中有很大一部分是宏观经济学的内容。后来的货币数量说以及第一次世界大战期间开始涌现的关于估算和分析国民收入的大批著作,都是以经济总量为对象的。但是,这时的宏观经济学并不占主导地位,因为这时国家(政府)对经济调节的必要性还没有充分显示出来。只是在资本主义经济危机和失业问题越来越严重,并出现垄断资本主义和国家垄断资本主义以后,国家(政府)对经济生活的干预越来越重要,宏观经济学的地位才变得越来越重要。因此,在 20 世纪 30 年代大危机中产生的以英国著名经济学家凯恩斯为代表的现代西方宏观经济学就爬上了西方正统经济学的宝座,成为当代资本主义经济生活的主要精神支柱和政府制定经济政策的主要理论依据。

当代西方宏观经济学有一个显著的特点,就是以把国民生产总值(国内生产总值)或国民收入和就业量联系起来为中心进行综合的分析,因此,又把它叫收入和就业分析,或收入分析,或就业理论。其理论核心是"有效需求理论"。其基本理论观点可以概括如下:国民收入与总就业量相联系。国民收入(从而总就业量)决定于总需求或有效需求。总需求则由消费需求和投资需求构成。社会一般情形是,人们并不把其所获得的收入全部用之于消费,其中必有一部分储蓄起来,而且随着收入的增加,用于储蓄的部分越来越多,而用于消费的部分相对减少。总供给超过需求的部分(即储蓄)必须有投资需求来补足,从而使总供给与总需求相等,达到均衡。二者均衡时,就业量和国民收入水平就确定下来了。因此,就业量和国民收入水平依赖于总供给、消费倾向和投资数量。由于总供给和消费倾向是相对稳定的,就业量和国民收入水平就主要界定于投资数量。投资数量则依赖于资本边际效率(预期利润率)和利息率间的关系。资本边际效率依赖于预期利润和资本资产之重置成本,利息率依赖于货币供给量和流动偏好。由于资本边际效率具有不稳定性的特征和随着投资的增加有下降的趋势,又由于流动偏好增强利息率有偏高的趋势,从而造成投资需求不足。因此,单靠私人投资无法弥补收入与消费间的缺口。在这种情况下，政府必须实行赤字财政政策，直接负起投资之责，或使用货币政策降低利息率以刺激私人投资。

以凯恩斯为代表的现代西方宏观经济学是适应国家垄断资本主义发展的需要应运而生的，因而，它在一定程度上促进了战后资本主义经济的发展。但是由于它仍然是在维护资本主义的前提下来解决资本主义的经济危机难题的，不可能根治资本主义的病症，反而加剧了资本主义经济所固有的各种矛盾，其结果，在20世纪60年代末和70年代初促使了"滞胀"病症的形成。从而陷入了"理论危机"，即"凯恩斯经济学危机"。不过，以凯恩斯为代表的现代西方宏观经济学却并没有因此而终结其历史使命，资本主义经济生活仍然离不开凯恩斯主义的理论和政策，只是它将以和其他学派的理论结合起来的形式发挥作用。

3. 经济政策

(1) 经济学和经济政策

在西方经济学中有相当大的篇幅是经济政策的分析。实际上，经济分析的目的就在于从中引出一定的政策主张，以指导现实的经济生活。通常说，一种经济理论适合不适合于实际经济生活的要求，要看其实践效果。那么，如何检验其实践效果呢？实际上，就是看根据这种理论所确定的政策在多大程度上有效地指导了现实经济生活，或者，确切地说，它使经济生活健康发展了呢，还是妨碍了经济生活的正常运行？一种经济理论的有效性表现于根据这种经济理论所确定的经济政策的有效性。西方经济学是为资产阶级的利益服务的，是维护资本主义制度的，它的存在和发展在于对资产阶级的有用性，因此，除了理论分析之外，必然有大量的政策分析。而且其重要性，对于资本主义的实际经济生活来说，要超过经济理论本身。

(2) 经济生活和经济政策

经济政策要符合经济生活的要求，必须反映经济生活本身的特征。不同时期的经济生活都带有自己的时代特征，经济政策便也带有时代的特征。在自由竞争资本主义时代，经济生活的时代特征是"自由放任主义"，这时的经济理论和经济政策也带有"自由放任主义"的特征，在微观经济中强调"市场调节"，在宏观经济中强调"供给创造需求"的萨伊定律。在垄断资本主义时代，国家（政府）对经济生活的干预成为经济生活的时代特征，经济理论和经济政策便也反映这个时代的特征，无论是在微观经济中还是在宏观经济中，都有国家（政府）干预的特征。在微观经济中，政府提出的支持或限制物价、反对垄断、禁止共谋或协议价格等措施产生了重大的影响，在经济中维持多高的价格，保持多大程度的竞争，保持多大程度的垄断，政府的政策起着重要的作用。在宏观经济中，凯恩斯主义那一套以管理需求为基本特征的经济政策措施，在相当长的一段历史时期中，成了资产阶级国家政府的国策，被看成是稳定经济的万应药方。在现代资本主义经济中，政府的干预是比较普遍的，完全不受干预、绝对"自由放任主义"的市场价格制度是难以存在的。

不仅如此，经济政策也因经济生活的主要问题发生了变化而变化。资产阶级政府总是要把解决经济生活中的主要问题作为自己的政策目标的。经济生活中主要问题发生了变化，政策目标也将发生变化。这就要规定与此目标相适应的经济政策。例如，在第二次世界大战以后的很长一段历史时期中，资本主义世界各国强调充分就业和经济增长，于是制定了许多有利于充分就业和经济增长的政策措施。之后，资本主义世界出现了严重的"滞胀"局面，资产阶级政府认为，在"滞胀"困境中，通货膨胀问题更为严重，于是它们又宣布"同通货膨胀作战"。当然，这时由于问题迭起，险象环生，政府的政策常常莫衷一是，自相矛盾。而这种经济政策的混乱，也正反映经济生活的混乱。此外，在市场失灵的情况下，又须实行诸如减少污染、收入分配等微观经济政策。西方经济学也力图对政府不同时期的经济政策进行合理的解释，或进行各种各样的批评和建议。

（3）微观经济政策和宏观经济政策

微观经济政策是根据对微观经济的分析所提出的经济政策。如前所述，在微观经济中，价格理论是经济分析的中心，因此根据微观经济分析所制定的微观经济政策，基本特征在于对市场价格制度的影响。例如，前面讲过的支持价格、限制价格、反对垄断、禁止共谋或协议价格等等，都属于微观经济政策范畴。由于资本主义经济在很大程度上还需要市场价格机制的调节，而市场价格机制调节又有很多的弊病，实行完全的"自由放任主义"，就会使经济的发展受到阻碍，这就必须对市场价格制度本身进行干预，对价格本身或影响价格的因素通过适当的政策措施来施加影响，以保证市场价格制度的正常、健康的运行。这就需要一定的微观经济政策。西方经济学认为，微观经济政策的有效性在于它能否反映市场价格制度的客观要求，它不能破坏市场价格制度的运行，它必须有利于市场价格制度的运行。它是市场价格规律的运用。

为了保证市场价格制度的正常的健康的运行，使整个资本主义经济有效率，仅有微观经济政策不行，更重要的，还必须有宏观经济政策。因为，按照西方经济学的分析，每个人、每个企业和每个其他的经济单位都是从每个局部出发来进行经济活动的，往往从局部看来是可行的事情，从整体上或从全局上看就是不可行的了。无数的从不同的目的出发以不同的方式所从事的个别的经济活动，会给整个经济造成难以解决的问题。于是，经济生活就向政府提出了从宏观上处理经济关系的要求，这就必须有宏观经济政策。前面一再讲过的"管理需求"的政策，就是现代资本主义国家政府的一项主要的宏观经济政策。同样，宏观经济政策也没有违反市场价格制度的要求。例如政府所实行的公共支出政策，只是对价格制度产生一种影响。在这里，政府和单个经济单位扮演着同样的角色，只不过是政府支出的数额要大得多，以致使它对市场价格制度和经济的影响超过任何单个经济单位。当然，西方经济学认为，政府的支出并不妨碍私人支出，它的支出方向一般是私人所不愿选择的支出方向，并且它是以稳定经济为目标的。

需要指出的是，在资本主义条件下，各种经济政策的作用是有限的，它们并不能从根本上克服资本主义经济的病症，因为资本主义经济中所固有的各种内在矛盾，在保留资本主义制度的前提下是不能克服的。西方经济学看不到这一点，以为通过一些政策措施就可以使资本主义经济克服弊端而保持效率，这是它庸俗的地方。

4. 经济学方法

（1）实证经济学和规范经济学

西方经济学家们一般宣称，他们的经济学主要是实证经济学。所谓实证经济学，照他们的说法,是排除了"价值判断",只对经济现象、经济行为或经济活动及其发展趋势作客观分析的经济学。它只考虑经济事物之间的互相联系的规律,并根据这些规律来分析和预测人们经济行为的效果。它只回答"是什么"或"怎么样"的问题,其结论可以用经济事实来检验。萨缪尔森说:"当代政治经济学的首要任务在于对生产、失业、价格和类似现象加以描述、分析、解释,并把这些现象联系起来。重要的是,描述不仅仅是一系列互不连贯的报道。它们必须符合一种有系统的型式——这就是说,构成真正的分析。"① "为此,我们必须尽力树立一种客观和超然的态度,不管个人的好恶,要就事物的真相来考察事物。"② 又说:"检验一种理论是否正确,要看它是否有助于说明观察到的事实。他的逻辑是否优美,讲得是否细致美妙,那是无关宏旨的。"③ 萨缪尔森在这里讲的,就是实证经济学的基本特征或基本要求。例如,在资本主义社会中,富人的狗可以得到大量精美的食品,穿好看的衣服,而穷人的孩子却由于吃不上、穿不上冻饿而死。对于这种现象人们可能会愤愤不平,但是从经济学角度上看,这可能是符合供求规律的。它要不要改变,或在多大程度上改变,并不根据这件事是否符合道德标准,而是根据它是否影响经济效率。社会在多大程度上做到"公平的"(属于价值判断范畴)收入分配,要以不牺牲效率为标准。

与实证经济学相反,规范经济学则以一定的"价值判断"为基础,它提出一些分析和处理问题的标准,作为理论的前提和制定政策的依据。它回答"应该是什么"或"应该怎么样"的问题,其结论无法通过经济事实来检验。有些经济学家在理论分析中也强调遵循这种规范经济学的方法。例如,美国制度主义经济学家肯尼斯·加尔布雷斯(Kenneth Galbraith)在《经济学和公共目标》等著作中,就把一定的价值判断作为经济分析的标准。他认为,经济分析和经济政策的标准应该是为了人的幸福,而经济政策往往忽视了这个标准,结果造成了"富裕中的贫困"等不合理的荒谬现象。马克思主义政治经济学,在西方经济学家看来,也属于规范经济学范畴,他们认为,马克思主义政治经济学中最能激动人心的地方,是它关于工人阶级在资本主义社会中悲惨境况的描述,其经济理论本身却是不足道的。这当然是对马克思主义政治经济学的诋毁。

实际上,貌似客观的、尊重事实的实证经济学也是以一定的价值判断为基础的,那就是以是否有利于维护资本主义剥削制度为其标准,这是由资产阶级经济学的性质本身决定的。至于西方规范经济学除了把维护资本主义制度的存在作为标准之外,又提出了另外一些标准,这些标准的提出,可能是针对资本主义经济生活的弊端,但是它们却不能革除这些弊端。原因是经济学家们提出这些标准的同时,是以维护资本主义制度的存在为前提条件的。只有马克思的经济学方法才是科学的经济学方法。

(2)静态经济学和动态经济学

静态经济学是指对某一时期经济运行的分析。它说明某一特定时期经济运行的情况,而不能说明其他任何时期经济运行将发生的情况。因此,它不能解释经济运行变化

---

① [美]萨缪尔森:《经济学》第10版,高鸿业译,商务印书馆,1979年版,第10页。
② [美]萨缪尔森:《经济学》第10版,高鸿业译,商务印书馆,1979年版,第11页。
③ [美]萨缪尔森:《经济学》第10版,高鸿业译,商务印书馆,1979年版,第15页。

的过程。在某些特殊的情形下,各个时期,经济运行总是重复着同样的均衡情况,静态经济学也可以说明这种情况。但是,这种情况,实际上,也包含在特定时期的分析中。所以,静态经济学又是同"静态均衡"(stationary equilibrium)相联系的。经济学上的"均衡"是从物理学引进来的概念,指的是两种相反的经济力量处于相平衡的状态。均衡可以由于经济力量的变动而破坏,也可以由于经济力量的变动而重新建立。静态经济学能够说明均衡破坏与形成的原因,不能解释均衡形成与破坏的过程。属于静态经济学的典型范例,是微观经济学的均衡价格形成的分析。在这里,供给和需求是两种相反的经济力量。供给与价格同方向变动,需求与价格反方向变动,供求相平衡决定均衡价格。

在静态经济学中还有一种特殊的分析方法叫作"比较静态分析"。两种相反的经济力量,因其消长的情况不同,可以在不同的情况下形成不同的均衡,对这种不同的均衡情况进行比较分析,就是比较静态分析。属于比较静态分析的范例是宏观经济学关于国民收入水平决定的分析。在这里,均衡的国民收入水平的决定条件是总需求等于总供给,或投资等于储蓄。而总需求或投资的情况更具有主动性,其状况如何,会有不同的国民收入水平。宏观经济学就对这不同的国民收入水平决定的情况及因素进行比较分析。说它是静态的,是因为它是对特定时期均衡情况的说明,尽管均衡情况是变化的,但它只说明变化的原因,不说明变化的过程。

动态经济学,按照西方经济学家的定义,是根据事件前后相继的关系对经济现象所进行的研究。动态经济学强调时间的概念,各种经济变量都打上时期的烙印。前一个时期的有关的经济变量的数值是确定当前时期经济变量的依据,而当前有关的经济变量的数值又是预测下一个时期经济变量的依据。例如,一个商业公司,为了决定当前要为库存增购多少货物,必须依据前一时期销售的数量,或前两个时期销售量变化的情况。在这里,从一个时期到另一个时期,每种经济变量的变化以某种特殊的方式由有关的其他经济变量的变化来决定。动态经济学通过这种动态分析探察出整个时期的变量的变化。因此,它说明经济运行变化的过程。

静态经济学和动态经济学相互之间也有一定的关系。静态分析为经济行为和经济变量的动态分析提供一定的基础和标准,而动态分析则是静态分析的发展和延伸。尤其是比较静态分析和动态分析具有更为密切的关系,按照萨缪尔森的"对应原理",比较静态分析把由于经济变量的变化所形成的一系列均衡加以比较,但是从旧的均衡到新的均衡,总是一个变化的过程,是一个动态的均衡实现的过程。所以,比较静态分析所比较的各个均衡点,又是同动态均衡过程中所实现的均衡点相对应的。从经济社会的实际情况说,动态经济学具有更为重要的意义,并和静态经济学有着密切的关系。美国著名经济学家约·贝·克拉克(John Bates Clark)说:"实际的社会总是动态的社会,而这种社会中和我们关系最大的那个部分尤其是动态的。很明显的,到处都有变化和进步,产业社会不断呈现出新的形式并且执行着新的任务。由于这样不断演进的结果,今天的工资、利息标准和十年后的工资、利息标准是不一样的。但是,今天的正常标准是存在的。在所有的变动中，有一些力量在发挥作用，使资本和利息在一个时间内有了它所依据的标准。"① 按照克拉克的这种分析，每个时期所确定的标准属于静态均衡的结果，而从一个时期的标准到另一个时期的标准的变化过程，则属于动态均衡分析。根据这样一种关系，在西方经济学著作中，一般先做静态分析，然后进行动态分析。

（3）经济模型

①经济抽象和经济模型。现实经济生活存在着大量的极其复杂而又千变万化的经济现象，不能对所有的经济现象一并加以分析。为了揭示经济活动的规律，在经济分析中必须舍去一切次要的经济现象，这就是经济抽象。在经济分析中，通过经济抽象而对经济活动或经济关系所作出的概括，就是经济模型。西方经济学认为，决定经济运行的归根到底是两种经济力量：供给和需求。供给和需求本身可以看成是它们各自与其有关系的因素间的经济模型。由供给和需求间的关系又构成一定的经济模型，如微观经济学中均衡价格决定模型，宏观经济学中的国民收入决定模型。

②经济模型和经济变量。西方经济学一个重要特点，是它特别注重数量分析。经济模型，归根到底，是各种经济变量间数量关系的反映。根据各种经济变量在其数量关系中的地位和作用的不同，可以把它们分为因变量和自变量两类经济变量。当一种经济变量被表述为其他经济变量的函数的时候，我们就称这种经济变量为因变量，而称它以变动的经济变量为自变量。例如，茶的消费量是茶的价格、消费者的收入、咖啡价格的函数。在这里，茶的价格的高低，消费者的收入状况，咖啡价格的高低（咖啡是茶的替代品，咖啡价格的高低影响对茶的需求）决定茶的消费量的多少。茶的消费量在这个函数表述中就是因变量，而决定茶的消费量的如茶的价格等等变量，则为自变量。由此可以看出，经济变量中的因变量和自变量的区别，就在于它们是决定的因素还是被决定的因素。当然，这种因变量和自变量的划分也并不是绝对的，并不是因变量永远是因变量，自变量永远是自变量。在一个函数中是因变量的经济变量，在另一个函数中就可能是自变量了。例如，当我们考察消费者的收入的函数的时候，我们可以看到，消费者的收入是失业率、赚取收入者的受教育的程度、技能以及家庭的财产状况等等的函数。在这里，消费者的收入就成了因变量，虽然它在消费量的函数中是自变量。

③经济模型的表述方法。经济模型或经济变量间的函数关系，可以以不同的形式进行表述。主要是下面各种形式：

语言或文字表述：用一句话或几句话概括一种经济模型的含义。如说：均衡的国民收入水平的决定条件是总需求等于总供给，或投资等于储蓄。这句话实际上概括了均衡国民收入水平决定的模型。

用代数和其他函数形式表述。通过等式或不等式表示经济变量间的函数关系，如需求函数，成本函数，生产函数等等。

用几何图形表述。这种方法在现代西方经济学中是大量采用，通过几何图形清楚地显示各种经济变量间的关系，及其变动趋势。

---

① [美]克拉克：《财富的分配》，陈福生、陈振骅译，商务印书馆，1981年版，第5页。

用表格表示。在表格中列出各种经济变量的数值，从数值的变化，以及数值之间的关系，揭示经济模型在各个时期的情况及其发展的趋势。

(4) 存量－流量分析法

西方经济学还特别注重存量－流量分析，认为对存量－流量关系的分析对于理解经济活动及其数量关系也是极为重要的。这里我们也较为具体地阐述一下存量－流量分析法。所谓存量，就是在某一特定时点上所确定的某一经济变量。例如，在星期六，银行金库里有 200 万美元存款，这就是在特殊的时点上，星期六，银行的货币现存量。而流量，则是在某一特殊时期所不断发生的数量，或发生额。流量经常以借以发生的数率来测量。例如，每星期都在银行的会计账簿上增加 50000 美元，或者，每星期吸收存款 100000 美元，向外贷款 50000 美元等等，都是货币流量。简言之，流量是一定时期的发生额，存量则是截止到某一时点的不断发生的流量所形成的结果，某一时点上的既定的量。一个简单的例子可以说明这种关系。例如，向一个蓄水池内注入水。假定，在一周内每天注入该蓄水池 10000 加仑水，到周末，星期六，该蓄水池有 70000 加仑水。在这里，每天注入蓄水池的 10000 加仑的水为流量；星期六该蓄水池内水的总量 70000 加仑为存量，它不过是一周每天 10000 加仑水的流量的结果。

存量－流量分析常用于财富和收入的关系的分析上。财富属于存量的范畴，它是任一时点上社会或家庭所拥有的财产的数值。收入则属于流量范畴，它是按照不断挣得或获得货币收入的数率来计算的。把收入划分为消费和储蓄两部分，一个家庭可以由于收入中的储蓄流量而增加其财富。就一个国家而言，问题要复杂一些，从宏观经济平衡的角度说，必须有相当于储蓄数额的投资补充进来，才能实现总供求的平衡。因此，增加财富的原因是由于增加投资而增进的生产力，或每年的剩余产品量，就资本主义经济而言，则是每年的剩余价值的积累。

存量－流量分析，无论在微观经济学中，还是在宏观经济学中，都有广泛的应用。在微观经济学中，企业在一个生产时期结束时，例如年末，所形成的固定资产、流动资产和产品的价值为存量，而在这个生产期间不断增加的投资、所支付的工资和管理费用，以及不断销售其产品的销售额等为流量；在宏观经济学中，一个国家在一定时期结束时所形成的财政盈余或赤字为存量，而在这期间不断创造的收入、不断征收的税款、不断的支付的财政支出等为流量。

(5) 边际分析法

边际分析法是西方经济学家们经常用来预见和评价经济决定结果的方法。所谓边际，就是额外的或增加的意思，即所增加的最后一个单位，或可能增加的下一个单位。这种边际的概念常常用来分析两种经济变量或两种以上的经济变量间的关系。例如，消费是收入的函数，在较高的收入水平上，个人或家庭可以多消费一些；在较低的收入水平上，个人或家庭可以少消费一些。假设一个人从每年 10000 美元收入增加到 11000 美元，这所增加的 1000 美元就是他的年边际收入。这 1000 美元的边际收入会使他的消费增加多少呢？他若把这 1000 美元中的 900 美元用于消费，其余的 100 美元用于储蓄，那么，他的边际消费倾向就是 90%（边际储蓄倾向为 10%）。这就是边际分析。由此可见，边际分析法不外就是分析经济中一种变量的增量对另外一种或几种变量会造成什么样的增量结果的分析方法。

西方经济学家们很重视这种边际分析法，认为，对边际分析法的理解是理解经济理论的中心。如前所述，西方经济学的一个显著特点是它特别注重数量分析。从注重数量分析这一点出发，边际分析法无疑是非常值得重视的分析方法。因此，从19世纪70年代"边际革命"以来，在西方经济学的著作中，便大量充斥着"边际"概念，例如，在微观经济学中有边际效用、边际成本、边际收益、边际产品、边际生产力等概念；在宏观经济学中又有边际消费倾向、边际储蓄倾向、资本边际效率等概念。边际分析方法普遍流行起来。由于边际分析法的流行，为在经济学中应用微积分学等数学工具提供了便利条件，由此形成了经济分析的科学化和精确化。

从马克思主义政治经济学的观点上看，在西方经济学中兴起和流行的边际分析法，只服务于一种单纯的数量分析，它没有揭示资本主义经济中的各种内在矛盾。但它作为一种数量分析的技术和工具，无疑是值得我们采用的。①

5. 对《当代西方经济学原理》的评析

根据以上对宋则行主编的《当代西方经济学原理》基本内容的概述，可作以下几点评析：

(1) 准确地阐述西方经济学基本原理

正如本书前言所指出的："本书定名为'当代西方经济学原理'，其基本意图是，力求原原本本或准确地阐述目前在资本主义世界流行经济学的基本理论观点，以及由这些基本理论观点引申出来的政策主张。"本书是向财经专业的本科生提供的西方经济学教科书，必须准确地讲述西方经济学的各种基本原理。这是作为西方经济学教材所应具有的科学性所要求的，是必须做到的。否则，便是一种误导。

本书所阐述的西方经济学的基本原理表明，市场价格机制是推动市场经济运行的基本动力，在市场经济中，企业和个人都同市场价格息息相关，他们的一切经济活动都是围绕市场价格展开的。价格指示经济活动的方向，决定社会生产的比例，也决定各种人的收入：工资、利润、利息、地租等等。市场价格制度有如"一只看不见的手"，把表面上看来无秩序可言的混乱局面实现某种确定的经济秩序。

本书所阐述的西方经济学基本原理还表明，市场调节也有其固有的缺陷，如果让市场价格制度自由放任地调节经济活动和经济关系，就会使经济造成无法遏止的波动，产生诸如大量失业、经济萧条和通货膨胀等极其严重的经济问题。凯恩斯以来的西方经济学家写了大量的经济学著作，论述"自由放任主义"的市场调节的弊端和国家（政府）干预经济生活的必要性。他们从宏观的角度、从总体上分析了经济运行问题，并根据这种分析提出了以管理需求为基本内容的宏观经济政策。

前者是微观经济学，后者是宏观经济学。按照西方经济学家的分析，应该把微观经济学和宏观经济学结合起来，形成完整的经济学体系，以指导经济，才能既发挥市场效率，又避免经济波动，从而保证经济持续、稳定、健康地发展。这种分析无疑对我国发

---

① 宋则行主编：《当代西方经济学原理》，辽宁大学出版社，1987年版，第1页。

展市场经济具有重要的启发性，换言之，西方经济学对于我国社会主义市场经济运行，具有重要的参考和借鉴的价值。这应该是西方经济学的积极意义。

(2) 正确认识西方经济学的两重性

本书认为，西方经济学具有两重性，一方面，它是资产阶级性质的经济学，是为资产阶级利益服务和辩护的经济学，属于资产阶级的意识形态。对于这方面，我们当然要加以批判，予以否定。例如，本书在论述西方经济学研究对象的时候，便明确指出，它完全脱离了资本主义生产关系的问题，侈谈所谓"稀少性"和"选择"的问题，完全抽掉了生产的历史性和阶级性。它把资本主义生产看作是最有效率的，围绕如何使资本主义经济更加有效运行而展开其理论分析。因此，它在本质上是庸俗的、反科学的。但是，另一方面，西方经济学，从经济运行层面说，又具有重要的理论指导意义，是发展市场经济的经验的概括或总结，无论是微观经济学还是宏观经济学，如前所述，都反映了现代市场经济发展的要求。在这方面，我们又必须对它加以肯定，并自觉地把它用于发展社会主义市场经济的实践中。因此，本书认为，鉴于西方经济学的两重性，对西方经济学，既不能全盘肯定，也不能全盘否定。要否定其作为资产阶级意识形态的为资产阶级利益服务和辩护的性质，同时，要肯定其具有指导现代市场经济运行意义的积极的方面。

(3) 揭示经济学的实践性和历史性

本书正确认为，经济学，无论是西方经济学，还是马克思主义政治经济学，都是历史科学，都具有历史的规定性和实践性。虽然西方经济学不讲生产或经济活动的历史规定性，但不同历史时期所出现的社会经济问题，却要求经济学适应经济形势变化而发生相应的变化。本书论述了微观经济学和宏观经济学适应社会经济问题变化而演变的历史过程。因此，本书坚持马克思的唯物史观，把不同历史时期的西方经济学，看作是社会经济条件变化的反映，而且，一定的社会经济条件决定与之相适应的经济学，如西方经济学在其历史发展中所经历的"边际革命"、"凯恩斯革命"等。

(4) 经济学方法和经济学的科学化

本书除了详细介绍包括诸如实证经济学和规范经济学、静态经济学和动态经济学、经济模型、存量和流量分析，以及边际分析法等西方经济学的分析方法之外，还在全书对西方经济学原理的阐述中体现了这些分析方法。应该说，西方经济学所提出的这些分析方法，具有科学的意义。对于经济学的科学化开拓了重要的路径。本书重视西方经济学界最近数十年间所发展起来的这些先进的分析工具和方法。而且，正如宋则行一再说的，包括凯恩斯经济学在内的西方经济学作为一种知识和分析工具还是可用的，在坚持马克思主义指导的前提下，可以用来分析社会主义经济运行问题。

(二) 战后英国经济理论发展概貌

宋则行非常关注西方经济思想或经济理论的发展，1981年他作为中国经济学家代表团成员出访了英国，在剑桥大学和牛津大学听了不少经济学家关于当代英国经济理论各个方面的介绍，回国后写成了《战后英国经济理论发展概貌——访英札记》一文。这里，对该文所阐述的英国经济理论发展情况作一概述。

1. 关于凯恩斯的经济学说在英国的地位

宋则行首先感到,在宏观经济理论方面,迄今为止凯恩斯的经济学说在英国经济学界占有支配地位。英国是凯恩斯经济学的发源地,在战后很长时期内,英国一直执行凯恩斯主义的财政政策和货币政策,导致通货膨胀。20世纪70年代以来又陷入严重的"滞胀"局面,凯恩斯主义经济学无法解释"滞胀"发生的原因,也不能提出走出"滞胀"困境的政策措施,因而陷入危机。但尽管如此,凯恩斯的理论仍然以压倒性的优势占领着英国大学经济学专业的讲坛和经济学界。撒切尔夫人上台后,摈弃凯恩斯主义的政策,实行货币主义政策,也没有使他们有所动摇。以剑桥大学经济学教授哈恩(P. H. Hahn)和尼尔德(K. R. Neild)为首,40多个大学364名经济学家联名发表声明,反对撒切尔政府的货币主义政策,其中签名的有的虽然不一定是凯恩斯主义者,但从声明的精神看,实际上是要政府回到凯恩斯主义政策上来。由此可见,凯恩斯经济理论在英国大学和经济理论界的根深蒂固,剑桥大学的尼尔德教授为代表团作了一次论货币主义的讲话,对货币主义及其理论基础——货币数量说全盘否定,讲的完全是凯恩斯的理论。牛津大学讲师辛克莱(P. Sinclair)在为代表团介绍宏观经济学的新发展时,列举了8个模式,但自始至终贯彻的是凯恩斯的理论观点。牛津和剑桥的不少经济学家在和代表团团员接触中,也丝毫不隐讳地宣称自己是凯恩斯主义者。在英国和其他发达资本主义国家陷入严重的滞胀困境以致凯恩斯主义理论面临危机的时候,仍然有这么多的资产阶级经济学家坚信凯恩斯主义,看来凯恩斯主义和货币主义之间的激烈争论还将继续下去,这是一个值得注目的问题。

2. 凯恩斯理论的"动态化"和"长期化"

宋则行指出,战后凯恩斯经济理论的发展主要表现在西方一些经济学家力图把凯恩斯的理论"动态化"、"长期化",出现了各种经济增长理论。宋则行对此作了如下的阐述:

凯恩斯的《就业、利息和货币通论》一般被认为是一种短期的、比较静态的分析。适应垄断资本对资本主义经济稳定增长的要求,一些英国资产阶级经济学家在战后开始在凯恩斯理论的基础上进行动态的长期分析。在这个方面做出突出贡献的是牛津大学哈罗德(R. F. Harrod),他在1948年出版的《动态经济学引论》一书中,运用凯恩斯的投资—储蓄分析,探讨在人口增长、技术进步的条件下资本主义经济稳定增长的条件问题,提出"自然增长率"(即经济保持什么样的增长率和储蓄率才能使随着人口增长而增长的按效率单位计算的劳动力得到充分就业)和"有保证的增长率"概念(即经济保持什么样的增长率才能导致足够的投资使投资率和储蓄率一致,以保证经济长期的持续均衡增长)。这在西方经济学界被称为"哈罗德经济增长模型"。从此,各种各样的经济增长理论在西方经济学界纷纷出笼。在英国,1956年剑桥大学的琼·罗宾逊(Joan Robinson)发表《资本积累》一书,卡尔多(N. Kaldor)发表一篇名叫《几种可供选择的分配理论》的论文,各自提出自己的经济增长理论。它们的共同特点,是从凯恩斯的投资—储蓄分析出发,假定工人阶级没有储蓄,把消费分为工人阶级的消费和资本家阶级的消费,把社会阶级划分引入分析,着重研究经济增长过程中工资与利润在国民收入中所占份额的变化。这样,就把经济增长理论和收入分配理论结合起来。罗宾逊和卡尔多经济增长理论的提出,是战后英国新剑桥学派形成的开始。以后,剑桥大学的米德(J. Meede)提出了自己的"新古典经济增长理论"。

在战后,英国和其他西方国家(特别是美国)经济学界经济增长理论纷纷出笼,这是西方宏观经济理论发展的一个重要表现。和发达资本主义国家在战后五六十年代实行凯恩斯主义政策,经济取得较快增长的总形势分不开。但各国的经济增长是不平衡的。因此,西方经济学界除了提出各种经济增长模型外,以后又对促进经济增长的各种具体因素及其对各国经济增长不平衡所起作用进行分析。这次代表团在牛津访问时,牛津大学高级讲师勃里斯(C. Bliss)为代表团讲了一次"经济增长分析",就是分析人口增长、技术发展、投资率、出口贸易、农业发展、教育等各种因素在各国经济增长中所起的不同作用,以说明各个国家经济增长率的差异。

此外,西方经济学家近年来也运用经济增长理论来探索发展中国家经济发展途径,产生了"发展经济学"这门新学科。现在在牛津、剑桥许多大学的经济专业中都设有"发展经济学"或发展中国家经济的课程。这次接待代表团的主要负责人,牛津大学的"现代中国研究中心"主任格里芬(Keith Grrifin),为代表团讲了一次有关发展中国家的均衡增长计划模式。这个模式是从哈罗德增长模式演化而来的,提出劳动生产率×储蓄率必须等于劳动力增长率×资本密集率(资本与劳动之比),是发展中国家经济取得长期均衡增长的条件。但在大多数发展中国家这个条件并不能满足,一般情况是前者小于后者,结果导致既有通货膨胀又有大量失业。注意这些比率关系,对于发展中国家制定经济发展计划,有一定的参考价值。

3. 新古典经济学供求均衡理论仍占重要地位

宋则行作为中国经济学家代表团成员在访英期间注意到,在微观经济学方面,新古典学派的供求均衡理论,特别是"一般均衡理论",仍然占有重要地位。在其《访英札记》中,对此有如下的记述:

自凯恩斯的经济理论出现后,新古典学派的均衡理论虽然遭到抨击,但是受到批判的主要是这个理论的充分就业假定,或者是这个理论关于市场竞争对各种产品和各种生产要素的供求和价格的自发调节作用必然导致充分就业的结论。但供求均衡理论在价值论和分配论领域中的支配地位还没有受到彻底的否定。正因为如此,战后有些资产阶级经济学家力图把凯恩斯的宏观经济理论和新古典学派的微观经济理论结合起来。有的宣称运用凯恩斯主义的财政、货币政策实现充分就业后,新古典学派的价值论和分配论就可完全适用,形成所谓"新古典综合"(如美国的萨缪尔森等)。有的力图在凯恩斯理论体系中推导出新古典学派的结论来,或者在新古典学派理论体系中推导出凯恩斯的结论来。有的则对新古典供求均衡理论,特别是洛桑学派瓦尔拉斯(L. Walras)和帕累托(V. Pareto)的一般均衡理论本身,用人类行为心理分析和精密的数学公式推导进行加工、修补、完善,给以"科学"的外衣,使其成为一个精巧的逻辑体系,并由此推演出一套"新福利经济学"。在这次访问中,牛津大学的阿玛蒂亚·森(Amartya Sen)教授和剑桥大学的哈恩(F. H. Hahn)教授对这种新古典学派微观经济学的最新发展做过简略的介绍。哈恩教授和美国阿罗(K. Arrow,诺贝尔经济学奖获得者)合著的《一般竞争分析》（1971）就是一种新古典一般均衡理论的最新代表作。如果揭开这一套理论的精密而繁琐的外衣，就其基本原理和中心思想来看，仍然是一百多年前马克思批判过的庸俗经济学的一套。他们把社会看作是个人的集合，社会利益是个人利益的加总，追求个人最大满足的消费者和追求最大利润的企业主是任何一种经济的"原子"；他们以个人的偏好和心理动机解释对商品的需求和社会选择，以在一定的技术和资源条件下所能达到的最大生产可能，解释商品的供给限度；把市场的自由竞争理想化，看作像亚当·斯密所说的一双无形的手一样，使各种商品、各种生产要素的供求达到均衡；在这个均衡点上不仅各种商品和各种生产要素的价格、产量得到确定，而且消费者得到最大满足，企业得到最大利润，各个生产要素按照他们做出的"牺牲"和对生产的"贡献"得到相应的报酬，全社会资源也就得到最适度的利用（包括社会劳动力得到充分就业）。至于实际社会里出现的不均衡，则只是由"市场的不完全性"、缺乏充分的"信息传导"，对未来的"不确定性"以及由各种原因造成的价格、工资的"刚性"（rigidities）等等引起的，而不是资本主义经济本身带来的。这套把资本主义看作天然合理的理论的辩护性是很明显的，但它迄今仍然占据着英国和其他西方大学的经济学讲坛。在发达资本主义国家面临滞胀和危机的今天，回复到经济自由主义去的叫嚣，正是力图从这套新古典经济理论中寻找自己的依据。

4. 斯拉法的《用商品生产商品》促使新李嘉图主义形成

宋则行指出：20世纪60年代以来，在英国经济理论界产生重大影响的一部著作是剑桥大学斯拉法（Piero Sraffa）在1960年出版的《用商品生产商品》，它对新剑桥学派有重大影响，并导致新李嘉图主义形成。

宋则行对斯拉法在西方经济学界的理论贡献以及他的《用商品生产商品》一书对经济理论所产生革命性影响，作了如下的深入论述：

斯拉法一生致力于《李嘉图著作和通信全集》的编纂工作，《用商品生产商品》是他一生唯一的一本系统著作，被认为是李嘉图理论的新发展。这本仅有90多页的薄薄著作，在剑桥大学经济系的左翼经济学者中引起了巨大反响。他们花费很大精力消化和发掘这部著作的内涵和精义，提出了"返回李嘉图传统，重建政治经济学"的口号，形成了一个所谓"新李嘉图主义"的学派。这部著作的重要影响不仅在于它受到以琼·罗宾逊为首的凯恩斯左派的推崇和应用，成为批判新古典学派供求均衡论，特别是新古典学派边际生产力论（分配论）的有力武器，而且在于它也得到了以剑桥大学多布（M. Dobb）为首的一些西方马克思主义经济学家的赞扬。他们认为它"解决"了马克思经济理论中一些没有得到满意解决的问题（如价值转化为生产价格问题），并把它看作是劳动价值论的"发展"和"新版"。有的还甚至把它看作是把凯恩斯理论"补充"到马克思主义经济理论中去的桥梁。例如在代表团访问剑桥大学时，三一学院的青年讲师伊特韦尔（John Eatwell）在一次关于经济理论的新发展的讲话中就说：斯拉法在批判新古典学派的供求均衡理论和重建剩余价值论两方面都是"成功"的。斯拉法的理论补救了凯恩斯有效需求理论的弱点（即未能摆脱新古典学派的一些观点）。在伊特韦尔所写的《价值、产量和就业理论》这一小册子中还进一步认为用斯拉法理论补充凯恩斯的有效需求理论，就可以把它"纳入"马克思的经济理论体系中去。这种动向值得我们注意。

关于斯拉法一书对现代英国马克思主义经济理论的影响，我们留到下面去谈，这里仅就它对批判新古典学派供求均衡理论，特别是对批判边际生产力论的作用和意义作简要的介绍。斯拉法一书提出的生产理论和价值与分配理论，绕开它的复杂的推理论证，简单地概括一下它的主要论点，就是，各种商品都是由投入的各种生产资料（也都是商品）和劳动生产的。生产条件一定，投入的生产资料和劳动量一定，产出的商品量也一定，这样，产出量与投入量之间的差额即净产品量也一定；再假定支付给劳动者的实际工资一定，则净产品量减去归于劳动者部分所余下的，归于生产资料所有者或资本的份额——利润也一定，因而利润对资本的比率——利润率就可确定。在竞争条件下，各个部门的工资率和利润率都是趋于一致的。统一的利润率一定，各种商品（包括作为生产资料的各种商品在内）的生产价格（成本＋平均利润）也就决定了。因此各种商品价格（生产价格，不是市场价格）既取决于它的生产条件，也取决于统一利润率的大小。这就是说，价格的决定要受分配关系的影响。

新剑桥学派和新李嘉图主义者，正是依据斯拉法这个分析，有力地批驳了新古典学派供求均衡决定价格的理论（在斯拉法的分析中排除了需求对价格的决定作用），特别有力地批驳了新古典学派的利润率（或利息率，下同）取决于资本的边际生产力的辩护理论。他们认为各种生产资料是由各种不同质的无法加总的生产资料组成的，只有把各种生产资料乘上各自的价格才能加总起来计算资本量。同样，所谓边际生产力，无非是增加一定的资本量所增加的产品的价值，后者也需要乘上产品的价格，才能和资本量对比得出利润率。而各种生产资料的价格和各种产品的价格，根据斯拉法的分析，离开利润率是无法确定的。这样，决定利润率的所谓资本的边际生产力本身需要借助于利润率来确定，这就不可避免地陷于混乱的循环推理的泥潭。因此，新李嘉图主义者认为新古典学派的供求均衡理论和边际生产力的分配论必须摒弃，应该在斯拉法理论的基础上"重建"价值论和分配论，回到李嘉图的传统上来研究工资和利润之间的对立关系，研究国民收入在社会各阶级之间的分配。

5. 马克思主义经济理论在西方国家的复兴

宋则行指出，自20世纪70年代以来，马克思主义经济理论在英国和其他西方发达资本主义国家空前活跃起来，或者说，在西方国家出现了马克思主义经济理论复兴的局面。宋则行作为代表团成员在访英期间，尤其感受到了马克思主义经济理论复兴的氛围。宋则行认为，马克思主义经济理论之所以在西方国家出现复兴的局面，有其经济上的原因。下面是宋则行的分析：

马克思主义经济理论在西方的复兴和20世纪70年代英国和其他发达资本主义国家面临愈来愈严重的"滞胀"和危机有关。无论是新古典学派还是凯恩斯主义者，对这种局面都提不出明确的解释和救治的对策。一些年轻的激进的经济学家，不满于现状，力求用马克思的经济理论观点寻求解释和出路，这是近年来马克思经济学的研究和讨论又活跃起来的一个主要原因。当然，目前活跃在英国的研究马克思主义的经济学者，人数不多，他们大多是英国各个大学中少数年轻教师和研究机构中的年轻研究人员。他们不把马克思主义作为教条，也往往把马克思主义的一些基本观点作为彼此争论的课题。他们着重研究当前资本主义世界,特别是英国所面临的种种经济困境和社会阶级矛盾。但另一方面,由于在英国正统马克思主义的力量一向薄弱,目前的一些研究马克思主义经济学的学者,大都受到凯恩斯主义经济学的熏陶,有时很难把他们的观点和凯恩斯主义左翼、新李嘉图主义者、工党左翼区别开来。英国现有一个叫作"社会主义经济学者会议"的组织,已经成立多年,每年举行一次讨论会。这是英国经济学界中的一个倾向于马克思主义的左翼组织。该组织在1981年7月举行的年会的主题是,"剥削和压迫——社会主义战略的再思索"。该组织还出版《公报》、《通讯》等刊物,这是这批研究马克思主义经济学的年轻学者的活跃阵地。此外,在英国出版的《新左翼》、《资本与阶级》、《剑桥经济学杂志》等左翼刊物,也都经常发表他们的关于马克思主义经济理论和分析当前资本主义世界经济和英国经济问题的论文。他们也写过一些有关这方面的著作。他们人数虽少,但值得我们关注,尤其是有志于研究西方马克思主义经济学研究动向的学者更要关注。

20世纪70年代以来引起英国经济学界对马克思主义经济理论讨论活跃的另一个重要因素,就是上面提到的斯拉法著作对西方马克思主义者激起的反响和新李嘉图主义的出现。在牛津大学讲授"亚当·斯密、李嘉图、马克思"课程的年轻经济学者格林(Andrew Glyn)曾以"马克思主义经济学在西方"为题,为代表团介绍了西方对马克思主义经济理论中若干重要问题的争论,如价值转化为生产价格问题,利润率下降趋势规律问题,马克思的危机论是否是消费不足论等。

现在以价值转化为生产价格问题为例,说明一下这方面的争论。马克思对这个问题的解决方法,早在19世纪末就受到过庸俗资产阶级经济学家庞巴维克的攻击。后来德国经济学家鲍特凯维兹(L. Von Bortkiewiez)指出马克思转化公式的所谓"数学错误",提出了自己的解法。在西方马克思主义者内部也有人认为马克思在这个问题上的解决方法是不能使人满意的。斯拉法一书的发表和新李嘉图主义的出现,再一次激起了对这个问题的争论。

新李嘉图主义者首先指出马克思的转化公式在数量关系上的所谓"错误",一是马克思计算的平均利润率,是根据价值计算的,由于c、v、m都是按价值计算的,因此,按总资本、总剩余价值计算的平均利润率$r=m/(v+c)$是按价值计算的平均利润率。而在资本主义社会中,各个部门资本之间通过竞争而形成的平均利润率是按价格计算的。由于各个部门资本有机构成不同,按价值计算的平均利润率与按价格计算的平均利润率r',根据数学推导,一般来说是两个不同的量,而马克思误把两者等同起来,用按价值计算的平均利润率计算各个部门的生产价格,这是"错误"的。其二是马克思的转化公式中成本(c+v)也都是按价值计算的,但实际上资本家购买生产资料和劳动力都是按价格而不是按价值买进的。因此,计算生产价格时不应该用按价值计算的成本(c+v),而应该用按价格计算的成本($c'+v'$)。马克思在有些地方感觉到了这个"错误",但列出转化公式时,没有改正。不仅如此,有的新李嘉图主义者,如斯蒂德曼(Ian Steedman)还依据前述斯拉法一书的分析,认为即使上述数量关系方面的"错误"得到了改正,马克思提出转化问题本身也是"不必要"的,是"多余"的。因为只要生产条件一定,投入生产资料和劳动量产出的净产品量即可确定;净产品量一定,如果付给劳动者的实际工资也一定,则利润率从而生产价格就可确定。而且这些关系都可以从各种商品的实物量关系中直接得出来,无须通过价值量、剩余价值量间接来确定。同时,价值量、剩余价值量本身实际上也是由实物生产条件和付给劳动者的实际工资来确定的,因为商品价值量——社会必要劳动时间是由实物生产条件确定的,而劳动力的价值量和剩余价值量则取决于付给劳动者的实际工资的多少。既然利润率和生产价格无须通过价值和剩余价值来确定,也就"不存在"价值转化为生产价格的问题。同时,利润既然是劳动者生产的净产品减去付给劳动者实际工资的剩余,这剩余是由资本家依靠对生产资料的所有权占有的,那么,这种关系已经直接表明了资本主义剥削的存在。总之,在这些新李嘉图主义者看来,依据斯拉法关于利润率和生产价格决定的理论,不通过价值和剩余价值,也可以"得出"马克思关于资本主义存在剥削的结论。有的新李嘉图主义者虽然没有提出这样极端的观点,但也认为要在斯拉法理论的基础上"重建"剩余价值论(如剑桥大学的伊特韦尔)。

新李嘉图主义者的这套理论,遭到了剑桥大学的一位马克思主义经济学家罗桑(Bord Rowthorm)的反驳。罗桑认为新李嘉图主义的根本错误在于把利润和剥削看作是在流通领域和分配过程中产生的。因为把利润仅仅看作是净产品减去实际工资的剩余,是由资本家依靠对生产资料的所有权占有的东西,这就把利润看作只是一种分配关系,而不是在生产领域中产生的。这就完全抹杀了资本家购进劳动力后在劳动过程中强迫工人尽量多地生产剩余价值这一资本主义生产方式的根本特点,而且完全违反了关于生产、交换、分配、消费各个环节中生产起决定作用这一马克思主义的基本观点。

宋则行指出:"像这样一些涉及马克思经济理论的根本问题,在西方非马克思主义者和马克思主义者之间以及在马克思主义者内部所进行的争论是值得我们注意的。斯拉法著作对西方马克思主义经济理论研究所激起的各种不同反响,也值得我们很好研究。"[1]

十二、世界经济与世界经济史

在其 60 余年的经济学生涯中,宋则行始终关注世界经济和世界经济史问题。如前文所述,早在其攻读硕士学位和博士学位的求学期间,他就把研究世界经济或国际经贸关系问题作为其论文选题。[2] 在新中国成立后的教学和科研中,则把相当的精力和时间用于世界经济和世界经济史的教学和科研。坚持以马克思主义的立场、观点和方法探讨当代世界经济中所出现的重大问题,并与他人合作主编了《世界经济史》,该书至今仍得到广泛赞誉。

---

[1] 宋则行:《战后英国经济理论发展概貌——访英札记》,载于《宋则行经论文集》,辽宁大学出版社,1987 年版,第 514 页

[2] 宋则行的硕士学位论文选题是"国际贸易利得之来源及其衡量";博士学位论文的选题为"1924—1938 年英国出口贸易的周期波动及其对国内经济的影响"。

(一) 对当代发达资本主义国家就业失业问题的剖析
——基于马克思资本有机构成理论的分析

宋则行发表于《马克思主义研究》1983年第1期上的论文《马克思的资本有机构成理论——对当代发达资本主义国家就业失业问题的剖析》，可以看作是以马克思主义立场、观点和方法分析现实资本主义经济问题的精品之作。由于论文篇幅很长，限于这里的篇幅，将其论述马克思资本有机构成理论部分删去，仅阐述其基于马克思资本有机构成理论对当代发达资本主义国家就业、失业问题的论述部分。

1. 资本主义国家资本技术构成呈提高的趋势

宋则行首先指出，运用马克思的资本有机构成理论来分析发达资本主义国家就业和失业问题，可以直接从资本技术构成（资本-劳动结合比率）和劳动生产率这些因素的变化去说明。

下面是宋则行对此的简要分析：

在资本主义国家提供的统计资料中，各个历史时期物质生产部门按固定价格计算的固定资本额是比较容易找到的，只是代表流动不变资本的各个部门的原材料储存额有时也有统计，但不一定很完备。

现以第二次世界大战前和战后美国情况为例。根据美国书刊提供的资料，先看第二次世界大战前40年中资本技术构成的变化情况，以1899年数字＝100，1939年各项的指数为：

净资本额（以1929年的价格计算）[①]	336
实物产量[②]	297
就业工人数[②]	124
每周劳动小时[②]	83
人时数（劳动量）[②]	103

根据上列数字计算：

1939年的资本额（因包括流动资产库存在内，故相当于不变资本）与工人数的比率（也都以1899年＝100），相当于1899年两者比率的2.7倍，即提高了1.7倍。如与劳动量（人时数）相比，则这个比率相当于1899年两者比率的3.3倍，即提高了2.3倍（两者提高倍数有差异是因为这一时期每周工作时间缩短了，1939年为1899年的83％）。这都说明，在这40年间，资本技术构成（不变资本与劳动量或就业工人数之比）有了很大提高。由于这一期间资本总量增长率（增加了2.36倍）大于资本技术构成的提高率（增加了1.7倍），所以就业工人数仍然有所增长（24％）。其中4个物质生产部门1939年的就业人数和生产量增减百分比（％）如下：

[①] 根据 Simon Kuznets: Capital in the American Economy, its Formation and Financing (1961), pp61—65 数字计算，此处净资本额，指总资本量去掉废旧不用的资本资产，并已剔除物价因素影响。

[②] 见 Solom on Fabricant: Labor Savings in American Industry (1839—1939) p.36. 这些数字包括的部门有：农业、矿业（包括石油与天然气）、制造业、公用事业（包括运输）。

	就业人数	产量	劳动生产率
	（1899 年为 100）		
	%	%	%
农业	−16	+59	+89
矿业（包括石油、天然气）	+41	+266	+160
制造业	+88	+274	+99
公用事业（包括运输）	+120	+340	+100
4 个部门合计	+24	+197	+140

上表中农业部门就业人数是减少的，但产量和劳动生产率都有很大提高，表明资本技术构成是在提高的；其他 3 个部门发展迅速，劳动生产率有更大的提高。但就业人数的增长小于产量的增长，也间接说明资本技术构成有了很大提高。就其中的制造业说，它所使用的资本资产，用固定价格计算，在 1904~1937 年间至少增长了 120%，同期制造业工人增加 65%，工人的劳动时数（人时）增加了 20%，而实物产量增加了 200%。这说明这一期间的制造业，在劳动生产率有很大提高的同时，每一工人或每一人时所使用的资本资产（相当于资本技术构成），也有很大提高。前一比率增加 33%，后一比率增加 83%（其间的差异也是由于每周劳动小时比以前减少了）。而在资本技术构成提高的情况下就业工人仍有较大增加，则是由于不变资本量的增长比资本技术构成的提高更快。

再就战后的情况看：

以 1978 年与 1950 年比，不包括住宅建筑的私人企业固定资本净值（包括设备与建筑物）按 1972 年固定价格计算，增长了 1.88 倍。如固定资本加上营业库存（两者之和相当于生产中使用的不变资本），增长了 1.77 倍。而同期就业人数增长了 60%。这说明固定资本或不变资本（都按固定价格计算）的增长快于就业人数的增长。按固定资本计算，两者的比率在此期间提高了 80%；按不变资本计算，两者的比率提高了 73%；都标志着在这 28 年间技术构成仍有显著的提高。就业人数与资本的增长是相对减少的。但是由于资本总额增长比技术构成提高得更快，所以就业人数的绝对额还是增长的。

以上数字包括非物质生产部门在内。现再举战后制造业和农业两个物质生产部门的情况来分析。

就 1973 年与 1950 年比。1973 年制造业的固定资本净值（包括设备与建筑物，按 1958 年固定价格计算），比 1950 年增长了 1.1 倍。如固定资本加上营业库存，作为生产中使用的不变资本（也按固定价格计算），则比 1950 年增长 1.2 倍。同期制造业就业人数增长了 31.6%。这说明制造业的固定资本或不变资本的增长较之该部门就业人数的增长快得多，两者的比率，按固定资本计算，在此期间（23 年）提高了 59%，如按不变资本计算，提高了 66%。这都标志着在这 23 年间制造业的技术构成仍有明显的提高。就业人数与资本的增长相比，也是相对减少的。但这同样由于资本量的增长比技术构成的提高更快，就业人数的绝对量还是增加的。

1973年农业（农场）固定资本净值（包括设备与建筑物）按1958年固定价格计算，比1950年增长了56%。1973年固定资本与就业人数的比率比1950年提高了2.57倍。由于资本技术构成提高的倍数大大超过了农场固定资本的增长率，因此，农场就业人员比1950年绝对地减少了。对战后情况，还可以引用另一个资料作为佐证：

	平均年增长率（%）				
	产量	小时数	每小时产量	资本	资本与劳动比率
1947～1979…	3.5	0.9	2.6	2.9	2.0

上表中产量是按固定价格计算的产值，小时数是按每个工人劳动时数计算的劳动总量；资本指按固定价格计算的固定资本总量（包括设备和建筑物，但不包括住宅建筑），资本与劳动的比率，即固定资本量与劳动量（按人时计算）之间的比率，大体上可以代表资本技术构成变动趋势。从表中数字看，1947～1979年的32年间，每个人时产量（相当于劳动生产率）平均每年提高2.6%，同期资本量的增长（年平均增长2.9%）大大超过劳动量的增长（年平均增长0.9%），因而资本－劳动比率的平均增长比率达到3.0%。这说明从20世纪50年代到70年代末，资本技术构成有了很大提高。只是由于资本增量更快，劳动量仍有增长。

从上面所举的美国各个时期有关的一些统计资料看，作为长期趋势，无论从19世纪末期到第二次世界大战前夕，还是从第二次世界大战后以来，都证明马克思的资本有机构成理论及其所包含的数量关系是正确的、仍然有效的。在资本积累增长的过程中，随着不变资本或固定资本的增长，劳动生产率和资本技术构成（或剔出价格变动和工资变动因素后基本上反映资本技术构成的资本有机构成）具有不断提高的趋势，并未出现什么较大的曲折。同期，由于资本的增长快于资本技术构成的提高，对劳动力的需求或就业人数的绝对量仍是不断增加的，但与资本量的增加相比，则相对减少；个别生产部门（如农业）由于资本技术构成的提高比资本的增长快，就业量则是绝对下降的。

2. 对发达资本主义国家就业失业趋势分析

马克思的资本构成理论及资本对劳动力的需求或就业人数的关系，主要是就物质生产部门说的。但物质生产部门内部结构的变化以及物质生产部门和非物质生产部门之间结构的变化，都会影响到总的就业和失业人数的变化。一个生产部门内由于资本技术构成的提高而排挤出来的，或因相对需求减少而不能大量吸收的工人，有可能被另外一些部门，特别是为其提供生产资料的部门、一些新产生的生产部门以及非生产劳动部门所吸收。马克思在论述机器大工业发展的影响时，曾多次提到这一点。这里仍以美国为例就战前和战后就业情况的变化，作一比较。

表1　1900—1980年美国就业人数及其在各部门间分配的变化

年份	就业总数（人）	物质生产部门 农业 人数	%	非农业 采矿业（人）	建筑业（人）	制造业（人）	运输及公用事业（人）	合计 人数	%	非物质生产部门 商业（人）	金融业（人）	服务业（人）	政府（人）	合计 人数	%
1900	26,731	9,552	36	653	1,639	6,091	1,631	10,013	37		3,224	3,942		7166	27
1910	36,664	11,610	32	1,168	2,117	8,990	2,630	14,965	40		4622	5,497		10,089	28
1919	37,563	10,489	28	1,133	1,036	10,659	3,711	16,539	42	4514	1096	2253	2676	10,539	30
1929	41,903	10,500	25	1,081	1,512	10,702	3,916	17,217	41	6123	1494	3425	3065	14,107	34
1939	40,203	9,600	24	854	1,165	10,278	3,936	15,233	38	6426	1447	3502	3995	15,370	38
1950	51,397	6,200	12	901	2,364	15,241	4,034	22,540	44	9386	1,888	5,357	6,026	22,657	44
1960	5,9689	5,500	9	712	3,926	16,796	4,004	24,438	41	1,139	12,629	7,378	8353	29,751	50
1970	74,380	3,500	5	623	3,588	19,367	4,515	28,093	37	15,040	3,645	11,518	12,554	42,787	58
1980	93,866	3,300	4	1,020	4,399	20,300	5,143	30,862	32	20,386	5,168	17,901	16249	59,704	64

资料来源：①1900年、1910年、1919年三年数字引自《美国历史统计，1789—1945》第45页。自1929年以后引自《基本经济统计手册》（美国统计署编），1982年1月号，第12～13页。

②非农业生产部门和非物质生产部门数字都是受雇人员，1900年、1910年数字引自《基本经济统计手册》，1982年1月号。1919年后引自《美国历史统计，1789～1945》第65页（部门分类与1919年后末必完全对口。1919年后引自《基本经济统计手册》，1982年1月号第16～17页。所有就业数字都是民用部门的数字，军事人员不包括在内。

注：各部门百分数指该部门占就业总数的百分比。

表 2　　　　以指数表示的 1900—1980 年美国各部门就业人数　　　（1929 年＝100）

年份	就业总数	物质生产部门							非物质生产部门				
^	^	农业	非农业						商业	金融业	服务业	政府部门	合计
^	^	^	采矿业	建筑业	制造业	运输及公用事业	小计	合计	^	^	^	^	^
1900	64	91	60	108	57	42	58	70	42		61		51
1910	87	111	108	144	84	67	87	96	60		84		72
1919	89	100	105	69	100	95	96	97	74	72	65	67	76
1929	100	100	100	100	100	100	100	100	100	100	100	100	100
1939	96	91	79	77	96	75	88	89	105	97	102	130	109
1950	123	59	83	156	142	103	131	103	153	126	156	197	161
1960	142	52	66	194	157	102	142	108	186	176	215	273	211
1970	178	33	57	237	181	115	172	114	246	244	337	406	303
1980	224	31	91	294	190	131	179	123	333	346	523	530	423

资料来源：根据表 1 数字计算。

上面两表为了考察就业人数变动的长期趋势，不考虑短期的周期性变动，基本上选用了每隔 10 年的数字。同时，为了易于看清楚各部门就业人数的长期变动趋势，将 1929 年＝100 变成指数来表示，除了 1929—1939 年的 10 年间因 20 世纪 30 年代的大危机和长期萧条，到第二次世界大战爆发时各个物质生产部门都没有恢复到 1929 年水平外，总的其实是不断增长的。在战后时期，到 1980 年就业总人数比战前最高年份（1929 年）增加了 1.24 倍（见表 2）。但如前所述，由于各部门资本的增长速度不同，资本技术构成提高的程度不同以及需求结构的变化，各个部门的就业人数的增长速度是不平衡的，从而就业结构随着发生了深刻变化。

先从物质生产部门内部看，农业中的就业人数的变化最为突出。从 20 世纪初到第一次世界大战前，仍有所增长，但在第一次世界大战结束后，开始有所下降，而到第二次世界大战后，就急剧下降。在 20 世纪 70 年代农业中就业人数降到 1929 年的三分之一以下，在 1980 年的就业总人数仅占 4%（见表 1），而在 1900 年曾占 36%，在 1929 年还占到 25%。这种绝对量的急剧下降，除了对农产品的需求增长缓慢这一原因外，正如前文所述，农业部门资本技术构成迅速提高，快于固定资本的增长也是一个极为重要的原因。农业就业人口急剧减少并流向城市，自然会形成城市劳动力供给的增加，但由于非农业生产部门和非物质生产部门的发展，一部分农业人口被这些部门所吸收，一部分加入了失业队伍。从现象看，这与 19 世纪在资本主义农业中大发展时大量小农破产流入城市的情况相类似，但性质已有所不同。在 20 世纪美国的农业中，资本主义关系已占统治地位，大农场排挤小农场造成大量农业就业人口流向城市，这已经属于资本主义经济内的部门之间、地区之间的转移，和 19 世纪非资本主义经济中破产的农民、手工业者被卷入资本主义的产业后备军中去的情况，性质是不一样的。他们流入城市，对城市来说，是劳动力供给的增加，但就整个资本主义经济来说，不能说是劳动力供给的增加，而是由于各部门发展不平衡造成的各部门之间对劳动力需求结构的变化。

在物质生产部门中与农业处于类似情况的还有采矿业。自第一次世界大战后这一部门的就业人数也是绝对下降的。这一方面是由于在经济迅速增长过程中大量利用来自第三世界的廉价原料，特别是廉价石油，代替本国资源的开发；另一方面是由于采矿技术的发展，这一部门资本技术构成提高比其投入资本的增长更快。20世纪70年代以来，该部门的就业人数有所回升，是由于进口石油和其他矿产原料提价，重又转向开发本国矿产资源。

在物质生产部门中战后就业人数增长较快的是建筑业，与1920年相比，到1980年，增长了1.94倍。这与战后固定资本中的建筑物投资和住宅建筑的增长较快有关。在制造业中有老工业部门，也有发展迅速的新工业部门，后者吸收了前者相对过剩的雇用人员，但总的来说，如前文所述，由于资本的增长快于资本技术构成的提高，该部门就业人数绝对量有所增加，至1980年，较之战前1929年增加了90%，但与资本量增长相比，是相对减少的。再就整个非农业生产部门来看，或就包括农业在内的整个物质生产部门来看，与制造业情况相似，就业的绝对量有所增长，1980年与1929年比，前者合计增加了79%，后者合计中因农业就业人数下降仅增加23%，比较缓慢，这表明资本对劳动力的需求是相对减少的。这与马克思的资本构成理论及其包含的数量关系是完全符合的。

在就业总数的部门结构中，突出的变化是非物质生产部门的就业人数的迅速增长。这类部门的就业人数在20世纪20年代初就已逐步增加，即使在30年代的长期萧条期间仍有一定的增加（1939年比1929年增长9%）。到了第二次世界大战后，就突飞猛进，这类非物质生产部门合计，与战前1929年相比，到1980年，增加了3.23倍，弥补了物质生产部门就业人数的相对减少，从而使就业总数增长了1.24倍。在就业总数的部门结构中，非物质生产部门的比重在20世纪初的20年中基本没有变化（见表1），第一次世界大战后逐步上升，特别是第二次世界大战后有了更大的变化，到1960年达到了50%，到1980年竟达到了64%，接近就业总人数的2/3，而物质生产部门相应地减到36%。非物质生产部门的迅速发展，吸收了大量的劳动力，使因物质生产部门对劳动力需求相对减少（有的绝对减少）而造成的人口相对过剩，即失业问题得到了缓和。

非物质生产部门的就业人数的迅速增加，有资本主义腐朽性加强的因素，但也不完全是腐朽性加强的结果。其中政府部门雇用人员的增长最为突出，1980年比1929年增加了4.3倍，这显然是与国家垄断资本主义的发展和国家对经济生活干预的加强分不开的。另一突出的是各种服务业的发展。1980年这一行业就业人数比1929年增加了4.23倍，这也不能完全用少数资产阶级生活腐朽来解释，而主要是工人阶级和广大劳动群众通过斗争，在一定限度内争取来的消费水平提高的结果。

总之，20世纪开始以来的80年中美国物质生产部门就业人数增长情况，也证明马克思的论断是正确的。尽管资本量在巨大增长，物质生产部门对劳动力需求总量也有所增长，但由于资本技术构成的不断提高，它与资本量的增长相比，是相对减少的，个别部门（如农业和采矿业）的就业人数是绝对地减少，只是由于非物质生产部门的就业人数迅猛增长才把物质生产部门中相对或绝对减少的劳动力吸收了去，使失业问题暂时不如战前那样严重。

宋则行以数据分析了美国第二次世界大战前后的失业情况。

表3　　　　　　　　　1929～1980年美国失业人数　　　　　　（单位百万人）

	民用劳动力		就业		失业		失业率
	人数	1929=100	人数	1929=100	人数	1929=100	
1929	49.1	100	47.6	100	1.5	100	3.0
1939	55.3	112	45.8	96	9.5	633	17.2
1950	62.2	126	58.9	124	3.3	220	5.3
1960	69.7	141	65.8	138	3.9	260	6.6
1970	82.7	168	78.6	165	4.1	273	6.0
1980	104.7	212	97.3	204	7.4	493	7.1

资料来源：美国商业部经济统计署，《基本经济统计手册》1982年1月号，第12～13页。指数和失业率根据表中数字计算。

说明：民用劳动力总数，包括受雇用的人、正在找工作的人、雇主、自雇者（自立劳动者），不包括军队人员、完全从事家务的人和在校学生等。就业人数与表1中总就业人数有差别，本表的就业人数包括业主、自雇者、家庭仆役等，而表1的非农业部门就业人数中不包括这几种人。民用劳动力总数减去就业人数即失业人数。

表4　　　　　　　　1929～1980年美国各个时期的失业率

	人口的增长	民用劳动力增长	平均失业率	最高失业率
1929～1939	7.6	12	16.9	24.8（1933）
1950～1960	18.6	12	4.7	6.8（1958）
1960～1970	13.6	19	4.3①	6.6（1961）
1970～1980	11.0	27	6.4②	8.4（1975）

资料来源：同表3各项。百分率根据资料第12～13页数字计算。

宋则行指出，上列两表也基本上是每隔10年所列举的有关的数字，以考察就业和失业的长期趋势，但表4略去了1939～1950年间受第二次世界大战影响的有关数字。

下面，是宋则行依据表中的数据对美国不同时期失业变动情况的分析：

1929年是美国在两次世界大战之间最繁荣的年份，失业率只有3%。但在大危机时期失业率最高曾达到24.8%，1929～1939年间平均失业率也高达16.9%。战后由于以资本的迅速增长为基础的经济增长率比战前高，非物质生产部门迅速扩大，吸收了大量对物质生产部门来说已相对过剩的劳动力，所以，20世纪50、60年代以至70年代的

---

① 系1961—1970年的平均。
② 系1971—1980年的平均。

平均失业率都比30年代低得多。战后各次经济危机期间的最高失业率也比30年代危机期间的最高失业率低得多（参见表4）。这也和国家对经济生活干预的加强、采取刺激有效需求扩大的政策有关。但在1973—1975爆发了战后最严重的一次经济危机，美国和西方其他发达资本主义国家都陷入了长期"滞胀"困境。70年代美国平均失业率又上升，达到6.4％，最高时达8.4％（1975年）。1980年后，失业率继续上升。据报道，1982年9月已升到10％以上。这与这一时期通货膨胀加剧，刺激有效需求的政策失灵，投资不振，资本量增长缓慢（1973—1979年间资本年平均增长率仅达2.2％，而在1965—1973年间曾达3.7％）[①]，从而使经济增长率下降有关。在1970—1980年间，按（表1）所引数字计算，物质生产部门的就业人数仅增8.1％，靠着同一期间的非物质生产部门就业人数增长40％，才使这10年的就业总数增长了26％（按表3增长了24％）。这仍然说明，在资本量增长缓慢的情况下，资本技术构成的继续提高，必然使物质生产部门就业的增长缓慢下来，从而使失业率又有所提高。

这里，值得注意的一个问题，民用劳动总数在1929—1939年的10年间和1950—1960年的10年间增加了19％；而在1970—1980年的10年间又猛增27％（参见表4）。可是，1950年后每10年的人口增长率却是下降的（参见表4）。因此，这个现象说明有劳动能力而不参加工作的人（如原来从事家务劳动或就学或不愿工作的等），在最近20年，特别是最近10年来参加到劳动队伍中去寻找工作的人多了。简言之，劳动力的供给比之前增长得快了（但主要不是由于人口的增长）[②]。另一方面，如前所述，对劳动力的需求（特别是物质生产部门）却相对减少了。这样，失业率自然会随之增高。此外，观察失业率的升降，当然还要考虑经济周期性波动（从繁荣到萧条、从萧条到繁荣）对失业率增减的影响，这也是马克思在分析资本积累增长过程中产业后备军的周期性伸缩时经常提到的[③]。所以，在经济增长率下降、经济陷于呆滞阶段，失业率重又上升也是必然现象。

总之，失业率在不同时期，由于各种原因，特别是在以固定资本更新扩大为基础的经济周期性变动中，有时升高，有时降低，是不足为奇的。但是失业现象的存在，正是资本主义的必然伴侣，也是资本主义的存在和发展的条件。正如马克思所指出的："过剩工人人口是资本主义基础上的财富积累或发展的必然产物。但是这种过剩人口反过来又成为资本主义积累的杠杆，甚至成为资本主义生产方式存在的一个条件。"[④] 同时，马克思也指出，在资本积累过程中，"生产资料和劳动生产率比生产人口增长得快的这一事实，在资本主义下却相反地表现为：工人人口总是比资本的增殖需要增长得快。"[⑤]

这个精辟的论断，宋则行指出，从上面对美国战前战后的就业和失业情况分析看，对当代的发达资本主义国家是仍然适用的。

[①] 参见美国劳动部劳动统计署编："Productivity and the Economy: A Chart Book"，1981，第54页。
[②] 这与19世纪因小农经济和手工业者破产，童工、女工排挤成年工等而使劳动力供给增加的情况有所不同。
[③] 马克思：《资本论》第1卷，人民出版社，2004年版，第729～731页。
[④] 马克思：《资本论》第1卷，人民出版社，2004年版，第728页。
[⑤] 马克思：《资本论》第1卷，人民出版社，2004年版，第743页。

3. 结论

由上面的分析,宋则行得出如下几点结论:

①在资本积累增长的过程中,随着资本量的不断扩大和技术的不断进步,劳动生产率、资本技术构成以及剔除了物价变动和工资率变动影响的资本有机构成,是不断提高的。这个总趋势即使是在战后也是显著存在的。

②资本对劳动力的需求取决于两个因素:资本的增长率和资本的技术构成或反映这一构成变化的资本有机构成。无论从美国战前还是战后情况的分析来看,就整个物质生产部门来说,由于资本的增长快于资本技术构成的提高,资本对劳动力的需求或就业人数的绝对量仍是增加的,但与资本的增长相比,是相对减少的。只有个别的物质生产部门(如农业和采矿业)则因资本技术构成的提高率大于资本的增长率,这些部门对劳动力的需求或就业人数,不仅相对地而且绝对地减少。

③战后随着资本的迅速扩大而带来的经济增长率的提高和国民收入的增长,使非物质生产部门有了迅速发展,这一经济条件的变化,使社会就业结构发生了重大变化:物质生产部门的比重不断下降,非物质生产部门的比重不断增大。非物质生产部门就业人数的大幅度增加,抵补了物质生产部门对劳动力需求的相对减少,使失业率比战前有了较大的降低。但即使这样,也没有改变由于劳动生产率和资本技术构成的提高所造成的对劳动力需求相对减少的总趋势。就业总人数(包括物质生产部门和非物质生产部门)的增长仍然低于社会总资本的增长。

④20世纪70年代中期以来,由于投资不振,资本增长比较缓慢,但资本技术构成仍然有所提高,对劳动力需求相对减少的趋势仍然存在,而劳动力供给又有所增长,因此失业率已在回升。

宋则行指出:"马克思关于随着资本积累的增长和技术进步,资本技术构成和反映这一构成的资本有机构成不断提高和资本对劳动力需求相对减少的规律,仍将继续发生作用。在资本主义制度下技术革新可以有种种类型,但由于资本与劳动的根本对立,由于不断扩大相对剩余价值,生产始终是积累的有力动机,节约劳动性的技术仍将是今后技术革新的主要趋向(目前机械手、机器人的使用以及自动控制技术在非物质生产部门的推广等等都是例证)。因此,资本对劳动力需求相对减少的趋势还会存在下去。"[①]

(二)论发达资本主义国家的"滞胀"

在1983年发表的《论发达资本主义国家经济的"滞胀"》一文中,宋则行首先为"滞胀"作了这样的界定:"所谓滞胀主要是指经济增长率显著下降、失业状况恶化与通货膨胀加剧(即物价急剧上升)诸种现象长期并存。进入70年代后,特别是在1973~1975年的世界经济危机发生后,这种局面才明显地在许多发达资本主义国家出现。"[②]

[①] 《宋则行经济论文集》,辽宁大学出版社,1987年版,第459页。
[②] 《宋则行经济论文集》,辽宁大学出版社,1987年版,第460页。

1. 发达资本主义国家"滞胀"的基本状况

宋则行把在20世纪70年代发生在主要发达资本主义国家中的"滞胀"以下表来描述：

表1

	国民生产总值（年平均增长率）		消费者物价（年平均上涨率）			失业率（年平均）		
	1961～1970	1971～1980	1961～1970	1971～1980	70年代最高数	1961～1970	1971～1980	70年代最高数
美国	3.9 △	3.1 △	2.8	7.8	13.5 (1980)	4.8	6.4	8.5 (1975)
英国	2.8	1.8	3.9	13.7	34.2 (1974)	2.1	4.8	7.4 (1976)
西德	4.7 △	2.8 △	2.5	6.1	7.0 (1974)	0.9	3.1	7.4 (1975)
法国	5.6	3.7	4.0	9.6	13.7 (1974)	1.0	*5.5倍	145万人 (1980)
日本	11.2	4.9	5.7	9.0	24.3 (1974)	1.0	1.7	2.1 (1978)

△为国内生产总值年平均增长率。

*1980年失业人数为1970年的倍数。

资料来源：国民生产总值及消费者物价根据国际货币基金《国际金融统计年鉴》（1981年）及《国际金融统计》（1982年8月）提供的数字计算。失业率根据联合国1979/1980《统计年鉴》及《统计月刊》（1982年5月）提供的数字计算。

从上表的数字看，20世纪70年代是发达资本主义国家经济低增长率、高失业率、高物价上涨率同时并存的年代。这是滞胀的典型表现。80年代初以来，这个滞胀的局面仍在继续。在1979年中和1980年以后，美国和西欧先后又发生一次新的危机（西方称为衰退）。1980年和1981年同1979年比，美、英、西德、法国的工业生产均趋下降，日本则稍有上升。失业率：美、英、西德、法国都在继续上升，日本保持在2%左右，比60年代高一倍。物价上涨率：美、英、法一直保持两位数，西德、日本也都高于1979年。情况如下：

表 2

	工业生产指数 (1975＝100)			消费者物价 (年平均上涨率)			失业率 (年平均)		
	1979	1980	1881	1979	1980	1981	1979	1980	1981
美国	129	125	126	11.3	13.5	10.4	5.8	7.1	7.6
英国	115	108	103	13.4	18.0	11.9	5.7	7.4	11.3
西德	118	118	116	4.1	5.5	5.9	3.8	3.8	5.5
法国	117	117	114	10.7	13.3	13.3	5.9	6.3	7.3
日本	133	142	147	3.6	8.0	4.9	2.1	2.0	2.2

资料来源：工业生产指数与失业率见联合国《统计月报》1982 年 8 月，其中法国的失业率根据其他资料计算。

消费者物价上涨率见国际货币基金《国际金融统计》1982 年 2 月。

1982 年，5 个国家的工业生产仍然处于停滞状态，失业率也在上升，到 1983 年 1 月，美国、西德的失业率都已超过 10%，法国也在 10% 左右，英国则高达 12.5%。日本的失业率，因计算标准与另外 4 国不同，一般偏低，1983 年 1 月的失业率也在 5% 以上。消费者物价上涨率，美、英、日有所下降。西德、法国大体上保持 1981 年的平均上涨率。这些情况表明 80 年代开始以来发达资本主义国家仍在滞胀的困境中挣扎。

2. 主要资本主义国家陷入滞胀困境原因分析

宋则行着力分析了主要资本主义国家普遍陷入滞胀困境的原因。宋则行认为，从根本上说，滞胀是资本主义基本矛盾，即生产社会性与生产资料资本主义私人占有制的矛盾加剧，以及这一基本矛盾导致的生产扩大与需求相对不足的矛盾尖锐化的结果。但是，宋则行提出这样的问题：资本主义基本矛盾在资本主义世界从来就存在，这个矛盾尖锐化的结果，在战前一般表现为爆发周期性经济危机，而在战后，除了仍然不可避免地多次导致周期性的经济危机之外，为什么到了 20 世纪 70 年代更是造成了长期滞胀的现象？宋则行认为，要寻求滞胀发生的原因，就必须考察战后在资本主义世界出现的一些新情况。

下面是宋则行通过对第二次世界大战后资本主义世界新情况的考察而对滞胀发生原因的分析：

(1) 国家干预或凯恩斯主义经济政策的两重性

战后，许多资本主义国家纷纷依据凯恩斯的理论，把实现充分就业和经济稳定增长作为自己的政策目标。而实现这一目标的主要措施，就是实行扩张性的财政政策和货币政策，特别是实行赤字财政，扩大政府支出，鼓励私人投资，刺激消费，以增加社会总需求。这就是通常所说的凯恩斯主义政策。事实表明，这种扩大总需求的政策，虽然没有也不可能消除周期性的经济危机。但对 20 世纪五六十年代发达资本主义国家经济的增长、失业率的下降以及使这一时期多次发生的经济危机的深度减弱及持续时间缩短，都起了一定的作用（当然也不能过高估计这一政策的作用，无可置疑，这一时期科学技术的新发展对投资的扩大、设备的更新和经济的增长起着更大的促进作用)。这应该看作是国家干预或凯恩斯主义经济政策所起的积极作用方面。

但是另一方面,扩大总需求的政策也造成了长期的通货膨胀——物价持续上涨。一般来说,在社会上还有大量剩余劳动力以及生产设备能力尚未能充分利用的情况下,总需求的增加只会使生产和就业扩大而不至于同时引起物价的上升。但在实际上,在总需求增长过程中,由于各个生产部门的发展是不平衡的,在全社会尚未达到充分就业之前,一些生产部门就会陆续出现"瓶颈"(bottle neck)现象,而且相互影响,从而导致物价水平的上升。到了接近充分就业或达到充分就业后,如果总需求继续扩大,就会造成物价普遍的猛烈的上涨的结局。事实上,在 20 世纪 60 年代后期,这种由于总需求过度造成的物价剧烈上升的现象已经出现。正是这种导因于扩大总需求政策的持续的、逐步加剧的物价上涨,为 70 年代的滞胀准备了条件。物价的持续上升,一方面造成人们对物价看涨的心理和物价与工资螺旋式的上升,有使通货膨胀不可收拾的危险;另一方面又使居民的实际购买力下降和私人投资裹足不前,为经济停滞埋下种子。

国家干预和管理总需求的政策,也包括压缩总需求或抑制总需求增长以制止通货膨胀——平抑物价上升的一面。到了 20 世纪 60 年代后期物价上涨率逐步增高的现象越来越明显时,制止通货膨胀就成了发达资本主义国家政府头号的政策目标。为了制止通货膨胀,就不得不通过控制政府支出和货币供应量的增长来抑制总需求的增长,其结果必然导致经济增长率的下降,失业率的上升,以致加速经济危机的到来。70 年代发达资本主义国家的政府正是处于这样两难的境地:为了降低物价上涨率,就得以降低经济增长率、增高失业率为代价;而为了提高经济增长率、降低失业率,就得以增高物价上涨率为代价,两者不可兼得。结果,整个 70 年代,无论物价上涨率和失业率,尽管随着对总需求控制的时紧时松而有所升降,但两者始终保持在较高的水平上。国家调节和管理总需求的政策,原是为了缓和生产与需求的矛盾,但最终却加剧了这个矛盾,这是使发达资本主义国家陷入滞胀的一个重要因素。

(2)资本主义大公司实力和影响的扩大推动了滞胀局面的形成

战后发达资本主义国家的生产和资本的高度集中,使垄断组织——大公司的实力和影响进一步扩大。它们对市场的控制大大加强,以致可以广泛采用提高产品价格的方法来保证它们的垄断利润;同时,由于这些大公司的产品在流通中占有重要地位,它们的价格提高了,势必引起整个市场上价格构成的相应变化,推动各种物价的全面上升。众所周知,大公司制定产品价格通常采用成本加成定价法(cost plus pricing),即在单位产品的生产成本费用上加一定的百分率作为价格。这种成本加成定价法,一可以使价格随着生产费用上升而上升,这样既可以把上涨的生产费用转嫁给消费者,同时仍可通过既定的加成比率取得利润;二可以随着市场供求状况的变化,改变加成比率。许多大公司凭借它们对市场的控制力量,不仅在经济周期上升阶段和营业兴旺时,通过提高加成比率来提高价格,以获得高于长期利润率的利润;就是在经济周期的危机和萧条阶段和销售量下降时,往往宁愿缩减生产,也不降低价格,甚至提高加成比率从而提高价格,以保持既定的利润量。正是这样,在战后,在那些垄断力量强大的生产部门中,出现了生产下降时期价格反而上升更快的现象,从而加强了物价持续上涨的势头。滞胀是一种持续相当长时间的现象,但在经济周期的危机和萧条阶段,物价甚至上涨得更快,则是20世纪70年代滞胀的一个突出的表现。

(3) 20世纪50~60年代的经济增长本身孕育着随后的经济停滞

支撑着20世纪50~60年代经济增长的因素,除了前述各国政府采取刺激总需求增长的扩张性政策外,还有科学技术的新发展,大战期间积累起来的、被抑制的对耐用消费品的需求和消费信贷的刺激,经历战争严重破坏后的恢复建设,世界贸易的巨大扩张等。所有这些都激起了这些国家固定资本投资、住宅建筑、各种耐用消费品生产的长期的巨额增长,并带动了经济的全面高涨。除此之外,在美国还有两次战争(侵朝战争和侵越战争)的刺激。但是这些促使经济增长的推动力,随着时间的推移,逐渐减退,以至枯竭。具体地说,表现为以下诸方面:

①科学技术的发展,不可能是一个毫不间断的过程,重大的革新和发明总是高一阵低一阵、间歇地出现的。战后的所谓第三次科技革命的高潮,到20世纪60年代后期已经过去,它对发达资本主义国家经济的冲力到70年代已经大大减弱。

②大战期间积累起来被抑制的对耐用消费品和住宅建筑的需求,本来就支撑不了多久的,以后虽然靠就业的增加和收入的提高保持了一定的需求,但重要的是依靠消费信贷(包括新住宅的抵押贷款)的刺激,才得以迅速增长。然而,这种刺激力也同样是不能持久的。随着债务在个人收入中的比重的增大,加上利率的逐步上升,它就不再成为经济增长的强心剂。日益加剧的通货膨胀,失业队伍的扩大,更是大大削弱了一般居民对耐用消费品的购买力。

③持续的大规模的固定资本投资,是战后发达资本主义国家的经济得以长期增长的基础。但是投资历来具有双重作用,一方面,在投资过程中带来就业的扩大,生产资料和消费品需求的增长;另一方面,随着各项投资的陆续完成,就形成新的、生产效率更高的生产能力,这又加深与市场容量的矛盾,形成大量的剩余设备能力,减弱进一步投资的诱力。20世纪60年代后期以来,制造工业部门设备利用率的下降已成为各个发达资本主义国家的普遍现象。这正是70年代以来这些国家的固定资本投资疲弱的直接原因,而投资的疲弱又使这些国家陷入了一时难以摆脱的经济停滞的困境。

④战后世界贸易空前迅速地发展也曾为发达资本主义国家在20世纪50~60年代的经济增长创造了有利条件。但是随着各个发达国家发展不平衡的加剧,争夺世界市场的竞争激化了。战后建立起来的以美元为基础的国际货币体系的崩溃,一些国家的国际收支的恶化和货币贬值,又使国际金融市场动荡不定。加上,发展中国家的外债负担越来越沉重,它们的进口能力受到了很大限制。所有这些因素都使世界贸易的发展速度显著下降。这样,来自对外贸易的刺激国内经济发展的力量,在70年代也大大减弱了。

⑤来自第三世界的廉价石油供应,曾是造成发达国家经济增长的一个重要因素。但当第三世界石油输出国组织起来,为捍卫自己的应得利益实行石油提价后,这个有利条件就一去不复返地消失了。这给发达国家的经济以沉重的打击,加深了1973—1975年和1979—1980年两次经济危机,并使物价上涨率推进到两位数,发达国家吞食这个石油提价的苦果,是它们享用了20多年廉价石油供应好处后理所当然的报偿。

宋则行带有结论性地指出:"经过一段经济增长后出现经济停滞,本是资本主义基本矛盾以及由此产生的生产扩大与需求相对不足的矛盾激化的必然结果。当在一定历史条件下出现了各种相互支持的、有利于经济增长的力量，周期性经济危机的深度会被暂时减轻，萧条的持续时间会被缩短，经济停滞的趋势会被暂时克服。但当这些刺激经济增长的力量走向自身的反面，逐渐减退以至消失后，资本主义经济固有的矛盾重新激化，经济停滞的趋势会重新显露。70年代以来发达资本主义国家深深陷入滞胀的困境，正是这个情景的生动写照。"①

3. 发达资本主义国家走出滞胀困境的选择与局限性

宋则行认为，在发达资本主义国家经济陷入滞胀困境，从而使凯恩斯主义理论和政策陷入危机以后，发达国家政府转向新自由主义以寻求走出滞胀困境政策的努力，是收效甚微的，前景未见乐观。对此，他做了这样的判断："发达国家政府能否在政策上找到医治滞胀的灵丹妙药呢？凯恩斯主义的调节总需求政策已经宣告失灵。货币主义者和供应学派开出了自己的药方。撒切尔夫人和里根正在按照他们的药方试验，但看起来也难免以失败告终。"②

关于发达资本主义国家政府在80年代以来确定新自由主义的政策取向以及所获得的结果，宋则行在其文章中做了这样的描述：

撒切尔夫人自1979年5月出任英国首相以来，坚持采取削减公共开支、紧缩信贷以控制货币供应量的反通货膨胀政策和减少国家干预的政策。结果怎样呢？在她的政策下，英国消费者物价年平均上涨率从1980年5月的22%的高峰逐步下降到1982年上半年的7%左右，然而却付出了加深经济危机和失业率急剧上升的高昂代价。在1979年6月至1981年5月的经济危机中，工业生产下降幅度达15.2%，危机持续时间达23个月，创战后最高纪录。失业率从她上台时的6%逐步上升到1981年底的12.2%，到1983年1月失业率仍然高达12.5%。

在美国，里根上台后采取供应学派的政策主张，提出降低个人和企业的税率以刺激储蓄和投资、降低政府开支的增长率、减少政府对私人企业的干预、支持稳定的货币政策以控制通货膨胀等几项基本方针。里根的政策和撒切尔夫人的一样，基本上是一种紧缩政策。一年多来执行的效果也一样，消费者物价年平均上涨率有所下降，但经济危机加深了，失业率上升了。第六次经济危机在1980年到达最低点刚回升一年，1981年8月又开始加深。1982年上半年的工业生产仍低于1981年的平均水平，而失业率则持续上升，1982年末已上升到10%以上。另一方面里根的所谓减税政策，加上增加军费开支，反而使得财政赤字和公债发行继续扩大，导致利率升高，不但没有起到刺激投资的作用，反而助长了投机活动。看来，采用供应学派的主张来治疗滞胀，也是枉费心机的。

从趋势看，这些政府不管采取货币主义的主张，还是供应学派的主张，只要它们的反通货膨胀的紧缩政策造成的危机加重、失业率持续升高的后果严重到一定程度，为了

---

① 《宋则行经济论文集》，辽宁大学出版社，1987年版，第468页。
② 《宋则行经济论文集》，辽宁大学出版社，1987年版，第470页。

避免社会动荡,为了政党之间政治斗争的需要,到头来很可能还会重新采取经过修修补补的凯恩斯主义的刺激总需求扩张性政策。但是,事实证明,无论是哪一种政策,都解决不了导因于资本主义基本矛盾的生产与需求的矛盾,从而也救治不了由此产生的滞胀病症。

综上分析,宋则行指出:"80年代发达资本主义国家能不能摆脱滞胀的困境,最终将取决于这个时期是否有刺激投资较大幅度增长的因素出现;否则只能在政府交替使用膨胀—紧缩、紧缩—膨胀的政策中停停走走,伴以频繁的周期性危机而低速增长。"①

(三)《世界经济史》的研究对象和基本内容

由宋则行和樊亢主编的于1993年由经济科学出版社出版的《世界经济史》一书,是我国世界经济史研究领域不可多得的精品,该书也体现了宋则行作为世界经济史专家的经济思想。

1. 世界经济与世界经济史

在《世界经济史》的《绪论》中首先阐述了经济史的一般研究对象:"经济史这门学科的研究对象,是生产关系和生产力二者相互作用所发生的人类经济活动的客观过程;同时,也要联系研究上层建筑相关因素对人类经济活动的影响。在这三者之中,由于生产关系的发展变化决定着人类经济活动历史过程的质变和局部性质变,从而使过程呈现出客观的阶段性和历史特点来,因此,经济史的研究对象,应当以社会生产关系的发展演变过程为核心,同时必须重视生产力的研究,生产力归根到底是社会经济发展的决定性因素。"② 这一关于经济史对象的界定符合马克思的唯物史观的基本观点,因为,它把人类的历史发展归结于生产发展的历史,把经济史归结于人类经济活动的历史。

该书认为,这个经济史的一般研究对象,也就是世界经济史的研究对象。除了具有一般研究对象的这个共同性质之外,还有其特殊的性质。这首先需要理解"世界经济"这一概念。该书认为"世界经济"是一个由历史条件形成的有机的经济整体,而不是地球上各国家、各地区经济的简单加总。它最早表现为地理大发现以后出现的世界市场。世界市场是一个历史范畴,它是指随着资本主义生产方式的产生和发展而逐步形成的世界范围内的交换舞台。随着资本主义关系的产生,出现了早期世界市场。早期世界市场的商品交换虽已带有全球性,但还只限于品种不多的消费品,对再生产过程不产生直接的影响,这时也还不存在国际分工。工业革命造成了"新的和国际的分工"(马克思语),在当时,主要是先进的工业国和落后的农业国的国际分工。这种国际分工已成为工业生产周期中的一个重要环节,极大地制约着资本主义的再生产;而世界市场,则是把这种分工连接起来的纽带。没有世界市场,国际分工就不可能实现;同样,没有国际分工,也就不会形成真正意义上的世界市场。国际分工与世界市场互为条件,而世界市场的基础是国际分工。国际分工与世界市场的形成,也就是世界经济形成的标志,这是

---

① 《宋则行经济论文集》,辽宁大学出版社,1987年版,第471页。
② 宋则行、樊亢主编:《世界经济史》上卷,经济科学出版社,1993年版,第3页。

到19世纪60~70年代的事情。这时世界上多数国家和地区的生产已经成为世界性的了，地球上原来彼此隔绝不相往来或者虽未隔绝但经济联系极少的各个独立存在的部分，在经济上越来越广泛、越经常、越密切地联结在一起了。资本主义世界经济体系形成了。到了19世纪末20世纪初，随着社会生产力的快速发展和垄断资本主义统治地位的确立，资本和生产日益国际化，全世界领土被帝国主义国家分割完毕，资本主义世界经济体系有了新发展：资本在国际间的流动日益频繁，在商品交换之外，世界金融市场、世界资本市场在世界经济中具有特别重要的意义；形成了世界帝国主义殖民体系，资本主义世界经济发展成为囊括全球的统一的体系。1920年7月，列宁在谈到这一阶段世界经济发展的历史时说："资本主义已成为极少数'先进'国对世界上大多数居民施行殖民压迫和金融扼制的世界体系。"① 列宁关于世界殖民体系的这一论述，从一个方面科学地反映了这一阶段资本主义世界经济体系的新发展。世界市场发展到今天，又增添了世界技术市场和国际劳务市场的新内容。所以，我们今天面临的世界市场是更为成熟的世界市场，其囊括的世界范围也更为广泛，真正是无处不在、无所不包了。

该书如此界定了世界经济的特征："作为整体而存在的世界经济的一个重要特征，或者说一个重要的质的规定性，是它的不可分割性质。社会主义经济制度建立后，也没有改变世界经济的统一性，不过是改变了原来世界经济的无所不包的资本主义性质，而成为两种对立的社会经济体制并存的世界经济。"②

该书进一步论述了当代世界经济的基本性质或特征，并循此继进，论述了世界经济史的对象：资本主义生产方式在地域上不断扩大发展成为世界经济体系，以及它随着社会主义生产方式的诞生、成长和发展而逐步解体，在同一过程中国际经济关系的发展和变化，乃是考察、理解和把握迄今为止世界经济史全过程的中心线索。"世界经济史所要研究的，就是这样一个从世界市场的出现到资本主义世界经济体系的形成，并发展成为囊括全球的统一的资本主义世界经济体系，到社会主义经济体系的形成和发展，并促使前一体系逐步解体，两种对立的社会经济制度长期并存、互相联系、互相斗争的经济历史过程，以及与此相联系国际经济关系逐步扩展的历史过程。揭示这一经济历史过程的本质、特点和规律性，给以科学的说明，就是这部世界经济史要完成的任务。"③

2. 世界经济史的基本内容

根据以上所述，该书将世界经济史的基本内容概括为：各个时期经济活动的主体和客体，即人口和自然资源、经济资源、社会经济环境等；各个时期社会生产力的发展，先进技术的出现、扩散及其原因后果，经济发展水平；社会生产关系的变革，经济结构和经济组织的变化；各个时期世界经济的概貌、总体特征、发展趋势和主要问题；国际经济关系和国际经济组织的发展及其作用和影响；在世界经济发展的各个时期具有典型意义的主要国家的经济，例如，在帝国主义殖民体系形成过程中，一方面要阐明主要殖

---

① 《列宁选集》第2卷，人民出版社，1972年版，第733页。
② 宋则行、樊亢主编：《世界经济史》上卷，经济科学出版社，1993年版，第5页。
③ 宋则行、樊亢主编：《世界经济史》上卷，经济科学出版社，1993年版，第5~6页。

民主主义国家的经济和殖民主义活动,一方面要阐明亚非拉广大地区和典型国家经济和殖民地化的过程。经济理论、国家政策、法律、军事等上层建筑因素与经济基础之间的交互作用和影响,也是研究世界经济史的不可忽视的内容。

3. 世界经济史的分期

该书认为,1917年十月社会主义革命的爆发和社会主义制度在俄国的建立,是人类近现代历史上具有划时代意义的伟大事件。以苏联社会主义生产方式的建立为界,世界经济史可划分为两个大的时代,即:资本主义发展成为统治全球的世界经济体系时代,为期大约四五百年;社会主义经济制度建立、发展成为世界性经济体系和两种社会经济制度并存、相互斗争的时代,这一时代迄今已有70余年(从1917年在俄国发生十月革命算起,到该书于1993出版,社会主义经济制度已有77年的历史),尽管出现了曲折,不过,发展的总趋势,必然是社会主义取代资本主义,进入统一的社会主义、共产主义世界经济体系时代。

十月革命以前,世界经济是资本主义的一统天下。虽然世界上还有封建制度、奴隶制度和原始氏族部落公社制度同时存在,但都属于逐渐消亡的生产关系,都是在资本主义利用、统治范围之内。十月革命以后的世界经济,是两个不同的社会经济体系并存,组成为矛盾的统一体,两者之间互相联系、互相斗争,不再是资本主义经济囊括一切了,而是资本主义和社会主义并存的世界经济。这时,统一的世界经济依然存在。不过不再是统一于资本主义了。从此,世界经济发展的历史过程具有根本意义的质变,世界经济具有了新的质的内容,进入到新的发展阶段。

按照该书的划分方法,这是属于最大的或第一层次的分期,还可以在此基础上作第二层次的分期,即把世界经济史划分为如下四个时期:

第一个时期:资本主义生产方式确立、世界经济体系形成时期(自16世纪到19世纪60年代)

15世纪末以来的地理大发现,即古巴、海地和巴哈马群岛的发现,北美大陆的发现,绕过非洲南端到达印度的航路的发现,南美大陆的发现和环绕地球一周的航行,引起了欧洲殖民主义国家对外侵略扩张、殖民地贸易的高潮,为欧洲新型的资本主义工场手工业开拓了广阔的新市场。于是,一个早期的世界市场出现了。在建立早期世界市场的过程中,欧洲殖民者进行的奴隶贸易,以及利用奴隶制开发美洲丰富的资源,建立和扩大殖民地,起了特别突出的作用。这时的世界贸易,虽然还很不成熟,但至少可以指出它不同于中世纪东西方洲际贸易的特性:①卷入世界性商品交换的地区开始具有全球性;②加入世界性商品交换的商品种类,已经突破了奢侈品和非生活必需品的狭窄范围,普通消费品开始进入世界市场;③世界贸易的规模比过去大多了;④构成近代信用制度的基本要素,如近代国际商品货币流通不可缺少的汇票、信用票据等有价证券开始流行。这充分体现了世界贸易的经常性和频繁性。

马克思在论述早期世界市场形成对资本主义生产方式的影响和反过来资本主义生产方式对世界市场扩大的影响时说:"如果说在16世纪,部分地说直到17世纪,商业的突然扩大和新世界市场的形成,对旧生产方式的衰落和资本主义生产方式的勃兴,产生过压倒一切的影响,那么,这种情况反过来是在已经形成的资本主义生产方式的基础上发生的。世界市场本身形成这个生产方式的基础。另一方面，这个生产方式所固有的以越来越大的规模进行生产的必要性，促使世界市场不断扩大，所以，在这里不是商业使工业发生革命，而是工业不断使商业发生革命。"①

从18世纪60年代开始，首先在英国，接着在法国、美国和德国相继发生了工业革命，从而建立了以蒸汽为动力、以机器体系为生产技术基础的近代大工业，社会生产力水平空前提高。大工业像一门摧毁陈旧过时的生产方式的重炮，所向披靡，轰开了一切尚孤立隔绝于世界市场之外的闭关自守的民族和国家的大门，把它们卷入世界贸易的漩涡。大工业提供的产品，远非工场手工业可比，它以价廉物美取胜，不仅足以征服国内市场，而且可以在世界市场上开拓、占领和扩大领地，源源不断地供应世界市场的各个角落。作为工业革命重要组成部分之一的交通运输、邮电通讯部门的革命，大大缩短了世界市场商品货币流通的时间和空间距离，加速了世界市场的扩大。到了19世纪60～70年代，终于形成真正意义上的世界市场了。这时的世界市场不同于16～18世纪早期世界市场之处在于工业资本占了统治地位，而早期世界市场则是商业资本占统治地位，换言之，在这时的世界市场上工业资本取代了商业资本，成为统治者。这是建立在新的经济基础和物质技术基础之上的真正的世界市场。所谓新的经济基础就是资本主义工厂制度。所谓新的物质技术基础，就是机器大生产和近代交通运输、邮电通讯设备和机构体系。

这样，作为一个有机整体的世界市场体系形成了，欧、亚、美、非、大洋洲都卷入了世界市场，形成以欧洲，特别是英国为中心的国际分工。在世界市场上，除了商品交换以外，国际信贷业务也有所发展，伦敦成为国际信贷中心，投放资金的活动在世界市场已初步展开。

第二个时期：资本主义世界经济发展成为囊括全球的统一体系时期（从19世纪70年代到1917年俄国十月革命胜利）

在这个时期中，自由竞争时代的资本主义过渡到垄断资本主义；统治世界市场的宝座，也由工业资本让位于金融垄断资本，资本流动在世界市场上的重要性日益增长。帝国主义把世界领土分割完毕，并建立起世界殖民体系，资本主义发展成为囊括全球的统一体系。世界经济发展的两极化特征，至此表现得特别鲜明和突出。一极是一小撮帝国主义强国，剥削、压迫、奴役和控制着另一极占世界人口和土地大多数的亚洲、非洲、拉丁美洲广大地区的国家。这一时期末发生了帝国主义国家重新分割世界领土的第一次世界大战（1914～1918年）。在战争中，俄国于1917年11月（俄历10月）发生了社会主义革命，建立起社会主义制度。由此，世界经济发展史进入了一个新阶段。

第三个时期：社会主义制度建立、囊括全球的资本主义世界经济体系开始解体时期（从1917年到1945年第二次世界大战结束）

在这一时期，新生的社会主义生产方式出现在世界经济舞台上，并且通过社会主义工业化等途径而成长起来，通过第二次世界大战的严峻考验而巩固下来，囊括全球的资

---

① 马克思：《资本论》第3卷，人民出版社，2004年版，第371页。

本主义世界经济体系虽然开始走向解体，但在世界经济生活中仍然占有优势。主要资本主义国家在 20 世纪 20 年代获得的相对稳定的"和平"发展时期，被 1929~1933 年的资本主义世界经济大危机所打断。这次特大危机严重地打击和震撼了整个资本主义世界经济，使资本主义各国经济发生重大转折，国家垄断资本主义的发展成为资本主义世界经济中的重要现象。如果说在第一次世界大战结束以前，国家垄断资本主义还只是在战争时期有所发展，因而带有暂时性的话，那么，在战后 20 年代则有了进一步的发展，特别是经过 30 年代罗斯福的"新政"和纳粹德国的"国家社会主义"以后，国家垄断资本主义开始成为世界经济和世界政治中举足轻重、左右全局的势力了。从 19 世纪 70 年代至今，垄断资本主义的性质并未改变，国家垄断资本主义只是垄断资本主义的一种特殊形式。国家垄断资本主义的实质，是帝国主义国家政权与垄断资本家结合，干预和调节经济，以求维持和加强垄断资本主义的统治。这个时期在世界市场上，金本位制趋于崩溃，世界金融陷于混乱，世界贸易长期动荡不定。资本主义世界经济长期处于严重萧条之中。世界各种基本矛盾迅速激化，特别是帝国主义国家之间、社会主义国家与资本主义国家之间、帝国主义和殖民地半殖民地国家之间三大矛盾的尖锐化和相互交织，终于导致第二次世界大战的爆发。

第四个时期：社会主义和资本主义两种世界性的经济制度并存，民族独立国家经济兴起时期（从 1945 年以后到 20 世纪 90 年代初）

在这一时期，社会主义生产方式在一系列国家（东欧、亚洲和古巴）产生和确立，社会主义制度越出一国范围而成为世界性经济体系，资本主义世界经济体系进一步解体，中国以及亚洲、非洲、拉丁美洲一系列国家脱离了资本主义世界经济体系，许多殖民地半殖民地国家摆脱殖民主义枷锁获得独立，使帝国主义殖民体系瓦解；战后美国一家独霸天下发展成为美国、欧洲共同体、日本三足鼎立、互相激烈争夺。战后兴起的民族独立国家自主地发展民族经济，对世界经济和政治全局发挥越来越重要的作用。于是，整个世界形成了两种制度三种力量同时并存、互相联系、互相利用、互相争夺的新格局。社会主义国家的经济力量在世界经济中日益强大，民族独立的发展中国家的力量广泛联合，进行建立国际新秩序的斗争；美国和几个资本主义大国操纵世界经济、为所欲为的时代一去不复返了。战后，生产国际化和资本国际化越来越发展，从而不可避免地带来了一定程度的技术国际化。世界市场在内容上也有重要的发展，世界资金市场、世界技术市场和世界性的劳务市场日益具有重要性。

4. 对世界经济史分期的几点评论

对于该书在上述所作的关于世界经济史分期的分析可以做以下几点评论：

第一，遵循了马克思的唯物史观的基本理论观点，从生产力和生产关系的矛盾运动中，把握了世界经济发展的线索，特别阐明了资本主义经济关系在世界经济的发展过程中所表现出来的不同历史时期的基本特征。这是该书的科学性的表现，无疑是值得肯定的。

第二，该书把 1917 年在俄国发生的"十月革命"作为第一层次的世界经济史的分期的依据，是可取的。因为俄国十月革命改变了世界经济发展的格局，在资本主义世界经济体系之外，出现了社会主义经济制度，而且新的社会主义经济制度一出现，原来统一的、囊括全球的资本主义世界经济体系，就被打破了，从而开辟了一条通向新的世界经济体系的道路。1917年俄国"十月革命"的胜利无疑具有极为重要的世界历史意义。

第三，关于第二次世界大战以后的世界经济体系，该书把东欧、亚洲一些国家以及古巴等产生和确立社会主义生产方式看作是社会主义世界经济体系的形成，并与资本主义世界经济体系并存；把在战后民族独立、民族解放运动中实现民族独立的亚、非、拉国家看作是同资本主义世界经济体系进行斗争的另一种力量。认为整个世界形成了两种制度三种力量同时并存、互相联系、互相利用、互相斗争的新格局。这种判断有一定的道理，但也值得商榷。如果考虑到苏联赫鲁晓夫修正主义集团上台以后，苏联逐渐蜕变为"社会帝国主义"国家，而属于苏联势力范围的"社会主义大家庭"各国则成了苏联的附庸，由它们所构成的世界经济体系就很难说是社会主义性质的了。对这一时期的世界经济体系的分析，应该体现毛泽东关于三个世界划分的理论：即，第一世界是美苏两霸，第二世界是欧洲、北美（加拿大）、大洋洲各国和日本，第三世界则是亚洲、非洲、拉丁美洲广大的发展中国家，中国属于第三世界。[①] 至于在20世纪90年代初苏联解体和东欧剧变以后，就更不能把它们看作是社会主义世界经济体系了。

第四，由于历史的局限，该书没有讲当今世界的主题是和平与发展，世界多极化和全球化已成为不可逆转的潮流，一国的经济发展同世界其他各国的经济发展更加紧密地联系在一起。如果该书再版的话，应该把这一点补充进去。特别需要强调的是，中国现在成了引领世界经济发展的引擎，中国提出的"一带一路"战略，赢得了世界各国的普遍赞同和欢迎。中国经济发展的模式，越来越受到积极且肯定的评价。为了世界经济今后的发展，世界需要倾听中国的声音，吸纳中国的意见。中国提出建立"人类命运共同体"的倡议反映了当今的时代要求！

[①] 毛泽东于1974年2月22日在同赞比亚总统卡翁达谈话时说："我看美国、苏联是第一世界。中间派，日本、欧洲、澳大利亚、加拿大，是第二世界。咱们是第三世界。美国、苏联原子弹多，也比较富。第二世界，欧洲、日本、澳大利亚、加拿大，原子弹没有那么多，也没有那么富，但是比第三世界要富。……亚洲除了日本，都是第三世界。整个非洲都是第三世界，拉丁美洲也是第三世界。"见《毛泽东文集》第8卷，北京，人民出版社1995年版，第441～442页。

第三部分

永远的怀念

宋先生引领我走经济学探讨之路

杨玉生

1963年9月,我考进辽宁大学外语系俄语专业,由于没能过语音关(俄语字母"p"的音一直发不好),外语系老师让我转系。从当时来说,在文科系中,我可随意挑选,我选定了哪个系,就为我往哪个系联系。我高中读书时对文学很有兴趣,我就去找同时考进辽大中文系的我的两个高中同班同学,征求他们的意见。他们说,把文学作为业余爱好还可以,作为专业来学习就不可取了,并说,他们考进中文系觉得很不理想,劝我不要来中文系。后来,我又征求外语系高年级同学的意见,他们说:"建议你去经济系,在辽大文科系中,经济系是师资力量最强的系,全系有6名教授,都是从国外留学回来的,特别是系主任宋则行教授是从英国剑桥大学留学回来的,获得经济学博士学位,而且是皇家经济学会终身会员。从专业上说,经济学专业是国家经济建设最需要的专业,将来能派上大用场,很有发展前途。"外语系高年级同学的一番话打动了我,我决定去经济系。然而说到底,我选择经济系,在很大程度上,是慕宋先生的大名而来的,希望将来有一天我能成为宋先生的亲传弟子。

在读大学本科时,我没能听到宋先生讲课,因为他开设的包括凯恩斯经济学在内的当代西方经济学流派课是给行将毕业的高年级开设的,还没等到安排他给我们上课,"文化大革命"就开始了。但我感到幸运的是听到过他给全系学生做的经济学学术报告。记得那是1965年上半年的某一天,宋先生给我们讲了一次中国经济学界关于"生产价格论"的争论。坚持"生产价格论"的杨坚白和何建章认为,应该把利润作为刺激企业生产的动力和衡量企业经营效果的指标。这显然是受了当时苏联经济学家利别尔曼教授的影响。当时宋先生对此表示了一种有限制的批判的态度,认为社会主义的企业完全把盈利作为生产的目的,并把利润作为衡量企业经营效果的指标,这就和资本主义的企业没有什么区别了。社会主义企业应该以最大限度地提供满足人民需要的产品为目标,并为整个国民经济的发展做出贡献。但他并没否定利润对于企业提高经济效果的积极作用。宋先生在这次学术报告中指出:"虽然社会主义企业不应把实现最大化的利润作为其生产和经营的目标,但社会主义企业也要讲求经济效果或经济效益,就是说,要贯彻节约成本的原则,以最少的劳动消耗(成本),取得包括利润在内的最多的经济收益。马克思说过,社会主义最重要的经济规律,是节约劳动的规律。在这种情况下,也不能不考虑利润,但要把对利润的考虑放在一系列综合指标之内。"听了宋先生的学术报告,感觉他的思路清晰:他既不同意生产价格论者杨坚白、何建章把利润作为刺激企业活动的动力的观点,又从节约劳动的认识出发,强调了利润的积极作用。

我和宋先生第一次直接接触，是在"文化大革命"刚开始的时候学校组织的对"三家村"和"燕山夜话"的批判会上。我和几个同学合作写了一篇题为《无产阶级专政不容诋毁——评邓拓的"王道与霸道"》的批判文章，并在批判会上宣读了。当时宋先生和其他几位老师写了同样内容的批判文章，也在批判会上宣读了。党委书记邵凯建议我们师生组成一个批判组，写出一篇更高水平的批判文章。后来这篇文章由我起草，再经宋先生等老师加以修改、润色，最后在报上以"翟经文"的笔名（"翟经"为哲经的谐音，意为哲经系的文章）发表了。也就从这时起，宋先生认识了我，认为我具有写作的素质和天赋。

从此以后，我和宋先生之间确立了密切的联系。1968年12月我大学毕业离校回乡接受贫下中农再教育，之后，被安排到法库县秀水河高中做教师。由于婚后把家安在沈阳，每月回家一次和家人团聚。因此，我得以抽空常去看望宋先生。每次与宋先生见面觉得格外亲切，海阔天空，无所不谈。有一次，我们谈到了知识青年上山下乡问题。我说："知识青年下乡到农村插队劳动，农民并不欢迎。农民总认为，知识青年到农村是来跟他们抢饭碗子的。可他们不知道，知识青年的劳动也创造收入啊！并不是来农村吃闲饭的。"但宋先生并不赞成我的看法，他说："其实，农民的看法并不错，在农业生产技术不变和土地数量固定的情况下，在土地上增加劳动投入，是收益递减的。现在土地上的劳动投入早已达到饱和状态，再往土地上增加劳动投入，不但不能增加收入，反而使收入减少！"稍停一会儿，他又说："其实，不光农村如此，工厂也是这样，一个工厂安排了过多的人上班，结果形成了'三个人的活，五个人干'的局面，相应的，就是'三个人的饭，五个人吃'。"宋先生的话使我顿开茅塞。这是我最初从宋先生那里受到的西方经济学的生产理论教育。

1978年恢复研究生招考制度的时候，我决定报考研究生。妻子的意见是报考北京某大学的研究生。但考虑到我如果能考到北京去，还要过几年夫妻分居的两地生活，而我们这时刚刚结束长达8年的两地生活，不愿意再分开了。想到读大学本科时就有直接做宋先生学生的心愿，现在，报考宋先生的研究生不正好可以实现当初的心愿吗？当时王文元老师（王文元老师给我们讲过《会计学》，在"文革"初期写批判"燕山夜话"的文章时，他是参加者之一，我和他的关系一直很密切）也跟我说："你报考研究生，谁都别报，就报咱们'老宋头儿'（他那时亲切地称宋先生为'老宋头儿'），'老宋头儿'学识渊博，是真正做学问的人，你跟他学必能学到真本事。"于是，我决定报考宋先生的研究生。当我敲开宋先生的家门向他表达报考他的研究生的意愿时，他对我表示了欢迎。他当即给我找了几本政治经济学、经济思想史和外国经济史的书，让我好好准备，争取考出好成绩。当时他的研究生入学考试除了要考政治经济学、经济思想史、外国经济史之外，还要考英语，而我在读大学本科时学的是俄语，这就限制了我的报考。于是，我跟宋先生说："你要考英语，我就不能报考了，因为我没学过英语啊！"听我这么一说，宋先生当即表态说："那么，我去跟科研处说说（当时辽大科研处设研究生科负责招考研究生），除了考英语，再增加一门俄语。"这等于向我开了绿灯。这样，我就比较有考上的把握了，因为大学毕业后，我一直坚持读政治经济学、经济思想史和外国经济史方面的书，而且坚持看俄文版的《毛泽东选集》，有一定的参加考试的实力。

果然，考试的成绩不错，我如愿以偿地考上了宋先生的外国经济思想史专业的研究生。当时，宋先生招了两名研究生，除我以外，还有一个是来自上海的杜进，他生于1952年，比我整整年轻10岁，没读过大学，是直接从知识青年考上来的。虽然如此，但他的英语水平却十分了得，能说一口流利的英语，也读了不少经济类书籍，人很聪明，有不少独到的见解。宋先生后来跟我们说，当年全国仅仅招收了5名外国经济思想史专业的研究生，北京大学3名（李云、李翀、梁小民），辽大2名（杨玉生、杜进）。复旦大学宋承先教授本来也要招收2名外国经济思想史专业的研究生，可是考试没有合格的人，只好作罢。我们能成为外国经济思想史专业的研究生，在当时真可以说是"凤毛麟角"了！

1978年10月，我迈着豪迈的步伐重新走进辽大校园，距1968年大学本科毕业走出辽大校园，已经整整十年了。十年间我怀念母校，并试图通过调转工作的方式回到母校，但没有成功。然而今天我却以研究生的姿态重新走进母校的校园，真是感慨万分。

在经济系举行的新生入学大会上，我代表新入学的研究生做了如下的发言：

"我们是'文革'以后首批进入大学学习的研究生。是党给了我们一次重新上大学的机会。以后还将有第二批、第三批……研究生进入大学。在'四人帮'统治学校的时候，我们被排斥在学校大门之外，他们挥舞所谓'知识越多越反动'的大棒，动辄给人戴'白专'的大帽子。现在终于恢复了大学的科学殿堂的真面貌，把渴求知识的人吸纳到大学中来。国家需要有真才实学的建设者，我们则要通过大学的深造而成为这样的建设者。我们是一批在科学的园林中自由觅取科学果实的人，同时，我们又将是用我们的知识和智慧丰富和扩大科学园林的人。让我们举起双臂迎接更加光辉灿烂的科学的明天吧！"

我的研究生学习任务很重：我要从英文字母开始学习英语，而且宋先生要求我必须在一年内达到能够借助英文词典看英文经济学专业书的水平；由于现代经济学把数学作为经济分析的基本方法或工具，也必须学好数学，包括微积分、线性代数和概率论；过去在读本科时，也没读过西方经济学，但也必须在短时间内掌握西方经济学的基本原理；此外，还要重读马克思主义政治经济学，特别是马克思的《资本论》。我和妻子商量："学校给我们安排了宿舍，为了完成繁重的学习任务，我必须吃住在学校。家里的事就只能靠你了。"妻子爽快地说："家里的事你就不用管了，你就安心在学校学习好了。"这样，我就吃住在学校，家里虽然距离学校只有不到五分钟的路，我却只能星期六回家看看，平常就在校努力学习。早晨天刚亮，我就起来在校园内背英文单词，白天上英语课和数学课以及西方经济学课，晚上做数学题。直到很晚才上床睡觉。我的学习效果很好，英语学了半年，就能借助英文词典看斯大林的英文版的《苏联社会主义经济问题》了，然后，我又看宋先生发下来的萨缪尔森英文版的《经济学》复印章节（那时还没有中译本）。后来，在做硕士论文的时候，我也能看一些英文资料了。数学通过了考试，西方经济学、马克思主义政治经济学（《资本论》）也都顺利地完成了学习任务，都取得了优异的成绩。

在当时关于真理标准问题的讨论中，我写了一篇题为《从马克思对政治经济学的伟大变革看认识真理是个过程》的文章，投给《辽宁大学学报》，不久就被刊登出来了。我是在辽大这届研究生中第一个在学术刊物上发表文章的人。这篇文章后来被中国人民大学报刊复印资料转载，也被收录在关于真理标准问题讨论的论文集中。

也许是先入为主吧，由于在读本科经济学专业时学习的是马克思主义政治经济学，在最初学习西方经济学时，我总是坚持用马克思主义经济学的理论观点批判西方经济学，以为这是正确的学习方法。这和杜进在对待西方经济学上有很大的不同，他总是坚持以西方经济学理论自身的演进逻辑来认识西方经济学。我认为他的这种学习西方经济学的方法是背离马克思主义经济学的，或者说，是脱离马克思主义经济学的指导的。因此，我和他常常为此而争论。他说："你现在读西方经济学的书还太少，以后读多了就会有新的认识。"我说："以后即使我读再多的西方经济学的书，我也会坚持以马克思主义经济理论来认识西方经济学。"

有一次，我在宋先生家里和他谈起学习西方经济学的情况，宋先生问我学习西方经济学有什么感受和体会，我就把我坚持以马克思主义经济学批判西方经济学的方法向宋先生讲了，并谈了我和杜进的争论。当时，王文元老师也在场。我以为宋先生会支持我的看法的，不料宋先生却说我的看法有问题，不是学习西方经济学的正确方法。王文元老师也说，现在学习西方经济学应该思想解放一些，先入为主地死守着马克思主义经济学的某些观点，就学不进去西方经济学。宋先生说："西方经济学有自己的理论体系和论证问题的分析工具和方法，应该按照西方经济学自身演进的逻辑和理论探讨的方式来把握西方经济学。在这一点上，杜进的看法是对的。为了学好西方经济学，应该按照西方经济学由浅入深、由简单到复杂、由单方面到多方面的分析的思路，来掌握西方经济学的广博的知识及其分析工具和方法。当然，西方经济学和马克思主义经济学，从本质上说，是代表不同阶级利益的经济学。对于西方经济学所具有的庸俗性是要以马克思主义经济学加以批判的。但前提是要从理论体系上全面地理解和掌握西方经济学。在你现在刚刚开始学习西方经济学的时候，不要急于用马克思主义经济学去批判西方经济学。以这种先入为主的态度来对待西方经济学，是学不好西方经济学的！"

宋先生和王文元老师的一席话，对我无疑起到了振聋发聩的作用，使我改变了学习西方经济学的方法。加上宋先生深入浅出地讲授萨缪尔森《经济学》教科书，把我引进了西方经济学家的理论天地，使我看到了在马克思主义政治经济学之外的另一种对市场经济运行的分析方法：

决定市场经济运行的主要是两种经济力量，需求和供给。需求和供给各因影响其变动的因素的变动而变动，其中的一个主要因素是价格。需求和供给各自对价格的变动作出反应，而使需求和供给相等的价格是均衡价格。价格以外的其他因素的变动所造成的需求和供给的变动又使均衡价格发生变动。此外，由于各种商品的需求和供给对价格等因素的变动的反应程度不同又形成了不同的需求弹性和供给弹性。不同的需求弹性和供给弹性对具有较长生产周期的产品的均衡价格的决定也具有影响。同时，还有一个价格制度运用的问题，即政府以支持价格或限制价格，来影响市场的供求关系。

萨缪尔森如下关于市场竞争作用的论述，在我的头脑中打上了深刻的烙印：

"竞争制度是一架精巧的机构，通过一系列的价格和市场，发生无意识的协调作用。它也是一具传达讯息的机器，把千百万不同个人的知识和行动汇合在一起。虽然不具统一的智力，它却解决着一种可以想象的牵涉到数以千计未知数和关系复杂的问题。没

第三部分　永远的怀念

有人去设计它，它自然而然地演化出来；像人类的本性一样，它总是在变动。但是它经受了任何社会组织的最基本的考验——它可以生存。"①

这是微观经济层面上的分析。在宏观经济层面上，凯恩斯的有效需求理论开辟了人们新的分析思路：国民收入与总就业量相联系，国民收入（从而总就业量）决定于总需求或有效需求。总需求则由消费支出和投资支出构成。社会一般情况是，人们并不把其所获得的收入全部用于消费，其中必有一部分储蓄起来，而且随着收入的增加，用于储蓄的部分越来越多，而用于消费的部分则相对减少。总供给超过消费需求的部分（即储蓄）必须由投资需求来补足，从而使总供给与总需求相等，达到均衡。二者均衡时，就业量和收入水平就确定下来了。因此，就业量和国民收入水平依赖于总供给、消费倾向和投资数量。由于总供给和消费倾向是相对稳定的，就业量和国民收入水平就主要取决于投资数量。投资数量则依赖于资本边际效率（即预期利润率）和利息率之间的关系。资本边际效率依赖于预期利润和资本资产之重置成本，利息率则依赖于货币供给数量和流动偏好。由于资本边际效率具有不稳定性的特征和随着投资的增加有下降的趋势，又由于流动偏好增强利息率具有偏高的趋势，从而造成投资需求不足。因此，单靠私人投资无法弥补收入与消费间的缺口。在此情况下，政府必须实行赤字财政政策直接担负起投资之责，或用货币政策降低利息率以刺激私人投资。

我始终铭记宋先生的教诲：在坚持马克思主义基本理论的前提之下，包括凯恩斯经济学在内的西方经济学，作为一种知识和分析的工具还是有用的，可以应用它来分析现实的经济问题。

在宋先生的教导下，我认识到了，西方国家经济作为市场经济，已有数百年的历史，其间积累了不少成功的经验。西方经济学家一代又一代潜心于对市场经济规律的探索，写出了大量的弥足珍贵的经济学论著，这些经济学论著科学而准确地概括了发达的市场经济的成功的经验和市场经济运行的规律。这是发达的市场经济和西方经济学家提供给我们的珍贵的财富。我们应该承接这份财富。

基于这样的认识，在一篇题为《西方经济学在财经专业理论教育中的地位和作用》的文章中，我提出："在我们的大学财经专业中，应该像在物理学、化学、生物学等专业中学习牛顿、罗蒙诺索夫、达尔文等科学家们的理论和著作那样，学习斯密、马歇尔、凯恩斯等经济学家们的理论和著作。"②

由于宋先生引导我树立了对西方经济学这样的基本认识，就为我以后的经济学探讨置下了"定海神针"。在我后来撰写的西方经济学文章都按照这样的基本认识确定其基本结构，展开进一步的深入论述，并把有关的理论应用于我国社会主义市场经济的实践中，从而取得很大的成功。

宋先生出身于英国剑桥大学，其学术思想带有深厚的剑桥传统。在他对我们研究生的教育中，也很自然地传授剑桥传统的经济学。他要求我们精读剑桥大学经济学家们的经典性著作，包括马歇尔的《经济学原理》，凯恩斯的《就业利息和货币通论》（简称

---

① ［美］保罗·A. 萨缪尔森：《经济学》第10版，高鸿业译，商务印书馆，1979年版，第61页。
② 杨玉生：《西方经济理论及经济改革与发展研究》，中国经济出版社，1998年版，第279页

《通论》)、琼·罗宾逊的《不完全竞争经济学》，斯拉法的《用商品生产商品》等，并要求我们应用新剑桥学派（或新李嘉图学派）的经济理论来研究理论和现实的经济问题。这在国内经济学界是绝无仅有的。

记得在1981年5月在四川财经学院（后改称"西南财经大学"）举行的中华外国经济学说研究会第一次理论研讨会上，杜进提交了一篇题为《斯拉法〈用商品生产商品〉一书的借鉴意义》的论文，文中概述了斯拉法理论体系，认为斯拉法体系是对李嘉图理论的发展，而且在对马克思经济理论的研究上也具有重要的借鉴意义。这受到了与会者的普遍关注。当时，北京大学胡代光教授提交了一篇同是论述斯拉法体系的文章，题目记不住了，表达了完全否定斯拉法体系的理论观点。在当时人们的思想还偏于保守的情况下，赞成杜进的文章观点的人不多，多数人都认同胡代光教授文章的观点。不少人说，杜进的文章代表宋则行的观点，是宋则行放出的一个"试探气球"，想看看经济学界的反应。宋先生和胡代光教授之间在对待斯拉法体系上多年来一直存有争论，这次拿出杜进的文章，算是"第一次交锋"吧！后来我们看到，宋先生在1997年写的《马克思生产价格理论的由来、形成及其完善——兼论斯拉法对古典传统的价格理论的发展》的经典性论文中，对胡代光教授全盘否定斯拉法体系的观点做了颠覆性的批评。

我在这次理论研讨会上的发言，则谈了琼·罗宾逊对凯恩斯主义经济学危机的看法：经济中的作为垄断组织的大公司和工会的存在，造成了价格和工资轮番上涨的局面，从而造成"成本推进式的通货膨胀"，而工会又只关心参加工会组织的工人的就业。这是形成"滞胀"从而造成凯恩斯主义经济学危机的重要原因。

在宋先生带的研究生中，有好几个人的论文选题都和新剑桥学派的经济学有关。例如，杜进的硕士学位论文题目是《琼·罗宾逊的资本积累理论研究》，郑品的硕士学位论文题目是《卡莱茨基的资本理论研究》，张凤林的博士学位论文题目是《西方资本理论研究》，李平的博士学位论文题目是《后凯恩斯经济学研究》，我的硕士学位论文题目是《论凯恩斯经济学危机》，博士学位论文题目是《评西方经济学界关于马克思价值理论的研究》。

我的论文题目虽然没有明确表明和新剑桥学派的理论关系，但用较多的篇幅论述新剑桥学派的理论观点，尤其是在博士论文中。我的博士学位论文比杜进的文章更完整、更充分地论述了斯拉法理论体系，而且，宋先生还在我论述斯拉法体系的末尾处添上了这样"画龙点睛"的一笔：

"综上所述，斯拉法体系的基本特征，是排除需求因素，直接从生产出发分析价格决定。实际上它是向古典的生产价格理论的复归。进一步说，斯拉法体系用商品生产商品（即商品互为生产资料），来阐明价格的决定；用联立生产方程即一般均衡来分析价格决定；特别重要的是把工资和利润分配纳入价格决定的分析，这就成为摧毁边际生产力论的有力武器，也为分析工人和资本家间的剥削和被剥削的关系，提供了新的分析工具。就其和劳动价值论的关系说，虽然它不区分价值与价格，直接研究生产价格的决定，但它把生产商品的生产资料看作间接劳动，商品的价格决定于直接劳动和间接劳动及其比例，把间接劳动区分为有时期的劳动等等，实际上在阐发劳动价值论，或者可以说，斯拉法的生产价格论事实上是以劳动价值论为基础的。虽然，斯拉法提出，还原为有时期的劳动量不是普遍可能，但他的有时期劳动的分析，却为生产资料还原为有时期劳动确立了一般的原则。"①

于是，在中国经济学界便有一种猜测："宋则行是想在中国搞出一个新剑桥学派吗？"宋先生也不否认，在他的深层意识里似乎这样认为：搞一个新剑桥学派有什么不好呢？这正是辽大外国经济思想史专业研究生教育的一大特色啊！记得当年讨论在辽大设立科研基地的时候，凤林曾提出要搞一个"后凯恩斯经济学研究中心"的建议，结果没被采纳，而按当时的校长程伟的意见，搞了"比较经济体制研究中心"。现在看来，如果搞成"后凯恩斯经济学研究中心"，宋先生和他的学生将能发挥更大的作用，会出更多的研究成果，并可带动辽大经济学科更健康地发展。

但宋先生不是新剑桥学派或"后凯恩斯经济学家"，在本质上，宋先生是一位富有创新精神的马克思主义经济学家。和一般新剑桥学派经济学家（包括琼·罗宾逊在内）否定马克思劳动价值论不同，宋先生坚持马克思劳动价值论。在这个方面，宋先生也是我的领路人。正如他要求他的学生从理论体系上掌握西方经济学一样，他也要求他的学生从理论体系上掌握和精通马克思的经济理论，特别是马克思的《资本论》。他教导我们说，马克思的《资本论》是真正科学研究的安身立命之本，坚持科学研究的经济学家总能从马克思的《资本论》中得到巨大的启迪，无论是在中国，还是在别的国家，都是如此。

我认真地按照宋先生的要求，花了很大工夫研读马克思的经济学巨著《资本论》。通过学习马克思的《资本论》，我树立了这样一种基本思想：马克思的劳动价值论，是其全部经济学分析的起点或基础，或者说是其全部经济学分析的切入点。正是在价值分析的基础上，马克思揭示出商品交换背后人与人之间的关系，把工资、利润、利息和地租等资本主义各种经济范畴归结于劳动力价值和剩余价值，从而揭示出资本主义的剥削关系，即资本－雇佣劳动关系。与此同时，马克思把理论分析同对资本主义经济发展历史的研究有机地结合起来，从而描绘了作为自然史的资本主义经济发展的总的图景。

通过学习《资本论》，我还认识到，在马克思的经济理论中，包括两个分析的层次：即经济运行调节层次（表面层次）和经济关系层次（本质层次）。在我的博士学位论文中对此作了这样的表述：

在马克思的理论中，有两个分析的层次。在表面的层次上，我们看到商品流通。商品，包括劳动力，按照一定的价格在市场上出售。价格由资本家根据超过生产成本的一定的增加的利润来决定。这个超过额的大小依赖于所使用的技术和所购买的人力和非人力资源的数量和价格。流通领域的确是以自由和自由选择为特征的领域。没有人强迫买者或卖者进入交换领域。同样，劳动者，就其不加限制地选择职业的意义上说是自由的，工人愿意出卖劳动力的数量是自愿决定的。"劳动力的买和卖是在流通领域或商品交换领域的界限以内进行的，这个领域确实是天赋人权的真正伊甸园。那里占统治地位的只是自由、平等、所有权和边沁。自由！因为商品例如劳动力的买者和卖者，只取决于自己的自由意志。他们是作为自由的、在法律上平等的人缔结契约的。契约是他们的

---

① 杨玉生：《马克思价值理论研究——对西方经济学界各种观点的评析》，辽宁大学出版社，1990年版，第51页。

意志借以得到共同的法律表现的最后结果。平等！因为他们彼此只是作为商品占有者发生关系，用等价物交换等价物。所有权！因为每个人都只支配自己的东西。边沁！因为双方都只顾自己。使他们连在一起并发生关系的唯一力量，是他们的利己心，是他们的特殊利益，是他们的私人利益。正因为人人都只顾自己，谁也不管别人，所以都是在事物的前定和谐下，或者说，在全能的神的保佑下，完成着互惠互利、共同有益、全体有利的事业。"① 如果我们停留在这个表面的层次上，我们就将永远看到自由和自愿选择，仿佛资本主义就是这一切。

  马克思在理论上的本质分析，是他的第二个层次的分析。马克思认为，资本主义生产，本质上就是剩余价值生产。马克思的整个理论分析，都在揭露这个资本主义生产的本质。按照马克思的说法，剩余价值既不能在流通领域中产生，又不能离开流通领域。流通领域对于剩余价值生产有两个方面的意义，一是资本家要从流通领域购进生产资料和劳动力，以便实际进入剩余价值生产；二是资本家要在流通领域出卖其产品，从而实现剩余价值。因此，流通领域在资本主义剩余价值生产中是一个十分重要的条件。但是，更为重要的是生产领域，因为它是实际的剩余价值生产过程。在这里，笼罩在资本主义生产关系上的自由、平等的面纱已经荡然无存，这里呈现的是赤裸裸的剥削和被剥削的关系。马克思写道："一离开这个简单流通领域或商品交换领域，——庸俗的自由贸易论者用来判断资本和雇佣劳动的社会的那些观点、概念和标准就是从这个领域得出的——就会看到，我们的剧中人的面貌已经起了某些变化。原来的货币占有者作为资本家，昂首前行；劳动力占有者作为他的工人，尾随于后。一个笑容满面，雄心勃勃；一个战战兢兢，畏缩不前，像在市场上出卖了自己的皮一样，只有一个前途——让人家来蹂躏。"②

  宋先生对我关于马克思经济理论两个分析层次的划分，给予了高度肯定的评价。他认为这是我的博士学位论文最有价值之所在。通过这种两个分析层次的划分，就在马克思的经济理论和一切非马克思主义经济学家的经济理论之间确立了既相互联系又相互区别的关系。从这种两个分析层次划分拓展开来，一方面，可以找到马克思经济理论同非马克思主义经济理论的共同点或共识，这主要存在于流通领域的经济运行调节层次的分析上；另一方面，则可以从本质上判明马克思经济理论和非马克思主义经济理论根本不同的基本内涵。在后来我写的一些著作和文章（包括关于社会主义经济体制改革和经济发展的著作和文章）中，都贯彻了这种关于马克思经济理论分析层次的划分。因此，既体现了马克思经济学和西方经济学作为经济学的共性，又坚持了马克思经济学所固有的理论内涵。

  宋先生认为，以琼·罗宾逊和斯拉法为代表的新剑桥学派或新李嘉图主义的经济理论，同马克思主义经济理论是很相近的。应该从新剑桥学派或新李嘉图主义经济理论中吸收科学的成分来丰富马克思经济理论。在我的博士学位论文和我同杨戈合写的《价值·资本·增长——兼评西方国家劳动价值论研究》中，体现了宋先生的这一思想。

---

① 马克思：《资本论》第1卷，人民出版社，2004年版，第204～205页。
② 马克思：《资本论》第1卷，人民出版社，2004年版，第205页。

第三部分　永远的怀念

罗纳德·L.米克说："如果我们把斯拉法的模式作为我们分析的技术基础，在必要的地方讲清适当的制度方面的论据，然后加上极少的修正和改进，就能够使斯拉法的模式序列做马克思的劳动价值论被用来做的基本相同的工作。"① 我按照米克的分析思路，用斯拉法的一系列生产方程表述了如下 5 个经济模式发展的过程：①简单的维持生命经济模式；②出现剩余且工人工资可以高于维持生存水平的经济模式；③资本家阶级出现并占有本部门剩余的经济模式；④通过竞争剩余在各部门间平均化的经济模式；⑤工人参加剩余分配的经济模式。这 5 个经济模式的发展过程，按照米克的分析，前 4 个经济模式都可以在马克思经济理论中找到相对应的经济发展阶段，体现了马克思经济理论关于经济发展的逻辑与历史统一的过程。第 5 个经济模式虽然在马克思经济理论中找不到相对应的阶段，但这种经济模式却反映了在当代资本主义经济中，由于工会力量的强大，工人的工资可以包含一部分剩余的情况。

在宋先生撰写的《马克思生产价格理论的由来、形成及其完善——兼论斯拉法对古典传统的价格理论的发展》的经典性论文中，也借助于这 5 个经济模式系统地阐述了米克所说的斯拉法体系具有同马克思经济理论相同的逻辑与历史统一的基本特征。

正如宋先生所指出的："从分析方法说，斯拉法的体系是和马克思所应用的逻辑的历史的分析方法相吻合的。从表象上看，斯拉法的薄薄的不到 100 页的书里精炼地提出许多具有独创性的命题，并未说明他们的来龙去脉、思想渊源和制度背景，所表现出来的似乎是纯形式的逻辑分析。但从实质上看，斯拉法的分析却隐含着一种与马克思相似的逻辑—历史方法。"②

但是，作为马克思主义经济学家，我们并不赞成米克所主张的以斯拉法体系代替马克思劳动价值论。在我的博士学位论文中对此作了这样的评析：离开劳动价值论是不能说明各种经济模式出现的内在原因和历史条件的。"我们可以提出这样的问题：从劳动者分配剩余的经济模式到资本家占有剩余的经济模式的出现，其间经历了一个怎样的历史转变过程？资本家出现的历史条件是什么？按照马克思主义的观点，这当然是生产力和生产关系矛盾运动的结果。资本家的出现，只是社会生产普遍商品化的结果。在资本主义商品生产中，经济关系或生产关系采取了普遍的价值形式，必须通过价值分析，才能揭示出在物的外壳掩盖下的经济关系或生产关系。"③

与此同时，在我的博士学位论文中也指出米克和新李嘉图主义经济学家的理论分析，除了在分析方法上和马克思的逻辑和历史统一方法有相通之处外，还有其他值得我们参考和借鉴的方面：这种分析"在一定程度上沟通了斯拉法体系和马克思的经济理论。他们证明了，斯拉法体系作为一种数量分析工具，可以用来解决马克思经济理论上的一些难题。例如，众所周知的转化问题，西方经济学家（包括西方马克思主义经济学家）几乎一致认为，马克思的转化程序不完全，他只是在产出方面把价值转化成了生产

---

① [英]米克：《劳动价值学说研究》，商务印书馆，1979 年版，第 34 页。
② 宋则行：《马克思经济理论再认识》，经济科学出版社，1997 年版，第 204 页。
③ 杨玉生：《马克思价值理论研究——对西方经济学界各种观点的评析》，辽宁大学出版社，1990 年版，第 122 页。

价格，而在投入方面没有同时进行这种转化（这一点，马克思自己也觉察到了，但没有去解决它）。按照鲍特凯维兹的解式［参见本书第二部分三、（四）、（1）］，也只是证明，在一般情况下，总价值同总生产价格或者总剩余价值同总利润不一致。新李嘉图主义经济学家和米克认为，无须进行繁琐的转化程序，斯拉法理论体系已经暗含了马克思的转化问题的答案。这就是根据斯拉法的生产方程，直接分析生产的物质条件和实际工资，就可以确定生产价格和利润。"①

1987年，《经济日报》主编一套《中国当代经济学家传略》丛书（由辽宁人民出版社出版），把宋先生列在其中。最初是由两名记者写介绍宋先生的文章，宋先生看后很不满意，因为，在文章中多是一些富有情景色彩的描写。例如，写宋先生从小喜欢划船，结果，宋先生一路划来，从家乡崇明县向化镇的剑河，划到了泰晤士河，划到了波涛汹涌的大西洋……（让人看后感到莫名其妙）没有写出宋先生作为经济学家在经济学无边海洋中遨游、劈波斩浪的雄姿。后来，宋先生就跟我商量，让我来写关于他的传略文章。说："不管原来文章的框架，可以另起炉灶。"并交代我说："为了写好这篇文章，你要先下一番调查研究的功夫，例如，可以到南开大学图书馆去查一下我在40年代在南开研究所当研究生时写的文章，查一下我刚回国时在《经济评论》上发表的文章，再查一下50、60年代我在《经济研究》杂志和其他报刊上发表的文章，以及粉碎'四人帮'以后，特别是改革开放以来发表的文章、著作。必要的时候，还可以向我询问一些情况。"这显然是向我规划了研究的具体途径，也因此成了我写好文章的根本保证。于是，我开始了对宋先生以往经历的调查，也因此走进了宋先生从青年时代开始到写他的传略文章时为止的经济学生涯。我不禁为他的才华、学识、创造性、坚韧不拔、矢志不渝追求理想和为经济科学献身的精神所折服。经过半年多的努力，文章终于写出来了，标题是《不断探索的经济学家——宋则行传略》。文章由这样几部分构成：一、简要经历；二、为振兴和发展中国经济而研究经济学；三、扎根于实践，不懈的理论追求；四、"文化大革命"的思索和理论研究的黄金时代。

在宋先生年轻时期发表的文章中有许多闪光的语言和深邃的思想。例如，在1942年在南开研究所当研究生时宋先生发表的《经济建设的远景与近路》写道："眺望远景才不致使我们迷失方向，留心道上的崎岖，才不使我们绊倒。人们走过的路，只要不致引入迷途，我们要利用。人们没有走过的路，只要不延缓我们的行程，我们要披荆斩棘去开辟。"②并在这篇文章中在中国首次评价了波兰著名经济学家奥斯卡·兰格的"试错法"。

在1948年8月从英国留学回国以后发表的《原则与经验的联姻》中，宋先生写道："一个计划经济，至少包含两个要素：一个是中央权力机关（政府）有一套可以数量表示的计划，二是中央权力机关为了保证这一套计划的实现，必须实行各种措施对全国经济活动（生产、分配、消费）加以直接、间接的干涉。然而计划到什么范围，干涉到什么程度，才能一方面达成社会主义的目的，一方面又能保持个人自由无损民主精神，这

---

① 杨玉生：《马克思价值理论研究——对西方经济学界各种观点的评析》，辽宁大学出版社，1990年版，第122页。

② 宋则行：《经济建设的远景与近路》，载于《新经济》（半月刊），1942年8月16日出版。

就要靠原则与经验的灵活运用了。"① 在这里，宋先生强调了计划与自由相结合的思想。

作为创新思维型的马克思主义经济学家，宋先生在1962年发表在《经济研究》上的《也谈马克思扩大再生产公式》中，将剩余价值划分为资本积累和资本家消费两部分，并考察工人消费和资本家消费对资本积累的影响。这实际上，是把一定时期的国民收入划分为消费和储蓄两部分，并把投资和储蓄相等看作是实现均衡的国民收入的条件，这正是凯恩斯经济学的基本思路。因此，宋先生在国内以马克思主义—凯恩斯主义专家而著名。

在我国经济学界，宋先生首次提出用总需求和总生产（即总供给）相平衡的分析方法分析国民经济综合平衡问题；宋先生首次提出依据社会生产过程先后衔接的程序划分物质生产部门的建议；宋先生首次提出并全面论证了实现扎扎实实的经济增长速度的途径；宋先生首次从马克思再生产理论的视角全面论述了社会主义积累和消费的关系等等。所有这些"首次"，充分说明了宋先生在我国经济理论界的不可替代的举足轻重的地位。

该传略文章一直写到宋先生70岁诞辰为止。在庆祝宋先生70岁诞辰的盛会上，宋先生发表感言说："我现在已满70岁了，余生有限。应该抓紧时机为党和社会主义事业多做贡献。这就要坚持四项基本原则。为改革、开放，特别是为经济体制改革献计献策，为贯彻党的十三大精神，作出努力；为学校、为社会再培养一批研究生；结合新形势、新情况、新问题继续深入研究马克思主义经济理论，争取有所创新和发展。"②

宋先生传略文章以这样热情洋溢的语言结尾："现在，年过七旬的宋则行，精神矍铄，斗志昂扬，正在朝着新的目标奋进。"③

此后，宋先生笔耕不辍，又发表了许多重要理论文章，他于1997年80岁诞辰时，同时呈献给人们两本书：一本是《转轨中的经济运行问题研究》，一本是《马克思经济理论再认识》。在这两本书中，全面展现了宋先生的经济思想。

通过撰写宋先生传略文章和深入研究宋先生的论著，我全面了解了宋先生的经济思想，而他的经济思想则成了引领我经济学探讨的指路明灯。我所发表的经济学论文无不是在宋先生经济思想的引领下写成的。例如我撰写的诸如：《商品经济运行机制与我国的经济体制改革》（1987年），《市场经济与中国的经济发展》（1995年），《集约型经济增长方式与社会主义市场经济体制》（1996年），《实施外向型牵动战略要立足于搞好国有大中型企业》（1997年），《民营企业要在市场竞争中求得生存和发展》（1997年），《产业结构调整与市场调节》（1998年）等探讨经济改革和经济发展的文章，都从宋先生的文章和著作中获取了灵感和启迪。即使是现在，宋先生逝世十几年之后，在我的经济学探讨中仍然少不了宋先生经济思想的引领。因此，我深切地感受到了宋先生仍然活在我们的事业中！

---

① 宋则行：《原则与经验的联姻》，载于《经济评论》，1948年第4卷第5期。
② 杨玉生：《不断探索的经济学家——宋则行传略》，载于《中国当代经济学家传略》（五），辽宁人民出版社，1990年版，第226页。
③ 杨玉生：《不断探索的经济学家——宋则行传略》，载于《中国当代经济学家传略》（五），辽宁人民出版社，1990年版，第226页。

兼容并蓄的学术大师

张凤林

宋则行是 20 世纪中国老一代经济学家中的杰出代表之一，他的学术研究的领域涉猎广泛，在有关传统马克思主义经济学、现代西方经济学与社会主义政治经济学的理论研究，以及外国经济史、当代世界经济、特别是中国经济改革与发展的现实研究等方面，均有重要建树，堪称大师级人物。宋则行的经济思想成就与他的基本治学理念和研究方法论密切相关，他历来坚持博采众长，兼容并蓄，在综合吸收各家各派学术思想精华的基础上，形成了具有自身特色的经济理论与应用研究成果。

一、正确看待主流经济学与非主流经济学的分歧，综合借鉴与择适而用

经济学可以说是社会科学中理论纷争最激烈的一个领域。自从其基本的理论体系诞生四五百年以来，各种学说与流派此伏彼起，不同思想与观点争鸣延续不断。尤其是到了当代，这种学派纷争还具有愈演愈烈的态势，并从中衍生出主流派与非主流派的划分。例如，就坚持国家干预主义思想的流派而言，就包括作为正统的主流派——早期的新古典综合、后来的新凯恩斯学派以及晚近的新—新古典综合（New Neo-Classical Synthesis），和非主流的后凯恩斯学派（the Post-Keynesian）以及后来的新卡莱斯基学派（the newer Kaleckian）等。就坚持自由放任主义思想的流派而言，也包括新古典主流派及其在当代的各种新拓展，和作为非主流的奥地利学派以及某种程度上的制度学派或演化学派等。

实际上，经济理论纷争乃至划分为不同学派，本是人们从不同视角去观察和理解经济发展过程的复杂多样性的结果，即使主流与非主流之别也并不意味着理论认知上有什么"优"、"劣"之分。然而，国内外学术界都不同程度地存在着盲目追捧主流经济学、忽视非主流经济学的倾向，特别是国内要更为严重得多，由此导致对于当代西方经济学发展全貌缺乏完整的理解和有效的吸收与借鉴。

宋则行历来反对这种固执一说的偏狭思想倾向，坚持对于西方经济学各流派思想综合借鉴，择适而用。他最初接受的经济学系统训练是马歇尔的新古典经济学以及凯恩斯经济学，留学英国在剑桥大学攻读博士学位期间主要师从于斯拉法、罗宾逊夫人等剑桥派著名经济学家，故而在学术思想上与后来的新剑桥学派亦即处于非主流地位的后凯恩斯主义理论具有更为紧密的亲缘关系。但是他坚持认为，无论是马歇尔经济学还是凯恩斯经济学，亦无论是萨缪尔森等人的主流凯恩斯学派，还是罗宾逊夫人等为代表的非主流凯恩斯学派，都有其特定的学术价值亦即合理的理论内核，故不可轻易地予以褒贬与

存废。如果理性地审视之,它们之间本身实际上是一种相互补充的关系。比如,凯恩斯经济学实际上弥补了马歇尔经济学在宏观经济失衡理论方面的缺陷,而马歇尔经济学则为凯恩斯经济学构筑了一块微观基础。至于凯恩斯主义内部主流派与非主流派之间所谓的"两个剑桥之争",也只是各自理论体系建构与分析的侧重点不同而已,美国波士顿剑桥地区的主流派学者热衷于均衡与总量分析,而英格兰剑桥的非主流派学者更强调动态非均衡的结构分析,这二者同样可以在宏观经济学以及理论抽象程度不同的分析层面上相互补充。

正是基于上述科学的思想方法论,宋则行在从事有关经济理论与现实问题的研究中便能够做到兼容并蓄,综合借鉴与有效吸收包括主流派与非主流派在内的各家各派的思想精华,择适而用。这里试概述其中两个主要的方面。

第一,宋则行坚持把主流派理论作为一般经济分析的重要基础之一。他认为,主流派理论构建了微观经济与宏观经济分析的基本理论框架,虽然拘泥于均衡分析,但是作为一种抽象理论仍然具有不可替代的逻辑意义,可以并且应当成为各类经济问题分析的理论起点或参照点。在借鉴西方主流经济理论研究现实问题方面,宋则行有两个重要的建树:

其一是早在1980年就提出我国经济改革的方向,应该是实行宏观调控下的市场调节。他在《两种层次的计划调节和市场调节》这篇文章中,区分了宏观与微观两个层次的计划调节与市场调节,明确地将经济调节的杠杆引入宏观调控,论证了两个层次不同调节机制的关系。尽管囿于当时大环境限制,尚未明确提出市场经济的概念,但是他在实际上依据凯恩斯经济学与马歇尔经济学之综合的思想,借鉴发达市场经济国家的成熟经验,已经阐述了有控制的市场经济运行的机理。[①]

其二是同样在20世纪80年代初,最早在我国提出应当规范国民经济核算体系,以便为宏观经济理论研究与调控实践确立科学的统计指标框架。他依据凯恩斯主流派关于总需求与总供给相互关系的原理,明确指出应当以最终产品价值作为经济总量的核算指标。这一指标既排除了原先我国长期沿用的"总产值"指标所具有的大量重复计算问题,又弥补了狭义国民收入指标因为忽视重置投资所具有的低估问题。因此,以这一指标为核心来构筑一套包括消费、投资等等在内的经济总量指标体系,并运用宏观调控的方法实现国民经济的综合平衡,即不仅实现总需求与总供给的平衡,而且也要实现总需求与总供给各个部分的结构匹配,诸如消费需求与消费品生产的平衡,投资与储蓄之间的吻合,就可以保证经济的平稳运行,为微观经济有活力地运行创造良好的宏观前提。这种依据正统派凯恩斯主义理论改进我国国民经济核算体系的建议,对于扭转长期计划经济体制下关于国民经济总量的习惯性思维,促进宏观经济管理的思路的日益科学化与规范化,产生了重要的意义。[②]

第二,宋则行善于将非主流派的学术思想精华应用于相关领域的研究之中,这特别突出地体现在他对于新剑桥学派这一凯恩斯主义非主流派的思想引进与借鉴应用上。宋

[①] 宋则行:《转轨中经济运行问题研究》,辽宁大学出版社,1997年版,第5~21页。
[②] 宋则行:《转轨中经济运行问题研究》,辽宁大学出版社,1997年版,第123~153页。

则行是在国内最先系统引进并科学评价新剑桥学派亦即后凯恩斯主义经济学的学者,这既缘于他当年留学英格兰剑桥大学的学术背景,更主要的还是其所秉承的兼容并蓄的治学方法所使然。他高度评价新剑桥学派力图超越流行的均衡观念,强调现实动态与不确定性,并力图在古典派阶级分析理论的基础上重构宏观分析的微观基础的理论价值,认为这是促使经济学更加贴近市场经济现实的一种努力。尽管他对于新剑桥学派特别是罗宾逊夫人抨击主流派的某些激进观点并不赞同,但是却充分肯定这一学派不同学者的若干重要经济理论建树。

例如,他高度赞扬罗宾逊、卡尔多分别提出、并且经由帕西内蒂(L. L. Pasinetti)加以系统化的融收入分配与经济增长于一炉的增长模型,认为这一理论建构在思想本质上体现了古典派乃至马克思的传统。其特点在于:不仅揭示了经济增长率的决定机制,而且也分析了增长过程中职能收入分配的变动规律;不仅展示了增长过程中的各种相关变量关系,而且着重指出了由于现实利润率与预期利润率的背离所可能引发的资本主义经济增长过程的内在不稳定性。他认为,这显然"是一个重要的论断",[1]并且将这一理论成果巧妙地借鉴应用到关于一般经济增长理论以及社会主义适度经济增长的现实问题研究中。

再比如,他高度重视新剑桥学派关于宏观经济管理不应单纯关注就业与增长总量,更要注重就业与增长内容的理论观点与政策主张,认为这是对拘泥于总量平衡的主流派思想的一种超越,并且将这一思想融入其关于如何提高我国宏观经济运行效益的研究中。在其1982年发表的《提高经济效益的宏观政策》一文中,宋则行明确提出,我国社会主义经济不仅要讲究微观经济效益,更要讲究宏观经济效益,他为此而提出了十条措施,其中除了谈到要确立良好的经济体制前提以外,有两条特别强调经济结构的协调发展与投资决策的合理制定。他指出,投资决策合理与否是影响宏观经济效益的一个重要因素,而要确保投资决策的合理化,一是要控制好规模,使其与国力相适应,二是要规划好方向,使其与国民需求相吻合,具体安排好各种建设的比例关系。[2] 这里显然体现了罗宾逊等人关于投资内容合理化的重要思想。

又比如,他对于新剑桥学派关于市场不完全竞争性、特别是劳动市场工资谈判机制的理论观点也持肯定的态度,认为这一理论比主流派的完全竞争市场假说更贴近现实。他将这一理论观点应用于自己关于发达市场经济国家20世纪70年代普遍存在的"滞胀"现象的分析中,指出就现代西方经济理论而言,无论是正统凯恩斯学派还是正统自由主义的货币学派,都难以对滞胀提供令人信服的解释,相比之下,新剑桥学派的理论解析要更胜一筹。[3]

除了上述以外,宋则行还积极倡导对于主流与非主流经济学派的比较研究,借以深化人们对于当代经济学发展多元化的理解,以及对于复杂社会经济现象的理论认知。他特别重视关于当代凯恩斯主义内部的主流派与非主流派两大理论体系纷争的历史渊源与

---

[1] 宋则行:《马克思经济理论再认识》,经济科学出版社,1997年版,第150页。
[2] 宋则行,《转轨中的经济运行问题研究》,辽宁大学出版社,1997年版,第85~95页。
[3] 《宋则行经济论文集》,辽宁大学出版社,1987年版,第465、493、501页。

思想基础的解析，指导所带研究生团队有计划地进行理论攻关，在此领域取得了一系列在国内居于领先水平的研究成果。当然，宋则行对于经济理论的比较研究并不仅仅限于主流派与非主流派之间，也不仅仅限于通常所谓的"西方经济学"内部，而且还扩展到现代西方经济学与传统马克思经济学之间，这正是下面将要谈到的内容。

二、超越马克思经济学与当代经济学的传统壁垒，实现理论沟通与创新

由于意识形态与价值取向的原因，马克思主义经济学与现代西方经济学曾经长期被认为是冰炭不同炉的两大极端对立的经济思想体系。即使是经过这么多年体制改革与思想解放，这种关于两大思想体系割裂开来的僵化思维模式在我国目前依然根深蒂固。一方面，坚持马克思主义的经济学家（通常以老一代学者居多）继续强化"主义"之争，不愿吸收和借鉴现代西方经济学发展的新成果。另一方面，崇尚现代西方经济学新潮流的学者（大多以中青年为主体）由于厌弃马克思经济学所固有的意识形态色彩，也拒绝承认马克思经济思想所蕴含的科学价值及其历史与现实意义。真正能够做到对这两大经济思想体系深入地展开学理式研究和比较分析，即根据现代经济学的新方法去挖掘马克思经济思想的科学内核，使之更具有现代气息的人，可谓凤毛麟角。而对于一个长期浸润于马克思主义意识形态之中，如今却要向市场经济体制转轨的国家来说，恰恰又需要能够超越意识形态壁垒、融两大经济思想体系精华于一炉的思想理论的指导。所以，促进现代西方经济学与马克思主义经济学的学术沟通，既是经济科学理论本身健康发展的需要，也是建设有中国特色社会主义市场经济的现实要求。

宋则行坚持兼容并蓄的科学方法论，使他能够超出中国学术界长期流行的这种狭隘视界，超越意识形态的鸿沟，去进行有关现代经济学与马克思经济学的比较研究与学术沟通，并取得了重要成就，填补了若干理论空白。宋则行青年时代曾出于追求社会公平与正义而自发接受过马克思主义熏陶，尔后又系统接受了马歇尔以来的现代西方经济学的训练，留学归国后在当时的社会时代背景下又开始系统研究以《资本论》为代表的马克思主义经典，从而成为国内老、中、青几代学者中能够同时精通这两大经济思想体系的极少数人之一。他利用这种宽厚的学术背景优势，进行了富有创新性的学术比较与沟通工作。

就基本的价值取向而言，他应当属于马克思主义经济学家，因为他坚持马克思关于劳动决定价值以及剩余价值等基本原理。但是接受现代西方经济学系统训练的经历，又使得他十分重视西方经济学家关于市场经济运行的各种理论解说，诸如如何维持宏观经济平衡、保持稳定增长、提高资源配置效率、促进国民福利提升以及收入分配改善等。由此便形成了他独特的学术风格，既坚持马克思主义基本原理，又不拘泥于其传统教条，而是借鉴现代西方经济学的分析方法，着力在有关经济运行的理论层面发掘与拓展马克思经济学的若干原理，彰显其对于现代社会经济运行问题分析的理论价值与现实意义。也就是说，他是从与现代西方经济理论相融合的视角，来坚持和发展马克思主义经济学，从而形成了一些创新性研究成果。

第一，关于马克思扩大再生产公式的精细化分析。马克思的社会再生产公式是其关于宏观经济运行平衡条件的实证分析，其原始的论证方法较为简单，故而引发了后世学

者的诸多争论，特别是关于扩大再生产条件下各部门究竟保持怎样的均衡关系，一直存在着认识偏差，并且在社会主义初期实践中导致了过分强调重工业和生产资料增长而忽视轻工业和消费资料生产的严重失误。有鉴于此，宋则行在20世纪60年代初深入研究马克思的再生产理论，试图通过科学解读马克思的再生产公式，从理论上根本纠正"大炼钢铁"等等导致结构失衡的错误倾向。他借鉴现代西方经济学的数理推导方法，把凯恩斯经济学总需求决定总供给的思想及相关原理吸收进来，对马克思的扩大再生产理论进行了精细化的分析与拓展。例如，他明确提出扩大再生产的基本实现条件除了 I（v+m）> II c 以外，还必须有 II $(c+m-\frac{m}{x})$ > I $(v+\frac{m}{x})$ II（c+m）。后者表明了消费资料扩大再生产对生产资料扩大再生产的制约作用。就两部门的平衡关系而言，也可以表述为：I $(v+\Delta v+\frac{m}{x})$ = II $(c+\Delta c)$。后者表明了消费资料扩大再生产对生产资料扩大再生产的制约作用，从而澄清了学术界在这个问题上的一些模糊认识。他对扩大再生产条件下经济各部门间保持动态平衡的数量关系进行了严谨推导，不仅考察了生产资料与消费资料两大部类之间的动态比例关系，而且还进一步考察了生产生产资料的生产资料与生产消费资料的生产资料之间的动态关系，进而考察了它们与两大部类各自总产值之间的相互动态比例关系。分析了资本有机构成、积累率、剩余产品率三个因素变化的不同后果，进而证明在技术进步的扩大再生产条件下，第一部类生产的增长要快于第二部类的增长，但是两者必须保持相互平衡与相互制约的关系。经济增长速度的提高将会导致劳动手段的增速快于劳动对象以及消费资料的增速，但同时也要受到后两类生产的增长规模和速度的制约。[①]

第二，对于马克思的经济增长理论的模式化建构。以往的学者大多认为马克思缺少经济增长理论，他的扩大再生产示例尚难以与现代的增长模式相媲美。即使国内有人曾经试图依据马克思的思想推导其增长模型，但仍未能够实现其与现代经济学的有效理论沟通。宋则行在这方面进行了富有成效的理论建构。他认为马克思的扩大再生产表式虽然以两部类结构的形式给出，但是却可以通过加总合并而形成总产值、总资本、总剩余价值等变量，然后根据该表式连续5年的数字计算所体现的思路，构造出由剩余价值积累率、资本有机构成、剩余价值率三个因素所决定的马克思的经济增长公式。具体来说，在保持各部门扩大再生产平衡关系的条件下，初始年份和随后一年的总产值分别为：

$q=c+v+m$ 和 $q'=c'+v'+m'=(c+\Delta c)+(v+\Delta v)+m'$。令增长率 $g=(q'-q)/q$，则可得：

$$g=\frac{[(c+\Delta c)+(v+\Delta v)+m']}{[c+v+m]}-1$$

若以 j 和 m_r 分别表示资本有机构成和剩余价值率，以 s_m 代表剩余价值的积累率，则在马克思假定的资本构成与剩余价值率不变的条件下，将有 $j=c/v=(c+\Delta c)/(v$

[①] 宋则行：《马克思经济理论再认识》，经济科学出版社，1997年版，第76~130页。

$+\Delta v$),$m_r = m/v = m'/(v+\Delta v)$,$s_m = (\Delta c + \Delta v)/m$。此外，通过进一步推导还可以将增长率简化为 $g = \Delta v/v$，并可将剩余价值率纳入 $\Delta v/v = \dfrac{s_m \cdot m_r}{j+1}$。于是便得到马克思的增长率公式：

$$g = \frac{s_m \cdot m_r}{[j+1]} \tag{1}$$

该式表明，一国国民收入的增长率与资本有机构成按反方向变化，而与剩余价值率以及其积累率成正比。给定资本构成，若剩余价值率越高，其中用于积累的份额越大，则增长率越高。

上面构造的马克思的增长公式，就基本变量关系而言，与现代西方经济学中的增长模型是完全一致的。例如，作为当代西方增长理论的开山之作的哈罗德模型，就完全可以由马克思的上述增长公式推导出来，即

$$g = \frac{s_m \cdot m_r}{[j+1]} = \frac{\dfrac{\Delta c + \Delta v}{m} \cdot \dfrac{m}{v}}{\dfrac{c}{v}+1} = \frac{\Delta c + \Delta v}{v+m} \cdot \dfrac{\dfrac{v+m}{v}}{\dfrac{c+v}{v}} = \frac{\Delta c + \Delta v}{v+m} \Big/ \frac{c+v}{v+m} \tag{2}$$

上式最右侧中的 $\dfrac{\Delta c + \Delta v}{v+m}$，相当于哈罗德模型中的储蓄率（s），$\dfrac{c+v}{v+m}$ 相当于资本—产出比率（C），即 $g = \dfrac{s}{C}$。不仅如此，还可以由此进一步打通马克思的增长公式与罗宾逊夫人等后凯恩斯学派增长模型的关系。后凯恩斯学派像马克思与古典学派一样，强调阶级分析，将国民收入划分为工资与利润两大范畴，并注重部门结构比例关系对总量平衡的影响。其以"剑桥等式"（Cambridge equation）著称的增长模型以利润率和增长率同时决定为特点，即 $\pi = g/s_p$。其中，π 和 s_p 分别代表利润率和利润储蓄（积累）率。该式同样可以从上述马克思的公式中推导出来，即

$$g = \frac{s_m \cdot m_r}{[j+1]} = s_m \cdot \frac{\dfrac{m}{v}}{\dfrac{c+v}{v}} = s_m \cdot \frac{m}{c+v'} \tag{3}$$

上式中的 s_m 在储蓄等于投资的均衡条件下将等同于 s_p，而 $\dfrac{m}{c+v}$ 即相当于利润率 π。这种情况表明，就经济增长的基本变量关系而言，依据马克思的扩大再生产表式推导的增长公式与现代西方经济学的各种经典增长模型，是完全一致的。

不仅如此，实际上这两大经济理论体系的增长模型所蕴含的市场经济条件下经济增长具有内在不稳定性的思想，也是颇为相似的。在马克思那里，个别企业有组织和整个社会生产的自发性，使得分散决策的企业家预期利润与实际利润相背离，导致实际的经济增长具有不稳定性。而哈罗德模型基于凯恩斯投资与储蓄难以吻合的原理，表明了经济因缺乏内在调节机制而难以实现充分就业均衡增长的必然性。至于罗宾逊等人的后凯恩斯模型，则不仅论证了经济不稳定增长的必然性，而且包含了增长过程中工资收入相对恶化的可能性，从而引出较为激进的通过改善收入分配促进经济稳定增长的政策含义。

第三，对马克思生产价格理论的科学解读。马克思的生产价格理论实际上是其劳动价值与剩余价值原理从抽象层面向资本主义商品经济运行具体层面的一种转化形式，它表明由于资本主义竞争驱使剩余价值在各部门间日益平均化，使得等量资本获得等量利润，商品价值便转化为成本加平均利润的生产价格。如果各部门资本有机构成不同，那么每个部门自然可能出现生产价格偏离（高于或低于）价值的情况。但是社会的总利润则必然等于总剩余价值，总生产价格也必然等于总价值。所以，这种剩余价值（或利润）向平均利润或价值向生产价格的转化，恰恰是价值规律在资本主义历史条件下的具体体现。恩格斯后来曾明确指出，马克思的生产价格理论解决了李嘉图体系的一个难题，即价值规律与平均利润率规律的矛盾。恩格斯写道："等额的资本，不论它们使用多少活劳动，总会在相同的时间内生产平均的相等的利润。因此这就和价值规律发生了矛盾。李嘉图已经发现了这个矛盾，但是他的学派同样没有解决这个矛盾。……马克思在《批判》手稿中已经解决了这个矛盾。"①

马克思的这种价值转化理论，毫无疑问具有历史性的科学价值，但是其具体的分析方法仍有待于完善，因为从社会生产中投入与产出连续循环的角度出发，它并没有说明在投入始点的生产价格是怎样形成的。这也正是引发后世包括马克思主义经济学家、非马克思主义经济学家乃至反马克思主义经济学家在内的众多学者旷日持久地争论的重要原因。而如果不从理论上解决这个问题，似乎将有损于马克思的转化理论的巨大历史价值。

宋则行在系统借鉴当代西方不同学派的学者有关转化理论的大量经典文献的基础上，以其丰厚的学养对马克思的生产价格理论进行了富有特色的科学解读。他特别地吸收了其剑桥大学时的导师、当代著名经济学家斯拉法（P. Sraffa）的研究成果，将斯拉法在《用商品生产商品》（1960）一书中提出的理论体系与马克思的理论体系进行了深入的比较研究。他指出，斯拉法的理论就其基本前提假设而言（诸如部门结构关系、生产成本定价、阶级收入范畴等等），反映了包括马克思在内的古典主义传统，而其采用的分析方法则是与马克思相似的逻辑与历史相统一的方法（诸如沿着从维持生存的简单模式→有剩余的生存工资模式→有剩余的超生存工资模式的演绎过程），这就为两大体系的相互沟通与融合奠定了基础。不仅如此，斯拉法理论体系的主旨，是在生产价格的逻辑层次上论证有关商品价值决定以及分配变动对价值决定影响的关系问题。他借助于"标准体系"的建构，用标准商品解决了不变价值尺度的决定问题，利用标准体系的生产方程论证了平均利润率规律，并且进一步通过"还原劳动"的推理解决了生产价格向价值还原或转化的问题。这样，斯拉法实际上就在经济运行的现实层面上弥补了马克思转化分析的技术上的缺陷，同时又证明了马克思原有理论的基本思想的科学性。宋则行对马克思的生产价格理论的这种创新性解读，在国内堪称独树一帜，它纠正了以往学术界存在着的既无视马克思关于转化理论的技术性缺陷、又盲目排斥斯拉法的重要学术贡献的偏僻倾向，通过对两大体系实事求是的学理性比较研究，真正在对东西方不同学

---

① 恩格斯：《〈资本论〉第2卷序言》，《资本论》第2卷，人民出版社，2004年版，第24页。

者经济思想融会贯通的基础上,实现了对于马克思经济学的科学继承与发展。

三、紧密结合中国社会体制改革与经济发展实践,促进经济理论本土化

长期以来,无论是马克思主义经济学,还是现代西方经济学,都属于所谓"西学东渐"的舶来品。这显然与近代以来中国社会经济发展日益停滞、严重落后于西方世界有关。进入20世纪、特别是中国实行社会经济体制改革与对外开放的近40年来,伴随着中华民族复兴的雄伟步伐,中国的经济学发展也呈现出前所未有的繁荣景象。其中一个突出的特点就是,一些富有创新意识的经济学家不再仅仅限于引进与推介,而是更加注重将国外的经济思想(不论是传统马克思经济思想,还是当代西方经济思想新潮流)应用于中国社会经济的现实问题研究之中,根据中国的实践经验对既往理论进行检验和证伪,力求去粗取精与推陈出新,从而逐步形成反映中国国情、具有中国特色的本土化的经济思想体系建构。应当说,这是一项任重而道远的艰巨复杂的理论工程,它既是实现中国经济学理论创新的核心所在,也是实现我国社会政治、经济、文化全面现代化的重要组成部分之一。

宋则行是我国老一代学者中积极推进中国经济学本土化创新,并做出重要贡献的杰出代表之一。他不仅拥有渊博的经济学识,精通马克思主义经济学与现代西方经济学,而且具有深厚的家国情怀,终生致力于经世济民,以实现国家繁荣富强。他认为,中国的改革开放离不开经济理论的指导,具有中国特色社会主义的市场经济体制,客观上要求中国经济学的理论创新。这种历史责任感使得他能够始终直面现实生活的挑战,立足于中国社会实践去进行创造性理论研究工作。他在这方面的著述较多,其中具有代表性的重要成果是关于社会主义宏观经济学的建构。

这里所说的社会主义宏观经济学,实际上就是关于我国在经济体制转轨时期宏观经济运行的理论分析。虽然现代西方国家已经形成了比较成熟的反映市场经济运行机理的宏观经济学与微观经济学体系,但是中国社会制度、技术、人口、资源与环境等等方面的特殊性,使得这些理论在运用于我国时将不得不进行某些修正。另一方面,马克思主义经济学由于过去长时期的"意识形态化"解读,基本上被限定于所谓"生产关系"分析范畴,使其理论在原生的形态上难以适应社会主义生产力与经济运行问题的研究。因此,无论是就促进中国体制改革与经济发展的实践需要而言,还是从提升中国理论经济学发展水平的客观要求来看,都有必要进行有关中国社会主义经济运行分析的理论创新工作,其中社会主义宏观经济学的建构就是一项重要内容。

宋则行早在20世纪60年代就开始思考社会主义宏观经济学的建构问题,改革开放以后则付诸实际理论操作。他一方面科学地借鉴现代西方宏观经济学的基本原理,另一方面又系统地发掘马克思经济学关于经济运行分析的重要思想遗产,在立足于中国社会现实的基础上将这两方面的理论元素有机地整合,进而逐渐形成了具有一定的"中国特色"的宏观经济学体系。这具体体现在他主编的《社会主义宏观经济学》一书(1989年)以及若干重要学术论文中。这些著述系统地发表于20世纪80年代中后期,距今已有30多年,其中关于我国经济运行一般理论问题的透辟分析以及对于现实中若干热点、难点问题的真知灼见,不仅在当时具有填补学术供给空白的重要理论价值,就是在今天

看来也仍然具有实践指导意义。下面试从几个方面予以简要评述。

其一，实现了社会主义宏观经济学体系的某种创新。《社会主义宏观经济学》一书属于当时为数不多的同类著作之一，带有理论开拓的性质。该书打破了既往关于社会主义经济分析"言必称生产关系"的套路，在明确理论基础与现实前提的条件下直接切入经济运行分析，按照社会主义总生产或总供给分析、社会主义总需求分析、社会总供求平衡及宏观调控机制与政策几个层次依序展开，每个层次都同时包含有总量与结构分析，并且力求使有关运行机制的理论分析与关于宏观调控的政策原理相互匹配。尤其值得称道的是，在这一理论框架体系内，不仅可以容纳马克思关于再生产比例关系的原理，而且也广泛吸收和借鉴西方现代宏观经济学的诸多原理，较好地在宏观经济运行层面实现了两大思想体系的有效融合。

其二，能够结合中国社会主义初级阶段的现实情况，对既往的经济运行理论予以必要修正、调整与发展完善。这方面的一个重要例子是其将马克思的再生产比例关系原理加以细化，由两大部类分析拓展为三大部类分析。部门结构比例失调可以说是长期以来我国经济运行中的痼疾之一。为了解决这一问题，就需要从理论上深入解析国民经济各部门之间的相互关系原理，以及可能引起比例关系失衡的因素。宋则行认为，马克思的两大部类分析固然对此提供了基本的思想指导，但是仍有待于进一步细化。马克思并没有将作为劳动手段的生产资料（机器等固定资产）与作为劳动对象的生产资料（原、燃材料等流动资产）区别开来，实际上忽略了固定资产投资及其折旧问题，这将不利于宏观经济核算的精确化以及部门结构关系调整的精准化。因此，应该加以扩展。他尝试将马克思的两部类模式扩展为三部类模式：即第Ⅰ部类为专门生产固定资产设备的投资品部门，第Ⅱ部类为消费品部门，第Ⅲ部类为专门生产原、燃材料等中间产品的部门。前两个部门属于计入国民产值核算的最终产品生产，第三个部门则不进入国民产值核算。他进一步仿照马克思的方法，分别具体论证了简单再生产与扩大再生产条件下三个部类之间的比例与平衡关系，以及保持平衡发展所必须维持的条件。这个研究成果将有助于我们更深入地把握国民经济运行中各部门之间复杂的结构关系，进而为宏观调控的总量与结构政策提供更为精准的理论依据。

其三，与上相联系，宋则行在认真总结新中国建立以来国民经济运行经验教训的基础上，提出了适度经济增长率的理论模型，并且将其作为社会主义宏观经济分析的重要理论基础之一。我国过去经济发展中的惨痛教训之一，就是不顾资源等等条件的约束盲目追求高积累与高增长，结果导致经济总量大起大落，比例结构严重失调，经济效益相当低下。这种局面不仅在计划经济时期经常出现，就是在改革开放的初期阶段也时有发生。因此，如何从理论上确定适度的经济增长率，自然就成为社会主义宏观经济学所必须回答的至关重要问题。宋则行将其综合依据马克思经济思想与现代经济学原理所构建的一般增长模型[即前面的公式（1）]进一步修正和扩展，引入劳动生产率因素（以 P 表示），将资本有机构成改称"资金技术构成"（以 t 表示），并且用国民收入中的积累比率（s）取代剩余价值积累率，从而使前述的增长率转化为 $g = sP/t$。若再分别引入劳动生产率与资金技术构成的跨期变化率（分别以 ρ 和 β 表示），即有 $p' = P(1+\rho)$ 和 $t' = t(1+\beta)$，就得到一个更为展开的社会主义经济运行条件下的增长率公式：

$$g = \frac{sP'}{t'} + \rho = \frac{sP}{t} \cdot \frac{(1+\rho)}{(1+\beta)} + \rho \tag{4}$$

该式表明，特定年份的增长率将要受到积累率、劳动生产率、资金技术构成以及劳动生产率和资金技术构成的变化率等多种变量的影响。其基本的变动规律是：与积累率和劳动生产率成正方向变化，与资金技术构成及其增长率成反方向变化。其中，劳动生产率及其增长率要受到微观管理、激励机制、宏观结构等多种因素的综合制约。资金技术比率及其增长则由投资及相应的技术类型所决定，比如资金密集型技术将导致 β>0 和 t 的提高，反之则相反。由此可以进一步推知经济增长过程中就业量的变化率，当 ρ<β 时，增长会促进就业增长率的提升，反之则相反。

宋则行认为，这个包含多变量的增长模型可以成为确定我国转轨期国民经济适度增长率的理论基础。要保持经济的适度增长，首先要确定适度的积累率，使国民收入保持合理的积累与消费比例。其次要保证投资与积累或储蓄的平衡，避免过去的"投资饥渴症"所导致的盲目扩大投资的不良后果。再次要注重提高劳动生产力和技术类型选择（比如劳动密集型技术还是资金密集型技术），从而既有助于提高总增长率又有利于实现充分就业。此外，还需要改进资本投资效率，保证部门结构平衡，这些都将直接、间接地影响到劳动生产力的变化。最后，国家还要根据经济周期的不同形势，采取政策手段相应地调控相关变量，特别是积累率与投资，以尽量熨平经济的周期波动，"化大起大落为小起小落"，保持经济总体上持续、稳定、协调地发展。[①]

综上所述，宋则行确实是一位卓有成就的经济学家。他的学术成就为 20 世纪中国经济学的发展增添了浓墨重彩的一笔。这些成就像其他许多杰出的中国老一代经济学前辈们的成就一样，将成为中国经济学在未来进一步发展与繁荣所不可或缺的思想养料和学术基础。

不仅如此，宋则行兼容并蓄的治学理念与学术品格，也是他留给我们的宝贵精神财富。兼容并蓄不仅是一种治学方法，同时也是一种学术品格和精神境界。如前所述，人类社会经济过程是错综复杂的，任何一种经济学体系都难以对此过程作出全面的理论概括，这样，由于研究者分析视角、个人偏好等等的不同，便会形成相互竞争的不同思想学派。

各个经济学派之间表面是相互竞争的关系，实质上却具有某种理论互补性，它们对于我们完整地认识人类社会复杂的经济运行全过程都是不可缺少的。因此，只有广泛地吸收和借鉴不同学术思潮的思想成果，才能避免以偏概全，更有利于达到或接近对于客观经济世界的真理性认知。

[①] 宋则行：《适度经济增长率及其制约因素》，原载于《我的经济观》（第 2 册），江苏人民出版社，1992 年版，后收录于《转轨中的经济运行问题研究》，辽宁大学出版社，1997 年版，第 263～297 页。

宋先生往事杂忆

李 平

"一马走三关"

宋先生是个不同寻常的人。一般来说，教授或名家通常会在自己的某个专业领域负有盛名，然而，宋先生的学问却横跨了外国经济思想史（包括西方经济学）、马克思经济理论和外国经济史三个专业领域，而且在这些研究领域不同程度上都卓有成就。为什么会是这样？你可以说是天资注定，也可以说是后天力致，都有道理。但为什么恰恰是这三个专业领域呢？他是对这三个领域都有先天的兴趣，听从好奇心的导引，还是出于某些特殊的原因，任由命运使然？我是好久分辨不清楚。直到最近重读宋先生夫人（我们称她肖姨）晚年写的一本未出版的自传《风雨人生》，才找到厘清这个问题的重要线索。《风雨人生》主要讲肖姨自己多难且多彩的人生，宋先生的事只是作为自传的副线，着墨不多。但我读这本自传的副线时，有一种感觉，就像专听一首歌的副歌部分一样，华彩和高潮都在这里。

按照肖姨写的《风雨人生》，宋先生应该是1939年毕业于国民政府的中央政治学校（后来在台湾复校为政治大学）大学部的经济系。肖姨说，宋先生高中时理科一直很好，本想报考清华大学，但因家道中落，才报考了吃、住一切免费的中央政校。1941年，宋先生又考入南开大学经济研究所攻读研究生，1945年考取公费留学去英国剑桥攻读博士研究生，1948年获得剑桥大学的博士学位后，回国。宋先生在他晚年出版的自选论文集《马克思经济理论再认识》（经济科学出版社，1997年）前言中说，在国内外求学这一时期，他"一头扎入西方经济学的书刊中，成天埋首于马歇尔、庇古、凯恩斯、琼·罗宾逊和希克斯等人的著作"。也就是说，宋先生早年的学术训练和功底是西方经济学。剑桥大学的博士学位和皇家经济学会终身会员的荣誉，足以证明他受到的学术训练有多严格，学术功底有多扎实。如果回国做学问，并且环境允许的话，宋先生应该首先在西方经济学或外国经济思想史领域崭露头角。

但是，事情发展的轨迹并不像我们通常预想的那样。回国后，1949年宋先生接到了当时的暨南大学、复旦大学、南开大学和岭南大学的聘请，其中，复旦大学还聘请他出任工商管理系的主任。差不多同时，东北统计局也到南方招聘大学生、硕士研究生和归国的留学生。二者之间，宋先生婉辞了各大学的聘请，选择去东北统计局下设的一个部门，负责对工矿企业及私营工商业的普查工作，为编制国民经济第一个五年计划提供统计依据。看到这段历史，我似乎有些不解，宋先生为什么会做出这样的选择呢？据我所知，在国内与宋先生早年教育经历惊人相似、甚至同轨的是南开大学杨敬年教授。杨教授1936年毕业于民国政府中央政治学校大学部的行政系，然后进入南开大学经济研究所攻读研究生。与宋先生一样，也是1945年考取公费去英国读博士，在牛津大学就读。1948年获得博士学位回国后，去南开大学任教［参见陈朝华主编《最后的文化贵族》（第二辑），南方日报出版社，2008年］。宋先生做出与之不同的选择，可能有他的道理。肖姨说："宋回国后本想做些实际工作，而不是去教书。"但为什么是统计局的实际工作，而不是别的呢？我猜测，宋先生应聘东北统计局，与他出国留学前曾在国民政府的中央设计局工作有关。当时，设计局的任务是制定抗战后国民经济恢复计划草案。设计局下设调查研究处，调查研究处又下设冶金、农业、资金和货币若干组，宋先生任资金组组长。既然选择做些实际工作，而不是去教书，去东北统计局自然可以把自己曾经熟悉和喜欢的工作重新衔接起来吧。

然而，工作时间不长，1952年东北统计局实施行政改组，同时宣布调宋先生去东北财经学院教书。行政改组可能只是调宋先生去教书的表面理由。按照肖姨的说法，东北统计局是国家一级保密部门，宋先生因有"海外关系"（如实地在档案登记表上将留学后在美国工作的杨书进先生，列入了个人的"社会关系"）和"家庭出身问题"（如实地根据自己祖父是一个破落地主，在档案登记表上填写了地主出身），难以留在保密部门，就这样在改组的过程中，宋先生被调转到了东北财经学院。短暂地偏离学术圈子后，宋先生又回到了大学。财经学院后来经合并、重组，改名为辽宁大学。

当时，东北财经学院的院长是何松亭，财经学院后来更名为辽宁大学的首任校长也是他，曾留学于英国伦敦政治经济学院。同样的留学背景，相信他不会低估宋先生的学术功底。事实上也是如此，宋先生当时被任命为经济系政治经济学教研室主任。但这个教研室主任并不好当。1953年，国内已经进入学习斯大林《苏联社会主义经济问题》一书的高潮中，政治经济学成为"主流"，而宋先生过去学的都是西方经济学，用他的话说，"《资本论》虽然看过，但未精读"。做了政治经济学教研室主任，就要下功夫钻研马克思的政治经济学。宋先生当时应该很清楚：西方经济学在那个年代，难有用武之地，要安身立命，就得暂时放下西方经济学，下功夫研究《资本论》。于是，他在学院宿舍借了一间小屋，日夜苦读。

那个年代，安心读书不是一件易事。"留学英国"、"海外关系"和"地主出身"，这几条中只要有一条就能把人压死，何况宋还具备了三条。虽然宋先生自己是那种"风波远我，我远风波"的人，但是，在那个年代，惹祸上身，是迟早的事。1957年，"反右"进入高潮。宋先生因为不是党员，被认为不适合教政治经济学课程，当政治经济学教研室主任就更不合适了。结果，组织上把他调到外经史教研室了。虽然宋先生自己十分平静地对家人说也很喜欢经济史这门课，但能想象得出，他内心一定是万分苦楚。外经史在当时毕竟不是一个"热门"专业，被迫从政治经济学教研室主任转到外经史教研室做一名普通教师，难免会有一种在政治上不被信任的感觉。不过，接下来宋先生一定是拿出时间转向了"冷门"的外国经济史教学和研究，而且做得有声有色，一如"剩水残山无态度，却被疏梅料理成风月"。1965年，人民出版社出版了樊亢与宋则行联合主编的《外国经济史（近代现代）》（共三册）高等学校本科教材，以后又经修订再版，影响甚广。后来，1973年，人民出版社又出版了樊亢和宋则行等人主编的《主要资本主义国家经济简史》。再后来，1994年，经济科学出版社出版了他们二人主编的《世界经济史》（上、中、下三册）。这样骄人的成绩，除了个人天资和努力外，总应该有一点与早年求学经历有关的东西吧。从肖姨的自传中发现，宋先生早年在南开大学经济研究所读硕士学位时，硕士论文的指导教师是1939年获得美国哈佛大学经济史专业博士学位、后来大名鼎鼎的经济史学家陈振汉先生。

宋先生虽然被迫转向外国经济史的研究，但他应该并未放弃研究马克思政治经济学。有心种花不让种，就偷偷种。1961年12月，他在《光明日报》发表文章《也谈扩大再生产公式》。1962年他在《经济研究》（第8期）发表《关于社会生产两大部类之间数量关系的几个问题》，同年，在《辽宁大学科学论文集（社会科学）》上发表《消费资料生产在扩大再生产中的制约作用》。在这几篇文章中，宋先生根据马克思《资本论》的表述，创造性地补充并完善了马克思有关社会扩大再生产的表达公式，并通过自己补充后的公式，探讨了社会扩大再生产过程中部门结构之间的相互制约关系。这几篇文章，是宋先生回国后在国内马克思经济理论研究领域的成名作，但却是在组织上安排他由政治经济学教研室主任转到外国经济史教研室多年之后写出的，可见在那一段时间里，他是一边按照组织的安排从事外国经济史的教学和研究，一边在不被允许讲授政治经济学课程的情况下，暗自下功夫研究马克思的经济理论。结果是20世纪60年代，他在外国经济史和马克思经济理论研究两个领域都取得了骄人的成绩。

另一个宋先生驰骋的学术领域是外国经济思想史或西方经济学。就宋先生早年的学术训练来说，他在这个领域应该是驾轻就熟的，但在国内"反右"、"大跃进"和"文革"运动一波连一波的那个年代，政治经济学是"主流"，对外国的经济学说鲜有研究，更无正式发表和出版的机会。1962－1964年，商务印书馆陆续出版了《当代资产阶级经济学说》，共5册，包括凯恩斯主义、垄断经济学、计量经济学、人民资本主义等，主要是为了配合"主流"的政治经济学研究。像宋先生这样的从英国剑桥大学毕业的经济学博士，在国内属凤毛麟角，加上又是垄断竞争经济理论创始人之一罗宾逊夫人的学生，按理说应当参与撰写凯恩斯主义或垄断经济学的部分。我最近在孔夫子旧书网上查看了这几册书的署名作者，没有宋先生。我很疑惑。再看肖姨写的自传，发现一点可以解释的理由。1964年，中央组织部派人到宋先生家找他谈话，说他的"海外关系"牵涉人杨书进先生已经在联合国远东经济委员会工作，表现很积极，很进步，希望宋先生与他多联系，为国家做贡献。至此，宋先生"特嫌"的帽子被摘除了，随后被学校任命为经济系主任。想象得出，那个年代，带着"特嫌"的帽子是不会有人请他撰写当代资产阶级经济学说著作的，即使他是国内那方面少有的专家学者。

宋先生在国内正式地开始研究外国经济思想史或西方经济学，应该是在"文革"结束后，离他从英国留学回来已经过去了三十年。如果做个反事实的假设，那三十年他本应该继续在外国经济思想史或西方经济学上下功夫，甚至可以像现在的"海归"一样，自由地运用现代经济学的方法研究中国的经济问题。可事实的轨迹不是这样。好在在他60岁左右的时候迎来了改革开放的宽松环境，给了他一个可以施展西方经济学功底的用武之地。1980年,人民出版社出版了许涤新主编的《政治经济学辞典》(上、中、下三册)。实际上,这是一部较大型的经济学辞典,涵盖马克思政治经济学、中国经济思想史、外国经济思想史、社会主义经济和部门经济九个门类。外国经济思想史部分在这套辞典的中册。当时国内还没有西方经济学这个概念,而只有外国经济思想史,西方经济学的内容是被列置在外国经济思想史这个门类下。外国经济思想史的词条包括新剑桥学派、后凯恩斯主义等等。由于这部辞典在每个词条后面并没有注明作者个人,只是在辞典的中册后面列出了该册主要供稿单位,辽宁大学是其中之一,因此无法直接判断哪些词条为宋先生执笔。不过还是能够找到可供考证的线索。当时我正在读大学,曾听经济系的老师说,辽宁大学就是宋先生参与编撰了这部当时非常有影响的辞典(据杨玉生师兄后来回忆说,当年,宋先生是这部辞典外国经济思想史部分的主编之一)。我估计像新剑桥学派、后凯恩斯主义这样的词条的撰写者,可能非宋先生莫属,因为宋先生是琼·罗宾逊的学生,而琼·罗宾逊是新剑桥学派的代表人物,加上那个年代国内学界公认宋先生是新剑桥学派在国内的权威阐释者。1981年,中国社会科学出版社出版了一套外国经济学说研究会编辑的一套《国外经济学讲座》丛书,这套书是改革开放初期国内学习西方经济学的重要启蒙读本,各讲皆为名家撰写。其中第四册第五十二讲"新剑桥经济学",就是宋先生所写。如此想来,判断不会太离谱。当然,可能还有其他的词条也是先生所写。1982年春天,我参加宋先生招收外国经济思想史硕士研究生的招生考试,其中一个考试科目是当代资产阶级经济学说,有一道考题是关于边际成本和平均成本关系的。备考阶段,我在书店买了这本辞典,并且把外国经济思想史包括的词条都准备得比较充分,那道题回答的应该不会离谱。记得师兄郑品在宋先生判卷结束后告诉我,他听宋先生说边际成本那道题我的回答方式特别像许涤新《政治经济学辞典》里面有关词条的表述。郑师兄笑说,宋先生对那个词条特别熟。现在想来,那个词条也极有可能是宋先生亲自所写或最后定稿。1983年,辽宁大学第一个博士学位授权点是外国经济思想史,宋先生是导师。1992年经济科学出版社出版了四卷本国际权威的经济学辞典《新帕尔格雷夫经济学大辞典》的中译本。这个中译本的翻译工作相当严谨,由北京大学的陈岱孙老先生主持,中国社会科学院经济研究所、北京大学、复旦大学等十几个研究单位和高校百余名学者参与翻译。在这十几个单位设翻译点,翻译点由一名专家负责。辽宁大学就是一个翻译点,宋先生是负责人。印象中,当时杨玉生师兄和赫朋师兄已经博士毕业,张凤林和我正在读博士。宋先生指导我们几个人翻译编委会分派的英文字母H和S开头的部分词条。翻译过后,交给宋先生,他再一一校对,上交译稿。1993年,中国大百科全书出版社出版了《中国大百科全书》,宋先生为经济卷撰写了剑桥学派、英国后凯恩斯经济学、《通论》、凯恩斯、罗宾逊和卡尔多等词条。宋先生在外国经济思想史或西方经济学研究领域的学术地位,由此可见一斑。但仔细想来,20世纪80年代他在这个专业领域拥有一席之地,凭的却是1941-1948年在南开大学读研究生和到英国剑桥大学留学期间打下的学术功底。

"如切如磋，如琢如磨"

读过宋先生文章的人都知道，他的学问跨越马克思经济理论、外国经济史和西方经济学三个领域，但他的学问不是宽和广就可以说尽的，更重要的还有深和精。先生在他80岁那年出版了两本自选的个人论文集。一本是《转轨中的经济运行问题研究》（辽宁大学出版社，1997年），另一本是《马克思经济理论的再认识》（经济科学出版社，1997年）。前一本文集收录了先生对社会主义市场经济问题研究的论文，但多数文章偏重于在理论层面上探讨。后一本文集收录的是研究马克思经济理论的文章，包括他1962年撰写的《关于社会生产两大部类之间的关系》（《经济研究》，1962年第8期），这是他早年在马克思经济理论（或马克思政治经济学）研究领域的成名作品，也包括他学术生涯的收官之作《马克思生产价格理论的由来、形成和发展》。特别值得注意的，文集的题目是"马克思经济理论的再认识"，而不是"马克思主义经济理论的再认识"，强调这是他对马克思的"原典"而不是衍生出来的"主义"的研究。晚年，他最为看重的就是这本自选的研究马克思经济理论的文集，因为他希望收录的文章能够显示出他对马克思经济理论研究有"点滴的贡献"，并借此"聊以自慰"。据我观察，在国内研究马克思经济理论的学者众多，但可以划分为几个层次。第一层次是有扎实的研究马克思《资本论》的功底，能够准确、完整和系统地把握马克思的经济学说。第二层次是在准确理解和系统把握的基础上，对马克思经济学说从数量关系上进行创造性的补充、推演和完善。第三层次是基于统计数据和实际材料，对马克思经济理论中若干经过数量化表述的命题进行经验检验。在国内，能够达到第三层次的学者寥若晨星，宋先生是其中之一。

1983年，宋先生在《马克思主义研究》丛刊上发表了《马克思的资本构成理论——对当代发达资本主义国家就业失业问题的剖析》，这篇文章就收录在他自选的论文集《马克思经济理论再认识》中，不过文章的副标题改为"兼论资本对劳动力需求的变化趋势"。那一年，学术界的主要活动是纪念马克思逝世100周年，学校的科研处还专门为本校著名教授编选了个人论文专辑，其中就有宋先生的专辑。当时肖姨把这个专辑分送给先生的几个学生，我就是从这个专辑中看到这篇文章的。读后相当震撼：马克思的《资本论》还可以这样进行研究！记得当时一位曾在学报编辑部工作过的研究马克思哲学理论的硕士研究生，在寝室里问我：宋先生讨论马克思资本构成理论的文章最近在校园反响挺大，我也看了，但没搞清楚文章到底好在什么地方？我当时简单地给他讲，宋先生如何挖掘出马克思资本构成理论的隐含假设，再与马克思的结论联系起来，这样就会比较准确地把握马克思的理论。重点是隐含假设，而大多数人都忽略了这一点。他听后说：我没看懂，但听你一讲，大概明白了。

最近，我又反复读了那篇文章，仍然很有感触。即使是研究马克思的经济理论或马克思的政治经济学，学问也有层次高低之分。从现代经济学研究角度看，宋先生那篇关于马克思资本构成理论的文章，既有简单的数量关系模型，也有依据这个数量关系进行的统计验证，是一篇有些"分析性马克思主义学派"色彩的文章。但与后者不同，宋先生并不打算像约翰·罗默（美国经济学家，1981年出版了名著《马克思经济理论的分析基础》）那样用理性选择来构造马克思理论的微观基础，而是着重从数量关系上补充和完善马克思理论的逻辑和表述，在此基础上再进行理论的实际应用。

在《资本论》第一卷的第二十三章中，马克思论证并表述了资本主义积累的一般规律。他说，资本是由不变资本和可变资本构成的。从资本的技术构成角度看，不变资本与可变资本的比例，就是生产中使用的生产资料与所需劳动力数量之间的比率，而从资本的价值构成角度看，这个比例是生产资料的价值与劳动力的价值（也即工资总额）之间的比例。随着资本的积累，资本的构成将发生变化，这个变化就是不变资本相对于可变资本的比例将上升。由于在一定的假设前提下，可变资本代表着对劳动力的需求，所以不变资本相对于可变资本的上升，就意味着对劳动力的需求相对（而不是绝对）减少，以致出现产业后备军和相对过剩人口。马克思把这个过程和结果表述为资本主义积累的一般规律。

那个年代，学习和运用《资本论》最看重的是资本的价值构成概念，而不是资本技术构成概念，所以，学者们习惯于用资本价值构成概念去讨论对劳动力需求相对减少和产业后备军问题。实际上，要说明对劳动力的需求相对减少，利用资本技术构成概念最为合适，但马克思理论的学者认为资本价值构成概念非常重要，说明劳动力需求相对减少，必须用资本价值构成概念。然而，资本价值构成概念中的可变资本（V）并不等于劳动力人数（L），这样一来，一些马克思主义学者在应用这个理论时就陷入了十分尴尬的困境，甚至导出错误的结论。宋先生非常精妙地处理了这个难题。他认为，把可变资本作为劳动力数量的指数是可行的，马克思实际上也是采用这种方式论证的，但是，这种论证方式隐含着若干假设前提。他发现，至少工资率、劳动强度和工作日的长度必须假设不变。一旦满足这些假设，可变资本（也就是工资总额）就可以作为劳动力人数的良好指数。如果再假设生产资料的价格不变，资本技术构成与资本的价值构成实际上是等价的。在这个前提下，用资本的技术构成去说明劳动力需求相对减少问题，就相当于用资本价值构成概念去讨论这个问题。当年读到文章这一小节时，不禁拍案叫绝。虽然我大学期间学习《资本论》至少有两年时间，但主要关注论点，没有学过用这样的方式去理解马克思这本书。后来，还是在读奥斯汀·罗宾逊写的《凯恩斯传》（商务印书馆，1980年）时才明白，这种关注论点依据哪些条件的研究方法来自凯恩斯。凯恩斯说：研究古典经济学家最有兴趣的部分，就是去发现他们得出结论之前隐含的前提条件（该书第53页）。

接下来，宋先生分别从劳动生产率、资本技术构成和资本价值构成三个角度，推导出与劳动力就业人数变动率和可变资本变动率有关的三个公式。但由于在前面的假设前提下，可变资本与劳动力就业人数基本上是等价的，所以，我认为核心公式只有一个，即劳动力人数的变动率（l）等于生产资料总量（假设生产资料价格不变，即为不变资本）的变动率（k）与资本技术构成变动率（τ）之比。在这里，变动率指的是变量的报告期与基期之比，也就是发展速度。发展速度减去1，即为增长速度或增长率。我们可以把这个核心公式简化表述如下：

$$l = k/\tau$$

显然，在不变资本的变动率大于或等于资本技术构成变动率的情况下，虽然对劳动力的需求可以不变或增长，但相对于不变资本或生产资料的数量增长来说，对劳动力的需求是相对减少的。这个公式就形成了马克思资本积累理论可供经验检验的假说。假说一：随着时间的推移，资本的技术构成呈现提高的趋势。假说二：相对于不变资本的增长，对劳动力的需求是减少的。对宋先生来说，剩下来的工作就是根据统计数据对这个假说进行检验。

其实，马克思在《资本论》第一卷论述了资本积累一般规律之后，紧接着就用很长的篇幅描述他当时收集的例证，包括部分统计数据，目的是支持他的论点。但这些例证更多的是描述工人在收入、消费和其他方面的生活状况，而很少集中在资本积累与对劳动力的需求相对减少之间的关系上。法国的经济学家皮凯蒂在其畅销书中说：马克思偶尔会利用当时最好的统计数据，但他"通常采取一种相当写意的方式，始终没有将数据与其理论论证明确地关联起来"（《21世纪资本论》，中信出版社，2014年版，第602页）。

宋先生处理统计数据是行家里手，这是他的强项之一。在当时国民政府的中央设计局和解放以后的东北统计局工作的经历，使他对普查和统计方法相当熟悉，对理论模型进行严格的统计检验，也是驾轻就熟。他以美国为例，将统计数据分为二战前、后两组。按照宋先生提供的数据，以1899年为基期，1939年净资本额（相当于不变资本，且已经过价格矫正）与就业工人数之间的比例，也就是资本技术构成，增长了1.7倍，而资本额与人时数之间的比例，也是衡量资本技术构成的，增长了2.3倍。两个衡量资本技术构成指标产生的差异，源于这一时期周工作时间缩短了。但无论采取哪一个指标，都证明了第一个假说，即资本有机构成随着时间推移不断增长。对第二个假说进行检验需要利用前面的公式。仍以1899年为基期，1939年净资本额（相当于不变资本）增长了2.36倍，超过同期资本技术构成的变动率，因此，对劳动力的需求是相对减少的。事实上，这个时期就业人数只增加了24%。

战后的情况以1950年为基期，按固定资本衡量，1978年资本的技术构成提高了80%，按不变资本衡量，资本技术构成提高了73%。因此，战后的数据也证明假说一成立。采用前面的公式检验假说二发现，1978年固定资本净值相对基期增长了1.88倍，固定资本加营业库存（相当于不变资本）增长了1.77倍，固定资本或不变资本的增长率远超过资本技术构成的提高率，所以，在这一时期，对劳动力的需求是相对减少的，民用就业人数的绝对量仅增长了60%，马克思关于资本积累的第二个假说也得到了证明。

在20世纪80年代，国内熟悉和接受马克思经济理论思想的人比较多，而能够理解和分析马克思经济理论结构的人较少。像宋先生这样从数量关系或模型的角度去研究马克思经济理论的，少之又少。他对马克思经济理论的命题，拒绝那种写意式的概括。对检验理论命题所需要的统计数据或事实，也拒绝那种印象主义式的描述。他把研究马克思经济理论的学问做到"如切如磋，如琢如磨"的程度，应该与他早年留学剑桥大学、受过严格的西方经济学学术训练有关。没有那种学术训练和功底，即使是研究马克思经济理论，也难以达到那样的高度。就像章诒和在其《伶人往事》一书中讲述京剧名家马连良的故事时说的那样,"文革"那会儿时兴唱现代京剧,但你也得有传统京剧唱、念、做、打的功底,才能把现代戏唱好(湖南文艺出版社,2006年,第281页)。

宋先生写的学术文章,逻辑思路谨严、缜密,文字表述也不失流畅、疏朗,这可能与他早年的爱好有些关系。肖姨在自传《风雨人生》中提到,宋先生年轻时爱好文学,在中学和大学读书期间时常写些散文,也曾发表过。肖姨的一位闺蜜早年看过宋先生为肖姨庆祝生日用散文形式写的长篇祝词,评价道:"宋先生写得很自然,语言像是流泻出来的"。

"远山,近山,一片青无间"

除写文章、著书外,像其他教授一样,宋先生还授课、指导学生,但他所采取的方式,颇有些剑桥式教育的味道。据说,剑桥大学经济系培养研究生主要采取老师专门负责指导学生的方式,阅读经典是学习和掌握经济学理论的主要途径,而美国大学的经济系则是通过设置课程来向学生传授知识。玛乔里·特纳在她的《琼·罗宾逊与两个剑桥之争》(中译本,江西人民出版社,1991年版)一书中说,在剑桥大学经济系学习,是一个发展智力和全面修养的过程,而在美国可能仅仅是一种职业训练。宋先生自己的说法可能更具体一些。他说,研究生教育以老师向学生布置阅读书目为主,间或去听系里老师的讲座。学生读书后需要写读书笔记或小论文,然后由老师批阅。有些读书笔记或小论文很多时候就成为一门课的试卷。宋先生对我提起过,老师曾布置他读丹尼斯·罗伯逊的《货币理论论文集》,并写出论文,然后交给老师批改。据奥斯汀·罗宾逊说,马歇尔就是在批改凯恩斯的作业或试卷时发现他是个天才,并深信他的发展前途绝不止于一个经济学家。批改试卷用的红墨水,几乎淹没了凯恩斯原来的笔迹(《凯恩斯传》,商务印书馆,1980年版,第17页)。特纳在她的书中也提到,当年,琼·罗宾逊是庇古教授的学生,奥斯汀·罗宾逊以研究员的身份帮庇古教授批改论文,发现罗宾逊的论文写得格外精彩。当然,她后来成了罗宾逊夫人。可以看出,读书、做笔记、写论文是剑桥经济学教学的传统。

这个传统被宋先生带到了国内,带到了20世纪80年代的辽宁大学。宋先生要求我们几个他的研究生按照他开出的书单,在图书馆找出原版书,一本一本地阅读,然后写读书笔记。记得宋先生带凤林和我去学校图书馆的旧书库,告诉我们书单上的书都放置在什么地方。学校图书馆只有书单上的一部分,像马歇尔的《经济学原理》、希克斯的《价值与资本》、凯恩斯的《通论》、卡尔多的《价值与分配论文集》和罗宾逊的《资本积累》等。这些书大都是留学回国的人捐赠给学校图书馆的,书中内页常有个人的签名。书单上的另一部分,我们是从宋先生个人藏书中借出来的,像罗宾逊的《增长理论论文集》等。因为原版书只有一本,无论是来自图书馆,还是宋先生个人,凤林和我就错开、交替地阅读,他先看希克斯的《价值与资本》,我就先看马歇尔的《经济学原理》。有些书是读者友好型的,像马歇尔的《经济学原理》,在每页的边缘上对一个或几个段落的含义做出画龙点睛的概括,比较适合于理解和写读书笔记。宋先生准许我们每周三下午去他家,讨论读书时遇到的问题。如果他出门开会不在家,就让我们随时把遇到的问题写个纸条透过门缝塞进去,以便他回来可以及时地了解我们读书遇到的问题。我最近把宋先生 20 世纪 80 年代给我们开出的书单与特纳提到的 1949－1975 年剑桥大学经济学教学计划的阅读书单(《琼·罗宾逊与两个剑桥之争》,江西人民出版社,第 356 页),进行了比较,大有"远山,近山,一片青无间"之感。

剑桥经济学教学传统之一瞥

剑桥大学 1949－1975 年的经济学教学读书书目	辽宁大学 20 世纪 80 年代外国经济思想史专业阅读书目
马歇尔:《经济学原理》	萨缪尔森:《经济学》
凯恩斯:《自由放任主义的终结》	马歇尔:《经济学原理》
斯拉法:《竞争条件下的收益定律》	凯恩斯:《通论》
凯恩斯:《通论》	希克斯:《价值与资本》
卡莱斯基:《经济论文集》	卡莱斯基:《经济论文集》
哈罗德:《论动态经济分析》	哈罗德:《动态经济学》
斯拉法:《李嘉图政治经济学及赋税原理》(序言)	斯拉法:《李嘉图政治经济学及赋税原理》(序言)
罗宾逊:《资本积累》	罗宾逊:《资本积累》
卡尔多:《可供选择的分配理论》	卡尔多:《可供选择的分配理论》
罗宾逊:《增长理论论文集》	罗宾逊:《增长理论论文集》
斯拉法:《用商品生产商品》	罗宾逊:《论马克思经济学》
	斯拉法:《用商品生产商品》
	温特劳布:《现代经济思想》
	罗宾逊和伊特维尔:《现代经济学导论》
根据特纳《琼·罗宾逊与两个剑桥之争》中译本第 356 页内容整理	根据宋先生学生个人回忆整理

除了列出阅读书目,宋先生还安排我们去听其他一些老师的课。在剑桥大学,研究生的课,由研究生所属的指导老师安排,而不是由系里的行政人员安排。在这方面,80 年代初的经济系,也很有些剑桥的味道。比如,宋先生安排我们去听李靖国老师(留学美国归国)讲授货币银行学,由于李老师当时腿脚不方便,凤林和我就每周去他家上课。印象中,我还送给李老师一本台湾林钟雄先生写的《货币银行学》的影印本,是在太原街外文书店二楼购买的。宋先生还安排我们去听纪河清老师(留学美国归国)讲授的国际贸易,数学系车维毅老师(大连理工大学钱令希的学生)讲授的经济数学。车老师采用的教材是岗本哲治等人编著、当时尚未在国内正式出版的《经济数学》。几年以后,我还在书店买了这本书正式出版的版本。备考宋先生招收博士生的数学卷时,我也把它作为参考教材。

宋先生也亲自授课。大三时,曾听过宋先生给经济系 77 和 78 级的学生做讲座,内容是他如何补充、推演和完善马克思的社会再生产理论。大四时,听过宋先生讲授微观经济学(宏观经济学是杨玉生师兄讲的)。印象中,宋先生讲课不照本宣科,但也不旁征博引;不幽默风趣,但也不枯燥乏味。他就像思考问题一样,一步一步地顺着理论的逻辑缓缓道来。又像讨论问题一样,在有难度或容易产生困惑的地方,他会暂停下来,予以提示或重点解释。记得读硕士时,有一个学期,他给外国经济思想史和国际金融两个专业的学生讲授西方经济学。这门课类似于剑桥大学经济系教授开设的系列讲座。背景阅读材料是英文原版、由美国宾夕法尼亚大学经济系的温特劳布教授主编的《现代经济思想》(宾夕法尼亚大学出版社,1977年版)。这本书的主要章节事先复印给了我们学生。宋先生备课时会写一个讲课大纲,然后将写好的大纲和英文书带到教室。印象比较深的是,他在讲到温特劳布本人建立的平均成本加成定价法的模型(即$P=kw/A$)时,曾提问:这个定价公式中A(表示劳动生产率)是怎么来的?有同学回答,但他觉得不准确,就自己详细地解释这个定价公式是如何推导出来的。假设只有工资总额即工资率(w)与工人人数(N)的乘积作为成本,平均成本就是工资总额与总产出之比(wN/Q),工人人数与总产出的倒数(Q/N)就是平均劳动生产率(A)。给定垄断加价系数(k),价格就取决于工资率(w)与平均生产率(A)之间的关系。后来,我们理解了这个公式的经济学含义:工人人数不必是充分就业水平,只要垄断加价程度(k)上升,或者,工资(w)超过平均劳动生产率(A),价格就会上涨。也就是说,存在失业的情况下,价格也可能上涨。这个定价模型被视为凯恩斯理论的微观基础,但比凯恩斯理论的含义要丰富,因为在凯恩斯理论中,失业的条件下价格水平一般不发生变化。

特纳在《琼·罗宾逊与两个剑桥之争》一书中提到,剑桥经济系还有其他一些传统。例如,教师在公用室内彼此之间口头交流学术观点和学术意见。特纳称之为"口头传统"(该书第30页)。据说,罗宾逊的《不完全竞争》一书,就是在与卡恩教授(曾经是凯恩斯的学生,投资乘数的发明者)的交流和相互讨论后写出来的。再如,经济系彼此欣赏的教授会组织比较私密的研讨会。实际上就是在房间里相聚,由成员中的某一位宣读一篇论文,然后,卡恩教授发给大家饮料,接着讨论就开始了,最后,讨论把人搞得"疲惫不堪"。特纳说,20世纪50年代,卡尔多的增长理论和罗宾逊的积累理论就是在这种比较私人的研讨会上逐步形成的(该书第136~137页)。

现在看来,宋先生也把剑桥的研讨会传统带到了辽宁大学。在他创立了经济研究所并任所长后,非正式的研讨会就形成了。那时,每周三宋先生都到研究所来,在政治学习之后,宋先生就会安排学术讨论的内容。讨论是非正式的,话题也不一定是固定的。有时讨论非常激烈,以致在宋先生散会离开办公室后,讨论还在继续。印象中,赫朋兄热情最高。他也经常邀请我到他家里去讨论。1988年赫兄推荐我阅读戴维森(美国后凯恩斯经济学代表人物)写的著作《货币与现实世界》,受益匪浅。当然,讨论有时也是开放的,不限于经济研究所的学生和教师。印象中,有一次宋先生邀请正在读学位的李笠农(一个非常有才华的人,毕业后就职于东北财经大学,后因病早逝)到研究所来报告他写的一篇有关国有企业股份制改革的文章。这篇文章应该是事先请宋先生看过,先生觉得有思想,就推荐到所里来讨论。印象中,笠农那篇文章设想了一个国有企业股份制改造的模式，目的是解决所有者与经营者之间的关系问题，也就是我们现在所说的委托—代理问题。后来，可能是受到了宋先生的肯定和研讨会的鼓舞，笠农在这方面持续研究了好长一段时间。

宋先生有时也会把自己正在进行的研究带到所里来讨论。印象中，有一段时间他在做辽宁市场化程度的经验研究，就是选择出一些能够反映市场力量作用的统计指标，观察改革开放后市场化程度的变化。宋先生这个研究在国内要比南开大学的陈宗胜和后来的樊纲早一些，可惜当时我们几个学生忙于西方经济学的研究，没有投入精力协助宋先生做这项工作，只是参与讨论。经过若干次讨论，宋先生就完成并发表了他对市场化程度衡量问题的研究，研究成果后来收录在他自选的文集《转轨中的经济运行问题研究》中。那时候电脑的使用还未普及，记得宋先生把孙女用过的作业本的背面用订书器重新装订起来，在上面记录他设想的每一个衡量市场化程度的指标，以及他自己根据统计数据计算的结果。

回忆这个情景，我不由地联想起当年斯拉法（宋先生在剑桥大学读博士时的另一个导师）在整理编辑《李嘉图著作和通信集》时发现，李嘉图生前最后一篇非常重要的文章《绝对价值与交换价值》的草稿，是写在零星的纸片上，有些纸片其实是旧的信封（《李嘉图著作和通信集》，第四卷，商务印书馆，1980年，第339－341页）。《绝对价值与交换价值》是1823年李嘉图生前最后一篇文章，还是一篇未完成稿。在这篇未完成稿里，李嘉图仍在探索困惑他一生的理论问题：寻找收入分配关系改变时商品的价值仍能保持不变的条件。斯拉法在整理这篇文稿后，于1960年写出了名著《用商品生产商品》，解决了李嘉图的难题。宋先生作为斯拉法在剑桥的学生，生前最后完成的长篇学术文章，就是论述斯拉法对古典传统的价格理论的发展。这篇文章完成于1997年，直接收录在《马克思经济理论的再认识》自选文集中。

特别值得注意的是，这本文集总共收录了9篇文章，而研究斯拉法的这一篇文章，其篇幅占到了整部文集的29%。剑桥传统对宋先生学术的影响，如袖手无言，意味最长，影响也最大。

宋则行教授的外国经济史研究
——纪念宋先生百年诞辰

韩 毅

题记：本文是我为纪念恩师宋则行先生百年诞辰而作。虽然文章的酝酿、构思和资料准备历时已久，却是利用今年（2017）的"双节"假期集中撰就。几日来，伴随文稿的写作，先生的学术成就跃然纸上，恩师生前的教诲及与我相处的情景也浮现脑海、历历在目，缅怀之情伴随键盘敲击而流淌……。先生学贯中西，融汇古今，虚怀若谷，谦逊达人，道德文章，高山仰止。诚望此文，既能比较全面地总结先生对外国经济史研究作出的学术贡献，也能"管中窥豹"地彰显先生的品格风范。为我国的外国经济史学发展史，留下"道德文章"的绚烂一笔，也为我国外国经济史学界的年轻后辈，留下一份可资继承发扬的学术财富与精神遗产。

宋老师[①]是我国外国经济史学界老一辈学者的代表性人物，是这一学科的主要奠基人，曾任我国外国经济史学会的首任会长，深受这一学科领域广大同行们的尊敬与爱戴。在外经史的学术圈里，大家都尊敬地称他为"宋公"。

学术界熟悉宋老师的人都知道，他的研究领域非常宽泛。在几十年的学术生涯中，他在外国经济思想史、西方经济学、马克思经济理论、社会主义经济理论、世界经济和外国经济史等研究领域，都卓有建树。关于宋老师在其他几个领域的学术思想及贡献，杨玉生、李平、张凤林等师兄先后多有概括与论述，而有关宋老师在外国经济史研究领域的情况，却鲜有较为系统、全面的记述与总结。作为宋老师唯一的专门从事外国经济史教学与研究的学生，我觉得自己有责任、有义务把宋老师在外国经济史（包括世界经济史）研究方面的情况，做一个比较全面、系统的梳理和总结，也以此文纪念先生的百年诞辰。

一、宋先生与外国经济史的"不解姻缘"

为了追溯宋老师与外国经济史最初的学术"姻缘"，我曾查阅资料，访问学长，终于在李平师兄写的《宋先生往事杂忆》和宋老师的夫人肖端清女士晚年写的回忆录《风

---

① 在跟随宋先生学习、共事近20年的时间里，已经习惯在正式、非正式场合称他为"宋老师"，改口称"先生"或"教授"，总有些敬而远之的感觉。本文在叙述中保留了原有习惯。

雨人生》中找到了答案。

说起宋老师与外国经济史的不解"姻缘",还真的是颇具历史的戏剧性。

从宋老师的学习经历看,他绝对是经济学理论的"科班"出身:1935—1939 年在当时国民政府的中央政治学校大学部的经济系接受本科教育;1941—1943 年在南开大学经济研究所攻读硕士研究生,专攻西方经济学;1945—1948 年留学英国,在剑桥大学攻读博士学位,"成天埋首于马歇尔、庇古、凯恩斯、琼. 罗宾逊和希克斯等人的著作"。但是,一直接受西方经济学系统训练的宋老师,又如何能在外国经济史研究方面取得如此骄人的成绩?以李平师兄的判断:"除了个人天资和努力外,总该有一点与早年求学经历有关的东西。"① 结果,他真的从宋老师夫人回忆录的记述中证实了自己的判断:宋老师在南开大学经济研究所攻读研究生时,虽然所学专业为西方经济学,但是,他硕士论文的指导教师居然是 1939 年获得美国哈佛大学经济史专业博士学位、后来大名鼎鼎的经济史学家陈振汉先生!② 不成想,这被尘封了 70 多年的历史片段,竟然引出了宋老师与外国经济史的最初牵连!仿佛在冥冥之中有一只命运之手,预先安排了宋老师与外经史的这段"姻缘巧合",想来真是令人唏嘘感叹!至于在几十年后宋老师在外国经济史研究方面已经成绩斐然,陈振汉先生与宋老师二位师徒是否曾经为这段神奇的经历而感慨不已,我们就不得而知了。

然而,我们所说的宋老师与外国经济史不解"姻缘"之戏剧性,还远非至此。因为,完全出乎我们意料的是:宋老师正式踏上外国经济史的教学和研究之路,竟然是他情非所愿,而完全是一桩被"拉郎配"的"包办婚姻"!

根据宋夫人的回忆,宋老师是在 1952 年由东北统计局调入东北财经学院经济系,开始从教生涯并受命担任政治经济学教研室主任的。由于当时的政治气候和宋老师的特殊身份(留学英国、有海外关系、地主家庭出身),他在东北财经学院政治经济学教研室的工作环境并不十分理想。不过,对于宋老师这样一心从事经济学教学与研究而别无他图的学者来说,倒也没什么大的影响。因此,到东北财经学院最初的几年里,宋老师潜心于《资本论》和马克思主义政治经济学的研究,并开始运用西方经济学和马克思的经济理论分析解决现实中的问题。时至 1957 年,"反右"风潮来临,尽管他满腔报国热情,尽管他谦虚谨慎、言行有节,却仍然无法躲开政治命运的逆转。有一天,宋老师回到家对夫人说:组织上调他到经济史教研室去教外国经济史课程了。理由是:他不是中共党员,教政治经济学不合适,当政治经济学教研室主任就更不合适了。虽然宋老师平静地接受了组织上的这一安排,也曾对家人表示他很喜欢外国经济史这门课程。但是,可以确定无疑地看出,转入经济史教研室从事外国经济史的教学与研究,并非宋老师本人情之所愿。毕竟,从大学、研究生到博士阶段,学习、研究的都是经济学理论,而且,政治经济学教研室的几年教研经历也正让他的经济理论研究"如鱼得水"。

然而,"政治气候"和"组织安排"导致的突然变故,竟在宋老师不情愿的情况下

---

① 李平:《宋先生往事杂忆》,参见本书第 281 页。
② 哈佛大学是世界上第一个设置经济史专职教授的大学。陈振汉先生的博士学位论文是《美国棉纺织工业的区位:1880—1910》,论文导师是国际著名经济史学家阿希尔教授。

"包办"了他与外国经济史几十年的不解"姻缘"。令所有的历史当事人和旁观者都始料未及的是,这一看似偶然却又必然的变故,不仅在一定程度上改变了宋老师后来的学术发展道路,也在很大程度上影响了我国外国经济史学科建设和学术研究的发展轨迹!

宋老师对外国经济史(包括世界经济史)研究的学术贡献,集中体现在他与樊亢先生等人共同主编的三部著作和他为中国大百科全书第一版撰写的《外国经济史》长词条上。下面,分别予以述论。

二、《外国经济史(近代现代)》(三册本)的学术贡献

在我国,外国经济史研究应该是起步比较晚的。由于当时特殊的国际政治环境和国内普遍排斥西方的意识形态,时至20世纪60年代,我国的外国经济史在学科建设、高校教材建设和学术研究方面,都还比较落后。当时,虽然全国一些高校陆续开出了外国经济史课程,但是,师资力量缺乏,专任教师更少。授课教师所能做的,也只是完成基本的教学任务,少数院校也尝试着编写一些供内部使用的教学大纲、教材和教学参考资料等。在学术研究方面,主要是翻译出版一些国外(主要是苏联)的著作,而中国人自己撰写的著作还非常少见。

1961年,高教部和中宣部成立了专门的高校文科教材编选计划机构,组织国内高校和科研院所的专家学者编写全国统一的高校教材。这个编写计划内容庞大,包括了哲、经、文、史、教育、外文等几大类,共几十种,外国经济史教材被列入其中。在高教部的组织下,除了宋老师外,中国社会科学院的樊亢研究员、吉林大学的池元吉教授、武汉大学的郭吴新教授等十几位专家学者,应招组成了外经史教材的编写队伍,由樊亢先生和宋老师担任主编。经过几年的集体协作攻关,编成了一部70多万字的全国统一教材。1965年1月,这部《外国经济史(近代现代部分)》由人民出版社分三册出版发行。[①]

这部书在国内首次运用马克思主义的基本原理和方法,对有关外国近现代经济史的一系列重大理论和学术问题,包括外国近现代经济史的研究对象、历史分期、基本框架和主要研究内容等,都做了开创性的研究和精辟的论述。可以说,该书构建了有中国特色的马克思主义外国近现代经济史的学科体系和理论框架,被誉为我国外国经济史学科的奠基之作。同时,作为我国高校外国近现代经济史教学最早的全国通用教材,这部书对后来我国外国近现代经济史本科教材的建设与发展,也产生了深远的影响。在该书出版后的几十年中,它毫无争议地成为我国高校外国近现代经济史本科及研究生教学无以替代的经典式教材蓝本。

具体来说,外经史三分册的学术贡献主要表现在以下四个方面:[②]

---

① 外经史圈子里的同行们都习惯地称这部书为"三分册"。1990年,该书又补充出版了第四册。
② 原来我手中的外经史三册本是作者对1965年版做了修改、补充之后于1980年出的修订版。为了保证对第一版内容"原汁原味"的理解和评介,我曾颇费周折寻觅65年版。不成想,居然在"孔夫子旧书网"以38元的低价淘到了这套书,幸哉!

第一，开创性地以马克思主义为指导思想和理论方法从事外国经济史研究

在外国经济史（三分册）写作与出版的那个年代，马克思主义作为无产阶级的世界观，进行社会主义革命和建设的指导思想以及从事社会科学研究必须遵循的理论方法，其大一统的核心地位是毋庸置疑的。但是，在具体的社会科学研究中应该如何运用马克思主义的理论方法为指导，却是当时我国社会科学工作者所面对的共同问题。而在这方面，外经史三分册的作者无疑作出了非常积极的思考、探索和努力，也取得了开创性的成就。从外经史研究对象的定义，到外国近现代经济史的历史分期，再到研究框架和内容体系的确立，一直到对外经史所涉及的一系列重大问题的分析，都体现了马克思主义的辩证唯物主义和历史唯物主义的原则和方法。应该说，外经史三分册是我国学者首次运用马克思主义的思想、理论和方法，系统进行外国经济史研究研究的成功范例。

第二，科学地定义了外国近现代经济史的研究对象。

外国经济史之所以能够成为一门独立的学科，首先在于它具有不同于其他学科的特定的研究对象。作为国内第一部系统阐述外国近现代经济史的统编教材和专门性著作，本书开宗明义地指出了外国近现代经济史的研究对象："阐明英、美等资本主义国家资本主义经济发生、发展和衰落的历史过程、规律性和具体特点，阐明殖民地半殖民地国家在外国资本统治下经济的演变，和它们反对外国资本压迫和剥削的斗争。"① 应该说，作者的这一认识，是建立在对外国近现代经济史所处历史时代世界经济发展的总体趋势和基本性质的深刻认知和宏观把握的基础之上的。

如何认识外国近现代经济史所处历史时代世界经济发展的总体趋势和基本性质？当时的国际学术界存在着两种错误的思潮和倾向：一种是所谓的"西方中心论"，另一种是"大国沙文主义"。当时西方学者撰写的外国经济史著作，大多以西方人的眼光看待世界经济的发展，把一部外国经济史描绘成几个西方主要资本主义国家经济发展的历史，透露出浓厚的"西方中心论"和"大国沙文主义"倾向。即使是同属于社会主义国家的苏联学者，其所撰的外国经济史资本主义部分，也只是在重点阐述主要资本主义国家经济发展史的基础上，点缀似增加了印度这一个殖民地国家的内容。②

毫无疑问，从人类历史发展的总体趋势看，外国近现代经济史所涉及的历史时期，属于资本主义的历史时代。因此，资本主义（国家）经济的产生、发展和衰亡的历史，当然是外国近现代经济史的重要研究内容。但是，这并不能成为"西方中心论"和"大国沙文主义"存在的理由。从世界经济发展的全貌看，一部外国近现代经济史，不可能仅仅是资本主义（国家）经济的发展历史。因为，"随着资本主义的发展，资本主义统治了整个世界，'资本主义已经成为极少数先进国对地球上大多数居民实施殖民压迫和财政扼制的世界体系'。在这个体系中，一方面是少数'先进'的资本主义国家，另一方面是被这些资本主义国家剥削和掠夺的广大的殖民地半殖民地。"③ 樊亢先生后来也指出：当时"我们所看到的苏联和西方的著作大都只专注于讲几个主要资本主义国家，

---

① 樊亢、宋则行主编：《外国经济史（近代现代部分）》，人民出版社，1965年版，第1册，第1页。
② 参见波梁斯基：《外国经济史（资本主义时代）》，三联出版社，1963年中译本。
③ 樊亢、宋则行主编：《外国经济史（近代现代部分）》，人民出版社，1965年版，第1册，第1页。

世界上另一大片国家被忽视了。这就看不到世界上外国的全貌。而且撇开殖民地半殖民地不发达国家,也不可能看清资本主义的历史。我们写外国经济史,以马克思主义为指导思想,首先就必须如实地反映客观世界的状况。"①

基于上述认识,作者明确地给出了以下结论:"要反映资本主义世界经济发展的全貌,既要阐述主要资本主义国家的经济史,也必须阐述亚洲、非洲、拉丁美洲国家沦为殖民地半殖民地经济及其以后社会经济发展变化的历史。"② 根据这一原则,作者在选取所要考察的具体对象时,大致选取了两类国家或地区,即资本主义国家和殖民地半殖民地国家和地区。前者,作者选取了英、法、美、德、俄、日本六个国家,后者,作者选取了亚洲的印度和非洲、拉丁美洲两个地区。应该说,作者将亚、非、拉美殖民地半殖民地国家和地区的经济发展纳入外国近现代经济史的研究范畴,不仅克服、批判了"西方中心论"和"大国沙文主义"的错误思潮,也加深了我们对外国近现代经济史所处历史时代总体趋势和本质特征的把握和认识,同时,也极大地丰富、拓展了外国近现代经济史的研究范围和研究领域。

第三,对外国近现代经济史进行了科学的历史分期

由于各国经济发展的水平、速度各不相同,资本主义关系产生的时间并非整齐划一,本书作者将外国近现代经济史的上限定为各国资本主义关系的产生。关于下限,则考虑到我国高校设课分工的需要,将其设定到1945年第二次世界大战结束。③ 在此基础上,作者把这一时期世界资本主义的发展进程划分为16世纪初—19世纪70年代的资本主义确立和上升发展时期、19世纪70年代至1918年的帝国主义形成时期和1918年至1945年的资本主义总危机时期三个大的历史发展阶段。对外国近现代经济史进行这样的历史分期,虽然有着鲜明的时代特征和一定的历史局限性,但是在当时的历史条件下,已属难能可贵。因为,关于资本主义的发展趋势和历史命运,马克思主义经典作家都早已有明确定论。其观点和结论在当时是不容置疑和更改的。

尽管如此,外经史三分册在历史分期上还是作出了新的创新和突破。例如,当时被我国经济史学术界奉为"经典"的由苏联著名专家波梁斯基撰写的《外国经济史(资本主义时代)》和《外国经济史(帝国主义时代)》,对资本主义历史的论述断限是从16世纪到1917年"十月革命"。④ 对资本主义经济发展历史所做的分期,是将其划分为16世纪至1760年的"资本主义产生"、1760—1871年的"资本主义胜利和扩张"和1871—1917年"帝国主义"三个历史时期。

---

① 李毅、贺力平:《樊亢先生访谈录:希望有更深入、更好的世界经济史研究》,载《学问有道:学部委员访谈录》,方志出版社2007年版。
② 樊亢、宋则行主编:《外国经济史(近代现代部分)》,人民出版社,1965年版,第1册,第1页。
③ 当时,在我国高校经济系课程体系中,第二次世界大战以后的世界和各国经济发展状况,是由《世界经济》课程负责介绍的。这样的断限,虽然在当时有课程内容衔接的特殊考虑,但是,作为一部外国经济史(近现代)的通史类著作,未免有被"腰斩"之嫌,令人遗憾。
④ 波梁斯基所著的《外国经济史(封建主义时代)》和《外国经济史(资本主义时代)》分别在1958年和1963年出版了中译本。而其在1973年和1975年出版的两卷本《外国经济史(帝国主义时代)》,却没有被翻译成中文本。(感谢我的老同学、中国社会科学院俄罗斯东欧中亚研究所郑羽研究员为我提供了该书俄文版的相关信息!)

应该说，与波梁斯基的历史分期相比，外经史三分册的历史分期就显得更为科学、合理。首先，波梁斯基历史分期的下限止于1917年的"十月革命"，对外国近现代经济史的阐述只相当于外经史三分册的前两个时期，这就给"十月革命"之后的内容人为地造成了一个空白。而外经史三分册的下限则止于第二次世界大战结束的1945年。虽然这种划分也造成了外国近现代经济史的断裂和不完整，但是，与波梁斯基的历史分期相比，内容跨度向后延伸了28年，涵盖了两次世界大战和1929－1933年的资本主义世界性经济危机。应该说，对资本主义的考察更全面、更完整。

其次，按照波梁斯基的历史分期，外经史在时间和内容分布上是很不平衡的：在时间上是"前长后短"，内容上是"前少后多"，总的倾向是过于"厚今薄古"。比如，从16世纪资本主义产生到1871年巴黎公社这300多年的经济发展状况（包括"资本主义产生"和"资本主义胜利与扩张"两个历史时期），仅写了《外国经济史（资本主义时代）》一卷书的篇幅；而1871－1917年这40多年的帝国主义经济的发展状况（相当于"帝国主义"一个历史时期），却写出了《外国经济史（帝国主义时代）》两卷本的内容。可见其时间和内容上的不平衡性达到了何等程度！比较而言，外经史三分册的历史分期，无论在时间上还是在内容上，都分配得比较均衡、合理。比如，16世纪－19世纪70年代的资本主义确立和上升发展时期、19世纪70年代至1918年的帝国主义形成时期和1918年至1945年的资本主义总危机三个历史时期，各为一册。应该说，时间上长短适度、均衡合理，内容上古今兼顾、各不偏废。

再次，对资本主义不同发展阶段本质的认识更加深刻。这主要体现在对1918年－1945年资本主义总危机时期的历史阐述与总结上。在波梁斯基的外国经济史范畴中，对资本主义历史的论述止于1917年的"十月革命"。在波梁斯基看来，"十月革命"之后的世界，已经进入"无产阶级革命和社会主义"的时代，资本主义的历史研究降至次要地位。所以，他接下来推出的是上下两卷的《苏联国民经济史讲义》。这样做的结果，不仅使他的外国经济史的资本主义（包括帝国主义）部分有欠完整，而且对资本主义发展的阶段性及其本质，也缺乏深刻的认识。相比之下，外经史三分册不仅把对资本主义历史的研究延长至1945年，而且在马克思主义经典作家关于帝国主义和资本主义总危机理论的基础上，对资本主义发展的最新阶段和资本主义总危机时代的状况、本质、特征和发展趋势，作出了详尽的历史阐释和说明，在很大程度上丰富、完善了马克思主义的相关学说，也进一步加深了我们对总危机时代资本主义本质和规律性的认识。比如，外经史三分册作者依据丰富、详实的历史资料对资本主义总危机的基本特征的概括总结，对资本主义总危机的历史演进和演进阶段的划分，对总危机时期资本主义各国垄断资本和国家垄断资本主义的发展，对殖民地半殖民地经济的畸形发展和帝国主义殖民体系的危机的论述，都相当的精辟而富有创意。

第四，科学地构建了外国近现代经济史的宏观框架和内容体系

通常，外国经济史的编写者在建构其宏观框架和内容体系时，除了要做好历史分期之外，大都还要面对如何处理世界经济总体发展状况与各国经济发展的具体情况和特点之间的关系问题。这是一个整体与局部、共性与个性的问题。这个问题处理不好，就会在宏观架构上出现失衡。因此，必须避免两个极端：在世界经济越来越紧密地联系成一

体的资本主义时代,全然不顾世界经济一体化的发展趋势,将各国经济的发展与世界和其他国家经济发展完全割裂开来,即"只见树木不见森林",无疑是不可取的;相反,如果只关注世界经济的总体情况、发展趋势及其规律性,忽视了对每个具体国家或地区经济发展特殊性的认识,即"只见森林不见树木",就完全违背"外国经济史"的研究宗旨,同样也是不可取的。

我们可以看到,外经史三分册的作者比较好地处理了这个问题。在考虑构建外国近现代经济史的宏观框架和主要研究内容时,他们采取了"分期和列国相结合的编写体例"[①]。具体说就是:首先,在对整个外国近现代经济史进行历史分期的基础上,将16世纪至1945年的各国经济史内容按三个历史分期分成三编;其次,在每一编中,首先设一章"概述",对这一特定历史时期世界经济演进的总体进程、特征、规律和发展趋势,作出宏观的、概括性的论述,以此作为展开各个国家和地区经济发展具体内容的背景和基础;最后,按照选取的国家和地区,分别阐述各国个地区的经济发展、特点和规律。应该说,这样的宏观框架和内容体系,比较好地解决了外国近现代经济史内容体系中宏观与微观、整体与局部的关系问题。令读者"既见森林又见树木",既能把握世界经济发展的大势,又能知晓各国经济发展的特点和细微。也正是因为如此,一部具有400多年时间跨度、涉猎十几个国家和地区的外国近现代经济史,做到了中心线索清楚,逻辑层次分明,宏观微观兼顾,内容详略有度。令人叹为观止!

外经史三分册之所以能取得如此之高的成就,原因是多方面的。不过,宋老师作为该书的主编之一,他十分看重并反复强调的,是"集体协作"这种组织形式和力量。在1990年宋老师和樊亢先生共同写的《外国经济史研究的回顾与展望》一文中,他评价这部书"初步建立了一个外国经济史(近现代部分)的体系,同当时苏联或其他国家的同类著作比起来,从基本观点、系统性、全面性来说,还是比较好的,显示了集体协作编书的优越性。"[②] 后来,我们外经史学会的一些年轻人酝酿编写新的外经史教材时,宋老师也曾地对我说:"你们现在编书,在组织队伍和人力方面的条件可能无法与我们那个时候相比:那时,只要组织上一号召,就能把全国最优秀的师资集中起来,全力以赴地干这一件事儿。"应该说,宋老师反复强调"集体协作"的作用和力量,一方面是他一贯的谦逊作风使然,另一方面,确也真实地反映了当时"上级领导组织和集体协作攻关"的力量和效率。有人在总结中央集权体制的优势时曾说过,这种体制可以运用行政手段集中调配全国的优势资源,去完成一些自由配置资源条件下难以完成的特殊项目和任务,叫作"集中力量干大事儿"。在计划经济时期,我国用这种方式干成的大事儿,最典型的应该就是"两弹一星"了。如果从社会科学学术研究的角度来列举集中全国力量干成的大事儿,外经史三分册的问世,当之无愧会名列其中。

外经史三分册的编写和出版对我国外经史学科发展产生了极为的深远影响,不仅体现在它对我国外国经济史学科建设、教材编写和学术研究方面所做的重大贡献,还体现

---

① 李毅、贺力平:《樊亢先生访谈录:希望有更深入、更好的世界经济史研究》,载《学问有道:学部委员访谈录》,方志出版社,2007年版。
② 宋则行、樊亢:《外国经济史研究的回顾与展望》,《中国经济史研究》,1990年第1期。

在它对我国外经史研究队伍的形成方面所具有的重大意义。对于后者，樊亢先生在对她做的《访谈录》中做了很好的说明："我想特别谈谈的是：在出书以外，三年的编书工作，培养了一些青年教师在业务上的成长。而作为核心人员的宋则行、郭吴新、池元吉三位教授和我，则通过这次写书成为学术上可以敞怀讨论切磋的诤友，在以后的三十多年中又多次合作，共同完成学科建设方面的多项工作。"[①] 杨玉生师兄对这种情况也有点评，他在谈及宋老师与樊亢先生的合作时写道："宋则行和中国社会科学院世界经济研究所的樊亢研究员在20世纪60年代初期开始合作主编《外国经济史（近现代）》（人民出版社，1965年、1990年）、《主要资本主义国家经济简史》（人民出版社，1970年、1997年）和《世界经济史》（经济科学出版社，1993年）。在联合主编这些著作中，宋则行和樊亢之间配合得很默契、很愉快。宋则行长期以马克思主义经济学原理和方法研究资本主义经济发展问题，掌握大量的实际经济资料。而樊亢多年研究苏联经济问题，研究列宁关于资本主义从自由竞争走向垄断的理论和社会主义革命理论。他们的有力配合，使得其关于资本主义经济发展史的论述具有了相当的理论深度、缜密的科学性和鲜明的实践性。"

诚如上述两位先生所言，特殊的历史时代和特殊的带有"政治任务性质"的编书工作，把当时分散在全国各高校和科研院所的外经史的顶级专家集中起来，形成了一支"空前绝后"的强大的编书队伍。三年多的编书工作中，他们团结一致，精诚合作，同心合力，协作攻关，不仅高质量地完成了外经史三分册的编写工作，而且锻炼了外经史的学术队伍，培养了业务上的新生力量。尤为重要的是，在这三年的合作编书的过程中，逐渐形成了我国外国经济史研究的学术中坚与核心团队：宋老师、樊亢先生、池元吉先生和郭吴新先生。他们不仅是学术界的大师级人物，同时也是道德修养方面的旗帜和楷模。正是因为如此，他们才能"成为学术上可以敞怀讨论切磋的诤友"，并连续三十多年密切合作、多次共同完成外国经济史和世界经济史等重大攻关项目。他们深厚的学术底蕴、精诚的合作精神和彼此之间真挚、纯洁的友谊，为学术同仁们广泛称道，被经济史学界传为佳话，成为外经史学科蓬勃发展的文化保障和精神动力，也成为外经史学界后辈应该继承发扬的一笔宝贵的精神遗产！

外经史三分册的编写经历，也确立了宋老师作为外经史学科主要奠基人和学术核心的地位，赢得了外经史同行们的共同敬仰和尊重。作为宋老师的学生和外国经济史学会的成员，我有机会接触到外经史学界的诸多前辈和同行。通过与他们的接触和交流，我深深地感受到他们对宋老师的敬仰与爱戴，感受到宋老师在学术界的崇高威望。宋老师平日待人和蔼可亲、谦逊祥和，但是，我经常见到一些学术界的"大腕儿"和"名人"，都在宋老师面前毕恭毕敬，无不表露出发自内心的敬仰之情。

记得我博士即将毕业时，宋老师打算请吉林大学的池元吉教授主持我的博士论文答辩会。当我带着宋老师的口信儿来到长春池先生的家中说明来意时，我才知道，池先生恰好在辽宁大学主持完世界经济专业的博士论文答辩会，刚刚从沈阳返回到家中不久。

---

① 李毅、贺力平：《樊亢先生访谈录：希望有更深入、更好的世界经济史研究》，载《学问有道：学部委员访谈录》，方志出版社2007年版。

听到这种情况，我深深地陷入不安与矛盾中：既担心池先生身体过于疲劳，又不希望失去池先生主持我论文答辩会的机会。不成想，当池先生听到我说是宋老师请他来主持答辩时，他马上爽快地答道："既然是宋公的命令，我必须召之即来！"感动之余，我也深深地体会到池先生对宋老师的尊敬与爱戴。

我曾经疑惑不解：性格谦逊而又平易近人的宋老师，是如何赢得了如此高的威望和众人的尊敬呢？池元吉先生曾亲口对我讲过的一段话，或许道出了这个问题的个中缘由："宋公身为学问大家，但他平易近人，没有'学霸'派头。他讲话发言语调平和，甚至听起来有些呆板，但是，其内容却极具哲理和逻辑，而且切中要害。在大家就某个问题产生分歧、争执不下的时候，他总是能发现问题的核心环节和关键所在，并引导大家找到解决问题的最佳途径与办法。"我终于明了：宋老师是依靠他深厚的学术功底和超凡的人格魅力，才赢得如此之高的威望和众人尊敬的！

三、《主要资本主义国家经济简史》的学术贡献与现实意义

1973年，由宋老师和樊亢、池元吉、郭吴新和朱克烺诸位先生共同主编的《主要资本主义国家经济简史》（以下简称《简史》）由人民出版社出版发行。这部书从内容上说，基本上是外经史三分册的延承，[①] 但是，其在社会上及至国际上产生的影响，却远远超过了外经史三分册。《简史》出版后至1992年，已经由出版社连续印刷了14次，印数达36万册。1988年，该书获得了国家教委全国优秀教材一等奖。在国际上，也在日本、法国、英国（疑为美国，原出处如此。见该书1997年版"编者的话"）翻译出版。1975年，日本亚纪书房出版了日文译本。1977年，法国的百年出版社出版了法文本。1991年，美国的夏普出版社出版了英文译本。

《简史》之所以能在社会上引起这么大的反响，除了它的学术价值外，恐怕与当时国内的政治、经济形势有着直接的关系。从1973年《简史》第1版问世到1997年修订版的出版发行，这20多年的时间里，无论是国内还是国际上，政治、经济形势都发生了巨大的变化。我们国家结束了"文化大革命"的黑暗历史时期，并于20世纪70年代末开始实施"改革开放"的基本国策。而无论是对内实施由计划经济向市场经济过渡的经济体制改革，还是对外实施"请进来，走出去"的开放政策，都需要我们同原来并不熟悉的西方国家打交道，或者说需要向人家学习先进的东西。这就在国内社会各个阶层产生了强烈的了解西方国家社会的客观需要，包括西方国家的政治、经济、社会、文化等各个方面的情况。而《简史》的出版和再版恰逢其时。如果说，《简史》第1版出版时在现实层面的初衷，主要还是为了"更加深刻和具体地认识资本主义制度的内在矛盾，……树立马克思主义世界观，增强社会主义和共产主义必然取代资本主义的信

[①] 1997年修订版补充撰写了第二次世界大战后至20世纪80年代的内容。

念",①那么,到了20世纪90年代中叶,它的现实意义已经明显地转变为"有助于我们汲取历史的和国外的经验和教训,加速社会主义经济的发展"了。对此,《简史》作者曾旗帜鲜明地写道:"由于资本主义已有几百年的发展历史,有比现存社会主义国家更高的生产力,它们在组织社会化大生产上,在发展商品经济上,在发挥市场机制和国家调节的作用上,在以追求经济效益为目标的企业管理上,在积极参与国际劳动分工和国际交换上,在发展和利用先进的科学技术上,都积累了丰富的经验。这些经验虽然都深深地打上了资本主义的烙印,但对于把经济建设放在一切工作中心位置上的社会主义国家来说,是有借鉴意义和参考价值的。"②

如此看来,《简史》的成功,除了其内容的学术性以外,也是历史研究为现实服务的一个极为成功的范例。

四、《世界经济史》(三卷本)的学术贡献

1989年,由宋则行、樊亢主编的《世界经济史》由经济科学出版社出版发行(1998年修订再版)。作为国家"六五"计划哲学社会科学研究项目的最终成果,这部著作的出版在学术界产生了重要的影响。武汉大学的傅殷才教授评价这部书是"我国经济科学的一项开拓性研究"。他认为:"《世界经济史》以辩证唯物主义和历史唯物主义为指导,客观地分析了资本主义生产方式(生产力与生产关系的统一),研究它的活动规律和发展规律。"③

记得是1995年秋季的一天,宋老师把我叫到他家,嘱托我为这部《世界经济史》写一篇书评。作为世界经济史领域一个初学未成的年轻后辈,接到宋老师交给的这样一个艰巨的任务,真心感到有些"诚惶诚恐"。面对我的担心,宋老师用信赖的目光看着我说:"不用顾虑,放开手脚,客观评价,大胆地写!"文稿写成之后,我拿去交给宋老师,心情忐忑地看着他审阅我的文稿。宋老师阅过文稿后对我说:"写得不错,只是有点儿过誉了。"随后,文稿由他转送《中国经济史研究》编辑部,并在1996年第1期上发表出来。现在重读20年前的这篇书评,感觉还是比较全面、客观地总结了《世界经济史》的科学价值和学术意义。特全文转录如下:

由宋则行教授、樊亢研究员主编的三卷本《世界经济史》已由经济科学出版社出版发行,与广大读者见面了。该书是国家"六五"计划哲学社会科学研究项目的最终研究成果,由中国社会科学院和全国有关高校的数十位专家学者联合攻关、协作完成。这部洋洋百万余言的鸿篇巨著,以其在创建我国世界经济史学科的科学体系方面所取得的历史性突破,在创造性地运用马克思主义指导经济史研究方面所进行的成功尝试,以及在

---

① 樊亢、宋则行、池元吉、郭吴新、朱克烺等编著:《主要资本主义国家经济简史》,人民出版社,1997年第2版,《前言》部分。

② 樊亢、宋则行、池元吉、郭吴新、朱克烺等编著:《主要资本主义国家经济简史》,人民出版社,1997年第2版,《前言》部分。

③ 傅殷才:《我国经济科学的一项开拓性研究:评宋则行、樊亢主编的〈世界经济史〉》,载《世界经济》1995年第8期。

学术研究方面所取得的巨大成就,而无可争辩地成为我国马克思主义世界经济史学科的奠基之作。

(一)该书所取得的最大成就,是它科学地界定了世界经济史的特定研究对象、内容与范围,并据此构筑了世界经济史学科的完整体系和宏观框架,使世界经济史成为一门新的独立的学科分支,从而实现了我国经济史研究的一大历史性突破。

经济史的研究,在我国历来划分为两个领域:一个是中国经济史,一个是外国经济史。两者虽然在研究对象的地域范围上有所区别,可都是以一个国家(或地区)的经济发展历程为中心线索和主要内容的,都属于国别经济史(或地区经济史)研究的范畴。而从一个更为宏观的角度,把世界经济看成一个有机整体去研究其历史的发展进程及其规律,即世界经济史的研究,在我国一直是一个无人涉足的领域。

该书作者则"高瞻远瞩",站在一个更为宏观的历史高度,从一个更为广阔的全球视角,去考察世界经济的总体演进过程。指出:世界经济史绝不是世界各国各地区经济历史的简单加总和机械拼凑,而是形成为有机整体的"世界经济"的历史,并强调:这里所说的"世界经济",是指"人类社会生产发展到一定历史阶段而形成的客观经济实体。它建立在资本主义生产方式和世界市场形成的基础之上,是世界各国通过世界市场而形成的相互联系、相互依赖、共同运动的有机整体"。

作者的这段论述是相当精辟的。它科学地揭示了形成为有机整体的"世界经济"与世界各国各地区经济的本质区别。这可概括为以下三个方面:第一,"世界经济"是一个特定的历史范畴,是人类社会生产发展到一定历史阶段的产物。依据作者的观点,世界经济的形成是16世纪以后的事情。而世界各国各地区经济则是从人类社会(或者说阶级与国家)产生之初就开始其发展历程的。因此,世界经济的历史比世界各国各地区经济的历史要晚得多、短得多。第二,"世界经济"是建立在资本主义生产方式的基础之上,随着资本主义生产方式在全球的不断扩张而逐渐形成的。它不会、也不可能在前资本主义生产方式下出现。而世界主要国家和地区的经济发展,则大都经历了原始社会、奴隶社会和封建社会这几种前资本主义的历史阶段。第三,"世界经济"是在国际分工与世界市场的基础上,由各国各地区经济形成的有机整体。国际分工的形成与世界市场的建立,把原来彼此孤立、相互封闭、自成体系的各国各地区经济联结成为一个相互联系、相互依存、共同运动的有机整体。此时的国别和地区经济,已按同一脉搏跳动,生产过程的联系已在一个市场机制的驾驭之下,社会再生产已按统一的周期发展",从而构成了世界经济这个统一的有机整体。

在上述分析的基础之上,作者科学准确地界定了世界经济史的特定研究对象、内容与范围,并据此构筑了世界经济史学科的完整体系和宏观框架。

作者认为,世界经济史作为一门独立的学科分支,它的特定研究对象,就是上述的"作为有机整体的世界经济发生、发展和演变的历史过程及其规律性"。而"资本主义生产方式在地域不断地扩大发展成为世界经济体系以及它随着社会主义生产方式的诞生、成长和发展而逐步解体,在同一过程中国际经济关系的发展和变化,乃是考察、理解和把握迄今为止世界经济史全过程的中心线索。"根据这一中心线索,作者将16世纪以来的世界经济史划分为四个历史时期:(1)16世纪初至19世纪60年代的资本主义生产方式确立、世界经济体系形成时期;(2)19世纪70年代至1917年"十月革命"的资本主义世界经济发展成为囊括全球的统一体系时期;(3)1917年至1945年的社会主义制度建立、囊括全球的资本主义世界经济体系开始瓦解时期;(4)1945年至今的社会主义和资本主义两种世界性经济制度并存、民族国家经济兴起时期。《世界经济史》一书正是根据上述的研究对象、中心线索和历史分期,分四篇系统地阐述了世界经济产生、发展和演变的历史过程,揭示了这一历史过程的本质、特点和规律性。

毫无疑问,《世界经济史》一书的问世,标志着世界经济史作为一门独立的学科分支已经在我国建立起来,从而实现了我国经济史研究的一个历史性的突破。

(二)该书所取得的另一个突出成就,是它在创造性地运用马克思主义世界观和方法论指导经济史研究方面,为我们提供了一个不可多得的成功范例。

有关历史研究(包括经济史研究)的指导思想和方法论问题,近年来十分引人注目。在新的历史条件下,应该如何坚持和发展马克思主义,是每个有历史责任感的史学工作者都在认真思索并寻求答案的一个问题。《世界经济史》一书的作者,在这方面作出了积极的努力和可贵的探索,也取得了许多新的突破和可喜的成就。具体表现在:

第一,着重领会马克思主义的精神实质,把马克思主义作为世界观和方法论,去指导经济史研究。我们常讲在学术研究中要坚持以马克思主义为指导,可对于什么是马克思主义的核心、实质和精髓,却认识不清。在以往的经济史研究中,就有人把马克思主义与经典作家关于某些具体问题的观点或结论相等同。因而在进行研究工作时,只是简单机械地摘录或转引一些经典作家的语录、观点或结论,以为这样"引经据典"就是坚持了以马克思主义为指导。实则不然。正如恩格斯所言,"马克思的整个世界观不是教义,而是方法"。所谓的马克思主义不应该是指经典作家的某种观点或某个结论,而是指马克思主义的世界观和方法论。随着时代的前进和社会的进步,经典作家的某个具体观点或结论可能会过时或被证明是错误的,但作为世界观和方法论的马克思主义却是不会过时的,至今还是管用的。不认清这一点,就不可避免地会导致马克思主义"过时论",或对马克思主义的教条式理解。因此,着重领会精神实质,注意掌握思想方法,是在经济史研究中坚持马克思主义的关键所在。而《世界经济史》一书的作者,较好地做到了这一点。通读全书,我们即可深深地感到,马克思主义在这里不是只言片语,不是某些具体观点或结论,更不是一成不变的警句或格言,而是被当作认识客观事物总结自然规律的世界观,作为分析问题解决问题的思想方法,作为评价历史预测未来的原则应用于作者的整个研究过程,渗透在全书每章每节的字里行间,构成了一部《世界经济史》的灵魂。

第二,掌握历史唯物主义的核心与实质,灵活准确地运用辩证法的基本原则与范畴从事经济史研究。中国经济史学会会长吴承明先生曾指出:"作为方法论,历史唯物主义的核心是什么呢?照我看,就是辩证思维,即辩证法。……但斯大林把马克思主义哲学硬分为两门学科,一是辩证唯物主义,一是历史唯物主义。辩证思维在前一学科讲完了,历史唯物主义只好讲次一级的东西,如国家、阶级、阶级斗争等。……这并不是历史唯物主义最核心的东西"。吴先生的话,既指明了历史唯物主义的实质核心所在,也道出了以往一些错误认识的根源。在忽视辩证法的核心地位的前提下,历史唯物主义的核心内容只能是阶级、阶级斗争、国家和政权等。这样,在历史研究中出现片面地强调阶级斗争推动历史的作用，忽视生产力的根本动力作用，片面地强调历史发展过程中的对立性、矛盾性和斗争性，忽视统一性、同一性和相互联系等形而上学的倾向，就不足为奇了。因此，要坚持以马克思主义为指导，必须重新确认辩证法在历史唯物主义中的核心地位。同时，还要灵活准确地将辩证法的基本原则与范畴应用到经济史研究的实践中。在这方面，《世界经济史》一书同样为我们树立了成功的典范。作者在谈到本书的创作原则时即指出，"在研究历史过程时，要坚持辩证的方法，考察总体的联系，才能避免片面性……离开辩证的观点，将无法全面描述这种关系，也体现不出世界经济的特点"。而此方面的实例，在书中可谓不胜枚举，俯拾即是。例如，作者在论及社会主义制度与资本主义制度的关系时，没有片面地强调两者之间的对立、矛盾和冲突，而是运用对立统一的观点进行分析，指出："社会主义同资本主义两种社会制度并存，构成了世界经济的矛盾统一体。在这一统一体中，两者既有矛盾和斗争，又有联系与合作"。特别是作者认为，20世纪50年代以后"资本主义国家与社会主义国家之间的矛盾冲突逐步趋于缓和，维持和平与争取社会经济发展逐步成为时代的旋律"。这一结论的得出，可以说是辩证法对立统一规律灵活运用的集中体现。此外，书中关于世界经济的特征、趋势及发展规律的概括，对资本主义发展的历史、现状和趋势的分析，对社会主义制度的优越性、建设成就以及经验教训的总结，对殖民活动历史作用的重新评价，等等，无一例外地体现了辩证法的精神，都是辩证法基本原则与范畴在经济史研究实践中得到灵活、准确运用的成功之例。

第三，尊重客观历史事实，一切从实际出发，在实践中坚持和发展马克思主义、社会存在决定社会意识，认识来源于实践，这是辩证唯物论和历史唯物主义的最基本观点。在经济史研究中坚持这一基本观点，就是要尊重历史事实，一切从客观实际出发。而以往的经济史研究中，曾存在着一种不正常的现象，即为了表明自己坚持马克思主义，常常是先阐述一段马克思主义的基本原理或是摘引一段经典作家的论述，然后再根据这段原理或论述去收集有关史料，加以论证和说明。这种"据论列史"、"史从论出"的做法，显然是"本末倒置"的，是违反历史唯物主义基本原则的。

《世界经济史》一书的作者则坚持以历史事实为自己立论的根本出发点，强调"史实、客观经济发展过程，是第一性的，只有在对客观经济过程和其他历史条件进行详尽考察的基础上，才有可能得出结论，作出结论"。这不仅表现在作者写作本书时，始终坚持了"先史后论"、"据史立论"和"论从史出"的原则，更为可贵的是，对一些经典作家已有定论而历史发展的实际情况又与之不符的问题，也能本着尊重历史、实事求是的原则，对其重新进行分析与评价。例如，对于十月革命后世界经济的总体特征与发展趋势，作者没有采用以往的"资本主义总危机和无产阶级革命的时代"和"世界资本主义进入总崩溃过程"的提法，而是根据历史发展的实际状况，将这一时期概括为"资本主义世界经济体系开始解体和社会主义、资本主义和民族独立国家这两种制度、三种力量并存"的时代。应该说，这一概括更为符合历史事实，也更加符合历史唯物主义基本原则，其本身也是运用马克思主义思想方法对历史时代和世界经济的根本特征所进行的重新认识和再评价，是对马克思主义的修正与发展。

（三）除了上述成就外，本书在学术上还有以下特点：

第一，史论结合，融为一体。史论结合问题，不仅仅是如何坚持理论指导和如何坚持以史实为根据这样一个认识论和方法论的问题，就两者的关系而言，又是一个非常具体的技术性问题。如果处理不好这种关系，其研究成果必然是不伦不类的"四不像"。以世界经济史为例，如果片面地强调理论分析，而忽视以史实为依据，就会与"世界经济学"相近似；如果偏重历史资料，忽视理论的指导与分析，又会与"世界经济统计资料"相雷同。本书作者较好地处理了这种关系，做到了有史有论，各不偏废。同时，史与论的结合，又不是简单地处理成"先史后论"或"先论后史"的逻辑顺序关系或史与论各占多少比例的数量关系，而是史中带论、论中有史、史论结合、融会贯通、夹叙夹论、浑然一体，反映了作者深厚的理论功底和驾驭史料的熟练技巧。

第二，宏观与微观，两者兼顾。需要指出的是，这里所说的宏观与微观，并非理论经济学中的宏观微观之概念，而主要是指本书宏观体系、框架、结构与具体内容之区别。有关本书在宏观体系方面的创新与突破，前面已经谈过。这里要强调的是，作者并没有因为注重宏观体系方面的创新而忽视微观内容的重要性。通观全书我们可以看到，从史料的考证选择，到历史叙述的详略处理，甚至是一些无碍大局的细枝末节问题，作者都是以严谨科学的态度来对待的。因此，本书给我们的总体印象是：宏观体系科学合理，微观内容翔实丰富，总体形象可谓有骨有肉、完整丰满。

第三，古今中外，厚薄适度。以往我们的经济史研究大都不同程度地存在着厚古薄今的倾向。特别是我国的涉外经济史著作，都将下限划在1945年。这种情况，不仅造成了学科本身的不完整，而且使学术研究远离现实，给"古为今用"带来了人为的困难。《世界经济史》一书在这方面有了新的突破。首先是在篇幅的安排上克服了厚古薄今的倾向。例如，将距今较远的头两篇合为一卷，写得相对简洁，而比较靠近现实的后两篇则各为一卷，内容较为充实。其次是在内容上，根据"古为今用、洋为中用"的原则，对现实经济改革和建设关系密切的内容详写，反之则略写。再次，打破了原来不合理的学科界限，将本书的下限划在20世纪90年代，并将战后部分专设一卷，重点阐述。最后，该书在第三卷中还专设了"中国社会主义经济制度的建立与发展"一章，对新中国建立以来社会主义经济建设的历程、成就和经验教训进行了概括和分析。从涉外经济史的角度看，这还是一个新的尝试，也属于一个创举，其意义也是不言而喻的。[①]

五、《外国经济史》词条（中国大百科全书第1版）

众所周知，由于宋老师本人的学术研究领域非常宽泛，他在外国经济史研究方面的成果多是教材与著作，研究性论文比较少。其中最具代表性的，当属他为《中国大百科全书》（第1版）撰写的长词条《外国经济史》。由于大百科全书对撰写体例和内容有特殊的要求，主要是总结、概括已有的研究成果和共识，而不是阐发创新性观点和独立的见解，我们不能从这个词条中看到更多的宋老师个人的观点和分析。但是，由于这个词

---

① 韩毅：《评世界经济史》，载《中国经济史研究》，1996年第1期。

条属于学科总论性词条，需要作者对本学科（外国经济史）的一系列重大问题作出高度的抽象、概括、总结与说明，我们仍然可以看到宋老师本人对这些问题的思考与辨析。应该特别强调的是，在宋老师撰写这个词条以前（包括以后的好长时间里），我国的外国经济史研究一直是以"近现代"为主的。而对于近代以前的古代和中世纪部分，外国经济史学界鲜有人涉足。而宋老师所撰写的这个词条，涵盖了从古至今的全部人类社会经济发展史。这里面，当然包括了对古代、中世纪时期外国经济史的论述。如果说，词条中关于近现代部分的论述多为总结概括已有研究成果（其中很多也是宋老师本人的观点见解），那么，词条中有关古代、中世纪部分的论述，则更多体现了宋老师本人对这些内容和问题的思考。从这一方面来说，这个词条仍然具有很强的研究性质和很高的学术价值。

《外国经济史》词条中所阐发的主要观点和内容有：

（1）外国经济史的定义、研究对象与范围。外国经济史是与中国经济史相对应的一门学科，既是一门历史科学，也是一门经济科学。它研究中国以外的世界主要国家或地区的经济发展演变的历史，以及在这一历史发展过程中所体现的共同的发展规律、各自的特点和形成这些特点的主客观因素。如以地域范围来划分，包括：国别经济史、地区经济史、世界经济史；如以经济部门来划分，包括：农业发展史、工业发展史、货币银行史等。

（2）外国经济史的历史分期与体系结构。从马克思主义的观点来说，人类社会经历了五个发展阶段或五种社会经济形态：原始社会、奴隶社会、封建社会、资本主义社会、社会主义社会－共产主义社会。因此，研究外国经济史，应先划分五个社会经济形态或发展阶段，然后依次在每个社会经济发展阶段中选择处于这个历史阶段上的主要地区或具有典型意义的一些国家，分别阐明它们经济兴衰的历史过程、规律性和具体特点。这样的体系结构，有利于对不同社会经济形态发展的共同规律性的探索和处于同一阶段的各个地区或国家经济发展的不同特点的比较研究。在外国经济史这门学科中，不宜于自始至终按现有的国家范围或各个地区分别阐明它们的经济历史过程，否则，外国经济史将成为各个地区经济史或各个国家经济史的简单总和；也不宜于简单地用几世纪到几世纪的办法来划分历史阶段，因为处在同一社会经济形态或发展阶段的地区或国家，各有自己的历史起讫年代，按世纪一刀切，将会模糊社会经济发展阶段的界限。

（3）原始社会经济。从猿到人的分水岭是人工制造工具的出现，而最早出现的人造工具是石器。原始社会生产力的发展，大体上经历了旧石器、中石器、新石器以及金石并用几个时代。与此相适应，原始社会的组织经历了血缘家族、母系氏族公社、父系氏族公社三种形式的演变（有的学者否认血缘家族这一形式的存在）。约在公元前3000年代中期，人类学会冶炼青铜。以后，随着农业生产的发展，畜牧部落与农业部落相分离，这是第一次社会大分工。随着青铜器与铁器时代的到来，手工业又逐渐从农业中分离出来，发生了第二次社会大分工。在两次社会大分工过程中，随着私有制的发展和阶级的分化，氏族公社逐渐解体，人类社会开始向奴隶制社会过渡，并产生了国家。

（4）奴隶制社会经济。由于古代世界各个地区生产力和交换的发展不平衡，原始公社解体和奴隶制社会出现的时期颇不一致。外国经济史的奴隶制社会部分，应该主要阐明以下五个地区的国家的奴隶制经济的形成、发展和衰亡过程及其共同特征和各自的特点。①古代埃及的奴隶制经济；②古代西亚各国的奴隶制经济；③古代印度的奴隶制经济；④古代希腊的奴隶制经济；⑤古代罗马的奴隶制经济。古代世界各个地区的奴隶制，虽然有其共同的本质特征，但由于各个地区进入奴隶制社会的时期、地理和历史条件不同，它们之间又各具自己的特点。

（5）封建制社会经济。外国经济史的封建制社会经济部分，应该研究以下国家和地区封建制经济的形成、发展和衰落过程：①西欧各国的封建制经济；②拜占庭封建制经济；③俄罗斯农奴制经济；④印度封建制经济；⑤日本封建制经济。上述各个地区和国家的封建制经济的兴衰，有各自的特点。到了封建制后期，随着商品生产和交换的进一步发展和城市经济的繁荣，在封建社会内部出现了资本主义关系的萌芽。西欧各国是最早进入资本主义社会的地区，一般来说，16~18世纪是西欧封建制解体，资本主义产生的时期。

（6）资本主义社会经济。世界主要资本主义国家的资本主义经济发生、发展和走向腐朽的历史过程，同时也是亚洲、非洲和拉丁美洲经济在先进资本主义国家侵略和奴役下演变为殖民地、半殖民地经济，以及它们反对外国资本压迫、剥削和争取政治独立，发展民族经济的历史过程。外国经济史近现代部分，应该研究如下一些国家和地区：①在欧洲，以英国、法国、德国、俄国（至十月革命前）为主，兼及南欧、北欧、中东欧诸国；②在北美，以美国为主，兼及加拿大；③日本的资本主义经济；④大洋洲的资本主义经济；⑤拉丁美洲地区经济的殖民地、半殖民地化；⑥亚洲地区经济的殖民地、半殖民地化，以印度为主，兼及东南亚诸国；⑦埃及和北非诸国经济的殖民地、半殖民地化；⑧撒哈拉以南非洲经济的殖民地化。关于第二次世界大战以前的主要资本主义国家经济的发展演变，大体上可分为两个阶段：一是资本主义确立和发展时期；二是帝国主义或垄断资本主义时期。两个时期的划分界限，由于各国历史条件的不同，对各个国家不尽相同。至于亚洲、非洲、拉丁美洲地区经济的殖民地半殖民地化，大体上经历了两个演变阶段：一个是16~18世纪主要作为西欧国家原始积累掠夺对象的阶段；二是西欧国家产业革命后，主要作为发达国家工业资本剥削对象，即成为它们的销售市场和原料附庸的阶段。

（7）社会主义社会经济。社会主义代替资本主义是社会历史发展的必然趋势。第一次世界大战末，出现了第一个社会主义国家——苏联。第二次世界大战后，在东欧和亚洲又出现了一系列社会主义国家。社会主义经济的基本特征：生产资料公有制占统治地位，对国民经济实行计划管理，继续存在商品生产与商品交换，对消费品实行按劳分配原则，等等。研究社会主义经济的产生、发展和因国情不同而采取的不同的发展模式，是外国经济现代史的重要组成部分。

不难看出，宋老师撰写的《外国经济史》词条，虽然篇幅有限，内容上也较为通俗易懂，但是，论及了外国经济史中所有相关的重大问题，梳理了外国经济史的基本发展脉络和中心线索，搭建了外国经济史的宏观框架和内容体系，总结了外国经济史演变的共同规律和发展趋势，概述了外国经济史各个发展阶段上不同国家和地区经济发展的具体内容、各自特点和差异性。应该说，这实际上是一部高水平的、完整系统的外国经济通史的研究纲要和写作提纲。

高山仰止　景行行止
——怀念宋则行老师

黄险峰

1986年进入辽大数学系读研究生时，我对辽大了解得很少，自然也不知道其经济学科的实力，只是感觉读经济学的研究生比较多。随着时间的推移，从与同学的交流中，得知辽大有一位著名经济学家，对他们而言，他是神一般的存在。他就是宋则行老师。

至今仍记得，一位85级金融学专业的研究生曾得意地谈起自己在中国社会科学院经济研究所资料室复印资料的经历：当时及此后一段时间里，辽大经济学科的研究生写论文前都要到北京有关机构查阅资料、复印文献，社科院经济研究所资料室是大多经济学科研究生要去的地方。当资料室工作人员得知这位同学（应该还有他的其他几位同学）是辽大的研究生时，便随口说道："啊！是宋老师那里来的！"就让他们自己进书库里去查找；而其他去查资料的学生，都只能老老实实地查卡片、填单子，再交给工作人员去取。（多年以后，我也曾到社科院经济研究所资料室查资料，资料室的工作人员知道我是宋老师的学生，依然非常热情，询问宋老师的近况，并且还说我的某某师兄最近来过）。这使我深切地感到，宋则行老师在全国的声望甚高，而他的德高望重的品行和学识又很自然地惠及了他的学生！

我当时的宿舍在辽大6舍2层楼上，中间的某一间宿舍据说是宋老师的博士生的（后来知道是杨玉生老师的）。作为数学专业的研究生，除了羡慕之外，是没有做宋老师学生的奢望的，虽然同学们常说，学数学的也可以搞经济学，而且还有一定的优势。1988年秋天，我在复旦大学见到一位同学，他获得数学专业的硕士学位后，便直接攻读经济学博士学位。由于对经济学不甚了解，当时并没有想过自己也可能会走这一步。不过，1989年硕士研究生毕业时，我被分配到辽大经济管理学院工作，经济管理学院数学教研室教数学的教师已满，便安排我从事数量经济学的教学工作。不料，这样的安排竟成了我后来能够当上宋则行老师博士生的阶梯。回想起来，虽然当时连想都不敢想，但从事数量经济学的教学工作确实使得我有机会成为宋老师的学生。

命运之神的眷顾，最终使我在1995年成为宋老师弟子中的一员（我的指导老师除了宋则行老师，还有杨玉生老师）。这里顺便讲一下我的博士生入学考试时的一件趣事。经济思想史试卷的一道试题，由于事先准备得不充分，结果没答好。复试时，宋则行老师偏偏又问到了这道题："你这道题在笔试时没答好，请你说说，现在是怎么认识的？"宋则行老师这样提问的本意是，学生在笔试时没答好，看看现在通过看书有什么新的认识。说实话，考试过后，我没有再去寻找这道题的答案。只好跟宋则行老师实话实说："我没看书，现在还是答不上。"宋则行老师没有多说什么，只是说："以后多在基本经济理论上下些功夫！"这无疑是对我的鞭策。于是，我下决心认真读西方经济学的经典性著作，像亚当·斯密的《国富论》、大卫·李嘉图的《政治经济学及赋税原理》、马歇尔的《经济学原理》、凯恩斯的《就业、利息和货币通论》、希克斯的《价值与资本》等著作我都认真地研读过。通过研读西方经济学经典著作和前沿文献，我树立了较为扎实的经济学的理论功底，特别在分析方法上逐渐学会以经济学家特有的分析问题的方式去对待经济理论和现实的经济问题。为了使自己更能专心地做经济理论研究，我于1998年调入经济研究所，与宋老师的接触也比此前要多一些。两年后，即2000年，经济研究所停办（由于学校成功申办了教育部人文社会科学重点研究基地——比较经济体制研究中心），我与宋则行老师、杨玉生老师、张凤林老师、林红玲老师等几位西方经济学专业的教师进入经济学院，并成立了"外国经济学说研究中心"。

在成为西方经济学专业博士研究生不久，我参加了一次为宋老师生日举行的小型聚会（在当时的国际经济学院的小会议室）。在这次聚会上，第一次听宋老师谈自己培养学生的方法，印象极为深刻，至今忘不了。宋老师说，他带学生的方式是"放羊"，不过，他接着说，"绳子还是在自己手上"。宋老师认为这种培养方式是受他的老师皮耶罗·斯拉法和琼·罗宾逊的影响，或许这也是剑桥的传统吧！这种"放羊"式的培养，学生会比较自由，能充分发挥自己的兴趣，也会有更多机会对自己的不足之处进行弥补；不过，这种培养方式同时也强调师生之间经常性的交流，因为只有这样，老师才可以有效地运用手中的绳子。借用一句常说的经济管理上的话来说，就是"管而不死，活而不乱"。

由于我是学数学出身的，总脱不了以数学方式处理问题的习惯。换言之，在思考经济问题时，首先想到的是如何在数学上表述和证明，而不是究其背后的经济学逻辑。我曾经就这一问题请教宋老师，他只是说，不能急，要慢慢来；多读一些经济学方面的书，自然就能掌握经济学的逻辑了；他还认为数学思维与经济学思维并不矛盾。在现代西方经济学中，数理化的倾向十分严重，有很多著作通篇充满了数学论证，运用了包括微积分、线性代数、概率论、拓扑学等数学方法和分析工具。这一倾向的积极意义，是使经济分析更加精确化和科学化了。但这一倾向也有其消极的作用和影响，那就是把经济分析搞成了纯数学分析，变成了数学游戏，因而在一定程度上损害了经济学的思想性和理论性。

宋则行老师多次指出，经济学不等于数学，数学仅仅作为一种分析工具服务于经济学或经济学分析。作为现代经济学家，既要掌握数学分析方法，又不能迷恋数学方法，应该在经济学理论框架内或逻辑演变中科学地把握和应用数学方法。宋老师的这些发人深省的教诲，为我和我的同学确定了正确的经济学理论研究之路。

因为我有较好的数学基础，对现代西方经济学中的数学分析和论证方法比较有信心，所以我的任务是透过这些数学分析或论证，探查隐藏在其背后的经济学逻辑。

后来，我有机会翻译一些经济学教材，宋老师对此也挺高兴，认为在翻译中学习，也是一种比较有效的途径。所以，有一阵子，我将主要精力放在了翻译上。由于是在职学习，对于何时毕业，并没有明确的想法，而且我也希望等自己的基础厚实一些，再着手写毕业论文。有一天，我见宋则行老师在校机关楼前散步，便赶紧凑到跟前向他汇报自己最近的学习情况，说到又在翻译一本什么书。本希望得到老师的肯定，哪知道他并没有与我谈翻译书的事，而是叫我把翻译的工作放一放，抓紧写论文，并且我感觉与往常见面随便聊天时的轻松气氛似乎不一样了。我知道，宋老师现在拽紧了他手中的绳子，我不得不开始认真考虑撰写毕业论文的事了。

在 2000 年以前，西方经济学专业的论文选题主要集中在对西方经济学理论、经济学流派和经济学家思想的分析和评价，而不是像后来更注重研究实际经济问题。经过反复思考，我决定将"真实经济周期理论"作为研究方向。一方面是因为该理论在西方经济学界方兴未艾，国内还没有人写过，自己对该领域也有兴趣；另一方面是因为该理论立足于动态一般均衡分析，涉及的数理模型和计量经济学方法比较多，我觉得自己还有一定的优势。在开题时，宋老师说这方面的内容他所知甚少，提不出什么更具体的指导意见。这当然表现了他的一种谦虚的精神；同时对我也是一种震撼，像他这样为人敬仰的大学者，尚能谦虚如此，真让人肃然起敬。不过，宋老师接着说，这里面数学比较多，不能沉迷于数学，应该把梳理理论演进的脉络作为重点。在论文写作中，我也经常提醒自己，不到非用不可的时候，尽量避免使用数学模型。

论文写作比较艰苦，到 2001 年秋天才完成。当时宋老师刚做完手术不久，身体还没有完全恢复，而且已经 80 多岁了，杨玉生老师怕宋老师审阅论文会影响身体恢复，就跟宋老师商量他是不是可以不看论文了，由别人（杨玉生、张凤林、李平等）代劳。但宋老师不同意。于是，我赶紧把论文初稿给宋老师送去。过了约三周时间，宋老师打电话说看完论文了，让我去取。我怀着忐忑的心情到了宋老师家。宋老师对论文表示肯定，说写得不错，总体上没有问题，只是有些细节需要注意，并在论文正文的页边上加了所要说明的批语。看到宋老师和蔼的笑容，悬在心中的石头落了地。我大致翻了翻论文，发现到处都是用铅笔画的记号，不知是何意。宋老师看出了我的疑问，解释说，铅笔画的地方不是问题，它们都是他在读的过程中画的；而且，宋老师说，他是对照"大摘要"读论文的（当时学校要求博士论文都要有单独装订、约两三万字的"大摘要"），当论文中某个地方不清楚时，他会看看"大摘要"。所以，"大摘要"上也有很多他用铅笔做的记号和说明。

回到家后，我把宋老师审阅过的论文初稿和"大摘要"一页一页地仔细翻看，宋老师认真的态度让我感动不已。论文和"大摘要"共约 160 页，由于是一个比较技术性的前沿领域，虽然我尽量不用数学模型，但以自己的功力驾驭这样一个题目还比较吃力，论文的许多地方还不是很透彻，增加了审阅的难度和工作量。但宋老师从头到尾，都认真看过；有些地方，我觉得是很不容易发现的问题，宋老师也都注意到了，比如有一个经济学家的名字在论文中只提到了两次，但前后翻译不一致。杨玉生老师也细致阅读了论文初稿，也提了一些指导意见。我根据两位老师的意见对论文进行了认真修改，论文后来被评为辽宁省优秀博士论文，并在中国人民大学出版社的"经济学前沿系列"中出版。

在写这篇短文时，我把宋老师修改过的博士论文初稿和"大摘要"又找了出来，看到那些颜色有些消褪的铅笔写的文字和做的记号,比当时还要感动。或许,当时更多的是欣喜,因为论文得到了老师的肯定;而现在则在想象宋老师在身体还没有康复的情况下,如何逐字逐句审阅这篇理论阐述不够透彻、文字还不够通畅的论文初稿,由此而产生的无限敬仰和感念之情。

2003年1月初,学校为我换了个房子,而这房子正好就是宋老师原来居住的房子(他一年多前搬到了学校新建的住房)。当时有四套房子供包括我在内的四位教师挑选,采取抓阄的方式,而我幸运地抓到了这一套。

在攻读博士学位期间,我经常到这房子来向宋老师汇报学习情况,聆听宋老师的教诲。而此后我就住在这里,宋老师原来的书房,也是我的书房。在这个房间里,我常常回忆与宋老师交流的情形,更经常想到宋老师的人品和学问。我虽不能达到宋先生高山仰止的精神境界和学识成就,然心向往之。

缅怀恩师宋则行教授

孟令彤

2017年10月1日是我的恩师宋则行教授诞辰100周年，学生谨以此文向恩师表达无限的敬意与缅怀。

2003年6月初，远方传来我的恩师——我国著名经济学家宋则行先生过世的噩耗，我惊呆了，头脑一片空白。继而，我如同他的孩子一般，哭了……对我而言，一生中的一大憾事就是没有能在宋老师临终时看望他一眼，更不用说尽到学生的一点义务了。每想到此，我就感觉心痛不已！

那时，正值我国发生"非典"时期，辽大传出话来，拒绝在外地的宋先生的生前亲友前来吊唁。连身在北京的宋先生的女儿也没能回沈阳奔丧。远在约一千公里之遥山东的我，只能遥祭我的恩师了。我用滴血的心写下了悼念的文字作为哀悼的祭礼，传真到宋老的灵旁，聊表学生无限的哀思与痛切。在过后不久的日子里，我常常是在怀念宋先生的恩情中，写下博士论文开题报告的每一行字；同时，耳畔也仿佛响起宋先生的谆谆教诲，这使我增强信心，增添力量。我用了大半年的时间写成了论文初稿，几经修改，最后定稿，答辩毕业。

我第一次见到宋则行教授是在1986年。那时我在辽大学报工作。当时宋先生正潜心于我国经济体制改革的理论探讨，在做一篇关于经济体制改革问题的文章。辽大学报决定发表宋先生的这篇文章，便向宋先生约了稿件。不料，老教授竟亲自把大作送到学报编辑部。我一眼便认出，那就是我曾在照片上见过的风度翩翩、面容慈祥的宋先生，敬意与崇拜之情油然而生。德高望重的老教授竟如此亲力亲为，如此谦和平易，他高尚的人格魅力震撼着我年轻的心灵！

宋先生的论文标题是《关于经济体制改革的几个问题》，写的比较长，有1万5千多字；内容丰富而厚重。在这篇论文里，宋先生强调，按照中央的部署，"七五"期间的经济体制改革，主要是抓好以下相互联系的三个方面的工作：（一）进一步增强企业特别是国有大中型企业的活力，使之真正成为相对独立的经济实体，成为自主经营、自负盈亏的社会主义商品生产者和经营者；（二）进一步发展社会主义商品市场，逐步完善市场体系；（三）国家对企业的管理逐步由直接控制为主转变为间接控制为主，建立新的社会主义宏观经济管理制度，逐步完善各种经济手段和法律手段，辅之以必要的行政手段，来控制和调节经济运行。

宋先生指出，这三个方面是相互联系的，甚至可以说是互为前提的。对此，宋先生做了如下的科学论证：前面两点是增强国有企业活力的两个条件，是改革的中心环节。

这是因为，要使市场机制充分发挥对经济运行的调节作用，首要的条件是使企业能从自身的利益出发，对市场需求的变化做出灵敏的反应。如果企业不是一个自主经营、自负盈亏的商品生产者和经营者，就不可能做出这样的反应，也不可能对国家采取的间接控制和调节措施作出积极的响应。其次，如果没有一个完善的市场体系，市场机制就不可能充分发挥它的调节功能，国家的间接调节措施也就失去了实现的依靠。因为国家运用的各种经济手段的调节作用，主要是通过市场机制来实现的。同样，企业要成为真正能自主经营、自负盈亏的商品生产者和经营者，也必须有一个完善的市场体系，使企业所需的原材料、资金和劳动力等都能顺畅地取得，使企业生产出来的产品能在平等竞争的条件下顺畅地推销出去。换言之，要使企业在外部有一个完善的市场体系，才能对市场需求的变化，对国家的间接调节措施做出灵敏的积极的反应。

论及经济体制改革的中心环节和成败关键，宋先生在这篇论文中做了这样的科学表述："经济体制改革的中心环节，一个是使全民所有制企业真正成为自主经营、自负盈亏的商品生产者和经营者；一个是形成和完善市场体系。两者集中起来，就是要形成一个有计划、有控制的市场机制，就可以增强企业的活力。抓好这个中心环节的关键，一是改革价格体系，这既是形成和完善市场体系的重要内容，也是使全民所有制企业真正成为自主经营、自负盈亏的经营实体的必要的外部条件；一是彻底实行政企职责分开，所有权和经营权分离，这是所有制改革的中心内容，是使全民所有制企业真正成为自主经营、自负盈亏的经济实体的必要的内在条件。"①

宋先生关于经济体制改革中心环节和成败关键的科学论述，从对企业、市场和国家间的内在联系的科学分析上，确定了关于我国经济体制改革的基本思路，为我国卓有成效地进行经济体制改革提供了理论依据和实践上可行的主张。其理论分析的科学性自不待言。

除了这篇文章，宋先生在辽大学报上还发表了多篇重要文章。早在粉碎"四人帮"初期的拨乱反正的日子里，宋先生就发表了《按劳分配是产生资产阶级分子的经济基础吗？》《关于新资产阶级分子如何产生的问题》。在十一届三中全会提出实行改革开放的政策后，宋先生的一些重要理论文章也是在辽大学报上发表的，主要的有：《安排生产建设要从满足人民需要出发》《关于我国经济增长效率问题》《论资金运动、货币流通和经济增长的关系》《社会主义扩大再生产的按比例要求》《试论设置东北统一经济区的依据和途径》《论发挥沈阳的经济中心作用》《力争价格改革的良好环境》。

宋先生在辽大学报上所发表的每篇文章都是精品和理论创新之作，都可以发表在如《经济研究》等国家级刊物上，然而，宋先生却选择在《辽宁大学学报》这样由省属大学办的学术刊物上发表，这充分表现了宋先生对发展辽大科学事业的关心。辽大学报无疑因为发表宋先生的大作而提高了身价。就我个人而言，也从宋先生的大作中得到了宝贵的教益。

1987年《宋则行经济论文集》在辽大出版社出版，1997年，宋则行的论文集《转轨中的经济运行问题研究》和《马克思经济理论再认识》先后分别由辽大出版社和经济

---

① 宋则行：《转轨中的经济运行问题研究》，辽宁大学出版社，1997年版，第34页。

科学出版社出版。

宋则行先生的论文，在我面前全面展现了一个老经济学家的深邃的经济思想，独到的理论见地，匠心独运的科学论证和理论创新的精神。从宋则行的科学论文中，我感到了马克思主义经济学和西方经济学在他手上天衣无缝般地科学结合。宋则行先生不但是创新思维型的马克思主义经济学家，也是少有的西方经济学大师。

正是通过阅读宋先生的文章和著作，我萌生了做宋则行先生博士生的强烈愿望，希求在宋则行先生的教导下，系统掌握马克思主义经济理论和西方经济学理论，特别是学会按照宋先生研究问题的思路探讨经济理论的发展和解决现实经济问题的方法。

我幸运地成了宋则行先生的博士生。宋则行先生为我规划了理论研究的路径，开列了必读的经济学书目，我有幸当面聆听宋则行先生的教诲，这些如同"金钥匙"般打开我对西方经济学一知半解的心窍。我敬仰，我感动，我获得了人生中最好的启迪。从此，我眼界得到开阔，知识得到丰富。

在宋则行先生的教导下，我懂得了在中国发展经济必须实行社会主义市场经济体制的道理。他说："市场经济是一种经济运行体制，不是一种社会基本制度……传统的观念一向认为，市场经济是资本主义特有的东西，同社会主义是不相容的。但实践证明，社会主义国家也存在市场经济，市场不过是经济运行和资源配置的一种手段，市场经济不等于资本主义。"这使当时对市场经济尚看不深透的我，茅塞顿开。

在宋则行先生的教导下，我懂得了进行社会主义经济建设必须从满足人民的需要出发的道理。早在二十多年前，他就清晰地指出，为发展经济就要调整产业结构和转变经济增长方式。他在著作与教学中，多次谈到，社会主义经济发展的要求，必须符合满足人民日益增长的物质、文化生活需要的最终目的。宋则行先生的教导，使我了解了什么是社会主义，如何建设社会主义的思想。

在宋则行先生的教导下，我树立了为经济科学发展和祖国经济发展献身的情怀。宋先生为祖国和人民呕心沥血。成为这样一位恩师的弟子，是我人生的最大幸事。

宋先生早年在英国留学，功成名就。但他放弃国外优厚的工作与生活待遇，毅然回国。他的爱国情怀、高尚谦虚的品格、甘于清贫的精神、平易近人的态度及严谨的工作作风，对他的学生都具有永远的感召力。

宋先生，您的宝贵知识已经培养了很多成名学子，他们为国家做出了重要贡献。您的高风亮节也影响着一代代学生。您的心血没有白费，您的期待没有落空。

让您感到安慰的是，我把从您那里学到的经济学精髓毫无保留地传授给我的学生。让您感到欣慰的是，我从您那里学到了谦恭、诚实、善良的做人的品格，我已经和正在把它践行于人生的行动中。

宋先生，您真的离我们远行了，很远，很远！但似乎您又离我们很近，很近！仿佛您仍然在我们的身边，仍然活在我们的学习、工作和生活之中。您的经济思想，仍在激励着我前进的脚步！我思念您！

我的恩师，宋则行先生，您的一生是创造非凡成就的一生！您的学生将永远铭记您的谆谆教诲，努力做一个像您那样的为经济学的发展而孜孜渴求的人；成为新时代当之无愧的经济学传承者！

循着宋爷爷的足迹走进经济学

——无限感恩和怀念宋爷爷

杨 戈

  今年10月1日是我国著名经济学家宋则行老师诞辰100周年。每当想到宋则行老师生前的往事，就止不住心潮起伏，感念不已。宋则行老师是培养了我家两代经济学者的恩师。首先，他是我父亲杨玉生的恩师。后来，我也考上了宋则行老师的博士生，他又以其循循善诱的教学方法和诲人不倦的精神，把我引上了经济学研究之路。在他生前，我总是叫他宋爷爷。宋爷爷虽然离我们远去了，但他始终没有离开我们，像父亲常说的，他仍然活在我们的事业中。

  在我还是一个孩子的时候，父亲就向我讲述了宋爷爷的许多感人的事迹。例如，父亲说，宋爷爷走上经济学探讨之路，是由于在黑暗的旧中国目睹了许多卖儿卖女和外国人在中国横行无忌的事实。他为了改变旧中国的现状，而选择了经济学。父亲还说，宋爷爷在新中国建立后，本着对中国共产党的忠诚和一腔报国的热血而孜孜不倦地探讨发展经济之道。不论是在顺利的环境下还是在逆境中，始终不改其报国初心。这在我的幼小心灵里产生了深刻的影响。

  其实，我们一家人都对宋爷爷怀有无限崇敬之情。记得，那是在1990年5月，祖母因病住进医院，宋爷爷闻讯后特地来探视。临走时，祖父拉着宋爷爷的手把他送到门外，深情地对宋爷爷说："我儿子玉生能够拜您为师，是他一生的福分。谢谢您把他培养成才！"宋爷爷则当着祖父的面称赞父亲说："您儿子也很优秀啊！在我的学生中玉生的表现是很突出的。"祖父也看过宋爷爷的文章，觉得宋爷爷学问高深，书底儿深厚，做文章理论联系实际，是他一生中仅见的大学问家。祖父在新中国建立后做过多年农村基层干部（当过村长和乡、公社干部），对宋爷爷涉及农村经济或农业发展的有关论述，深有同感。例如宋爷爷在《安排生产和建设要从满足人民需要出发》一文中论述道："生产资料生产和消费资料生产两大部类的比例关系，具体化到实际生活中，大体上相当于农、轻、重的比例关系。……那么，在过去一个长时期内，农、轻、重的比例关系的安排，是否符合社会主义生产目的的要求呢？从实践看，明显地存在着重视重工业发展、轻视农业和轻工业发展的倾向。在第一个"五年计划"时期，我们向苏联学习，执行了优先发展重工业的方针，已经出现重工业建设规模偏大的迹象，但由于农业和轻工业也有较快的发展，三者的比例基本上是相适应的，因而在生产发展较快的同时，人民生活也得到了相应的提高。可是在1958—1960年间，由于盲目追求钢铁产量的高指标，大搞高积累，挤了农业和轻工业，农、轻、重比例关系严重失调，人民生活水平显著下降。到 1961—1962 年，重工业生产也不得不大幅度地降下来，以后经过 3 年的调整，才使三者比例关系有所改善，人民生活有所恢复。1966 年"文化大革命"开始以后，在林彪、'四人帮'的干扰和破坏下，把人民生活置之度外，农、轻、重的比例关系再度严重失调。在他们横行的十年间，终于把国民经济弄到濒于崩溃的边缘。粉碎'四人帮'后，经过 3 年的回复和发展，经济形势有了显著好转，但是林彪、'四人帮'的干扰破坏以及长期以来重'重'、轻'农'、轻'轻'累积造成的国民经济比例关系失调的状况，至今没有得到根本扭转。党中央决定从今年（1979）起集中 3 年时间，认真搞好国民经济的调整、改革、整顿、提高，正是为了解决这个问题，以便把国民经济纳入持久地按比例地高速度地发展的轨道。"[①]

宋爷爷所论述的这一时期的中国国民经济变动的情况，正是祖父在农村作为基层干部工作时亲身经历的情况，有着切身的体会。因此，宋爷爷的文章似乎又把他带到了从前的现实生活中。他感叹道："宋则行老师在文章中所说的这些情况，现在仍然历历在目。其分析的精辟、透彻，无与伦比！"他深深地为宋爷爷的高超学识和深邃的见解所折服。

妈妈对宋爷爷也很敬仰。记得，那是在 1987 年父亲做博士学位论文的时候，那年 10 月，父亲把写好的论文初稿交到宋爷爷手上，两个月后，父亲从宋爷爷那里取回论文初稿。只见在论文初稿正文的许多页边上标注着宋爷爷的提示，以及所提出的需要修改的意见，有些地方，宋爷爷甚至从更高的视角加以提炼、归纳，径直写上他的见解。妈妈也帮助父亲整理经过宋爷爷审阅的论文初稿，从整理论文初稿的过程中，妈妈发现，经宋爷爷修改过的地方，明显地上了一个档次。例如，在论述斯拉法体系的一章中，在父亲对斯拉法体系加以概述之后，宋爷爷加了这样的极为深刻的、画龙点睛的一笔："综上所述，斯拉法体系的基本特征，是排除需求因素，直接从生产出发分析价格决定。实际上它是向古典的生产价格理论的复归。进一步说，斯拉法体系用商品生产商品（即商品互为生产资料），来阐明价格的决定；用联立生产方程即一般均衡来分析价格决定；特别重要的是把工资和利润分配纳入价格决定的分析，这就成为摧毁边际生产力论的有力武器，也为分析工人和资本家间的剥削和被剥削的关系，提供了新的分析工具。就其和劳动价值论的关系说，虽然它不区分价值与价格，直接研究生产价格的决定，但它把生产商品的生产资料看作间接劳动，商品的价格决定于直接劳动和间接劳动及其比例，把间接劳动区分为有时期的劳动等等，实际上在阐发劳动价值论，或者可以说，斯拉法的生产价格论事实上是以劳动价值论为基础的。虽然，斯拉法提出，还原为有时期的劳动量不是普遍可能，但他的有时期劳动的分析，却为生产资料还原为有时期劳动确立了一般的原则。"[②] 妈妈看后对父亲说："宋先生加的这段话，使你的文章顿生光辉，大家就是大家啊！"

还有一次，父亲承担翻译《新帕尔格雷夫经学大辞典》词条的任务，任务是宋爷爷

[①] 《宋则行经济论文集》，辽宁大学出版社，1987 年版，第 10~11 页。
[②] 杨玉生：《马克思价值理论研究——对西方经济学界各种观点的评析》，辽宁大学出版社，1990 年版，第 51 页。

下达的，父亲翻译完以后，交宋爷爷审阅。宋爷爷在译稿上也做了许多修改，有些地方，宋爷爷把文字的顺序前后稍作一下调整（用笔勾画一下），就立刻在对词义的表达上发生了别开生面的变化。这也使妈妈看后大为叹服："宋先生的手真神奇啊！经他稍作挪动，文字就熠熠生辉了！"

妈妈也希望我将来能成为宋爷爷的学生。不过，妈妈不仅仅是希望，而且是为我将来能够成为宋爷爷的学生进行切实可行的筹划。为此，她让我选择经济学作为学习的专业，并着重在研究生入学考试的科目上多下功夫，以便考上西方经济学专业的硕士研究生。然后，循此继进，再考上西方经济学专业的博士研究生。正是按照妈妈规划的路线，我最终成了宋爷爷的博士生。实践证明，这是一条成功的求学之路。为此，我要永远感谢妈妈。当然也要感谢父亲对我的精心培养。因为我的博士生导师，除了宋爷爷，还有我的父亲，杨玉生教授。

宋爷爷像当年指导父亲那样指导了我，当然，作为博士生导师，父亲也像宋爷爷指导他那样指导了我。这就是宋爷爷的学生们所一致称道的"剑桥经济学传统"，让学生自由地在经济科学的海洋中漫游，觅取科学养分，在必要的时候，加以适当的指导。父亲说，要做好宋先生的学生，最根本的是要多读书，熟读经济学的经典性著作，要站在经济学发展的前沿，并参与现实经济问题的研究，为解决实际经济问题提供理论支撑或理论依据。宋爷爷和父亲都没有为我开列必读的书目，父亲只是把当年宋爷爷给他开列的必读书目转给我，让我也要认真研读这些必读的书目，包括亚当·斯密的《国富论》、大卫·李嘉图的《政治经济学及赋税原理》、约翰·斯图亚特·穆勒的《政治经济学原理》、阿尔弗雷德·马歇尔的《经济学原理》、约翰·梅纳德·凯恩斯的《就业利息和货币通论》、希克斯的《价值与资本》等，当然，还有马克思的科学巨著《资本论》。此外，父亲还要求我认真阅读宋爷爷所撰写的一系列文章和著作，也要阅读宋爷爷以往的学生们所完成的博士学位论文和其他文章。当然，父亲的意图也就是宋爷爷的意图。

于是，我便认真地研读这些书目，在研读过程中，我认真做了读书笔记。

有一次，我到宋爷爷家见宋爷爷，他问起了我读书的心得体会。我说："从研读西方经济学著作中，我懂得了从经济学家的视角看待经济问题的道理。在微观经济理论中，经济学家们总是强调经济选择的必要性，并把价格作为经济活动的指示器，引导经济活动者进行旨在获得最大经济利益的最优化经济活动。这充分体现在亚当·斯密'看不见的手'原理中。在宏观经济理论中，经济学家们则强调有效需求不足，强调政府干预经济的必要性。这充分体现在凯恩斯的'有效需求理论'中。众多的西方经济学家，都是围绕市场调节和政府调节而展开论述的。"

宋爷爷对我的回答很满意，说我读书抓住了要领。"的确，"宋爷爷说，"西方经济学家是围绕市场调节和政府调节而展开论述的。西方经济学家一般都承认市场调节的效率，即使是强调政府调节的凯恩斯主义经济学家，也不否认市场调节的效率，只是他们认为，在政府不加干预的情况下，任由市场调节，经济将出现不稳定，需要通过政府调节，使整个国民经济保持持续稳定的增长。"说到这里，宋爷爷停顿一下，然后又说，"虽然西方经济学家，都围绕市场调节和政府调节而展开其理论论述，但不同时期和不同学派的经济学家，在理论观点和论证方法上却有很大的不同。例如，古典和新古典经济学家，都坚持认为充分的市场调节可以保证经济效率并能实现充分就业（坚持'萨伊定律'），但在论证方法上却有很大不同。古典经济学家不太重视数量分析，而新古典经济学家则通过边际分析，大大提高了经济分析的精确性和科学性。再比如，凯恩斯主义经济学家虽然和新古典经济学家在政府干预上观点相左，凯恩斯主义经济学家主张政府干预，而新古典经济学家则反对政府干预，但在经济分析方法上，二者都采用边际分析方法。当然凯恩斯主义经济学家采用总量分析方法，即总供求均衡分析；而新古典经济学家则采用个量或微观分析方法。这又是他们在分析方法上的重要区别。"

在这次同宋爷爷的谈话中，我们也谈到了马克思主义经济学和西方经济学的联系和区别的问题。在这方面，宋爷爷所阐述的观点和父亲在其博士论文《评西方经济学界对马克思价值理论的研究》中的观点高度契合。宋爷爷特别提到父亲关于马克思经济理论两个层次（即经济分析的本质层次和经济运行层次）划分的重要意义。宋爷爷认为，对马克思经济理论两个层次的划分，是父亲的博士学位论文最有价值的地方。这种两个分析层次的划分，就在马克思的经济理论和一切非马克思主义经济学家的经济理论之间确立了既相互联系又相互区别的关系。从这种两个分析层次划分拓展开来，一方面，可以找到马克思经济理论同非马克思主义经济理论的共同点或共识，这主要存在于流通领域的经济运行调节层次的分析上；另一方面，则可以从本质上判明马克思经济理论和非马克思主义经济理论根本不同的基本内涵。这既体现了马克思经济学和西方经济学作为经济学的共性，又坚持了马克思经济学所固有的理论内涵。

宋爷爷特别主张把近数十年来在西方经济学界所发展起来的非马克思主义经济分析方法应用到马克思主义经济理论研究。他给我读了父亲在一篇论文中的如下一段话，并表示完全赞同父亲的观点："在经济科学中，总有一些共同的经济范畴，而处理这些共同的经济范畴就可以采用共同的分析方法。马克思就说过，他的生产价格就是古典经济学家的'自然价格'。实际上，马克思的平均利润、成本概念，同非马克思主义经济学家的平均利润、成本概念，也没什么区别。还可以举出一些经济学中所共有的范畴，例如，供给、需求、竞争等。仅就价格、利润、工资等数量关系分析而言，马克思的分析方法，同非马克思主义经济学家的分析方法没有什么根本的区别。价格（生产价格）等于成本加平均利润；工资作为成本提高了，必然使利润下降，而要提高利润就必须降低成本，其中包括降低工资成本；资本家为追逐利润而展开竞争，竞争使资本从一个部门流向另一个部门，竞争的结果是使资本家取得大体相同的利润，即平均利润。这种论证方法，无论在马克思的经济学中还是在非马克思主义经济学中，都是大量存在的。"[①]因此，他建议我，在这方面要认真读一下父亲的博士学位论文和其他有关论述马克思主义经济学和马克思主义经济学同西方经济学比较的文章，以便从中深刻地理解马克思主义经济学和西方经济学的联系和区别。

父亲常说，宋爷爷本质上是一位富有创新精神的马克思主义经济学家。他和传统意义上的马克思主义经济学家不同，他主张把马克思主义经济学同西方经济学加以沟通。

[①] 杨玉生：《应该重视西方学者关于马克思经济理论的研究》，载于杨玉生：《西方经济理论及经济改革与发展研究》，中国经济出版社，1999年版，第18～19页。

换言之，宋爷爷坚持马克思主义经济学的基本原理，同时又不拘泥于马克思主义经济学已有的论点，并坚持把非马克思主义经济学方面发展起来的分析方法和工具应用于马克思主义经济理论的研究。

这次同宋爷爷的谈话的最大收获，是使我廓清了经济理论研究的基本思路。我要学会以宋爷爷的思维方式，来探讨经济学发展的内在逻辑，由此，成长为一个宋则行式的经济学者。当然，这也是宋爷爷和父亲所希望的。

该做博士论文了，论文选题是关于我国农业现代化问题研究（后来以《走进现代农业》为书名出版了专著，于2002年由中国经济出版社出版）。之所以确定这个论文选题，初衷是要为中国的经济改革和实际的经济发展做些贡献。这也是宋爷爷经济研究的一个宗旨。这个论文选题，是父亲和宋爷爷一起研究确定的。论文对中国在解放以后的农业发展历程做了系统的回顾，从农业的技术创新和制度创新的视角探讨了实现现代农业的基本路径，并从世界农业发展史上探讨了中国实现农业现代化的历史必然性和现实性。

论文对20世纪90年代以来勃然兴起的农业产业化做了经济学分析。论文指出：农业产业化，首先是农业（或农村经济）市场化。在农业产业化的产业链中，突出的表现形式是市场连龙头，龙头连基地，基地带农户。在这个联结的链条中，关键的一环是市场连龙头，又通过龙头把基地和农户与市场联结起来。在这里，市场的调节作用是第一位的。首先是有市场需求，市场需求决定形成提供何种农产品的龙头企业。龙头企业根据市场需求状况，建立生产某种农产品的生产基地，而这个农产品生产基地的广大生产者便是生产该种农产品的众多的农户；其次，农业产业化又是农业的社会化。按照传统的看法，农业主要就是生产粮食，实现人的劳动同土地的直接的物质变换。农业产业化大大扩展了农业的范畴，它不再是仅仅生产农产品，还包括对农产品的精深加工和销售。或如农业产业化概念所表明的，它围绕一个或多个相关农副产品项目，组织众多主体参与，进行生产、加工、销售一体化的活动，并在发展过程中逐渐形成一个新的产业体系。在农业产业化所逐渐形成的社会化服务体系，也突出地显示了农业产业化作为社会化农业的基本特征。随着农业产业化的发展，农业内部不仅会被划分为越来越多的行业和部门，而且彼此之间相互紧密衔接，从而组成一个农用物资的生产和供应、农业生产、农产品收购、运输储藏、加工、包装和最后产品销售的各个环节内在统一的有机体，即所谓农业综合体。最后，农业产业化又是集约化和专业化农业。农业产业化要求实现农业生产的集约化和专业化。在市场机制的作用下，农业生产者（农户和农业企业）总是选择最能获利的农副产品进行生产，总是尽可能利用较为先进的农业生产技术，最有效的应用农业资源，以达到成本（或消耗）最少，收益最大，这样便形成具有高产、高效、优质的农业集约化和专业化生产，并因而形成较为合理的优化的产业结构。不同的地区具有不同的农业资源优势，每个地区也将发展其具有特殊的农业资源的农业生产，从而形成合理的优化的农业生产力地区布局。

论文综合应用了经济分析工具，包括成本收益分析、制度创新分析、技术创新分析、农业发展的历史和现实条件分析等。贯穿了马克思主义的唯物史观，体现了中国农村经济改革的基本要求。

第三部分 永远的怀念

2001年博士生毕业取得经济学博士学位以后，我应聘到上海财经大学任教，讲授西方经济学，所确定的科研方向是：马克思主义经济学和西方经济学比较研究。这和宋爷爷和父亲的科研方向是一致的。为此，我研读了宋爷爷撰写的研究马克思经济学和马克思经济学与西方经济学相比较的论文和论著。诸如：《服务部门的劳动也创造价值》《物化劳动并不创造价值》《消费资料生产在社会扩大再生产中的作用》《对"两种含义的社会必要劳动时间"的再认识》《马克思的资本构成理论——兼论资本对劳动力需求的影响》《关于社会生产两大部类之间的数量关系》《马克思的增长理论——兼与西方现代经济增长模式比较》《固定资本更新与资本主义的周期性经济危机》《马克思生产价格理论的由来、形成及其完善——兼论斯拉法对古典传统的价格理论的发展》，也认真阅读了父亲的专著《马克思价值理论研究——对西方经济学界各种观点的评析》。通过阅读这些论文和著作，我对马克思主义经济理论及其在当代经济生活中的应用，以及马克思的经济理论同非马克思主义经济学之间的联系有一定了解，这也启发了我在马克思主义经济学和西方经济学的比较研究中的思路，或者说开阔了我的理论研究视野。在这方面也出了一些研究成果。主要是：与父亲合著了《价值·资本·增长——兼评西方国家劳动价值论的研究》（本书是国家社科基金项目，于2005年由中国经济出版社出版），发表了《生产劳动和非生产劳动与当代资本主义》《西方经济学"经济人"假设和马克思经济人思想比较》《资本主义生产方式与可持续发展——马克思主义经济学和新古典经济学可持续发展观点的比较》。（后来，这些论文都收录在杨玉生：《马克思主义经济学与经济制度——兼及西方马克思主义经济学研究》一书，该书于2013年，由经济科学出版社出版）。

特别值得一提的是，《价值·资本·增长——兼评西方国家劳动价值论的研究》一书，受到著名经济学家中国人民大学教授高鸿业先生的高度评价。在他为该书作的《序》中指出："像作者在本书中反复指出的，马克思主义经济学家，必须坚持马克思的劳动价值论，或者，确切地说，必须从本质上坚持马克思的劳动价值论。即从作为资本主义社会经济关系的科学概括的意义上坚持马克思的劳动价值论。本书把是否从本质上坚持马克思的劳动价值论看作是否是马克思主义经济学家的标准。本书所涉及的经济学家提出了各种不同的理论观点，但归纳起来，无非是赞成和否定马克思劳动价值论的两种观点。而赞成或否定马克思劳动价值论的两种观点又是常常同维护还是否定现存的资本主义剥削制度相联系的。例如，本书所评述的美国著名经济学家萨缪尔森的观点，代表了西方经济学界否定马克思劳动价值论的最典型的观点。本书正确地指出，萨缪尔森关于否定马克思劳动价值论观点的全部论证，在于否认资本主义是一个剥削制度。例如，他接过19世纪奥地利学派著名经济学家庞巴维克的'时差利息理论'，把资本家获得的剩余价值归结于'时间偏好'，归结于资本主义的所谓'迂回生产'。在萨缪尔森论马克思转化问题的论文中，把马克思的转化程序说成是'一块橡皮的问题'，以数学游戏否定马克思关于剩余价值在资本主义不同经济部门资本家中间的再分配以实现利润平均化的深刻分析，否认资本主义社会的资本和雇佣劳动关系是一个以全体资本家阶级为一方、以全体工人阶级为另一方的剥削制度。"①

在马克思主义经济学被严重边缘化的氛围中,我的关于马克思主义经济学和马克思主义经济学同西方经济学的比较研究,是不被待见的,甚至受到歧视。尽管如此,我却初心无悔,我仍然坚持我所选定的科研方向,我始终认为,在社会主义中国,研究马克思主义经济学应该是正道。无论如何,马克思主义经济学应该具有神圣的话语权。排斥马克思主义经济学研究,是极不正常的现象,是极端错误的。而且,我作为宋则行的学生,必须坚持走马克思主义经济理论发展的道路!像他老人家所走过的经济学探讨的道路一样。

在进入上海财经大学的最初几年,我一边教学,一边在复旦大学作博士后研究。指导我作博士后研究的老师是尹伯成教授。在初次拜访尹伯成教授的时候,他见我是宋则行教授的学生,便立刻爽快地答应收我做他的学生了。由此,我真切地感受到了宋爷爷在全国经济学界的崇高声望。我的博士后研究课题是"地下金融的发展及其对经济生活的影响与作用"。我花了两年的时间搜集了上海市和江浙地区地下金融发展状况的资料。通过翔实地占有材料,我得出结论:"地下金融"对于现实的经济生活既有积极的正能量影响作用,也有消极的负面影响作用。从积极方面说,当时的国家金融机构仅仅对国有大中型企业贷款,而大量的急需资金的中小型企业却找不到贷款的门路。在这种情况下,"地下金融"出现了,而其贷款的对象便是大量的中小型企业。这样一来,便解决了中小型企业资金不足的问题。由于适应了中小型企业筹集资金的需要,一时间"地下金融"便有了迅猛发展的势头。到我做博士后研究的时候,"地下金融"的发展规模在上海市和江浙地区已经达到了令人刮目相看的程度,人们不得不承认,"地下金融"已经成为经济生活中一支不可忽视的重要力量了。从消极方面说,"地下金融"是自发地发展起来的,在其成为一定气候的时候,如果不对它实行有效的引导,必将严重冲击我国正常的金融秩序,引起经济生活的混乱。因此,我的观点是:一方面,适应广大中小型企业筹资的需要,要采取积极的态度促进"地下金融"的发展,至少是不要采取简单限制的措施,而是容许其合法存在,变"地下金融"为"地上金融",即使之合法化。另一方面,则要对自发发展起来的"地下金融",实行有效的调节,包括市场调节和政府调节。所谓市场调节就是利率调节,无论是国家金融机构,还是私人金融机构,都要在市场竞争中求得生存和发展。在这里,像在发展一般商品市场竞争需要放开价格一样,也需要放开作为金融市场价格的利率。所谓政府调节是指政府通过中央银行采取适当的货币政策,以影响市场利率。此外,政府还要制定一定的指导金融市场运行的法规。我认为,像在社会主义市场经济中在坚持国有经济的主导地位的前提下容许非国有经济存在一样,也应该在坚持国家金融的主导地位的前提下容许私人金融的存在。而且,这种情况将会在很长时期内存在。

我的这项研究,是受了宋爷爷关于市场经济运行机制一些重要论述的启发的。例如,宋爷爷在论述通过市场调节实现资源最优化配置时指出:"市场犹如一双看不见的

---

① 杨玉生、杨戈:《价值·资本·增长——兼评西方国家劳动价值论研究》,中国经济出版社,2005年版,第1~2页。

手,它能对供求双方的动静、变化做出及时的灵敏的反应,而企业作为自主经营的市场主体,反过来又能根据市场传递的信号作出相应的行为调整,这样就可使各类生产适应不断变化的需求,最终导致资源的最优化配置。"① 如果把市场看作是包括产品市场、劳动力市场和资金市场相互联系的市场体系,各市场的供求关系的变动,最终将会使所有三个市场都达到均衡的市场价格、工资率和利率,从而,也就实现了最优化的资源配置。

宋爷爷同时也谈到了市场调节的弊端,指出:"市场经济从本质上说具有自发性。在市场经济中,消费主体和投资主体具有自主性、多元性、分散性,一般重视局部利益、忽视整体利益、考虑眼前利益多、考虑长远利益少。从而在微观经济中,一方面,由于竞争,有些部门形成生产集中、资本集中,进而形成少数大公司垄断,造成市场竞争的不完全性;另一方面,有些部门的生产由于建设规模大,建设周期长,投资风险大,没有政府的帮助就不易启动,影响产业结构的合理配置。在宏观经济中,由于社会总需求是由自助的、分散的投资需求和消费需求组成的,与社会总供给经常处于不平衡的状态,主要靠市场的不断调节去向协调和均衡。但是固定资本更新和扩大往往具有周期性,重大的科学技术进步也有间隙性,加上市场投机的涌动,由此造成投资过热或不足,即使通过市场调节也难于使社会总需求与社会总供给达到基本平衡。……因此,施行市场经济体制的发达资本主义国家,有时也要运用财政政策和货币政策以至指导性计划,对市场经济活动进行不同程度、不同形式的宏观调控,以减轻经济的剧烈波动或引导经济结构及时调整,求取经济的平衡增长。"②

宋爷爷上述关于市场调节和宏观调控(或政府调节)的科学论述,成为指导我的这项博士后研究课题的理论基础。在我的研究中努力贯彻了宋爷爷的经济思想,因而取得了很大的成功。受到尹伯成教授和其他参与审查我的研究报告的教授们的好评。

此外,我还参与了父亲编写的《现代宏观经济学》和《现代微观经济学》(分别于2003年和2004年由中国经济出版社出版)的写作。这两本书除了参考美国最近出版的经济学教材,也参考了由宋爷爷主编的《当代西方经济学原理》(于1990年由辽宁大学出版社出版)一书,采纳了其中一些重要的理论论述。例如,《当代西方经济学原理》中关于混合经济及其问题的论述,关于微观经济学和宏观经济学的划分及其相互联系的论述,关于经济政策的论述,关于经济学方法的论述,关于静态经济学和动态经济学的论述,关于经济模型的论述,关于生产和成本的论述,关于不同市场类型价格和产量决定的论述,关于一般均衡的论述,关于收入分配理论的论述,关于均衡的国民收入的论述,关于经济周期变动的论述,关于经济增长的论述,关于货币理论和货币政策的论述,关于 IS-LM(产品市场和货币市场均衡)分析,开放条件下的宏观经济分析,关于失业与通货膨胀及其相互关系的论述等,都在这两本书中有所体现。

《当代西方经济学原理》对市场经济运行原理做了这样的概括:"资本主义经济主要依赖于市场价格制度运行。决定市场价格制度的主要是两种经济力量,需求和供给。需

---

① 宋则行:《转轨中的经济运行问题研究》,辽宁大学出版社,1997年版,第54~55页。
② 宋则行:《转轨中的经济运行问题研究》,辽宁大学出版社,1997年版,第55~56页。

求和供给各因影响其变动的因素的变动而变动,其中的一个主要因素是价格。需求和供给各自对价格的变动作出反应,而使需求和供给相等的价格为均衡价格。价格以外的其他因素的变动所造成的需求和供给的变动又使均衡价格发生变动。此外,由于各种商品的需求和供给对价格等因素的变动的反应程度不同,又形成了不同的需求弹性和供给弹性。不同的需求弹性和供给弹性对具有较长生产周期的产品的均衡价格的决定也具有影响。同时,还有一个价格制度运用的问题。"①

这种言简意赅的关于市场经济运行的论述,是贯穿《现代微观经济学》全部分析的主线。

《当代西方经济学原理》对凯恩斯经济学的"有效需求理论"做了如下的概述:"当代西方宏观经济学有一个显著的特点,就是把国民生产总值或国民收入和就业量联系起来为中心进行综合的分析,因此又把它叫作'收入和就业分析',或'收入分析',或'就业理论'。其基本理论观点可以概括如下:国民收入与总就业量相联系。国民收入(从而总就业量)决定于总需求或有效需求。总需求由消费支出和投资支出构成。社会一般情况是,人们并不把其所获得的收入全部用之于消费,其中必有一部分储蓄起来,而且随着收入的增加,用于储蓄的部分越来越多,而用于消费的部分则越来越少。总供给超过消费需求的部分(即储蓄)必须由投资需求来补足,从而使总供给与总需求相等,达到均衡。二者均衡时,就业量和收入水平就确定下来了。因此,就业量和国民收入水平依赖于总供给、消费倾向和投资数量。由于总供给和消费倾向是相对稳定的,就业量和国民收入水平就主要决定于投资数量。投资数量则依赖于资本边际效率(即预期利润率)和离心率之间的关系。资本边际效率依赖于预期利润和资本资产之重置成本,离心率则依赖于货币供给数量和流动偏好。由于资本边际效率具有不稳定性的特征和随着投资的增加有下降的趋势,又由于流动偏好增强利息率有偏高之趋势,从而造成投资需求不足。因此,单靠私人投资无法弥补收入与消费间的缺口。在此情况下,政府必须实行赤字财政政策直接负起投资之责,或用货币政策降低利息率以刺激私人投资。"②

这种关于凯恩斯经济学有效需求理论的精辟论述,则是贯穿《现代宏观经济学》的主线。

宋爷爷在给父亲的一本书所做的《序》中指出:"最近数十年间西方经济理论获得了长足的发展,在微观经济理论方面,新制度经济学在新古典经济学的分析框架内增加了诸如交易成本、财产权、不完全信息和不完全的理性等所谓制度因素,研究企业的内部经济关系,被称为'微观经济学'。在新制度经济学的基础上,又发展了诸如产权理论、产业经济学、新经济史学等;在宏观经济学方面,理性预期经济理论格外引人注目。理性预期经济理论在经济分析和经济决策中的重要作用,对战后长期在西方经济学界居于主流地位的凯恩斯主义经济理论和政策以及货币主义经济理论和政策提出了挑战,被认为是最近数十年中宏观经济理论的最重要的突破。"③

---

① 宋则行主编:《当代西方经济学原理》,辽宁大学出版社,1990年版,第14页。
② 宋则行主编:《当代西方经济学原理》,辽宁大学出版社,1990年版,第22~23页。
③ 杨玉生:《西方经济理论及经济改革与发展研究》,中国经济出版社,1999年版,第3页。

在我们编写的《现代宏观经济学》和《现代微观经济学》中，本着理论创新的原则，对宋爷爷所指出的这些西方经济理论的新发展做了充分的论述。并对诸如市场失灵、"富裕中的贫困现象"，以及政府反垄断（反托拉斯）、收入再分配等市场干预政策这一类属于西方经济学的较新内容做了充分的论述。

此外，在《现代微观经济学》中还就西方经济学家所说的"经济学帝国主义"做了说明和分析："在过去40年里，经济学扩展了其研究范围和影响范围，被称作'经济学帝国主义'。按照西方经济学家的分析，经济学之所以发生了如此的变化，在于经济学的研究方法和基本论题具有优越于其他社会科学的优点。众所周知，经济学有三个基本论题：一是假定个人以最大化的理性行为从事活动；二是严格地坚持均衡的重要性，把它作为理论的一个组成部分；三是突出强调效率概念。这三个论题是经济学区别于其他社会科学的根本之点，也是经济学可以征服其他社会科学的力量之所在。"[1]

那么，"经济学帝国主义"有什么重大的理论价值呢？《现代微观经济学》指出："当把经济学的边界向其他社会科学领域扩展的时候，一方面会使经济学家从其他社会科学家那里获得很多东西，以弥补自己在观察社会现象中所忽略的东西。另一方面，也使其他社会科学不能提供较好答案的弱点得以克服。使用精确的经济学方法和提供特别的、具有充分推理的答案能力，给了经济学家一种重大分析上的比较优势。这是经济学之所以是帝国主义的原因，也是经济学帝国主义何以成功的原因。"[2]

我的一项非常重要的科研成果是和宋爷爷、父亲合作撰写的《后发经济学》一书。2001年，上海财经大学出版社向宋爷爷约写一本《后发经济学》，父亲主动请缨承担写作此书的任务。宋爷爷也认为父亲最能胜任此书的写作，因为，此前父亲撰写了《发展经济学——理论·战略·政策》一书，对经济发展理论及其在后发国家中的应用有较为深入、系统的研究，便把写作此书的任务交给了父亲。为了让我通过写书而增长经济研究的才能，父亲吸收我参加了此项神圣的工作。父亲接到写作此书的任务以后，便着手拟定写作大纲，然后同宋爷爷研究。宋爷爷提出的指导意见是：要突出后发国家的经济转轨问题研究。经济转轨本来是指实行计划经济体制的社会主义国家向市场经济体制转轨，包括前苏联、东欧国家和中国的经济转轨。宋爷爷建议，将转轨的范畴拓宽，也包含后发国家从主要实行国家干预的经济体制向市场经济体制的转轨。除了注重经济转轨问题，宋爷爷还要求说清楚下面一些问题：(1)后发国家的后发优势；(2)后发国家所面临的不利条件；(3)各种经济发展理论；(4)后发国家经济发展战略的选择；(5)后发国家经济管理方式的转变（与经济转轨问题相关）；(6)后发国家的国际经贸关系：贸易和资本自由化问题；(7)西方福利国家理论在后发国家中的应用；(8)作为后发国家的中国的经济发展。

本书不折不扣地贯彻了宋爷爷的写作意图，因而具有较高的价值和理论品味，受到经济学界的广泛好评。

可以把其基本内容概述如下：

---

[1] 杨玉生：《现代微观经济学》，中国经济出版社，2004年版，第3页。
[2] 杨玉生：《现代微观经济学》，中国经济出版社，2004年版，第3~4页。

本书试从理论与实践结合上论述后发国家的经济发展。按照西方发展经济学家的分析，后发国家既有后发优势，也有不利于其发展的制约因素。应该尽可能地发挥其后发优势，克服其不利于经济发展的条件。

各种发展经济学家，从不同的视角分析了后发国家经济发展问题，提出各种发展理论，并相应地提出了经济发展的战略。

本书全面、系统地阐述了包括诸如新古典主义、凯恩斯主义、新制度主义、新马克思主义关于后发国家经济发展理论；深入研究了亚洲、拉丁美洲的一些后发国家经济发展的实际。从借鉴的需要出发，本书也研究了日本和澳大利亚等发达国家经济发展的实际。

此外，本书还评述了西方福利国家理论与实践，探讨了福利国家理论和发达国家发展福利国家的经验对于后发国家的适用性。

对后发国家的经济转轨问题的研究，是贯穿本书的一条主线。在20世纪80年代以前，后发国家一般都实行国家干预为主的经济体制。80年代初以来，在世界性的经济自由化的大趋势下，后发国家纷纷抛弃了国家干预的经济体制，转向了市场经济。相应地，也选择了新的经济发展战略，即从原来的进口替代工业化战略转向了出口导向战略。由于各国的国情不同，其经济体制转轨和经济发展战略的转变各有不同的特点，形成了五花八门的情况，也出现了诸如大量失业、通货膨胀、收入分配差距扩大、贫困等问题。但总的说来，经济转轨促进了后发国家经济以更快的速度发展。

本书还论述了作为后发国家的中国的经济发展。中国成功发展经济的经验，丰富和充实了后发国家经济发展的理论。从实践上说，中国经济发展的模式对广大的后发国家产生了深远的影响。

回顾我自成为宋爷爷的博士生以来所走过的经济学研究之路，我深切地体会到，我所迈出的每一步，都受到了宋爷爷经济思想的引导，是宋爷爷的经济思想培育了我成长。因此，对宋爷爷充满了无限感恩和怀念之情。

宋爷爷在1987年出版的《宋则行经济论文集》的"前言"中写道："感谢辽宁大学党委，在我迈过七十周岁的时候，给我机会编印这本集子，留下我在经济研究的漫长道路上踩出的零星的足迹。"[①]

说"零星的足迹"，显然是宋爷爷的自谦之词。应该说，宋爷爷以其一系列自成体系的不朽论著，在我们面前展现了一串长长的、闪闪发光的足迹。就我个人而言，过去我是循着宋爷爷的足迹走进经济学的，今后我仍然要循着宋爷爷的足迹在经济学领域中阔步前进！

[①]《宋则行经济论文集》，辽宁大学出版社，1987年版，第2页。